序　言

　　大學學科能力測驗社會科試題，爲了遴選優秀學子進入大學，命題教授用心良苦，題目和題型頗多創意，**增加思考性、比較性、整合性的試題**，減少冷僻、記憶性的題目，且**許多題目貫穿各冊各章節，特別靈活**，如文句題、地圖題或漫畫題等，考生必須經過思考、推理、歸納才能得到正確的答案。

　　同學們不能再沿襲傳統死讀教材的方法，一定要有**分析統合能力，且要關心週遭事物，掌握時代的脈動**，才容易得高分。這種趨勢，使得學科能力測驗考過的題型和題目，指定科目考試和其他考試也會跟著出現，頗具參考價值。

　　本書彙集歷屆學科能力測驗社會科試題（83～98 年），詳加解析，釐清錯誤觀念，掌握命題趨勢，條理歸納重點，增加學習效果，同學可經由本書中的試題分析，將課內、外重要概念融會貫通，並藉由考題演練思路及推論方法，是以本書誠爲應試者必備的利器。

　　編輯好書是「學習」一貫的宗旨。本書在編校製作過程的每一階段，均力求嚴謹完善，但疏漏之處，容或難免，尚祈各界先進不吝來函匡正。

編者 謹識

目　錄

九十八年大學入學學科能力測驗試題
社會考科

單選題（佔 144 分）

說明：第 1 至 72 題皆計分。第 1 至 72 題皆是單選題，請選出一個最適當的選項標示在答案卡之「選擇題答案區」。每題答對得 2 分，答錯不倒扣。

1. 玻璃天花板」是用來描述女性試圖晉升到企業或組織高層所面臨的障礙。美國政府於 1991 年設立「天花板協會」，希望消除阻礙女性職業發展的因素。關於該協會成立的目標，最符合下列哪個性別概念的敘述？
   (A) 強化生物性別的確認　　(B) 明確性別角色的區隔
   (C) 追求性別的實質平等　　(D) 形成性別的刻板印象

2. 歷年來很多權威研究一致指出，二次大戰後的現代婚姻與家庭型態已發生世界性的普遍變化，大大不同於以往的傳統情形。請問下列關於社會變遷下的現代婚姻與家庭情形的敘述，哪些是正確的？
   甲、自由選擇配偶是一種普遍的趨勢
   乙、內婚制是一種越來越普遍的情形
   丙、性自由是一個逐漸被接受的觀念
   丁、擴展家庭是一個普遍發展的趨勢
   戊、子女權利的擴張是一種普遍趨勢
   (A) 甲乙丁　　(B) 甲丙戊　　(C) 乙丙戊　　(D) 乙丁戊

3. 圖一為 2008 年的推估結果，顯示臺灣人口從 1960-2060 年間出生率與死亡率的預測變化，依圖所示，在不考慮社會增加率的情況下，下列何者最為正確？

(A) 在 A 時間點之後，人口總數仍將繼續增加

(B) 在 A 時間點之後，人口老化現象逐漸減緩

(C) 2010 年後國小學生總入學人數將持續增加

(D) 1980 年後死亡率上升與老年人口增加有關

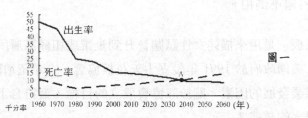

圖一

4. 張小傑自考上大學之後，積極投入學校的偏遠地區醫療服務社與校外非營利組織所舉辦的公益活動，並且利用週末參與社區發展協會的社區營造論壇。請問，下列哪一個敘述最為正確？

(A) 社區營造論壇有助於凝聚「社區意識」

(B) 非營利組織又可以被稱為「第二部門」

(C) 醫療服務社可被歸類為「非志願團體」

(D) 社區發展協會可歸類為「非正式團體」

5. 「勞動基準法」有關最高工時、最低工資的規定，以及「消費者保護法」有關郵購買賣得在七天內退貨的規定，是對於以下何種原則的限制？

(A) 誠信原則　　　　　　　(B) 契約自由

(C) 過失責任　　　　　　　(D) 依法行政

6. 死刑的存廢爭議已久。有些人認為，剝奪生命的嚴刑峻罰並無助於遏阻犯罪，因此反對死刑。請問此種觀點較傾向於何種刑罰理論？
   (A) 應報理論　　　　　　　(B) 罪刑法定
   (C) 一般預防　　　　　　　(D) 個人責任

7. 小英收到了一張附有測速照片的超速交通罰單。她認為自己當時根本沒有超速，應該是測速儀器故障。請問，依據以下何種原則，小英可以主張，在政府開罰之前，自己應該有陳述意見並且請求調查證據的機會？
   (A) 正當程序　　　　　　　(B) 類推適用
   (C) 必要性原則　　　　　　(D) 明確性原則

8. 請問以下哪一段敘述符合我國現行的民刑事訴訟制度？
   (A) 民事紛爭一旦進入法院訴訟程序之後，就不能再進行調解或和解
   (B) 原則採三級三審制，但民事與刑事案件均另有上訴第三審的限制
   (C) 重大犯罪被告或嫌疑人有串證、逃亡之虞時，檢察官得逕行羈押
   (D) 因為警方或社工通報而知悉有犯罪嫌疑者，法官應主動進行審理

9. 根據我國內政部規劃，擬將現行全國廿五縣市改為「北北基」、「臺中縣市」與「高雄縣市」等「三都」，並合併新竹縣、市，嘉義縣、市及臺南縣、市，再加上現有縣成為「十五縣」。關於此方案之法定程式，請問下列何者正確？

(A) 由於涉及領土之變更，應按憲法修正程序通過後方能實施

(B) 此職權屬行政權之一部分，由內政部規劃行政院決定即可

(C) 由於涉及地方政府與人民權益，應由各縣市議會議決通過

(D) 此涉及地方自治相關法律之修改，應由行政院送立法院審議

10. 當前民主國家的政府體制可歸納爲三種主要型態：總統制（以美國爲代表）、內閣制（　以英國爲代表）以及雙首長制（以法國爲代表）。下列相關敘述何者最接近事實？

(A) 總統制國家「權力融合」，內閣制國家「權力分立」

(B) 美國總統與英國首相兩者皆爲國家元首且具實質權力

(C) 法國「左右共治」現象非憲法明文規定而是憲政慣例

(D) 歷經數次憲法修改與總統直接民選使我國成爲總統制

11. 1949 年「國共內戰」結束後海峽兩岸分治已將近六十年，兩岸各自歷經了數任的主政者，也出現軍事衝突、和平（相互）對峙、民間交流三個不同階段的政策演變。請問表一所呈現的兩岸互動選項，何者可以歸類於同一個階段之政策文件或口號？

表一

選項	大陸對臺灣	臺灣對大陸
甲	武力血洗臺灣	《國家統一綱領》
乙	三通四流	「三不」政策
丙	《告臺灣同胞書》	「戒急用忍」
丁	《反分裂國家法》	反攻大陸光復國土

(A) 甲 　　　　　　　　　　(B) 乙

(C) 丙 　　　　　　　　　　(D) 丁

12. 我國憲法自從 1991 年開始已歷經七次修訂，其對政治發展影響
甚鉅。下列關於我國憲政改革與政治發展的敘述，何者最接近
事實？
(A) 為因應兩岸關係變化，立法院終止動員戡亂時期臨時條款
(B) 我國多次修改憲法最主要是為了回應來自國際的壓力
(C) 總統直接民選與政黨輪替，代表我國進入民主鞏固時期
(D) 廢除國民大會使我國成為立法院與監察院雙國會制度

13. 張先生新車遭竊，在獲得保險公司竊盜險全額理賠之後，買了一
輛一模一樣的新車。下列何者正確？
(A) 張先生沒有多花錢買新車，因此對 GDP 沒有影響
(B) 張先生擁有的汽車價值不變，故對 GDP 沒有影響
(C) 雖然是竊盜案，但因有新車交易，會使 GDP 增加
(D) 竊盜案敗壞治安、影響生活品質，會使 GDP 降低

14. 1997 年亞洲金融風暴發生後，　甲　提供緊急金援措施，成為金融
危機受創國的及時雨。但其提供金援貸款的同時，也要求受援國進
行重大財經改革，有時會引發爭議。「甲」是指下列哪個組織？
(A) 世界銀行（World Bank）　　(B) 國際貨幣基金（IMF）
(C) 世界貿易組織（WTO）　　(D) 亞太經濟合作會議（APEC）

15. 請問以下何者主要是為了衡平財產權與社會公益的衝突而設的規
定？
(A) 以遺囑處分財產不能侵犯特留分
(B) 對於著作權保護的合理使用規範
(C) 父母管理未成年子女財產的權利
(D) 男女性別皆有平等的遺產繼承權

16. 假設某國的資源全部投入農產品和工業產品的生產上，若我們觀察到甲、乙兩個不同的生產組合，那麼依據經濟學上的「生產可能曲線」概念分析，下列敘述何者正確？

	農產品	工業產品
甲	1000 萬公噸	4000 萬單位
乙	1200 萬公噸	3500 萬單位

(A) 甲組合生產總量較乙組合多，較有效率
(B) 甲生產組合符合工業化進程，較有效率
(C) 乙農產品生產不需機會成本，較有效率
(D) 甲與乙組合有取捨關係，兩者皆有效率

17-18為題組

◎ 電影「十月的天空」是描述 1957 年美國維吉尼亞州煤山小鎮，煤礦場管理者之子「侯麥」與一群好友研發與試射火箭的故事。侯麥效法他的偶像科學家馮布朗博士試射自製的小火箭，過程中雖遭受校長的阻撓，但在母親與學校賴老師的鼓勵下，獲得科展冠軍及大學獎學金，最後更完成夢想成為太空總署科學家。

17. 侯麥在成長過程中，父母與賴老師對其影響甚大。依據學者米德（G. H. Mead）的理論，在自我形成的過程中，對個人影響深遠的人稱為什麼？
(A) 鏡中自我
(B) 重要他人
(C) 偶像崇拜
(D) 概化他人

18. 侯麥在研發火箭的過程，雖不認識馮布朗博士，但他效法科學家的精神與標準，來轉化為自己的價值、態度與行為，最符合下列何種概念？

(A) 次級團體　　(B) 正式團體　　(C) 參考團體　　(D) 志願團體

19-20為題組

◎ 依據我國「身心障礙者權益保障法」的規定，只有視障者才能從事按摩業。對於這個規定，贊成者認為，這有助於保障視障者；反對者則認為，非視障者不能從事按摩業是不合理的限制。對此，大法官做出解釋，認為保障視障者是應追求的重大公共利益，但是僅限視障者從事按摩業的規定，對於想要從事按摩業的非視障者造成過度的限制，也未能大幅提升視障者的社會經濟地位，因此宣告該規定違憲。

19. 請問上述兩種正反不同的意見，呈現了以下哪兩者的衝突？

(A) 工作權的保障與依法行政　　(B) 社會權的保障與正當程序

(C) 公共利益保障與法律優越　　(D) 弱勢保障與職業選擇自由

20. 依據上述大法官解釋，「身心障礙者權益保障法」的規定違反了以下何種原則？

(A) 正當程序　　(B) 比例原則　　(C) 法律保留　　(D) 法律優越

21-22為題組

◎ 政黨政治為當代政治發展的重要特徵，關於政黨體系的分類中，國會席次「數目」為一主要的標準。某一政治學者提出以下的分類原則：

（一）若單一政黨佔國會席次超過 70%，則爲「一黨獨大制」；

（二）若兩政黨國會席次合計超過 90%，但無一政黨超過 70%，則爲「兩黨制」；

（三）若兩大政黨國會席次合計未超過 90%，且無一政黨超過 70%，則爲「多黨制」。

根據此，某「內閣制國家」有紅、橙、黃、綠四個政黨，在第一屆選舉時，選舉制度爲「單記不可讓渡複數選區制」（SNTV-MMD），第二屆改爲「單一選區相對多數決制」，國會席次（總數爲 100）分配如表二。請回答以下問題：

表二

政黨 屆數	紅	橙	黃	綠
一	43	38	11	8
二	53	41	4	2

21. 關於第一屆國會的席次分配中，請問下列何者正確？
    (A) 紅橙兩政黨都有機會聯合其他政黨主導組閣
    (B) 此國家僅會出現三種「聯合內閣」組合方式
    (C) 由於出現紅橙兩大黨，故此國家爲「兩黨制」
    (D) SNTV 制度的特色是指每位選民可以投兩票

22. 若從第二屆選舉開始，此國家皆維持「單一選區相對多數決制」，席次分配比例變化亦不大。在其他條件不變下，請問下列何者正確？
    (A) 由於四個政黨都擁有席位，故爲「多黨制」
    (B) 由於紅黨可單獨執政，故爲「一黨獨大制」
    (C) 選舉制度的改變並不影響此國家的政黨體制
    (D) 「單一選區相對多數決制」往往有利於大黨

23-24為題組

◎ 二氧化碳過度排放，引發全球暖化，「碳交易」機制因而漸受重視。一般而言，政府可先藉由總量管制來發放污染排放許可權證，以達減碳之目標。廠商擁有許可權證後，經由市場交易，每公噸二氧化碳排放權的價格將會透明化。企業擴張生產時，可能需要購入更多的排放權以因應增加的污染，但若想辦法改良其生產技術，在產量不減的同時還能出售排放權，除了贏得「綠色企業」的美譽之外，還可以增加收入。

23. 若碳交易市場上，每公噸二氧化碳排放權的價格居高不下，那麼下列描述何者正確？
   (A) 企業已大量減少二氧化碳排放
   (B) 政府發放過多的污染排放權證
   (C) 民眾對於污染的忍受程度提高
   (D) 廠商執行減碳的技術能力低落

24. 依上文，碳交易市場的設置，是透過經濟學上的哪個手段，以提升社會整體效益？
   (A) 強化企業節能減碳的道德認知
   (B) 將生產的外部性納入成本考量
   (C) 增加政府污染防治的公共投資
   (D) 降低企業稅率，提高企業獲利

25. 一份考古發掘報告說：「最令人震驚的發現是一個如真人尺寸大小的銅像，他有一張瘦削的臉，臉上有巨大的眼睛；另外還有 41 個大小不一的青銅銅像，其中有一些還戴著黃金面具。其宗教活

動和商朝以及周朝初期的情況判然有別」。根據這份考古報告，學者可以做怎樣的合理推測？

(A) 古代中國文明的多元性 　　(B) 銅像製作技術較商周高

(C) 宗教儀式始於周朝後期 　　(D) 證明夏朝文明曾經存在

26. 一位日本人寫一封信給在臺灣的友人，信封上標示的地址是「臺灣恒春郡海角七番地」。臺灣普遍擁有戶籍地址，和日治時期政府哪項建設事業有關？

(A) 土地調查事業 　　　　　　(B) 蕃地調查事業

(C) 森林計畫事業 　　　　　　(D) 都市計畫事業

27. 歷史上，一些著名的革命運動都有一些響亮的口號，這些口號經常表露了參與革命者所要追求的理想。下列何者正確？

(A) 1688 年的光榮革命：沒有代表，不納稅

(B) 1776 年的美國革命：自由、平等、博愛

(C) 1789 年法國大革命：民主、法治、人權

(D) 1917 年的俄國革命：和平、土地、麵包

28. 旅行團安排了一次德川日本古蹟之旅，為了讓團員享受一趟超值的深度旅遊，導遊預先對團員解說德川幕府的歷史發展。以下是導遊作的一些解說，何者正確？

(A) 現今日本首都東京，舊稱江戶，是德川幕府的根據地

(B) 德川幕府的威勢超越天皇，但卻又受制於旗下的諸侯

(C) 因為鎖國政策，德川日本的商業蕭條，貨幣經濟消失

(D) 德川武士喜歡庭園，更愛養蘭花，遂發展出「蘭學」

29. 一塊碑文寫道：「勘定朴仔籬處，南北計長二百八十五丈五尺，共堆土牛一十九個，每土牛長二丈，底闊一丈，高八尺，頂寬六尺；每溝長一十五丈，闊一丈二尺，深六尺。永禁民人逾越私墾。」這塊石碑最有可能是為確立何種地界而立？
    (A) 荷治時期王田地界　　　　(B) 明鄭時期屯田地界
    (C) 清治時期漢番地界　　　　(D) 日治時期蕃地地界

30. 「這是一個多采多姿而變化萬千的時代，和中國的戰國時代最可相比擬。在這個時期的形形色色中，有不少仍是中世的，有不少顯然已是近代的，但也有不少為這時期所特有。這個時期上承中世，下啟近代，同時也自成一個時代，充滿了強烈的政治、社會和思想的活動。」這最可能是哪個時代的特徵？
    (A) 希臘羅馬　　(B) 文藝復興　　(C) 啟蒙運動　　(D) 工業革命

31. 明初政府規定：「民間寡婦三十以前夫死守制，五十以後不改節者，旌表門閭，免除本家差役。」這項法規反映了明代怎樣的社會情況？
    (A) 婦女道德規範的嚴格化　　(B) 致力提升婦女社會地位
    (C) 政府鼓勵敬老尊賢風氣　　(D) 政府重視婦女社會福利

32. 一名臺灣官員向朝廷報告：「臺地無源可開，但通其流，而源自裕。米穀不流通，日積日多……蓋由內地食洋米而不食臺米也。不食臺米，則臺米無去處，而無內渡之米船。無內渡之米船，則無外來之貨船。」依據你對東亞歷史的瞭解，文中的「洋」指何而言？「洋米」自何地輸入？
    (A) 指南洋，由東南亞輸入　　(B) 指東洋，係由日本輸入
    (C) 指西洋，係由歐洲輸入　　(D) 指印度洋，由印度輸入

33. 西亞的美索不達米亞平原是古文明的搖籃，自古以來許多民族進出這個舞台，先後建立統治政權，留下了豐富的文明遺跡。下列諸民族統治此一地區的先後順序，何者正確？

(A) 西臺人→阿卡德人→巴比倫人→亞述人→波斯人

(B) 亞述人→巴比倫人→阿卡德人→西臺人→波斯人

(C) 阿卡德人→巴比倫人→西臺人→亞述人→波斯人

(D) 巴比倫人→波斯人→阿卡德人→西臺人→亞述人

34. 1920 年代以來，印度聖雄甘地領導反抗運動，終使印度脫離英國的殖民統治；到了 1960 年代，美國黑人領袖馬丁·路德·金恩領導「民權運動」，也促使美國解除種族隔離政策。這兩個領袖的抗爭策略有何共同之處？

(A) 遵循馬克斯主義的階級鬥爭論

(B) 秉持非暴力的公民不服從精神

(C) 挑起種族主義以反制種族主義

(D) 使用恐怖手段迫使當權者讓步

35. 一位民國時期的文人撰文紀念友人道：「他是中國思想界的一個清道夫，他把啓蒙的水灑向那孔孟瀰漫的大道上。因此時時被那無數吃慣孔孟的老頭子們跳腳痛罵，怪他不識貨。有時候他顯得疲乏了，失望了，忽然遠遠的覷見那望不盡頭的大路那一頭，好像也有幾個人在那裡灑水清道，他的心裡又高興起來了。」上文中「灑水清道」的人是指誰？

(A) 嚴復　　　　　　　　(B) 梁啓超

(C) 康有為　　　　　　　(D) 陳獨秀

36. 圖二為日本統治期間臺灣發電設施之設備容量變化圖。請問，使 1930 年代設備容量急遽增加的設施為何？

(A) 恆春的核能發電廠

(B) 高雄的火力發電廠

(C) 日月潭水力發電廠

(D) 大甲溪水力發電廠

圖二

37. 某個地區的經濟與貿易史，發展過程如下：在西元初年，那裡是印度航海者紛紛揚帆而往的黃金地；幾個世紀之後，對阿拉伯人和歐洲人來說，該地區成了香料、樟腦和香木之國；到了近代，那裡又成為橡膠、錫和石油的重要產地。這個地區應是：

(A) 非洲東岸　　　　　(B) 阿拉伯半島

(C) 印度半島　　　　　(D) 南洋群島

38. 有一種政治形式，其特色是：國家之主權如司法、財稅、軍警等，過去是由國王來執行，現在則淪入私人之手；而且這些國家主權隨著土地之轉移而轉移，或者隨著土地之分割而分割。因為土地是私人財產，所以國家主權亦成為私人財產。這一種政治形式盛行於何時何地？

(A) 西元前三世紀的中國

(B) 西元十世紀的法蘭西

(C) 西元十六世紀的拉丁美洲

(D) 西元十七世紀的新英格蘭

39. 1816 年，英王喬治三世派遣阿美士德（Amherst）出使中國，卻
　　與清朝發生「禮節之爭」。清朝要求英使依「天朝定制」，覲見
　　皇帝時行「三跪九叩頭禮」，英使以跪叩禮「有傷英國尊嚴」，
　　堅持僅行「免冠俯首」。雙方爭持不下，最後英使遭逐出，不顧
　　而去。此一「禮節之爭」的歷史意涵為何？
　　(A) 新帝國主義與反殖民主義的對抗
　　(B) 海權思想與傳統陸權觀念的對立
　　(C) 工業資本主義與農業文化的矛盾
　　(D) 天下秩序觀與主權國家觀的衝突

40. 一本古代算數書列了一道例題：「今有大夫、不更、簪裊、上造、
　　公士凡五人。共獵得五鹿，欲以爵次分之，問各得幾何？」書中
　　記載正確答案是：他們依次分別得到 1 又 2/3、1 又 1/3、1、2/3、
　　1/3 隻鹿。請問，這題算數反映了古代中國社會的哪項特色？
　　(A) 年齡在鹿肉分配上的重要性
　　(B) 古代中國人特殊的數學觀念
　　(C) 個人的地位由獵鹿活動決定
　　(D) 不同爵位者的分配權利差異

41. 兩位士族出身的文人，回憶了時代和家族出路。甲文人雖然看到
　　戰亂使其家族前途未卜，但他相信，如果他的子弟想要出仕為官，
　　應該不會有什麼問題。乙文人對於士人家族的前途同樣感到渺茫，
　　但他所處的時代，官員們幾乎不可能為其後代子孫的仕途提供庇
　　護。請問，甲、乙兩位文人最可能分屬於哪一朝代？
　　(A) 秦朝、唐朝　　　　　(B) 元朝、清朝
　　(C) 魏晉、宋朝　　　　　(D) 漢朝、唐朝

42. 有本臺灣地方志提及某地的築城：「他們蓋的城很小，根本就不
　　能算是城……但他們有好的船隻，也善用火砲，所以雖然軍隊數
　　量不多，但各地的原住民都聽命於他們。他們又在城外設立市場，
　　福建沿海商人頻繁前來和他們貿易」。這應是哪一次的築城活動？
　　(A) 西班牙人在基隆地區築城貿易
　　(B) 荷蘭人據臺時在安平地區築城
　　(C) 鄭成功復臺後修築的承天府城
　　(D) 英國人在淡水地區修築紅毛城

43. 佛教、耆那教與印度教都是從古印度的婆羅門傳統衍發而來。佛
　　教與耆那教起源於對婆羅門信仰的反抗，而印度教則主要是繼承、
　　並改革婆羅門傳統而來。這三種宗教雖然有各自不同的發展，但
　　仍共同接受婆羅門傳統的某些理念，例如：
　　(A) 輪迴思想　　　　　　　　(B) 犧牲獻祭
　　(C) 素食精神　　　　　　　　(D) 種姓制度

44. 某個時期，貿易活動的特色是「商業、海盜、戰爭三位一體」。
　　這時，國家認為誰能獨佔價錢最貴的商品，誰就能夠成為最富強
　　的國家；各國為獲得珍貴商品，經常不擇手段，貿易往往淪為搶
　　劫行為。這種行為甚至與國家的權力相連，而變成一種愛國行為。
　　下列何者最符合此一描述的狀況？
　　(A) 十三世紀中期，威尼斯與阿拉伯的貿易關係
　　(B) 十五世紀前期，明朝鄭和下西洋的貿易活動
　　(C) 十六世紀後期，英國與西班牙間的貿易競爭
　　(D) 十九世紀中期，英國在中國沿海的貿易策略

45. 教科書描述某一古都:「這個城市的人口大約一百萬,外國人可能佔了三分之一。城內圍隔成一百多個坊,除了皇城、中央官署外,還有東、西兩個市場。如果有機會拜訪這座城市,你會因為眾多的佛寺而感到震驚。宴會上常可看到外國女子組成的樂隊,坐在駱駝背負的平臺上表演,演奏著類似吉他的琵琶。」這最可能是哪一座都城?
    (A) 東漢的洛陽　　　　　　(B) 唐朝的長安
    (C) 北宋的汴京　　　　　　(D) 清朝的北京

46. 一位外交官暢談自己國家的外交傳統:「至少在過去數百年中,我們一貫的外交政策目標,就是創造一個分裂的歐洲。為了歐洲的分裂,我們幫助荷蘭人對抗西班牙人,幫助日耳曼人對抗法國人,幫助法國人和義大利人對抗日耳曼人,最後又幫助法國人對抗義大利人和日耳曼人。」這是何國的情況?
    (A) 美國　　　　(B) 英國　　　　(C) 瑞士　　　　(D) 俄羅斯

47-48為題組

◎ 有兩份美國外交文件,內容如下:

  資料一:一件總統咨文宣示:「我們尊重西歐諸國在西半球的殖民地,但對於已經宣佈獨立,並經我國承認的國家,西歐諸國如果要予以干涉的話,我們認為他將危害美國的和平與幸福。」

  資料二:一個國會法案說:「任何企圖以非和平方式來決定臺灣前途之舉,包括使用經濟抵制及禁運手段在內,將被視為對西太平洋地區和平及安定的威脅,而為美國所嚴重關切……美國將使臺灣能夠獲得數量足以維持自衛能力的防衛物資及技術服務。」

47. **資料**一中這位總統為何發佈此一咨文？
   (A) 1823 年，反對奧地利意圖干預美洲獨立
   (B) 1861 年，警告英國勿介入美國南北戰爭
   (C) 1917 年，對抗德國「無限制潛艇政策」
   (D) 1962 年，阻止蘇聯在古巴秘密佈署飛彈

48. **資料**二這個國會法案通過的時代背景為何？
   (A) 中、美斷絕外交　　　(B) 臺灣退出聯合國
   (C) 金門八二三砲戰　　　(D) 臺灣發表兩國論

49. 某河流集水區的自然景觀原是茂密的溫帶森林，但近年被砍伐開
   闢成牧場。圖三中實線是森林區開發前下游水文站在某降水事件
   所測得的水文歷線。請問該集水區在土地開發後，與該降水事件
   極為相似的降水過程下，同一
   水文站所測得的水文歷線應是
   下列哪條曲線？
   (A) 甲
   (B) 乙
   (C) 丙
   (D) 丁

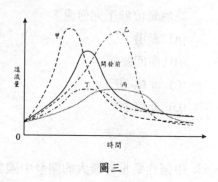

圖三

50. 地理資訊系統的兩種空間資料儲存方式中，向量模式適用於描述
   不連續現象的空間特質，網格模式則適用於具有連續特質的現象。
   請問下列哪些地理現象，較適合以網格模式來儲存其資料？
   甲、油井的分布　　　　　乙、空氣污染
   丙、地形坡度的變化　　　丁、行政區的分布
   (A) 甲乙　　　(B) 乙丙　　　(C) 丙丁　　　(D) 甲丁

51. 圖四為某畫家在秋分前後在某沙漠旅行，於黃昏時刻繪下新月丘的速寫畫，新月丘在盛行風作用下，形成迎風坡緩，背風坡陡，沙丘兩側並順沿風向伸展如一彎新月故名。請判讀圖四，該地盛行風的方向最可能的偏向是哪個？

    (A) 東風

    (B) 西風

    (C) 南風

    (D) 北風

    圖四

52. 圖五為某地多年平均的全年日氣溫變化圖，從溫度等值線的分布可計算該地氣溫的年溫差。請問從年溫差的數值可判斷該地是位於下列何處？

    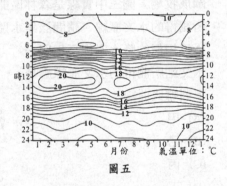

    (A) 赤道

    (B) 南回歸線

    (C) 北緯 30°

    (D) 北緯 50°

    圖五

53. 中國作為世界最大的開發中國家，與世界很多開發中國家比較，在都市地區目前並沒有顯著的由大量違建所組成的「貧民區」，請問是下列哪些因素所致？

    甲、政府提供大量租金低廉的國民住宅

    乙、經濟持續高速的增長提供大量的就業機會

    丙、社會主義制度下健全的社會保障制度

    丁、城鄉分隔制度限制了農民戶口遷入都市

    (A) 甲乙   (B) 丙丁   (C) 甲丙   (D) 乙丁

54. 圖六為 2008 年臺灣原住民與臺灣全體居民人口金字塔圖。根據
圖六原住民人口結構與臺灣全體居民比較，呈現何種特色？
(A) 出生率較高　　　　　　　(B) 人口老化較嚴重
(C) 移出率較高　　　　　　　(D) 就業率較低

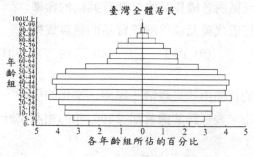

臺灣全體居民

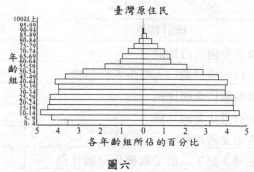

臺灣原住民

圖六

55. 在「世界都市」體系中，臺北市雖然不是全球等級的世界都市，
但被認定是重要的國家性或區域性據點都市。請問到目前為止，
臺北市最主要是將臺灣下列哪項區域特性與全球接合，而使臺北
市能成為「世界都市」網絡上的重要節點？
(A) 華人文化圈創意平臺
(B) 亞太跨國連結的商運紐帶
(C) 全球運籌中心
(D) 高科技量產研發中心

56. 歐元作為歐盟多數國家共通的貨幣後，對歐元區國家的經濟上帶來什麼效應？
    甲、使英國在金融上徹底地整合於歐元區
    乙、各國間在金融貿易上減少貨幣收付的成本
    丙、使歐元區內各國貨品的訂價有共同的標準
    丁、歐元已取代美元成為國際貿易的結算貨幣
    (A) 甲乙　　　　(B) 丙丁　　　　(C) 乙丙　　　　(D) 甲丁

57. 很多國家的首都由於是政治、經濟、文化的中心，自然成為該國的最大都市。表三為某國首都 2000 年的相關統計資料，此都市最可能是：

表三

統計特性	統計值
人口數佔全國人口比例	29%
首都人口規模／第二大都市人口規模	11
金融機構數佔全國比例	95%
電力消費量佔全國比例	75%
醫生數佔全國比例	66%
雇用超過 5 個工人的工廠數佔全國比例	70%

    (A) 英國的倫敦　　　　　(B) 韓國的首爾
    (C) 俄羅斯的莫斯科　　　(D) 秘魯的利馬

58. 在高緯度地區的鐵路建設，凍土是必需面對的問題。下列有關凍土對鐵路交通影響的敘述何者正確？
    (A) 凍土堅實難以開挖路基
    (B) 凍土飽含地下冰，土層軟弱難以承受路基
    (C) 凍土表層融化時沉下，凍結時隆起，使路基不穩
    (D) 路基修築於凍土上，鐵軌會因溫度過低而凍裂出現細縫

59. 近年很多國家推動「永續農業」，其作法除採用自然農法，建立
　　農產品的生態標章外，還推動農田休耕，在作物收成後，將殘株
　　混入土中並加以翻土，讓農田在隔年休耕。請問這樣的休耕方式
　　對農田的生態環境帶來什麼影響？
　　甲、提高土壤肥力
　　乙、避免連年種植同一作物，以減少病蟲害
　　丙、使土壤密實，減緩土壤侵蝕
　　丁、翻動表土，加速土壤母質風化速率
　　(A) 甲乙　　　　(B) 乙丙　　　　(C) 丙丁　　　　(D) 甲丁

60. 近年臺灣很多都市興起了大型的購物中心或大賣場。這些大賣場
　　多選擇開設在都市邊緣或近郊，是因為這些地區具有下列哪些區
　　位優勢所致？
　　甲、接近生產地　　　　　　乙、有大片的完整土地
　　丙、地價較便宜　　　　　　丁、服務業人力供應較充裕
　　(A) 甲乙　　　　(B) 乙丙　　　　(C) 甲丙　　　　(D) 乙丁

61. 「1950 年代臺灣在進口替代政策下，自行車產業開始發展；到
　　1970 年起開始為美國代工，到 1984 年成為自行車出口量第一位
　　的國家。1985 年美國的廠商抽走代工訂單，迫使臺灣業者開始走
　　向自創品牌及國際化營銷的道路，到 90 年代中期更大舉轉移至大
　　陸深圳、昆山等地設廠，臺灣母廠則以高附加價值的成車為產品
　　核心，專注新材料和高階自行車的研發和製造。至 2003 年巨大機
　　械公司成為世界產銷量第一的自行車生產商」。根據以上所述，目
　　前臺灣自行車產業的發展是處於下列產業週期的哪階段？
　　(A) 導入期　　(B) 成長期　　(C) 成熟期　　(D) 衰退期

62. 圖七是福衛二號衛星所拍攝的德基水庫附近的衛星遙測影像圖。
   請問圖中何處是由邊坡崩塌及野溪沖積所造成的堆積地形？
   (A) 甲
   (B) 乙
   (C) 丙
   (D) 丁

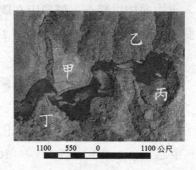

1100 550 0   1100 公尺

圖七

63-64為題組

◎ 表四為新竹地區的五個里在 1999-2007 年間，每隔兩年的人口統
   計數據。這五里所在的地理區位分別可歸類為以下四種類型：
   Ⅰ、1980 年設立的科技園區外圍的丘陵住宅區
   Ⅱ、原農業地方中心經都市計畫發展為新市鎮
   Ⅲ、尚未進行都市更新的老市中心區
   Ⅳ、位於都市郊區平原上的傳統聚落區

表四

年份 里別	面積 （公頃）	1999	2001	2003	2005	2007
甲里	110.0	4,722	6,512	8,059	13,800	19,952
乙里	185.0	1,122	1,197	1,265	1,324	1,351
丙里	182.1	3,603	4,070	4,070	4,162	4,235
丁里	3.7	738	690	690	655	642
戊里	90.6	1,153	1,138	1,138	1,161	1,166

63. 表四甲里最可能位於上述哪個區位？
    (A) I　　　　　　(B) II　　　　　　(C) III　　　　　　(D) IV

64. 表四哪兩個里在近 10 年間的人口成長率變化呈現相似的趨勢？
    (A) 乙丙　　　　(B) 丙丁　　　　(C) 丁戊　　　　(D) 甲戊

<u>65-66為題組</u>

◎ 小明想要進行高中校園植物種類和分布的調查，在研究議題形成
　後，與老師討論研究觀點及研究方法，並開始準備進行實察工作。
　請問：

65. 調查植物群落分布時，最適合採用的地理研究觀點為何？
    (A) 系統分析　　　　　　　　(B) 區域分析
    (C) 生態分析　　　　　　　　(D) 空間分析

66. 在校園進行植物群落調查時，宜採用下列哪些研究與調查方法？
    甲、問卷　　　　乙、實驗　　　　丙、電腦模擬
    丁、觀察　　　　戊、測量
    (A) 甲乙　　　　(B) 乙丙　　　　(C) 丙丁　　　　(D) 丁戊

<u>67-68為題組</u>

◎ 桃園縣復興鄉拉拉山某原住民果農正在登入網頁，看今天訂單以
　決定明天要摘採的水蜜桃數量，同時向訪客說：「我家的水蜜桃
　過去在路邊販賣，賣不完載回去又容易爛掉。附近山產店或盤商
　有時會來低價收購，在無處可賣時也只得賤價批售」。請問：

67. 現在拉拉山的果農逐漸利用網路來銷售，這種新的銷售方式與傳統方式相比，帶來什麼經營上的改變？

  (A) 物流通路拉長，層層傳銷

  (B) 需要建設物流倉儲中心

  (C) 訂單雖無增加，但批量大

  (D) 提前接受訂單，減少折損率

68. 拉拉山果農在原有的銷售方式外，還建置網站接受消費者網上訂購，會使產品銷售的商品圈發生下列哪種變遷？

  (A) 商品圈縮小

  (B) 形成新的商品圈，但舊商品圈消失

  (C) 商品圈擴大

  (D) 商品圈跨越國界的限制

69. 以色列的水資源匱乏，自 70 年代起，以色列農政單位根據各種農牧產品生產所需水量的統計資料（表五），來調整農牧業結構。請問近年來以色列在農牧業方面，最可能致力發展哪項，以發揮水資源的最大效用？

表五　以色列主要農牧產品生產所需水量（m^3/kg）

項目	小麥	大豆	花生	香蕉	葡萄	甘蔗	柑橘	馬鈴薯	胡蘿蔔
需水量	4.069	4.85	2.72	0.252	0.811	0.353	0.64	0.103	0.064
項目	生菜	黃瓜	豌豆	肉牛	乳牛	豬	山羊	家禽	雞蛋
需水量	0.069	0.095	0.487	15.5	177.822	7.734	5.343	5.434	5.85

  (A) 穀物農業　　　　　　(B) 園藝業

  (C) 畜牧業　　　　　　　(D) 酪農業

70. 圖八為某地的氣象站多年平均的月雨量和月均溫圖。請問該地的土壤特性最可能是：

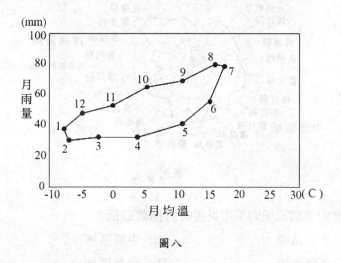

圖八

(A) 淋溶作用中等，表土呈棕色
(B) 淋溶作用強烈，土壤呈紅色
(C) 淋溶作用弱，腐植質含量豐富，土壤呈黑色
(D) 淋溶作用強烈，表層有薄層的有機質，其下土層呈灰白色

71-72為題組

◎ 圖九是某學者所繪製的臺灣各區域及縣市天然災害統計指數雷達圖，災害統計指數愈高者代表受災風險較高，以及人員、設施及財產等的損失程度愈高。請問：

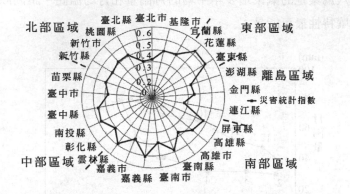

圖九

71. 臺灣的哪個區域的平均災害統計指數最低？

(A) 北部區域　　　　　　　　(B) 中部區域

(C) 南部區域　　　　　　　　(D) 離島區域

72. 東部區域的災害統計指數偏高，與哪些因素有直接關係？

甲、颱風入侵頻率

乙、地層下陷

丙、地質環境

丁、乾旱

(A) 甲丙　　　　　　　　　　(B) 乙丁

(C) 乙丙　　　　　　　　　　(D) 甲丁

98年度學科能力測驗社會科試題詳解

單選題

1. **C**

　【解析】　憲法第七條規定：「中華民國人民，無分男女、宗教、種族、階級、黨派，在法律上一律平等。」，憲法增修條文第十條規定：「國家應維護婦女之人格尊嚴、保障婦女之人身安全、消除性別歧視、促進兩性地位之實質平等。」在職場上應只論工作表現，不分性別。避免有「同工不同酬」的現象。還有「單身條款」、「禁孕條款」等兩性不平等規定應予排除。

2. **B**

　【解析】　內婚制與擴展家庭愈來愈少。

3. **D**

4. **A**

　【解析】　(A) 社區意識：對於社區有認同感與歸屬感，民國83年「行政院文建會」提出「社區總體營造」，透過政府與民間共同討論、組織，藉由行動參與，喚起社區意識，建立公民社會；
　　　　　(B) 為第三部門機制；
　　　　　(C) 為志願團體；
　　　　　(D) 為正式團體。

5. **B**

　【解析】 1. 契約自由原則：相對人選擇自由、締約自由、內容
　　　　　　自由、方式自由、廢止或變更自由。

　　　　　2. 勞動基準法、消費者保護法，限制契約優勢者，保
　　　　　　護經濟弱勢。

6. **C**

　【解析】 一般預防理論：刑罰本身並非目的，而是預防犯罪的
　　　　　手段。

7. **A**

　【解析】 1. 正當程序性：為了確保公正，訴訟法規關於各項訴
　　　　　　訟程序的進行，如何規定而使訴訟當事人可以在法
　　　　　　院公平的進行攻防。

　　　　　2. 聲明異議：因行政處分向原處分機關陳述意見、聲
　　　　　　明不服。

　　　　　3. 訴願：人民對於中央或地方機關之行政處分，認為
　　　　　　違法或不當，致損害其權利或利益者，向原處分機
　　　　　　關之上級機關請求撤銷或變更原處分。

8. **B**

　【解析】 (A) 民事上糾紛的和解，其途徑可區分為訴訟程序中
　　　　　　的和解與訴訟程序外的和解。

　　　　　(B) 訴訟之審判是由法官來職掌，建立審級制度來防
　　　　　　止或盡可能減少人為之疏失，原則上採三級三
　　　　　　審制。

(C) 羈押由檢察官聲請法院核准。

(D) 未經起訴或已經合法撤回起訴的案件，法官不得主動予以審判。

9. **D**

【解析】 強化都會區及生活圈的區域整合，需要有法律依據。法律的制定與修正機關為立法院，程序可分為提案、審查及讀會等三個階段，總統公布後才能發生效力。

10. **C**

【解析】 (B) 內閣制的特色，國王或總統為虛位元首，象徵國家，行政權形式上出自元首，事實屬於總理與閣員構成的內閣，行政部門與國會既相結合，又相對抗。

(D) 修憲後，立法院可通過行政院長不信任案；行政院長得呈請總統解散立法院，總統有權解散立法院，有限的副署制度。偏向「雙首長制」。

11. **B**

12. **C**

【解析】 民主鞏固程度的標準「雙翻轉檢驗」在轉型期的選舉中，掌握政權的政黨或團體，在選舉中失利，並且把政權和平地交給下一次選舉中的獲勝者。經過這樣過程的民主政權，就可以被認為是已經達成了鞏固民主的階段。

13. **C**

14. **B**

【解析】 國際貨幣基金會維持會員國之間短期國際收支的穩定，在解除外匯管制之下，當會員國遇有國際收支失衡時，基金會則提供短期資金融通，協助其度過難關。世界銀行任務是資助國家克服窮困，向發展中國家提供低息貸款、無息信貸。

15. **B**

【解析】 著作財產權之限制：
1. 各級學校及擔任教學之人，為授課需要，在合理範圍內，得重製他人已公開發表之著作。
2. 中央或地方機關，因立法或行政目的、司法程序使用之必要。
3. 供公眾使用之圖書館、博物館、歷史館、科學館、藝術館或文教機構，得就其收藏之著作重製。
4. 個人或家庭為非營利目的，在合理範圍內，得利用圖書館及非供公眾使用之機器重製。

16. **D**

17-18 為題組

17. **B**

【解析】 米德（G. H. Mead）提出 (1) 自我是從「重要他人」角色的模仿與扮演的理論，認為家庭與社會經驗對於個人影響甚大，透過「社會化」會考慮他人建構出合乎社會規範的自我。

18. **C**

【解析】 參考團體：想加入或已加入的團體，以團體的思想理
念和行為模式準則作為自己傲法的對象。

19-20 為題組

19. **D**

20. **B**

【解析】 比例原則：(1) 適當性 (2) 必要性 (3) 衡量性不得為達目
的不擇手段。如俗語殺雞焉用牛刀，用大砲打小鳥、
以機槍掃射驅離示威群眾。

21-22 為題組

21. **A**

【解析】 一個國家的政治體系內，有兩個以上的政黨聯合執政，
在國會中沒有一個政黨的席位能獲得過半數，因此往
往必須組成聯合內閣，以利政府政策的推行。

22. **D**

【解析】 單一選區多數當選制：每選區只產生一名，又稱小選
區選舉，相較大黨有利，小黨生存更加困難，顯見選
舉制度與政黨政治有密切關係。

23-24 為題組

23. **D**

【解析】 若由供需決定，廠商因為產生造成較多的汙染，碳交
易市場排放許可需求量增加，價格就會上揚。

24. **B**

【解析】 生產此商品會使社會付出額外的成本,例如汙染,若
無限制污染法規,污染量將會非常高,增加污染者的
負擔,就是一種矯正措施。

25. **A**

【解析】 古代中國文化多元性(分區發展)且富有地方性色彩
的證明:
1. 農作物:黃河、遼河流域粟稷(小米)為主 ——「粟
作農業區」;長江、錢塘江流域水稻為主 ——「稻
作農業區」;東南沿海「根莖作物區」;
2. 住屋:黃河流域半穴居及夯土建築,南方則為木結
構干欄式住屋;
3. 青銅器:「四川三星堆」出土的青銅器面具與人像
與同時期商朝及周朝初期大不相同。

26. **A**

【解析】 台灣在日治時期後藤新平民政長官提出「生物學原
則」,主張如自然生態一樣,要了解順應台灣生態,
故他的土地改革、林野調查是日本有效控制和榨取
台灣資源的主要依據;臺灣普遍擁有戶籍地址是土
地調查事業的一部分。

27. **D**

【解析】 (D) 俄國 1917 年二月革命後,流亡在外的列寧回到彼
得格勒,他提出口號 ——「和平、土地與麵包」,

　　　　　獲得廣大人民的支持；1917 年 10 月列寧認爲發動
　　　　　革命的時機已成熟，他潛返首都後，以武力政變方
　　　　　式奪取政權，史稱「十月革命」；

(A) 1776 年的美國革命的口號：沒有代表，不納稅；

(B) 1789 年法國大革命的口號：自由、平等、博愛；

(C) 1688 年的光榮革命的口號：宗教、自由和財產。

28. **A**

【解析】(A) 一六〇三年，德川家康戰勝其他諸侯，建立江戶
　　　　　（東京）幕府；

(B) 十二世紀後的六百多年，約中國宋朝至清朝，日
　　本的封建割據勢力發展到最高峰，史稱「幕府時
　　代」（1192－1867）；所謂「幕府」（bakufu），
　　乃是由勢力最大的諸侯以「征夷大將軍」名義所
　　組織的統治機關，掌握全國政權，不會受制於旗
　　下的諸侯，天皇毫無實權，形同傀儡；

(C) 江戶時期，由於政局穩定，經濟、文化均有明顯
　　發展；十八世紀後，商人地位逐漸抬升，不過貧
　　富差距逐漸拉大，社會逐漸動亂；

(D) 日本民族又具有學習外來文化的傳統，如七世紀
　　中葉仿唐進行的「大化革新」（Taika Reform），
　　十七世紀鎖國時期又積極學習「蘭學」，「蘭
　　學」是日本研習荷蘭的學問，成爲日本與西方接
　　觸的主要來源，「蘭學」成爲日本對西學的稱呼。

29. **C**

【解析】 清治時期對台灣原住民採隔離防範措施：立碑或掘土牛溝（「土牛地界」，又稱「土牛紅線」）為漢番地界，分隔生番和熟番，並禁墾番地；但漢人的移墾，仍不斷跨越，形成漢番雜處的社會；清代漢人居住的地區稱「庄」，番人居住的地區稱「社」，事實上，不論「庄」、「社」，都存在者漢番雜處的情形。

30. **B**

【解析】 文藝復興（Renaissance）是介於中古與近代歐洲間歷史發展的關鍵時代，使歐洲中古時代的宗教文化轉變為世俗性文化。

31. **A**

【解析】 宋元明理學影響倫常道德逐漸教條化，如有人問程頤寡婦可否再嫁，程頤說「餓死事小，失節事大」，形成對個人的牽制，受這種禮教秩序影響最大的是婦女地位日益下降。

32. **A**

【解析】 台灣米銷往中國，推動台灣社會經濟的發展，一旦台灣米穀外銷不暢，立即對台灣的社會經濟造成嚴重衝擊，造成「熟荒」現象；鴉片戰爭後，外國人向中國沿海地區輸入大量廉價的洋米（南洋米，由東南亞輸入），使得台灣米穀的銷路大受影響，時任台灣兵備道徐宗幹痛心的說，台灣社會經濟是「十年前之不如二十年前，五年前之不如十年前也，一二年內之不如五六年前也」，這種現象是由於台灣米穀的中國市場

被洋米佔據造成的，「蓋由內地食洋米而不食臺米也，不食臺米也，則臺米無去處。而無內渡之米船，即無外來之貨船。」勾勒臺米滯銷對台灣社會經濟的嚴重影響。

33. **C**

【解析】 1. 西元前兩千六百年阿卡德人（Akkadians）進入兩河流域，建立阿卡德帝國；

2. 1900 B.C. 巴比倫人統一兩河流域，建立巴比倫帝國；

3. 西台人西元前十五世紀發展成西台帝國；

4. 亞述人西元前 910 年，兼併兩河流域的王國，建立橫跨亞非兩洲的大帝國；

5. 西元前六世紀波斯王居魯士（Cyrus）推翻米提，成為波斯國王。

34. **B**

【解析】 甘地（Mohandas Karamchand Gandhi，1869－1948）由南非回到印度後，成為印度國民大會黨的領導人，甘地在領導印度爭取獨立過程中，採取的手段是非暴力的「不合作運動」；一九六〇年代美國的諸多社會問題中，種族歧視是另一難解的問題，其中又以黑人問題最為嚴重；在許多黑人爭取權益的運動中，以馬丁·路德·金恩（Martin Luther King）領導的民權運動影響最為深遠。他鼓吹用非暴力方式來爭取民權，並在美國各地進行演講，金恩牧師發表著名的演講〈我有一個夢〉（I Have a Dream），盼望種族平等並和睦相處，然年僅三十九歲的金恩牧師卻被暗殺身亡。

35. **D**

【解析】　由題幹「他是中國思想界的一個清道夫，他把啟蒙的
水灑向那孔孟瀰漫的大道上。因此時時被那無數吃慣
孔孟的老頭子們跳腳痛罵，怪他不識貨」知此人是清
末民初新文化運動時批判孔孟學說、要「打倒孔家店」
的西學派人物 —— 陳獨秀，另一清道夫是胡適之；康
有為屬傳統派，梁啟超屬折衷派。

36. **C**

【解析】　(C) 日治台灣時期，1931 年後日本想使台灣轉為半農
業半工業社會（農業南洋、工業台灣），故 1934
年日月潭發電廠完工，以支援日本的重化工業，
使台灣工業產值超過農業，所以 1930 年代臺灣發
電設施之設備容量急遽增加；
(A) 石油危機後，台灣先在北部成立核能一、二廠後，
民國 67 年（1978 年）在恆春成立第三核能發電廠；
(B) 高雄火力發電廠 1955 年啟用；
(D) 大甲溪水力發電廠德基發電廠 1974 年完工。

37. **D**

【解析】　「馬來群島」也叫「南洋群島」，是世界上面積最大的
群島，「東印度群島」有時用作該群島的同義詞，這些
島嶼分屬於印度尼西亞、菲律賓、馬來西亞、文萊和
巴布亞新幾內亞等國；馬來群島的動植物群非常豐富
且種類各異，商品作物有橡膠、菸葉、糖、椰乾、胡
椒、奎寧、肉荳蔲等；石油為主要礦產，錫產量佔世
界產量的 10%；「摩鹿加群島」有「香料群島」之稱。

38. **B**

【解析】 題幹中「國家之主權如司法、財稅、軍警等，過去是由國王來執行，現在則淪入私人之手；而且這些國家主權隨著土地之轉移而轉移，或者隨著土地之分割而分割」指的是歐洲封建制度，答案中只有「西元十世紀的法蘭西」屬於歐洲中古封建時代（歐洲的封建制度在西元八世紀開始形成，十至十三世紀達到鼎盛，十五世紀以後逐漸崩潰）。

39. **D**

【解析】 鴉片戰爭前中國有高高在上的「天朝觀念」，視外國人為蠻夷之邦，阿美士德到中國，嘉慶君臣認為英使是來朝貢要求英使依「天朝定制」，覲見皇帝時行「三跪九叩頭禮」，這當然與英使以跪叩禮「有傷英國尊嚴」的主權國家觀衝突。

40. **D**

【解析】 中國古代封建社會裡，土地、軍隊、分配權利等皆依爵位等級不同而有不同的規定，故題幹有「共獵得五鹿，欲以爵次分之」。

41. **C**

【解析】 魏晉南北朝中國動盪不安，但世（士）族特權政治盛行，世（士）族子弟政治上享有仕宦的優先權，故「甲文人雖然看到戰亂使其家族前途未卜，但他相信，如果他的子弟想要出仕為官，應該不會有什麼問題」；宋朝世族政治結束，科舉考試較公平，有「富貴不傳三代」的諺語，故「官員們幾乎不可能為其後代子孫的仕途提供庇護」。

42. **B**

【解析】　由「他們蓋的城很小，根本就不能算是城……但他們有好的船隻，也善用火砲，所以雖然軍隊數量不多，但各地的原住民都聽命於他們」可知是荷蘭人據臺時在安平地區築城，如熱蘭遮城等；「熱蘭遮城」是標準的西方殖民城堡，城堡寬 100 呎，長 140 呎，如此小的城堡不是讓人民居住的，而是用來保護極少數的外來統治者，並進一步在堡內配以新式武器大砲、毛瑟槍。

43. **A**

【解析】　西元前六世紀後，耆那教與佛教、婆羅門教的影響力減弱，因耆那教未全盤否定婆羅門教，也未反對民間的多神信仰，同時耆那教或佛教也都接受「業」（Karma）、「輪迴」等觀念，因此在一般印度人的觀念裡，未將之與婆羅門教截然劃分，婆羅門教在二世紀之後復興，通稱印度教（Hinduism）。

44. **C**

【解析】　由題幹「貿易活動的特色是商業、海盜、戰爭三位一體」、「國家認為誰能獨佔價錢最貴的商品，誰就能夠成為最富強的國家；各國為獲得珍貴商品，經常不擇手段，貿易往往淪為搶劫行為。這種行為甚至與國家的權力相連，而變成一種愛國行為」可知這是舊帝國主義的行徑，故選十六世紀後期，英國與西班牙間的貿易競爭（地理大發現促成歐洲的擴張，形成「舊帝國主義」；十六世紀的葡、西，十七世紀的荷蘭，十八世紀的英、法，先後建立海外殖民帝國；工業革命後出現侵略別國的屬於「新帝國主義」）。

45. **B**

【解析】　由題幹「這個城市……外國人可能佔了三分之一。城
　　　　　內圍隔成一百多個坊，……還有東、西兩個市場。
　　　　　……因為眾多的佛寺而感到震驚。宴會上常可看到外
　　　　　國女子組成的樂隊，坐在駱駝背負的平臺上表演，演
　　　　　奏著類似吉他的琵琶。」可知是胡風盛行的唐朝首都
　　　　　──長安。

46. **B**

【解析】　荷蘭於 1579 年從西班牙的統治下獨立，採行聯合英國
　　　　　的政策，取代西班牙及葡萄牙的海洋霸權，荷蘭和英
　　　　　國 1619 年再度訂立荷英防守同盟，並在遠東重新組織
　　　　　荷英聯合艦隊，襲擊航行中的葡、西船隻；1814 年英、
　　　　　俄、普、奧四國軍隊攻入法國，拿破崙被迫退位；第
　　　　　一次世界大戰時，英、法、義協約國對抗德國日耳曼
　　　　　人同盟國；第二次世界大戰時，英、法等同盟國對抗
　　　　　德、義、日等軸心國。

47-48 為題組

47. **A**

【解析】　由題幹「對於已經宣佈獨立，並經我國承認的國家，
　　　　　西歐諸國如果要予以干涉的話，我們認為他將危害美
　　　　　國的和平與幸福」可知是 1823 年位幫助中南（拉丁）
　　　　　美洲（Latin America）獨立時，美國總統門羅提出的
　　　　　「門羅主義」（The Monroe Doctrine）。

48. A

【解析】 1979 年（民國 68 年）美國和台灣斷交；美國國會通
過台灣關係法，設立「美國在臺協會」（A.I.T），維持
台美間文化經濟實質關係，並提供足夠的防禦性武器，
保障臺灣的安全，故國會法案說：「美國將使臺灣能夠
獲得數量足以維持自衛能力的防衛物資及技術服務。」

49. A

【解析】 集水區森林被砍伐，
因缺乏植被，造成水
文歷線的洪峰延滯期
縮短，上升翼更陡，
洪峰流量增加。
請見圖示：

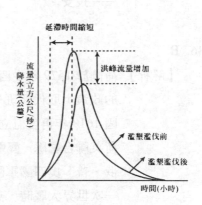

50. B

【解析】 網格模式資料中，地理資訊以方形網格為基本單元，
將整個區域劃分為規則的網格，適合表現「面資料」，
可表達現象的形狀、面積等資訊，故乙、空氣汙染、
丙、地形坡度的變化較適用。

51. C

【解析】 1. 太陽東升西落，故附圖
上方為西方。
2. 新月丘的迎風坡緩，背
風坡陡，可判斷其盛行
風為南風。

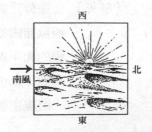

52. **A**

【解析】 1. 由平均全年日氣溫變化圖中可判讀出 7 月與 1 月的年溫差小。

2. 赤道地區因日照角度及晝夜長短變化小，故年溫差很小。

53. **D**

【解析】 中國都市化二大影響因素：

(1) 經濟發展。

(2) 都市政策。

1. 1980 年代實施「離土不離鄉，進廠不進城」政策：鄉鎮企業吸收剩餘的農村勞力，促使農村鄉鎮化，減少農村人口流入都市。

2. 城鄉分隔政策：推行工業和勞力分散分布，防止農村人口盲目流入都市。

54. **A**

【解析】 原住民的年齡結構中，0～14 歲的幼年人口比例明顯偏高，故判知出生率較高。

55. **D**

【解析】 台灣高科技產業發達，其中台北科技走廊 —— 包括南港軟體工業區、內湖科技園區、北投士林科技園區、基隆河截彎取直新生地工業區，其中內湖科技園區產值已超過新竹科學園區，吸引外商和企業總部進駐，台北市成為「世界都市」網絡上的重要節點。

56. **C**

【解析】 2002 年 1 月 1 日啓用「歐元」，完成歐盟國家貨幣整合理想。

　　　1. 歐元使用國：東擴前歐盟 15 國中的 12 國（英國、瑞典、丹麥除外）及斯洛維尼亞（2007 年加入）。

　　　2.「歐元」單一貨幣的優點：

　　　　(1) 減低企業匯兌成本與匯率差的損失，提升營運效能。

　　　　(2) 使不同產地的商品價格透明化，減少國家間的價差。

　　　　(3) 歐元實施後，旅行便利。

57. **D**

【解析】 1. 表中首都人口數佔全國人口比例高達 29%，第二大都市人口規模與首都差距大，其他金融機構、電力消費、醫生數、雇工數比例均高，可判斷爲「首要型」都市。

　　　2. 首要型都市以中、南美洲分布較多，故選南美秘魯的利馬。

58. **C**

【解析】 凍土夏季融化，土壤因含水而鬆軟；冬季凍結時，因冰的體積較水大，造成路基隆起，影響鐵路交通。

59. **A**

【解析】 1. 作物殘株混入土中可增加腐殖質，休耕可恢復地力。

　　　2. 休耕使病蟲害因無農作爲食糧而死亡。

60. **B**

【解析】 購物中心及大賣場常設在都市郊區原因：郊區地價較低，空間較廣，地租成本低，可設較多停車位，以方便購物。

61. **C**

【解析】 產品生命週期：
1. 導入期（引介期）：產品剛研發成功，初上市銷售量不大。
2. 成長期：銷售量成長迅速，利潤不斷增加。
3. 成熟期：產品已普遍被消費者接受，但其他廠商加入競爭，使銷售量成長緩和，利潤稍微下滑。製造區位必須尋找最低生產成本且可開拓新市場的地方。
4. 衰退期：產品已標準化，單位產品的獲利率極低。

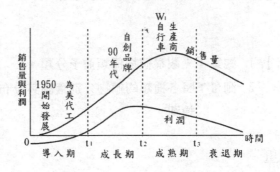

62. **A**

【解析】 甲處左側有野溪，可判斷為小沖積扇地形。

63-64 為題組

63. **B**

【解析】 原為農業地方中心（因 1999 年里民最多），經都市
計劃後發展為新市鎮（因 1999～2007 年間人口增加
最快）。

64. **A**

【解析】 乙：$\dfrac{1351-1122}{1122} \times \% = 20.4\%$

丙：$\dfrac{4235-3603}{3603} \times \% = 17.5\%$

人口成長率相似

65-66 為題組

65. **D**

【解析】 空間分析：探究地表諸現象之空間分布。

66. **D**

【解析】 1. 觀察：先觀察植物種類並予分類。

2. 測量：將各種類的植物分別量測其分布範圍並
繪圖。

67-68 為題組

67. **D**

【解析】 提前接受網路訂單，可決定採摘水蜜桃數量，可避免
路邊販售不完爛掉的折損。

68. **C**

【解析】 網路資訊傳播無遠弗屆且傳遞快速，使商品圈擴大，產生無限商機。

69. **B**

【解析】 由表中可判讀出園藝業（如：香蕉、葡萄、甘蔗、柑橘……生菜、黃瓜等）的需水量最少，最適宜發展。

70. **D**

【解析】 由讀圖可判知為氣候冷溼區，屬灰化土：
1. 月均溫：夏季（7月）17°C 左右，冬季（1月）−8°C 上下。
2. 月雨量：介於 30mm～80mm。

71-72 為題組

71. **D**

【解析】 圖中顯示離島區馬祖（屬連江縣）平均災害指數僅 0.28，為台灣區最低。

72. **A**

【解析】 甲、颱風入侵頻率 → 東部最高。

乙、地層下陷 → 西部沿海較嚴重。

丙、地質環境 → 東部花東縱谷位歐亞板塊與菲律賓海板塊接觸帶上，地殼不穩定。

丁、乾旱 → 西部平原年雨量 1500mm 以下，是台灣最少雨區。

九十八年度學科能力測驗（社會考科）
大考中心公佈答案

題號	答案	題號	答案	題號	答案	題號	答案
1	C	21	A	41	C	61	C
2	B	22	D	42	B	62	A
3	D	23	D	43	A	63	B
4	A	24	B	44	C	64	A
5	B	25	A	45	B	65	D
6	C	26	A	46	B	66	D
7	A	27	D	47	A	67	D
8	B	28	A	48	A	68	C
9	D	29	C	49	A	69	B
10	C	30	B	50	B	70	D
11	B	31	A	51	C	71	D
12	C	32	A	52	A	72	A
13	C	33	C	53	D		
14	B	34	B	54	A		
15	B	35	D	55	D		
16	D	36	C	56	C		
17	B	37	D	57	D		
18	C	38	D	58	C		
19	D	39	D	59	A		
20	B	40	D	60	B		

九十八學年度學科能力測驗總級分與各科成績標準一覽表

考　　科	頂標	前標	均標	後標	底標
國　　文	14	13	11	10	8
英　　文	13	11	8	5	4
數　　學	11	9	6	4	3
社　　會	14	13	11	9	8
自　　然	12	11	9	7	6
總級分	60	55	46	37	29

※ 五項標準之計算，均不含缺考生（總級分之計算不含五科都缺考的考生）
　之成績，計算方式如下：
　　頂標：成績位於第 88 百分位數之考生成績
　　前標：成績位於第 75 百分位數之考生成績
　　均標：成績位於第 50 百分位數之考生成績
　　後標：成績位於第 25 百分位數之考生成績
　　底標：成績位於第 12 百分位數之考生成績

九十八學年度學科能力測驗社會科各級分人數累計表

	級分	人　數	百分比 (%)	累計人數	累計百分比 (%)
	15	5,485	3.93	139,699	100.00
	14	11,481	8.22	134,214	96.07
	13	18,383	13.16	122,733	87.86
	12	22,698	16.25	104,350	74.70
	11	27,718	19.84	81,652	58.45
社	10	17,655	12.64	53,934	38.61
	9	12,503	8.95	36,279	25.97
	8	11,270	8.07	23,776	17.02
	7	6,322	4.53	12,506	8.95
會	6	3,818	2.73	6,184	4.43
	5	1,734	1.24	2,366	1.69
	4	586	0.42	632	0.45
	3	40	0.03	46	0.03
	2	1	0.00	6	0.00
	1	3	0.00	5	0.00
	0	2	0.00	2	0.00

九十八學年度學科能力測驗
總級分人數百分比累計表（違規處理前）

總級分	人數	百分比	累計人數	累計百分比
75	109	0.08	140,007	100.00
74	226	0.16	139,898	99.92
73	297	0.21	139,672	99.76
72	437	0.31	139,375	99.55
71	551	0.39	138,938	99.24
70	700	0.50	138,387	98.84
69	815	0.58	137,687	98.34
68	961	0.69	136,872	97.76
67	1,144	0.82	135,911	97.07
66	1,361	0.97	134,767	96.26
65	1,574	1.12	133,406	95.29
64	1,744	1.25	131,832	94.16
63	1,967	1.40	130,088	92.92
62	2,246	1.60	128,121	91.51
61	2,351	1.68	125,875	89.91
60	2,619	1.87	123,524	88.23
59	2,764	1.97	120,905	86.36
58	3,052	2.18	118,141	84.38
57	3,240	2.31	115,089	82.20
56	3,343	2.39	111,849	79.89
55	3,539	2.53	108,506	77.50
54	3,600	2.57	104,967	74.97
53	3,946	2.82	101,367	72.40
52	4,066	2.90	97,421	69.58
51	4,080	2.91	93,355	66.68
50	4,186	2.99	89,275	63.76
49	4,224	3.02	85,089	60.77
48	4,460	3.19	80,865	57.76
47	4,364	3.12	76,405	54.57
46	4,358	3.11	72,041	51.46
45	4,284	3.06	67,683	48.34
44	4,163	2.97	63,399	45.28
43	4,102	2.93	59,236	42.31
42	3,970	2.84	55,134	39.38
41	3,855	2.75	51,164	36.54
40	3,650	2.61	47,309	33.79

總級分	人數	百分比	累計人數	累計百分比
39	3,338	2.38	43,659	31.18
38	3,063	2.19	40,321	28.80
37	2,922	2.09	37,258	26.61
36	2,802	2.00	34,336	24.52
35	2,499	1.78	31,534	22.52
34	2,339	1.67	29,035	20.74
33	2,256	1.61	26,696	19.07
32	2,153	1.54	24,440	17.46
31	2,088	1.49	22,287	15.92
30	2,063	1.47	20,199	14.43
29	1,990	1.42	18,136	12.95
28	1,936	1.38	16,146	11.53
27	1,930	1.38	14,210	10.15
26	1,857	1.33	12,280	8.77
25	1,740	1.24	10,423	7.44
24	1,679	1.20	8,683	6.20
23	1,472	1.05	7,004	5.00
22	1,296	0.93	5,532	3.95
21	1,073	0.77	4,236	3.03
20	854	0.61	3,163	2.26
19	681	0.49	2,309	1.65
18	487	0.35	1,628	1.16
17	362	0.26	1,141	0.81
16	228	0.16	779	0.56
15	129	0.09	551	0.39
14	74	0.05	422	0.30
13	45	0.03	348	0.25
12	45	0.03	303	0.22
11	37	0.03	258	0.18
10	30	0.02	221	0.16
9	25	0.02	191	0.14
8	25	0.02	166	0.12
7	37	0.03	141	0.10
6	19	0.01	104	0.07
5	22	0.02	85	0.06
4	27	0.02	63	0.04
3	17	0.01	36	0.03
2	14	0.01	19	0.01
1	3	0.00	5	0.00
0	2	0.00	2	0.00

註：累計百分比＝從 0 到該級分的累計人數／（報名人數 - 五科均缺考人數）

九十八學年度學科能力測驗
原始分數與級分對照表

科目	國文	英文	數學	社會	自然
級距	5.94	6.25	5.97	8.56	7.91
級分	分　數　區　間				
15	83.17 - 108.00	87.51 - 100.00	83.59 - 100.00	119.85 - 144.00	110.75 - 128.00
14	77.23 - 83.16	81.26 - 87.50	77.62 - 83.58	111.29 - 119.84	102.84 - 110.74
13	71.29 - 77.22	75.01 - 81.25	71.65 - 77.61	102.73 - 111.28	94.93 - 102.83
12	65.35 - 71.28	68.76 - 75.00	65.68 - 71.64	94.17 - 102.72	87.02 - 94.92
11	59.41 - 65.34	62.51 - 68.75	59.71 - 65.67	85.61 - 94.16	79.11 - 87.01
10	53.47 - 59.40	56.26 - 62.50	53.74 - 59.70	77.05 - 85.60	71.20 - 79.10
9	47.53 - 53.46	50.01 - 56.25	47.77 - 53.73	68.49 - 77.04	63.29 - 71.19
8	41.59 - 47.52	43.76 - 50.00	41.80 - 47.76	59.93 - 68.48	55.38 - 63.28
7	35.65 - 41.58	37.51 - 43.75	35.83 - 41.79	51.37 - 59.92	47.47 - 55.37
6	29.71 - 35.64	31.26 - 37.50	29.86 - 35.82	42.81 - 51.36	39.56 - 47.46
5	23.77 - 29.70	25.01 - 31.25	23.89 - 29.85	34.25 - 42.80	31.65 - 39.55
4	17.83 - 23.76	18.76 - 25.00	17.92 - 23.88	25.69 - 34.24	23.74 - 31.64
3	11.89 - 17.82	12.51 - 18.75	11.95 - 17.91	17.13 - 25.68	15.83 - 23.73
2	5.95 - 11.88	6.26 - 12.50	5.98 - 11.94	8.57 - 17.12	7.92 - 15.82
1	0.01 - 5.94	0.01 - 6.25	0.01 - 5.97	0.01 - 8.56	0.01 - 7.91
0	0.00 - 0.00	0.00 - 0.00	0.00 - 0.00	0.00 - 0.00	0.00 - 0.00

級分計算方式如下：

1. 級距：以各科到考考生，計算其原始得分前百分之一考生（取整數，小數無條件進位）的平均原始得分，再除以15，並取至小數第二位，第三位四捨五入。

2. 本測驗之成績採級分制，原始得分0分為0級分，最高為15級分，缺考以0級分計。各級分與原始得分、級距之計算方式詳見簡章第10頁。

九十七年大學入學學科能力測驗試題
社會考科

第壹部分（佔 84 分）

說明：第 1 至 42 題皆計分。第 1 至 42 題皆是單選題，請選出一個最適當的選項標示在答案卡之「選擇題答案區」。每題答對得 2 分，答錯不倒扣。

1. 圖一為台灣經建版地圖中的 4 種土地利用圖例。哪些圖例在台灣的分布，主要集中於丘陵地區？
   (A) 甲乙
   (B) 乙丙
   (C) 丙丁
   (D) 甲丁

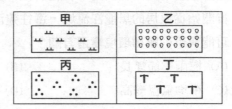

圖一

2. 表一為 4 個國家的森林面積與森林覆蓋率。哪個國家最可能是世界紙漿最大生產國？

表一

國家	緯　　度	森林面積（平方公里）	森林覆蓋率（%）
甲	49°N－80°N	3101	34
乙	8°N－12°S	1336	59
丙	7°N－10°S	885	49
丁	22°N－28°N	322	49

(A) 甲　　　　(B) 乙　　　　(C) 丙　　　　(D) 丁

3. 圖二中甲、乙、丙、丁為 2005 年台灣四大區域的人口自然增加率與社會增加率。該年哪個區域的人口最接近零成長？

(A) 甲

(B) 乙

(C) 丙

(D) 丁

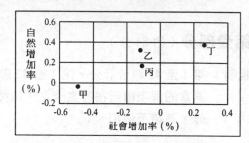

圖二

4. 依據學者研究，在公元 5 世紀前後，受到環境變遷的影響，某族群開始從原居的黑龍江流域，遷往遼河流域。該族群的遷移，最可能與下列哪項環境變遷有關？

(A) 梅雨季節變長　　　　　　(B) 凍土面積變廣

(C) 平均氣溫變高　　　　　　(D) 黃土堆積變少

5. 中國哪個自治區的居民，目前產業活動仍以牧業為主，牧業的年總產值高於農業？

(A) 西藏自治區　　　　　　　(B) 內蒙古自治區

(C) 寧夏回族自治區　　　　　(D) 新疆維吾爾自治區

6. 下列首都的遷移案例中，何者主要是係基於邊界的國防安全問題而遷都？

(A) 7 世紀武則天遷都洛陽　　(B) 19 世紀日本遷都東京

(C) 20 世紀巴西遷都巴西利亞

(D) 20 世紀巴基斯坦遷都伊斯蘭馬巴德

7. 某個國家的首都，年雨量在 1110-1649mm，氣候型態是：5 至 8 月爲冷季，平均氣溫在 15 $^{\circ}$C-18 $^{\circ}$C；9 至 11 月爲熱季，平均氣溫在 22 $^{\circ}$C -25 $^{\circ}$C；11 月至 4 月爲雨季，其餘月份爲乾季。該國家最可能位於下列哪個緯度區？

(A) 10 $^{\circ}$N – 15 $^{\circ}$N   (B) 30 $^{\circ}$N – 40 $^{\circ}$N

(C) 10 $^{\circ}$S – 15 $^{\circ}$S   (D) 30 $^{\circ}$S – 40 $^{\circ}$S

8-10爲題組

◎ 圖三爲台灣某地區河階地形的等高線圖。該地區河階階面之間的相對高度，超過 40 公尺，是研究台灣地殼隆起速率相當重要的觀察區。請問：

8. 該地區地勢最高的河階面，介於海拔幾公尺之間？

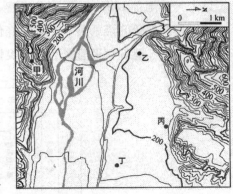
圖三

(A) 120 – 140 公尺

(B) 200 – 220 公尺

(C) 340 – 360 公尺

(D) 480 – 500 公尺

9. 造成該地區河階地形的主要河流，其河水的流向爲何？

(A) 北往南流   (B) 西往東流

(C) 東北往西南流   (D) 西北往東南流

10. 圖三中甲、乙、丙、丁四地，何處最可能出現湧泉？

(A) 甲   (B) 乙   (C) 丙   (D) 丁

11. 圖四為 2005 年經濟部核准台灣廠商海外投資的比例圖。其中甲、
乙、丙、丁分別代表的是哪些大洲？

(A) 亞洲、北美洲、歐洲、拉丁美洲
(B) 亞洲、歐洲、拉丁美洲、北美洲
(C) 亞洲、北美洲、拉丁美洲、歐洲
(D) 亞洲、拉丁美洲、北美洲、歐洲

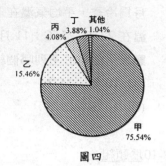

圖四

12. 蝗蟲對農業危害極大，有人將它與旱、澇並列為三大農業災害。
依據研究，中國最適合蝗蟲生長的條件，為最冷月月均溫在-4 °C
以上，年雨量 1000mm 以下，且春、秋兩季為少雨季節。圖五是
四種農業經營的模式圖。從氣候條件來看，中國若爆發大規模的
蝗蟲災害，圖五哪種農業活動的災情最為輕微？

(A) 甲
(B) 乙
(C) 丙
(D) 丁

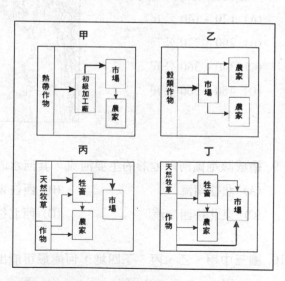

圖五

13-15為題組

◎ 照片一為某地的海岸景觀；照片二是四種農業土地利用景觀。
　　請問：

照片一

照片二

13. 該種海岸類型的形成，和哪種地形作用的關係最密切？
    (A) 火山作用　　　　　　　　(B) 冰河作用
    (C) 溶蝕作用　　　　　　　　(D) 河流作用

14. 該種海岸類型，在哪個氣候區的分布最普遍？
    (A) 熱帶莽原氣候　　　　　　(B) 副熱帶季風氣候
    (C) 溫帶海洋性氣候　　　　　(D) 溫帶地中海型氣候

15. 照片二中何種農業景觀，最可能出現在該海岸類型的地區？
    (A) 甲　　　　(B) 乙　　　　(C) 丙　　　　(D) 丁

16. 依據我國憲法增修條文第七條的規定，下列有關監察院組成方式、
    職權行使和保障的敘述，哪些正確？
    甲、監察院設監察委員若干人，由總統提名經立法院同意任命
    乙、監察委員在監察院內所為之言論及表決，對院外不負責任
    丙、監察委員除現行犯外，非經監察院許可，不得逮捕或拘禁
    丁、監察院對於公務人員的失職或違法情事，有權提出糾舉案
    (A) 甲乙　　　　(B) 乙丙　　　　(C) 丙丁　　　　(D) 甲丁

17. 民生主義主張建立社會安全制度，我國憲法增修條文第十條明文
    規定，保障特定人民的醫療衛生和社會福利。這些受到明文規定
    保障的人民包括：甲、懷孕婦女　乙、金馬地區居民　丙、身心
    障礙人士　丁、低收入老人和兒童
    (A) 甲丁　　　　(B) 乙丙　　　　(C) 甲丙丁　　　　(D) 乙丙丁

18. 我國根據民生主義理論，實施平均地權改革政策。就訂定地價而
    言，下列有關目前實施政策與中山先生主張的比較，何者正確？

(A) 兩者皆以地主申報的地價爲準

(B) 兩者皆以政府公告的地價爲準

(C) 目前政策實施公告和申報並行

(D) 中山先生主張公告和申報並行

19. 中山先生認爲中國雖四萬萬之衆,實等於一盤散沙,民衆對國事毫不關心,國家民族觀念相當薄弱,祇知有自己不知有國家,不能團結。中山先生認爲這種現象是受到何種因素的影響?

(A) 中國自古即以天朝上國自居,人民無法產生國家認同

(B) 人民「天高皇帝遠」的心態,喜明哲保身而不涉政治

(C) 滿清專制剝奪人民政治自由,人民無從辨識國家問題

(D) 列強對中國採取挑撥與分化,使人民彼此猜忌與互斥

20. 中山先生在民生主義中批判馬克思的「剩餘價值說」。馬克思所謂的「剩餘價值」事實上就是指下列何者?

(A) 資本   (B) 勞力

(C) 土地   (D) 利潤

21. 司法權是我國政府組織五權分立的其中一權,下列有關我國司法體制和司法機關職能及其運作原則的敘述,何者正確?

(A) 司法機關旨在監督執法和裁判訴訟

(B) 司法機關運作與政黨政治關係密切

(C) 檢調體系具完全自主性且司法獨立

(D) 法院的法官有權彈劾失職政府官員

22. 中山先生爲了革命與建國需要,先後完成下列諸事,這些事情發生的時間順序爲何?

甲、組織興中會　　　　　　乙、發表建國大綱

丙、撰述實業計畫　　　　　　丁、制訂中華民國國號

(A) 甲乙丙丁　　　　　　　　(B) 甲丁丙乙

(C) 乙甲丙丁　　　　　　　　(D) 乙丁甲丙

23. 我國目前實施的公民投票，就是民權主義「主權在民」與「全民政治」主張的實踐。下列關於民權主義主張與公民投票內涵的敘述，何者正確？

(A) 主權在民係以公民投票為先決條件

(B) 公民投票實際涵括創制與複決兩權

(C) 公民投票的目的在於落實地方自治

(D) 政治的難題可透過公民投票來解決

24. 英國思想家洛克 (John Locke) 認為，政府權威的正當性是建立在被治者同意的基礎上。下列哪項敘述與洛克這項主張的意涵最為接近？

(A) 民意機關的代表必須由公民選舉產生

(B) 統治者透過選舉獲得人民完全的授權

(C) 政府的決策必須經由公民投票來決定

(D) 政府組織的分工應配合被治者的需求

25. 中山先生在民權主義提出「甲、革命民權；乙、權能區分；丙、均權制度」的理論與主張，這三種理論中「權」的性質與內容有什麼異同？

(A) 甲乙相同　　　　　　　　(B) 乙丙相同

(C) 三者皆同　　　　　　　　(D) 三者皆異

26-27為題組

◎ 某民主國家在 2007 年 6 月 10 日舉行國會大選後，由甲黨獲勝，
但卻因為政黨之間的歧見，一直無法產生新的政府，也造成居於
多數的荷語區居民和居於少數的法語區居民的分裂加劇。請問：

26. 由上述訊息判斷該國的政治體制運作，下列敘述哪些最可能？
甲、國家元首須肩負實際的行政責任
乙、國會議員得兼任行政部門政務官
丙、行政首長可以參與表決國會法案
丁、由互不相讓的兩個政黨輪流執政
(A) 甲乙　　　　(B) 甲丁　　　　(C) 乙丙　　　　(D) 丙丁

27. 該國的政治、社會處境與中山先生哪項主張的提出背景最相似？
(A) 萬能政府　　　　　　　(B) 直接民權
(C) 濟弱扶傾　　　　　　　(D) 民族平等

28. 某一時期，有人指出：「台灣物產豐富，有硫磺、蔗糖、鹿皮，
原來缺少布帛，現也不虞匱乏」，建議政府善加防守。只要將內
地的部分軍隊移防台灣，便可確保台灣及澎湖兩地，以確保東南
數省之安全。這種想法的背景是：
(A) 鄭成功被清軍打敗，轉移到台灣的構想
(B) 施琅攻下台灣之後強化台灣防務的建議
(C) 劉銘傳於台灣建省之後有關軍備的設計
(D) 甲午戰爭後日軍希望在台灣殖民的想法

29. 表二為台灣某時期人口數超過 1 萬人的都市。根據表中的資料推
測，我們可以得知這項調查應於何時完成？

表二

地名	台北	台南	新竹	嘉義	鹿港	宜蘭	彰化	麻豆
人口數	50773	50000	17827	17281	17273	15104	13539	10027

(A) 1805 年　　(B) 1850 年　　　(C) 1905 年　　(D) 1950 年

30. 考古學者在印尼發現某些沿海居民家中，至今仍使用中國明代瓷製器皿。這些瓷器最可能的來源為何？
(A) 明朝鼓勵海外貿易，瓷器銷往印尼，數代累積而來
(B) 當地民眾常能從遭海難的明代船隻中尋獲貿易瓷器
(C) 清初中國沿海居民移到該地，隨身攜帶器皿之遺留
(D) 中共文革結束之後，商人將大批古物運到當地販售

31. 《嘉義縣採訪冊》記載了嘉義縣各地的開發過程、人口和田畝數、廟宇和風景名勝等資料，這是我們認識清代統治時期較精確的數字資料。這本書中出現的數據與下列何者有關：
(A) 施琅計畫攻打明鄭政權，調查南台灣的地理環境
(B) 沈葆楨為了阻止日軍進攻，調查該地的軍事地形
(C) 劉銘傳為統治台灣，改善財政，先進行相關調查
(D) 台灣民主國唐景崧為了抵抗日本，從事國力調查

32. 某一時期，台灣的法律規定：「凡是向官府登記在案，並繳納稅金者，即可合法吸食鴉片。」但是具有「某種身分者」不准吸食，如供應這種人吸食工具者，皆處以死刑。這裡所謂「某種身分者」是指：
(A) 原住民　　(B) 荷蘭人　　(C) 日本人　　(D) 本島人

33. 一位在台任職的官員向長官報告，指出：為獲得「蕃地」的經濟利益，我們必須使用武力，沒收「蕃人」的槍枝，讓他們放棄狩

獵生活，並強制將他們移居接近平地的河川地，從事農耕，以便加強控制。這種觀點的歷史背景是：

(A) 明鄭時期積極開發山地，以期對抗滿清

(B) 沈葆楨為了取得林業資源，開山「撫番」

(C) 劉銘傳為了樟腦利益，採行「撫番」政策

(D) 日本為掌握山地資源，控制「番地秩序」

34. 某朝代建國之初，有人建議記取前朝未能善用大亂後「勞民易為治」的有利條件，反而過度役使民力，終於導致民眾叛亂而亡國。本朝制度承襲前朝，若不能記取歷史教訓，更新制度，可能會步上前朝亡國的後塵。「某朝代」是指：

(A) 西漢　　　(B) 西晉　　　(C) 宋代　　　(D) 清代

35. 一位反抗軍領袖在起事之初，本以宗教為號召，稍後為了要爭取民心，改採取民族大義為主要訴求。最後，他推翻異族，建立政權。這位政治領袖是：

(A) 劉邦　　　(B) 朱元璋　　　(C) 洪秀全　　　(D) 孫中山

36. 史家評論道：這個朝代的帝王年壽都不長，以致皇家嫡傳世系屢次中斷，經常出現由宗藩入繼帝位，而引發太后臨朝、外戚主政的現象。這個朝代是指：

(A) 東漢　　　(B) 唐代　　　(C) 北宋　　　(D) 清代

37. 慎終追遠是漢人社會的核心價值，台灣人也供奉祖先牌位，按時祭祀。但在某個時期，為了避免違反統治者的命令，必須設法將祖宗牌位藏起來。這種現象最可能發生在何時：

(A) 1835 年　　　(B) 1886 年　　　(C) 1912 年　　　(D) 1943 年

38. 表三是 1905－1938 年台灣的「米、糖、甘蔗」的價格變動與比率表，表中顯示出何種意義？

表三

年　　　代	1905	0910	1915	1920	1925	1930	1935	1938
在來米價 (圓/100斤)	3.33	3.67	3.58	10.98	10.68	7.08	9.08	9.92
蓬萊米價 (圓/100斤)	/	/	/	/	14.37	8.81	9.98	11.35
甘蔗價格 (圓/100斤)	/	2.779	4.138	10.59	7.118	4.50	4.09	/
糖/米價格比率 (倍)	2.11	1.63	2.35	2.76	0.81	0.82	0.80	0.99

(A) 米糖價格變動反映了台灣人消費習慣的改變
(B) 米糖價格變動趨勢說明台灣經濟的殖民地化
(C) 台灣稻米價格上漲，須進口稻米來平抑米價
(D) 台灣稻米的產量倍增，造成米糖價格的波動

39. 這個時期的宗族組織機能完整，族人間患難相助，經濟上相互依賴；族長代表本族，可率領族眾參加戰爭；若族人違反規範，就在宗廟前聚集族眾施以處罰。這種兼具政治、經濟與軍事共同體型態的宗族組織，可能出現在何時？
(A) 西周　　　(B) 秦漢　　　(C) 唐宋　　　(D) 明清

40. 一位西方人記錄他在中國旅行的見聞，指出：「這個城中，男女比例為 1：2，很多人新近才從外地遷來，與我先前看到的中國城市不同。此地的婦女徒步或騎馬公開地在大街上招搖過市，一點也不害怕外國人。」這應當是何時何地的情況？
(A) 1750 年的北京　　　　(B) 1810 年的上海
(C) 1860 年的南京　　　　(D) 1900 年的廣州

41. 文學家批評當時的考試制度使士人講究雕琢、堆砌的文詞,滋長浮華的士風,他們主張文學應著重表達作者從經典中獲得的理念,反對當時社會上流行的文學風格。這種文學觀念最早可能始於何時:
(A) 兩漢　　　(B) 唐代　　　(C) 宋代　　　(D) 清代

42. 一篇題為〈消失的城市〉的文章裡,考察古代中國曾經存在、但至清代已經消失的城市。此文所謂「消失的城市」主要分布在哪個地區?
(A) 陝西省　　(B) 浙江省　　(C) 湖北省　　(D) 廣東省

第貳部分 (佔 48 分)

說明: 第 43 至 72 題共 30 題,答對 24 題以上 (含 24 題),第貳部分即得滿分。第 43 至 72 題皆是單選題,請選出一個最適當選項標示在答案卡之「選擇題答案區」。每題答對得 2 分,答錯不倒扣。

43. 圖六為 1764 年法國人測量中國沿海時繪製的地圖。圖中的箭頭,指的是現在的什麼島嶼?
(A) 馬祖
(B) 金門
(C) 香港
(D) 澳門

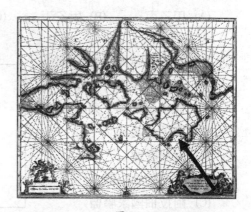

圖六

44. 位於俄羅斯遠東地區的鄂霍次克 (59.4 °N，143.2 °E)，年均溫爲
    -4.5 °C，平均年雨量爲 555mm；而位於挪威的卑爾根 (60.4 °N，
    5.3 °E)，年均溫爲 7.7 °C，平均年雨量爲 2452mm。造成兩地氣
    候差異最主要的因素是：
    (A) 距海遠近　　　　　　　(B) 洋流性質
    (C) 地形高低　　　　　　　(D) 太陽入射角大小

45. 20 世紀時，美國科羅拉多河流域的土地侵蝕速率，比 16 至 18 世
    紀的平均值增加大約 6 倍。當地土壤侵蝕率的增加，與下列哪項
    經濟活動關係最密切？
    (A) 露天開採煤礦　　　　　(B) 放牧飼養牛隻
    (C) 採伐天然森林　　　　　(D) 機械耕種小麥

46. 第二次世界大戰以後，美國在太平洋建立了以 (甲) 薩摩亞群島、
    (乙) 阿留申群島、(丙) 夏威夷群島、(丁) 馬里亞那群島等爲據點
    的「四角防線」。其中哪些群島上的原住民，與台灣原住民一樣，
    皆屬於南島語系？
    (A) 甲乙丙　　　(B) 甲乙丁　　　(C) 甲丙丁　　　(D) 乙丙丁

47. 某國的國旗以橄欖枝和該國
    領土形狀爲圖案，如圖七所
    示。該國目前爲下列哪個國
    際組織的會員國？
    (A) 歐洲聯盟
    (B) 非洲團結組織
    (C) 阿拉伯國家聯盟
    (D) 石油輸出國組織

圖七

48. 依照西亞石油的蘊藏分布，哪些國家之間的邊界與領海衝突，最可能與石油資源的爭奪有關？

甲、巴林與卡達　　　　　　　　乙、伊朗與阿富汗

丙、科威特與伊拉克　　　　　　丁、黎巴嫩與土耳其

戊、以色列與敘利亞

(A) 甲丙　　　　(B) 乙丁　　　　(C) 丙戊　　　　(D) 丁戊

49. 台灣某公家單位出版的地形圖有兩種版本。其中比例尺二萬五千分之一的版本，需要 15 幅地圖才能涵蓋彰化縣全境；另一版本則只需要 5 幅。該單位出版的另一版本地形圖，比例尺最可能是：

(A) 一萬五千分之一　　　　　　(B) 五萬分之一

(C) 九萬分之一　　　　　　　　(D) 十五萬分之一

50. 表四為世界主要漁場的漁獲量資料。依據這些資料，下列哪項推論最合理？

表四　　　　　　　　　　　　　　　　　　單位：千公噸

太平洋漁場						印度洋漁場	
東北部	西北部	中東部	中西部	東南部	西南部	東部	西部
2790	24565	1668	8943	14414	828	3875	4091
大西洋漁場							
東北部	西北部	中東部	中西部	東南部	西南部	地中海、黑海	
11663	2048	3553	1825	1080	2651	1493	

(A) 太平洋漁場的漁獲量以寒流經過地區較多

(B) 大西洋漁場的漁獲量以暖流經過地區較少

(C) 印度洋漁場的漁獲量以寒流經過地區較多

(D) 地中海黑海漁場有寒暖流交會漁獲量較少

51-52為題組

◎ 西北航道是指從大西洋經北極海，再進入太平洋的航道，以往因受冰封影響，航運有限；但依 2007 年的觀測，海冰融化程度加大，航運之利已有改善。請問：

51. 該航道如果進入大規模商業運輸的階段時，最不利下列哪個國家的經濟發展？
(A) 丹麥　　　(B) 日本　　　(C) 加拿大　　　(D) 巴拿馬

52. 隨著西北航道海冰的融化，阿拉斯加的生態系統可能出現下列哪種變化？
(A) 國王企鵝的數量減少　　　(B) 北極熊的生物群落增加
(C) 小麥種植的面積增加　　　(D) 落葉灌木林的面積增加

53. 「通訊保障及監察法」第五條規定，通訊監察書在偵查中由檢察官依司法警察機關聲請或依職權核發。大法官會議最近作出解釋，主張該條文違反憲法對人民秘密通訊自由的保障。依據上述訊息判斷，該解釋文所持的最主要論點是：
(A) 國家及他人均無權侵擾人民秘密通訊之權利
(B) 職司犯罪偵查之檢察官無權核發通訊監察書
(C) 國家限制人民之秘密通訊自由應有法律依據
(D) 危害國家安全情節重大者始得發通訊監察書

54. 圖八為某國男、女勞動參與率的統計圖。根據此圖判斷，對於該國社會現況的描述與解釋，下列哪些最合理？
甲、性別角色觀念影響勞動參與率
乙、女性的經濟自主權較男性為低
丙、男性的平均教育程度比女性高

丁、政府並未提供良善的托兒服務

戊、男性的貧窮老年人口比女性多

(A) 甲、乙、丁

(B) 甲、乙、戊

(C) 乙、丙、丁

(D) 丙、丁、戊

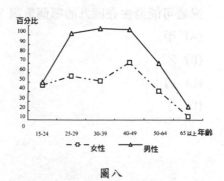

圖八

55. 歌唱比賽節目流行，許多愛好唱歌的年輕人因而紛紛投入各項歌唱比賽。甲、乙、丙三人引用包括佛洛依德 (S. Freud)、顧里 (C. Cooley) 及米德 (G. Mead) 等三位學者的理論解釋上述現象。

甲：在別人掌聲中，個人開始相信自己是個受歡迎的人

乙：在現代的社會，個人的行為常深受偶像歌手所影響

丙：透過參加比賽，人們得以滿足受人喜愛的潛在慾望

甲、乙、丙三人所引用的學者理論，依序應為何？

(A) 米德－顧里－佛洛依德　　(B) 顧里－米德－佛洛依德

(C) 米德－佛洛依德－顧里　　(D) 顧里－佛洛依德－米德

56. 現代國家的政府功能擴張，有別於傳統的「最小政府」觀念，下列哪項政策最能看出此種政府角色的轉變？

甲、規定乘坐機車必須戴安全帽

乙、制訂法規保障充分契約自由

丙、建立警察巡邏網以維護治安

丁、保障身心障礙人士的工作權

(A) 甲乙　　　(B) 乙丙　　　(C) 丙丁　　　(D) 甲丁

57. 隨著大眾傳播的全球化，開發中國家的人民，受到已開發國家生活和消費型態示範效果的影響，對其生活條件心生不滿。上述情況最可能發生在圖九的哪個象限？

(A) 甲

(B) 乙

(C) 丙

(D) 丁

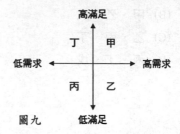

圖九

58. 在現代民主社會中，媒體識讀是不可或缺的公民素養，其最主要的原因為何？

(A) 媒體報導設定了公眾討論的議題

(B) 媒體是政府政策宣導的重要管道

(C) 媒體提供了公民正式學習的途徑

(D) 媒體能保障人民自由發言的權利

59-60為題組

◎ 表五為某國民眾對政府官員、民意代表、司法人員清廉度，以及民主制度運作的評價。請問：

表五　　　　　　　　　　　　　單位：%

滿意度　　　項目	很不滿意	不滿意	滿意	很滿意	無意見
政府官員清廉度	33.7	37.4	16.7	2.6	9.6
民意代表清廉度	30.0	38.4	16.5	1.7	13.4
司法人員清廉度	28.1	33.6	19.0	5.2	14.1
民主制度的運作	16.8	31.4	34.3	6.9	10.6

59. 根據表中的資料，下列對於該國政府和政治狀況的推論，何者最正確？
   (A) 人民對民主制度未來發展的信心普遍不足
   (B) 政府部門的清廉度影響人民對國家的認同
   (C) 司法機關的運作經常遭受不同勢力的干擾
   (D) 行政、立法、司法部門之間彼此互相對立

60. 根據表中的資料，這個國家最可能會出現下列哪種政治或社會現象？
   (A) 科層化的程度倒退　　　(B) 政治參與意願低落
   (C) 政治容忍普遍不足　　　(D) 公共資源遭受濫用

61-62為題組

◎ 某國政府為解決公民營銀行多年來累積的鉅額呆帳和呆帳戶潛逃外國的問題，實施下列新政策：
   甲、強制銀行以自身盈餘來轉銷呆帳
   乙、將金融業營業稅率由 5% 降為 2%
   丙、成立金融重建基金以接管經營不善的民營銀行
   丁、建立共同追討滯留海外不歸呆帳戶債權的機制
   請問：

61. 從上述資訊判斷該國的經濟和社會狀況，下列何者最有可能？
   (A) 民間資金相當短缺　　　(B) 政府的營業稅收遞減
   (C) 政府收入少於支出　　　(D) 發生周期性金融風暴

62. 依據上述資訊，下列何者可能是該國發生銀行鉅額呆帳和呆帳戶潛逃外國最主要的原因？

(A) 入出境的管理制度未臻健全

(B) 少數金融財團壟斷金融市場

(C) 金融監理制度未能有效運作

(D) 金融市場的供給與需求失調

63. 一條商船從歐洲某港口揚帆，6 個月後抵達珠江口，停留近半年時間，又花了 6 個月才返抵母港，裝回 28.8 萬公斤的茶葉，另有錫、絲、瓷器等物品，均以高價售出。這種情況最可能發生於何時？

(A) 教宗發動十字軍時　　　　(B) 哥倫布抵達美洲時

(C) 法國大革命的前夕　　　　(D) 甲午戰爭爆發前夕

64. 一本法國小說「環遊世界八十天」描述一個商人從倫敦出發，繞地球一周，返回倫敦，一共只需要 80 天。這種情節與下列哪個事件最有關？

(A) 阿拉伯人在泉州建立商業據點

(B) 哥倫布航行到美洲建立新航線

(C) 葡萄牙人繞美洲完成環繞航線

(D) 埃及總督授權開鑿蘇伊士運河

65. 歐洲的神聖羅馬帝國控制從中歐到西歐的許多土地，帝國皇帝因此身兼各種身份，包括波西米亞國王、匈牙利國王、奧地利大公，一度還是西班牙國王。16 世紀中期，皇帝查理五世計畫退位，打算將領地分給弟弟及兒子。他將最好的部分交給其子繼承。這位王子最可能繼承的是：

(A) 波西米亞國王　　　　(B) 匈牙利國王

(C) 奧地利大公　　　　　(D) 西班牙國王

66. 有人認為：「歐洲是一個由許多國家組成的大家庭，其關係建立在共同的文明、宗教、條約及國際法。居住於任何一個基督教國家的外國人，都受居住國法律約束。」「如果一個基督徒在一個穆斯林國家居住，則奉行另一個原則：基督徒身為外國人，不受當地法律制裁。」這種說法，最可能出現在：
    (A) 十字軍運動時期，教宗對十字軍的提示
    (B) 16 世紀歐洲各國建立中央政府時之主張
    (C) 19 世紀歐洲列強在各地擴張之際的態度
    (D) 第一次大戰後「民族自決」理論的說法

67. 16 世紀後期，許多歐洲羅馬公教的教士遠赴海外，如利瑪竇到中國、沙勿略到日本。他們除了傳教，也促進文化交流。這群教士前往海外傳教的動機為何？
    (A) 要打擊路德教派、英國國教派及喀爾文教派的海外傳教活動
    (B) 為聯絡海外的羅馬公教信徒，對抗日益擴張的伊斯蘭教勢力
    (C) 教宗要擴張海外貿易活動，增加教會財富以繼續與新教對抗
    (D) 羅馬公教欲擴大海外教區，彌補歐洲宗教改革後信徒的流失

68. 一本數學課本上的習題是：「公社領導計畫在五年內將單位面積的糧食產量提高為原來的 150 ％，問：每一年應比上一年平均提高百分之幾？」這應當是何時何地使用的課本？
    (A) 1910 年的基輔
    (B) 1940 年的柏林
    (C) 1965 年的武漢
    (D) 1980 年的西貢

69. 某地有一座「日本佔領時期死難人民紀念碑」,碑文以英文、中文、馬來文及塔米爾文印度語系書寫。該紀念碑應立於何處?
    (A) 新加坡　　　　　　　　(B) 馬尼拉
    (C) 雅加達　　　　　　　　(D) 墨爾本

70. 食物反映一地的地理條件與文化,在近代交通發達以前,通常不易改變;但有些地區的飲食方式卻在西元 8 世紀到 16 世紀間,有重大的變化,如開羅、君士坦丁堡都屬此類。這些地方飲食文化的改變主要原因為何?
    (A) 宗教信仰改變　　　　　(B) 氣候條件變遷
    (C) 耕作技術改變　　　　　(D) 海外貿易中斷

71. 交通規則與號誌可以反應一個地區現代化的過程,馬來西亞、印度及巴基斯坦等地的駕駛規則都是「駕駛座在右,靠左駕駛」,這種規則的形成與下列何者關係最大?
    (A) 多數居民信奉伊斯蘭教,尊奉左尊右卑的原則
    (B) 習慣從日本進口車輛,因此採用日本駕駛規則
    (C) 皆主張民主議會制,議會表決後採用靠左駕駛
    (D) 都是大英的殖民地,遵循大英的交通管理規則

72. 幾位歷史學者評論:1939 年起,德國採取一連串的對外侵略行動,波蘭、捷克、挪威相繼為德國控制,1940 年以後,只有一個歐洲國家能與德國抗衡。他們指的是哪一個國家:
    (A) 英國　　　　　　　　　(B) 法國
    (C) 西班牙　　　　　　　　(D) 義大利

97年度學科能力測驗社會科試題詳解

第壹部分

1. **B**

　　【解析】 1. 台灣經建版圖例：

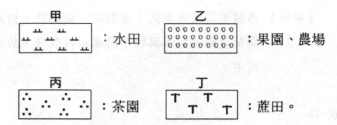

　　　　　　 2. 台灣丘陵土地利用以果園、茶園爲主，平原以水田、蔗田爲主。

2. **A**

　　【解析】 1. 自然因素：中、高緯度冷溫帶區的針葉林屬軟木，纖維均勻，是紙漿工業的原料。

　　　　　　 2. 人文因素：北半球已開發國家多，對紙張需求大。故選北半球的中、高緯度國家。

3. **C**

　　【解析】 1. 人口自然增加率：出生率與死亡率的差值。

　　　　　　　 社會增加率：人口移出和移入的差值。

　　　　　　 2. 丙的自然增加率約 0.18% – 社會增加率約 – 0.14% = 0.04%，其人口最接近零成長。

4. **B**

　【解析】 黑龍江流域（50°N），緯度偏高，冬季寒而長，熱量
　　　　　不足，生長季短，無霜期少於90天，有凍土存在，
　　　　　族群南遷至氣候較暖的遼河流域應與凍土面積變廣密
　　　　　切相關。

5. **A**

　【解析】 西藏屬青藏高原區，地勢高、氣候寒、自然環境不利
　　　　　農業發展，且不易利用農業科技改善，故產業以牧業
　　　　　為主。

6. **D**

　【解析】 (A) 武則天篡「唐」立「周」，由長安遷都洛陽
　　　　　　　 → 政治因素。
　　　　　 (B) 東京（江戶）：明治維新時定為國都（1868年）
　　　　　　　 → 政治因素。
　　　　　 (C) 巴西政府為開發內陸由里約遷都巴西利亞
　　　　　　　 → 經濟因素。
　　　　　 (D) 巴基斯坦由喀拉蚩遷到接近喀什米爾地區的伊
　　　　　　　 斯蘭馬巴德 → 軍事國防因素。

7. **C**

　【解析】 1. 位南半球：因5～8月為冷季、9～11月為熱季。
　　　　　 2. 熱帶莽原氣候：由年雨量1110～1649 mm，夏雨冬
　　　　　　　 乾，熱季均溫22°～25°C，冷季均溫15°～18°C判
　　　　　　　 定之，故選10°S~15°S。

8. **C**

【解析】　附圖中等高線間距值為 20m，故可依圖判讀出為 340～
360 公尺。

9. **B**

【解析】　代表河川地形的 V 型等高線尖端指向高處，可判讀出
河川自西向東流。

10. **C**

【解析】　等高線密集處地勢陡，陡崖下的「丙」最易出現湧泉。

11. **D**

【解析】　台灣廠商海外投資比例依序為：
甲：亞洲（75.54%）　　乙：拉丁美洲（15.46%）
丙：北美洲（4.08%）　　丁：歐洲（3.88%）。

12. **A**

【解析】　最冷月 $0\,^{\circ}C$ 等溫線及年雨量 750 mm 等雨線沿行秦嶺、
淮河，此線以北地區屬溫帶季風氣候，夏雨多乾，春
秋少雨，易爆發蝗災。故選緯度最低的熱帶栽培業蝗
災最輕微。

13. **B**

【解析】　照片顯示為峽灣海岸，冰河槽沈水形成峽灣，屬冰河
作用。

14. **C**

【解析】 沉水峽灣海岸主要分布：挪威、蘇格蘭、愛爾蘭、格陵蘭、智利南部、紐西蘭南島等地，多屬溫帶海洋性氣候。

15. **D**

【解析】 西北歐溫帶海洋性氣候區，以酪農業為主。

16. **D**

【解析】 監察院：1. 國家最高監察機關。
2. 設監察委員二十九人，由總統提名，經立法院同意任命，任期六年，行使彈劾、糾舉、糾正及審計權。

17. **B**

【解析】 憲法增修條文第十條，明確宣示有關推行全民健保、保障婦女、殘障者、原住民、金馬地區人民等社會政策之推行。

18. **C**

【解析】 依據民國六十六年立法院公布之平均地權條例，七十五年至今曾作多次修正。規定地價：分為調查、評議、公告與申報地價等程序。

19. **C**

【解析】 中山先生認為中國人是一盤散沙：不是天生的，是滿清專制剝奪人民的政治自由，造成人民管不到國事，而人民也就對國事不關心，不能團結。

20. **D**

【解析】 馬克思出版資本論第一卷，論證工人的剩餘價值被資本家剝削的問題即「勞動價值觀」。馬克思認為資本家要多得剩餘，必須要有三條件：減少工人的工錢、延長工人的工作時數以抬高商品的售價。即「利潤」的概念。

21. **A**

【解析】 檢察官與調查局在我國屬於行政機關。

22. **B**

23. **B**

【解析】 我國於民國九十二年十一月立法院正式通過公民行使創制複決兩權辦法，包括全國性與地方性公民投票。

24. **A**

【解析】 洛克「政府論」：主權在民：國家僅限保護天賦的個人權力，意即『生命、自由、財產』，『立憲和代議政府』則為自保的方法以對抗國家。

25. **A**

【解析】 革命民「權」，「權」能區分，均「權」制度。前二者為政權屬於人民，後者為治權屬於政府。

26. **C**

【解析】 比利時的國家憲政體制為內閣制，故（甲）（丁）不可能。

27. **D**

　【解析】「種族歧視」的解決之道，必須國內各民族受同樣的
　　　　　保護和約束，享同樣權利和義務，法律之前一律平等，
　　　　　政治權利和基本自由不因種族不同而有差異。

28. **B**

　【解析】(B) 關鍵文句在「只要將內地的部分軍隊移防台灣，
　　　　　　　便可確保台灣及澎湖兩地，以確保東南數省之安
　　　　　　　全」可知爲「施琅攻下台灣之後強化台灣防務的
　　　　　　　建議」；
　　　　　(A) 鄭成功不可能「確保東南數省之安全」；
　　　　　(C) 劉銘傳前早已將內地的部分軍隊移防台灣；
　　　　　(D) 甲午戰爭後日軍不可能「確保東南數省之安全」。

29. **C**

　【解析】(C) 用「刪除法」選出答案，光緒元年（1875年）沈
　　　　　　　葆楨奏請增設臺北府，使台北逐漸成爲台灣政治
　　　　　　　經濟中心，人口逐漸增加，超越台南；
　　　　　(A)、(B) 時間皆不對；
　　　　　(D) 台北、台南人口皆太少。

30. **B**

　【解析】(A) 用「刪除法」選出答案，明朝實施「海禁政策」，
　　　　　　　不鼓勵海外貿易；
　　　　　(C) 清初移到該地中國居民攜帶去的明代瓷器不可能
　　　　　　　至今仍可使用；
　　　　　(D) 中共文化大革命破壞大批古物。

31. **C**

【解析】(A) 施琅計畫攻打明鄭政權時未設嘉義縣；

(B)《嘉義縣採訪冊》記載開發過程、人口和田畝數、廟宇和風景名勝等資料，不是該地的軍事地形；

(D) 台灣民主國抗日是倉促成軍，不可能調查這些資料。

32. **C**

【解析】(C) 日本人統治台灣時期採漸進方式禁絕鴉片，開始允許台灣人登記合法吸食鴉片，但不准日本人吸食鴉片。

33. **D**

【解析】(D)「番」字加上草字頭是「日治時代」的用法，日治時期有「理蕃政策」等，故題目中有「蕃地」的經濟利益，沒收「蕃人」的槍枝可知為「日治時代」。

34. **A**

【解析】(A) 秦末過度役使民力（築長城、開馳道和運河等），終於導致民衆叛亂而亡國，故漢朝初期有人建議記取前朝教訓，盡量與民休養生息，以免步上前朝亡國的後塵，漢初行黃老道家之治；

(B)(C)(D) 則無此現象。

35. **B**

【解析】(B) 明太祖朱元璋在元末參加白蓮教紅巾之亂反元，後
發現紅巾起事者不足以成事，改採取民族大義為訴
求，提出「驅逐韃虜，恢復中華」號召反元成功，
終於推翻異族－元朝，建立明朝。

36. **A**

【解析】(A) 東漢中期後時常幼主即位，引發太后臨朝、外戚主
政的現象，等到皇帝年長，重用宦官，造成東漢後
期外戚和宦官交相亂政的現象，東漢為之衰頹。

37. **D**

【解析】(D) 日本統治台灣到第二次世界大戰（1937-1945 年）
時為使台灣成為日本南進基地等，實行「皇民化
政策」，想從文化和血緣等方面改造台灣人成為
真正的日本人，要臺灣人祭拜日本神－神宮大麻，
並為台灣原有的神明舉行「眾神升天」活動，台
灣人設法將祖宗牌位藏起來，避免違反統治者的
命令。

38. **B**

【解析】(B) 日治時期日本人對台灣殖民地經濟採搾取政策，扶
助日資製糖資本家，迫使台資附屬於日資下；自
「原料採取區域制度」後，規定區內原料不得越區
賣，無論於蔗糖採收價格等，任由會社主導，俗諺：
「天下第一憨，種甘蔗給會社磅（稱重量）」；

(A) 台灣人消費習慣未改變；

(C) 台灣良質米賣到日本，台灣才進口南洋較差米，不
　　是台灣稻米價格上漲，進口稻米來平抑米價。

39. **A**

【解析】(A) 西周時宗法制度「尊祖敬宗」下，宗族組織機能
　　　　　完整，族人間經濟上相互依賴；族長可率領族眾
　　　　　參加戰爭，宗族組織兼具政治、經濟與軍事共同
　　　　　體型態。

40. **C**

【解析】(C) 鴉片戰爭（1840 年）後，中國門戶被迫開放，五
　　　　　口通商使外國人大批湧進中國，西風東漸，故
　　　　　1860 年的南京「與先前看到的中國城市不同。此
　　　　　地的婦女徒步或騎馬公開地在大街上招搖過市，
　　　　　一點也不害怕外國人」

41. **B**

【解析】(B) 魏晉南北朝時中國盛行駢體文，士人講究雕琢、
　　　　　堆砌的文詞，隋唐開始考試制度，唐代士人反對
　　　　　這種華而不實的文風，他們主張文學應著重表達
　　　　　作者從經典中獲得的理念。

42. **A**

【解析】此題題幹不夠完整，(A) 文中的城市指遺存的匈奴族都
　　　　城 — 統萬（Tongwan），位於中國陝西和內蒙古交界

　　的毛烏素沙漠深處，五世紀「五胡十六國」時匈奴貴族赫連勃勃建立大夏國，後建造國都 — 統萬城，這裏曾是農耕文明與草原文明的交匯點，在後五個多世紀裏，統萬一直是鄂爾多斯高原南部的政治、經濟、軍事中心，也是扼守「草原絲綢之路」的交通重鎮之一，它到清朝後期才被發現，它是營建之初就在沙漠中，還是後來陷入沙漠中的已成為一個懸案。【《消失的城市》，上海社會科學院出版社 2003 年版】

第貳部分

43. B

【解析】(A) 馬祖：位福建省閩江口外。

(B) 金門：位廈門港灣內，灣內有金門、廈門諸島。

(C)(D) 香港、澳門均位珠江口。

44. B

【解析】 1. 鄂霍次克：臨近太平洋，沿海有親潮寒流，為氣溫負偏差區，雨量較少。

2. 卑爾根：迎盛行西風、雨量豐富，有北大西洋暖流經過，為全球最大正偏差區。

45. B

【解析】 科羅拉多高原屬美國西部畜牧帶，放牧牛、羊為主，造成土壤侵蝕率增加。

46. **C**

【解析】1. 南島民族是台灣的原住民，定居台灣已有6000年歷
史。台灣也是南島語系中語言最分歧地區，顯示語
言的演化時間最久。

2. 台灣是南島民族的擴散中心，4000年起開始向東、
向南、向西擴散，故美國四角防線中位置最北的阿
留申群島不屬南島語系。

47. **A**

【解析】1. 橄欖枝 → 可判斷位地中海地區。

2. 由附圖之領土形狀 → 判斷為賽普勒斯島。

3. 歐盟 EU 會員國

原歐盟15國	1. 西歐：荷、比、盧、法、英、愛、奧、德 2. 南歐：西、葡、義、希 3. 北歐：丹、瑞、芬	2004年東擴10國	1. 東歐八國： 　(1) 波蘭、匈牙利、捷克、斯洛伐克、斯洛維尼亞 　(2) 波羅的海三小國：愛沙尼亞、拉脫維亞、立陶宛 2. 地中海兩島國：塞浦勒斯、馬爾他

48. **A**

【解析】巴林、卡達及科威特、伊拉克四國均濱波斯灣石油產區，
最可能因爭奪石油資源發生衝突。

49. **B**

【解析】 1. 設每幅地圖邊長為 1 →

2. 比例尺二萬五千分之一版本：

$\dfrac{1}{25000}$，圖上距離 1 $\xrightarrow{代表}$ 實際距離 0.25

圖上面積 $(1)^2$ $\xrightarrow{代表}$ 實際面積 $(0.25)^2$

圖上面積 1 $\xrightarrow{代表}$ 實際面積 0.0625 → 每幅地圖面積

$0.0625 \times 15 = 0.9375 - - - - - - -$ → 15 幅地圖面積

3. 比例尺五萬分之一版本最可能：

$\dfrac{1}{50000}$，圖上距離 1 $\xrightarrow{代表}$ 實際距離 0.5

圖上面積 $(1)^2$ $\xrightarrow{代表}$ 實際面積 $(0.5)^2$

圖上面積 1 $\xrightarrow{代表}$ 實際面積 0.25 → 每幅地圖面積

$0.25 \times 5 = 1.25 - - - - - - - -$ → 5 幅地圖面積

50. **A**

【解析】 1. 太平洋西北部有親潮寒流，漁獲量較多。
2. 寒流海域因氧化作用緩慢，水中含氧量多，利於浮游生物繁殖，魚類聚集。

51. **D**

【解析】 巴拿馬運河溝通大西洋和太平洋；西北航道也是由大西洋經北極海溝通太平洋且為大圓航線，航線最短，此航道若改善對巴拿馬國的通過貿易最不利。

52. **D**

【解析】阿拉斯加現以苔原爲主，若地球暖化，落葉灌木林的面積可能增加。

53. **B**

【解析】

1. 憲法「第 12 條　人民有秘密通訊之自由。」

2. 「第23條　以上各條列舉之自由權利，除爲防止妨礙他人自由、避免緊急危難、維持社會秩序、或增進公共利益所必要者外，不得以法律限制之。」

3. 國家採取限制手段時，除應有法律依據外，限制之要件應具體、明確，不得逾越必要之範圍，程序並應合理、正當，方符憲法保護人民秘密通訊自由之意旨。

4. 通訊監察書應由客觀、獨立行使職權之法官核發，職司犯罪偵查之檢察官與司法警察機關，同時負責通訊監察書之聲請與核發，難謂爲合理、正當之程序。

54. **A**

55. **B**

【解析】

1. 米德（G. H. Mead）提出自我是從「重要他人」角色的模仿與扮演的理論，認爲人類日常生活中的社會行爲是「主我」與「客我」不斷互動與對話的表現。

    2. 顧里（Charles Cooley）提出「鏡中之我」提出透過
       人與人的接觸，意識到他人對自己的看法。

    3. 佛洛依德（Sigmund Freud）提出「本我」是生物本
       能的我，「超我」是良知道德的我，「自我」是用
       來協調兩者的一種性心理發展階段論。

56. D

【解析】1. 現代國家的角色：維護國內的秩序，介入經濟生活，
        目的在促進工業成長和經濟發展，用更廣泛的社會
        再造行動，確保公平性、平等性和社會主義的原則。

       2. 大政府：干預經濟活動、維持較大規模福利預算、
        降低失業率。小政府：限制政府干預的範圍、緊縮
        社會福利預算、抑制通貨膨脹率。

57. B

58. A

【解析】媒體識讀教育是公民對媒體加以分析、評論，培養積
       極批判，思考媒體訊息的能力；使閱聽大眾有能力使
       用、分析，評估媒體訊息。

59. C

60. D

61. D

62. **C**

63. **C**

【解析】(C) 乾隆（1736-1795年）到鴉片戰爭（1840年）前時
中國僅開放廣州港與外國人貿易，歐洲人大量買
中國茶葉回歐洲賣，法國大革命的前夕（1789年）
與此時期吻合；

(A) 教宗發動十字軍時（十一世紀）；

(B) 哥倫布抵達美洲時（1492年）；

(D) 甲午戰爭爆發前夕（1894年）時間皆不合。

64. **D**

【解析】(D) 用「刪除法」選出答案，蘇伊士運河（又譯蘇彝士
運河）處於埃及西奈半島西側，橫跨蘇伊士地峽，
處於地中海側的塞德港和紅海蘇伊士灣側的蘇伊士
兩座城市之間，這條運河連結歐洲與亞洲之間的南
北雙向水運，而不必繞過非洲南端的風暴角（好望
角），大大節省了航程。從英國的倫敦港或法國的
馬賽港到印度的孟買港作一次航行，經蘇伊士運河
比繞好望角可分別縮短全航程的 43% 和 56%；蘇
伊士運河於 1869 年通航；

(A) 阿拉伯人在泉州建立商業據點（八、九世紀 — 唐
朝）；

(B) 哥倫布航行到美洲建立新航線（十五世紀）；

(C) 葡萄牙人繞美洲完成環繞航線，都不可能用八十
天的時間完成環遊世界。

65. **D**

【解析】(D) 查理五世是哈布斯堡王朝的西班牙國王腓力一世之子，西班牙是查理五世的帝國的核心；1555 年在擊潰新教力量的努力失敗後，查理五世就開始脫離政治生活。他把自己的個人帝國最好的部分 — 西班牙傳給兒子腓力二世。

66. **C**

【解析】(C) 19 世紀歐洲列強在各地擴張之際的態度 —「歐洲中心論」或「基督教中心論」，故「居住於任何一個基督教國家的外國人，都受居住國法律約束。」「如果一個基督徒在一個穆斯林國家居住，則奉行另一個原則：基督徒身為外國人，不受當地法律制裁。」

67. **D**

【解析】(D) 十六世紀宗教改革時羅馬公教（天主教）引發不少批判，流失不少教徒，後羅馬公教內部改革派 — 耶穌會欲擴大海外教區，彌補歐洲宗教改革後信徒的流失，才派利瑪竇到中國、沙勿略到日本。

68. **C**

【解析】(C) 1958 年起中華人民共和國推動三面紅旗 — 大躍進、社會主義總路線、人民公社，其中「人民公社」延續 20 多年，直到二十世紀 80 年代被鄉一級政權替代，題目中有「公社領導計畫在五年內將單位面積

的糧食產量提高為原來的 150%」可知選 (C) 1965 年的武漢。

69. **A**

【解析】(A) 新加坡的國語為馬來語，英語、華語、馬來語和塔米爾文印度語系四種為官方語言。在教學、商業、出版、公務等方面使用各民族語言文字都是合法的；「日本佔領時期死難人民紀念碑」，碑文以英文、中文、馬來文及塔米爾文印度語系書寫，即知在新加坡。

70. **A**

【解析】(A) 回教創立於七世紀，西元 8 世紀到 16 世紀間開羅、君士坦丁堡改屬於回教文化區，飲食方式有重大的變化。

71. **D**

【解析】(D) 馬來西亞、印度及巴基斯坦等都是大英的殖民地，遵循大英的交通管理規則 ——「駕駛座在右，靠左駕駛」

72. **A**

【解析】(A) 第二次大戰歐戰開始後，納粹德軍以閃電戰術席捲歐洲，1940 年德軍轟炸英國倫敦，英國在首相邱吉爾領導下渡過艱辛歲月，還能與德國抗衡。

九十七年度學科能力測驗（社會考科）
大考中心公佈答案

題號	答案	題號	答案	題號	答案	題號	答案
1	B	21	A	41	B	61	D
2	A	22	B	42	A	62	C
3	C	23	B	43	B	63	C
4	B	24	A	44	B	64	D
5	A	25	A	45	B	65	D
6	D	26	C	46	C	66	C
7	C	27	D	47	A	67	D
8	C	28	B	48	A	68	C
9	B	29	C	49	B	69	A
10	C	30	B	50	A	70	A
11	D	31	C	51	D	71	D
12	A	32	C	52	D	72	A
13	B	33	D	53	B		
14	C	34	A	54	A		
15	D	35	B	55	B		
16	D	36	A	56	D		
17	B	37	D	57	B		
18	C	38	B	58	A		
19	C	39	A	59	C		
20	D	40	C	60	D		

九十六年大學入學學科能力測驗試題
社會考科

第壹部分（佔 84 分）

說明：第 1 至 42 題皆計分。第 1 至 42 題皆是單選題，請選出一個最
　　　適當的選項標示在答案卡之「選擇題答案區」。每題答對得 2
　　　分，答錯不倒扣。

1. 唐宋間庶民文化崛起，此一現象與下列何者關係最密切？
   (A) 人民心態的調整
   (B) 社會團體的活躍
   (C) 經濟結構的變化
   (D) 生活方式的改變

2. 清初某人參加一個組織，該組織的成員來自各地，為了互相幫助，
   彼此以兄弟相稱，要「準星辰為弟兄，指天地為父母」。成員都
   遵守規範，不隨意洩露組織消息。這個人最可能的身分為何？
   (A) 運河線上的船伕
   (B) 成都大街上的店家
   (C) 山西鄉下的農民
   (D) 蒙古邊市中的駝商

3. 幾位學者討論某個時期的儒學，多數認為這個時代的儒學已經失
   去創造力，表現出衰微的傾向。但也有人認為：「這個時代的儒
   學，在思想層次或許是衰落了，但在規畫政治組織與統治政策的
   治術方面，卻大獲全勝。」這些學者討論的是哪個時代的儒學？
   (A) 秦漢　　　　　　　　(B) 魏晉
   (C) 兩宋　　　　　　　　(D) 明清

4. 某人準備出門旅行，先到城中購買相關書籍。書肆中陳列著各種指南、地圖及日常生活有關的百科全書。這些書中不僅有交通路線，甚至有煙草、海外奇珍等的介紹。這個現象最早可能出現在下列哪個時期？
(A) 宋代　　　　(B) 明代　　　　(C) 清代　　　　(D) 民初

5. 有一位臺灣原住民敘述他的家族史：「祖先原來住在群山萬嶺之中，但來了一群『新的統治者』，強迫族人遷移到較低海拔的地區，集中居住。生活環境改變了，族人一直受到瘧疾、霍亂等新疾病的侵襲，部落裡的巫醫全都束手無策。」這些「新的統治者」是指：
(A) 荷蘭東印度公司官員　　　　(B) 福建省臺灣府官員
(C) 臺灣總督府民政長官　　　　(D) 臺灣省政府民政廳

6. 某官員批評：「自從決議要開山以後，蕃亂不止，已有十多年了，剿也無功，撫也無效。提到開墾，也沒有新增任何土地可以增加政府稅收。至於防守，只是為了富紳土豪保護茶寮、田寮、腦寮，而不能禁止『兇蕃』出草，每年浪費許多軍費。」這位官員批評的是哪個事件？
(A) 清朝初期，施琅禁止粵移民來臺
(B) 清朝後期，劉銘傳主張開闢山地
(C) 日據初期，日本總督要征討山地
(D) 國府遷臺，要開發山地增加糧產

7. 一位官員因為在父喪期間，讓婢女服侍他吃藥，被人檢舉違反禮法，因而受到清議的批評，甚至使他的仕途受阻。這位官員最可能處於何時？
(A) 兩漢　　　　(B) 魏晉　　　　(C) 隋唐　　　　(D) 宋明

8. 一位美國總統宣示：「臺灣依開羅宣言及波茨坦宣言，早已於日本投降後交還中國。」他並表示美國並無強佔臺灣的意圖，也不想在臺灣建立軍事基地，或干涉現狀；但宣示後不久，他又派艦隊進入臺海。導致這位總統政策轉變的最可能原因爲何？

(A) 蘇聯支持中共出兵朝鮮，破壞區域和平
(B) 中國成功進行核子試爆，引起美國疑慮
(C) 美國介入導致越戰擴大，威脅日本安全
(D) 限制核武擴散談判破裂，美蘇兩國反目

9. 一位清代官員討論當時稅收制度，表示：「各省州縣地方收稅多以銅錢爲主，但換成白銀交到中央。各省鹽商賣鹽也是收銅錢，交稅時卻須交白銀。原本銀價便宜，兌換時還有些利益，但現在銀價不斷上漲，每兩白銀值一千六百個銅錢。所以地方官必須墊賠，鹽商也視交稅爲畏途。」爲了因應這種情況，他提出解決的方法是：

(A) 官員收取的「火耗」歸公，禁止官員中飽私囊
(B) 規定收稅或買賣禁用銅錢，改用白銀以免兌換
(C) 禁止鴉片進口，避免白銀外流，解決銀價問題
(D) 改變貨幣制度，廢除銀兩，改用新式銀元紙幣

10. 學者指出：「在日耳曼民族早期，姓氏是貴族的特權，平民無姓。到了中世紀後期，由於商業活動漸趨頻繁，人與人的接觸漸增，平民逐漸有了姓氏。同樣地，古代中國的平民也沒有姓氏，直到春秋戰國以後始漸得姓。」中國平民得姓的可能背景是：

(A) 戰國以後國家通過戶籍取得賦稅徭役，因此平民有姓氏之需
(B) 和日耳曼人相同，古代中國平民得姓也來自商業活動的需要
(C) 中國平民獲得姓氏是個人行爲，和外部環境的變遷沒有關聯
(D) 因爲古代中國人安土重遷、慎終追遠的習慣，所以需要姓氏

11. 表一是1912年到1921年間有關臺灣的一項統計。這個表的主題應當為何？

表一

年度	1912	1913	1914	1915	1916	1917	1918	1919	1920	1921
百分比	6.63	8.32	9.09	9.63	11.06	13.14	15.71	20.69	25.11	27.22

(A) 適齡學童的就學率

(B) 家用電話的普及率

(C) 人口成長的年增率

(D) 日人佔臺灣人口比

12. 某書記載：「康熙初年，閩、浙、粵三省沿海郡縣，遷民內居，築界牆、嚴海禁，洋舶自此不得入。」下列何者解釋最合理？

(A) 閩浙粵地區受到騷擾，應當是日本倭寇引起的糾紛

(B) 海禁政策是禁止中國人出海，與清初三藩之亂有關

(C) 外國船隻不得入，應是針對來自歐洲各國的貿易商

(D) 當時鄭成功攻打各省沿海，這個政策應是針對臺灣

13. 有一個社會階級，成員原本必須要「通達儒學，取得功名」。但後來有些靠「戰功」起家的人，厚積家財後，開始模仿這個階級的行為，也興建學塾、修撰宗譜，希望美化其家世，社會上也普遍認為他們是這個階級的成員。這些以「戰功」起家的人應當是下列哪種人？

(A) 東漢初追隨光武帝建立政權的功臣

(B) 北周時參與宇文泰關隴集團的豪族

(C) 南宋初年協助官軍抵抗女眞的義軍

(D) 清朝中葉協助政府平定亂事的漢人

14. 一位駐守外地的官員，趁皇帝在東北前線親征的機會舉兵造反。他的手下爲他擘畫了三個方案：上策是盡速進入關中，中策要攻入洛陽，下策則爲南下江淮地區。皇帝聽到有大臣興兵作亂，立即率軍南返，敉平叛亂。這件事應發生在何時？
    (A) 秦漢　　　　(B) 隋唐　　　　(C) 宋元　　　　(D) 明清

15. 某官員指出：「國語教育不單只是語言教學，讓學生瞭解我國冠絕世界的國體、國風，以涵養國民精神，才是最主要的目標。」這個人的身分最可能是：
    (A) 1868年，清朝政府的禮部尙書
    (B) 1916年，袁世凱政府教育總長
    (C) 1930年，臺灣總督府文教局長
    (D) 1968年，文革時中共教育部長

16. 2006年亞太經濟合作會議（APEC），於11月12日在越南河內登場，討論的焦點是自由貿易和北韓問題。APEC的成員中，以下列哪個地區的會員國爲數最多？
    (A) 東亞　　　　(B) 東南亞　　　　(C) 大洋洲　　　　(D) 北美洲

17. 水平衡是指地表上某地區在一定期間內，水的收入與支出的平衡狀態。就臺灣各地區而言，下列哪兩項是正確的區域水平衡特色？
    甲、高雄春季是剩水區
    乙、澎湖夏季是剩水區
    丙、花蓮秋季是缺水區
    丁、嘉義冬季是缺水區
    (A) 甲、乙　　　　(B) 甲、丙　　　　(C) 乙、丁　　　　(D) 丙、丁

18. 圖一是根據中國2000年人口普查資料繪製的一幅圖。該圖的圖名
　　最可能是：
　　(A) 中國各省市區的扶養比例圖
　　(B) 中國各省市區的性別比例圖
　　(C) 中國各省市區的農業人口比例圖
　　(D) 中國各省市區的都市人口比例圖

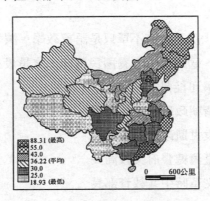

88.31 (最高)
55.0
43.0
36.22 (平均)
30.0
25.0
18.93 (最低)

0　　600公里

圖一

19. 酸雨的污染源（二氧化硫和氮氧化物）排放最多的地方在英格蘭、
　　阿帕拉契山西麓和華北地區，但酸雨最嚴重的地方卻在北歐地區、
　　美國東北部和四川盆地、雲貴高原。造成此種差異最主要原因為
　　何？
　　(A) 盛行風向　　　　　　　　(B) 地勢高低
　　(C) 日照時數　　　　　　　　(D) 晝夜溫差

20. 調查顯示：「1971-1999年，美國東部櫻花開花日期提前7天；
　　1959-1999年，歐洲秋季樹葉變色的日期延遲 4.8天；1954-1981
　　年，中國雲南西南部山區的霧日減少 75天。」下列何者最適合
　　用來解釋引文所述的現象？
　　(A) 氣候變遷　　　　　　　　(B) 生態平衡
　　(C) 山岳效應　　　　　　　　(D) 推拉理論

21. 表二為幾個國家的哺乳類生物種類數量。根據此表的資料可獲得
　　下列哪項結論？

表二

國家	印尼	墨西哥	巴西	中國	秘魯	哥倫比亞	印度	坦尚尼亞
物種數量	515	449	428	394	361	359	350	310

　　(A) 赤道地區哺乳類的物種數量，比副熱帶地區少
　　(B) 島嶼的哺乳類物種數量，和島嶼的面積成反比
　　(C) 哺乳類物種數量的多寡，與濕潤程度密切關聯
　　(D) 南半球物種數量向高緯度遞減，較北半球明顯

22. 中山先生雖然反對盧梭的天賦人權說，指出其學說沒有事實根據，
　　但對他「提出民權的始意」，認為是「政治上千古的大功勞」，
　　此句話的主要意涵為何？
　　(A) 主張自然權利說　　　　(B) 對抗君權神授說
　　(C) 推翻極權的政體　　　　(D) 建立共和的政府

23. 我國憲法規定，立法委員不得兼任行政部門政務官的工作，此一
　　規定符合哪項憲政原理？
　　(A) 權能區分　　　　　　　(B) 均權制度
　　(C) 權力分立　　　　　　　(D) 專家政治

24. 民生主義主張藉由節制私人資本與發達國家資本的手段，運用財
　　稅政策與社會福利制度，以實現社會公平正義的目的。此種經濟
　　措施預期獲得何種效果？
　　(A) 促進經濟高度發展　　　(B) 促使所得分配平均
　　(C) 規範經濟健全運作　　　(D) 減輕物價膨脹壓力

25. 馬克斯為建設共產社會，標榜「各盡所能、各取所需」，但中山
　　先生認為馬克斯的主張不可行，其主要原因為何？
　　(A) 社會主義制度過於僵化　　　(B) 人類經濟體系未盡完善
　　(C) 國民道德程度未達極端　　　(D) 國民知識水準依舊低落

26. 近年學生人權意識高漲，教育部通令各中等學校取消髮禁，以保
　　障學生人權。有關學生蓄髮的自由，下列敘述何者正確？
　　(A) 屬於消極性的權利　　　　　(B) 屬於新興的社會權
　　(C) 屬於行動自由範疇　　　　　(D) 屬於生存權的範疇

27. 理想的民主政治參與，應該是公民在資訊充分、發言機會公平均
　　等的條件下，進行公共政策的理性討論。要達成上述的理想，必
　　須加強中山先生主張的哪項建設？
　　(A) 心理建設　　　　　　　　　(B) 社會建設
　　(C) 政治建設　　　　　　　　　(D) 倫理建設

28. 依據我國憲法及增修條文的相關規定，下列何者屬於立法院的職
　　權？
　　(A) 議決總統、副總統的彈劾　　(B) 追認大赦特赦
　　(C) 追認總統發佈之緊急命令　　(D) 議決領土變更

29. 某國舉行國會議員改選，結果由左派政黨獲勝，隸屬右派政黨的
　　總統只好任命左派政黨的領導人擔任內閣總理，實施左右共治。
　　從上述訊息判斷，該國的政治體制運作，下列敘述何者最為合理？
　　(A) 最高行政首長為總理　　　　(B) 中央政府體制為總統制
　　(C) 內閣總理向總統負責　　　　(D) 政黨體制應屬於兩黨制

30. 下列哪二項經濟政策，最符合中山先生實業計畫的主張？
　　甲、鼓勵民間企業興建經營高速公路
　　乙、興建商業和軍事混合使用的港口
　　丙、引進跨國公司協助開發科技工業園區
　　丁、協助私人金融集團併購公私金融機構
　　(A) 甲、乙　　　(B) 乙、丙　　　(C) 丙、丁　　　(D) 甲、丁

31. 關於近代民族國家的形成與發展，下列敘述何者正確？
　　(A) 民族國家的形成減少國家內部的衝突
　　(B) 國與國戰爭隨民族國家的發展而趨緩
　　(C) 政治民主是民族國家發展的主要基礎
　　(D) 複合民族國家是當前主要的發展型態

32-34為題組

◎ 表三是2004年臺灣北、中、南、東四大區域的一些基本資料。
　請問：

表三

區域	土地面積（平方公里）	二級產業就業人口佔總就業人口比例(%)	三級產業就業人口佔總就業人口比例(%)	耕地率(%)	水田率(%)
甲	10506	38.6	50.8	28.5	57 4
乙	10002	34.1	55.5	30.5	48.7
丙	8143	23.1	57.8	11.6	28.0
丁	7353	34.7	63.6	18.6	59. 1

32. 哪個區域的都市化程度最高？

    (A) 甲　　　　　(B) 乙　　　　　(C) 丙　　　　　(D) 丁

33. 哪個區域的稻米產量最多？

    (A) 甲　　　　　(B) 乙　　　　　(C) 丙　　　　　(D) 丁

34. 哪個區域的河川遭受工業廢水污染的情況最輕微？

    (A) 甲　　　　　(B) 乙　　　　　(C) 丙　　　　　(D) 丁

35-36為題組

◎ 照片一為某種類型的海岸照
片，照片的上方為北方。
請問：

35. 該海岸附近的海流，最主要
的流向為何？

    (A) 自南向北流

    (B) 自北向南流

    (C) 自東向西流

    (D) 自西向東流

照片一

36. 照片一所示的海岸類型，在
下列臺灣哪兩個縣最普遍？

    (A) 桃園、新竹　　　　　(B) 臺中、彰化

    (C) 嘉義、臺南　　　　　(D) 屏東、臺東

37-38為題組

◎ 圖二為臺灣某地的等高線地形圖，圖中每一方格的實際面積為
　 1 平方公里。請問：

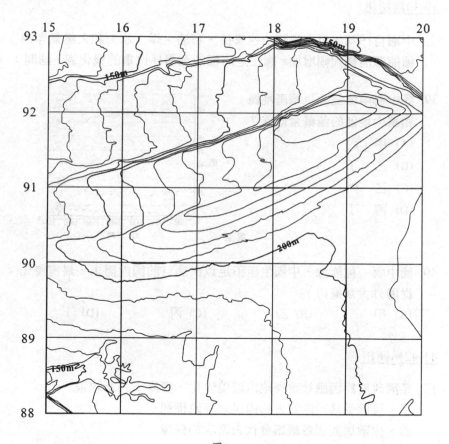

圖二

37. 該圖的比例尺為何？

　(A) 十萬分之一　　　　　　　(B) 五萬分之一

　(C) 二萬五千分之一　　　　　(D) 一萬分之一

38. 圖中海拔最高的地方可能出現在下列哪個方格內？
(A) 1891
(B) 9016
(C) 1588
(D) 9216

39-40為題組

◎ 中國自1978年以來經濟快速成長，石油、煤、水力和天然氣等四種能源消耗大幅增加。圖三是四種能源消耗比重的變化圖。請問：

39. 圖中哪兩種能源以華南地區和華中地區的蘊藏量最富？
(A) 甲、丙
(B) 乙、丁
(C) 乙、丙
(D) 丙、丁

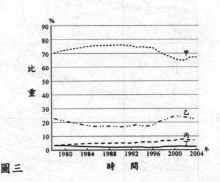
圖三

40. 圖中哪一種能源，中國生產不足以供應目前國內需求，最需優先從國外大量進口？
(A) 甲
(B) 乙
(C) 丙
(D) 丁

41-42為題組

◎ 某國政府為因應社會與政治環境變化，實施下列新政策：
甲、排除受禁治產宣告的國民之參政權利
乙、少數民族在各級議會代表席次的保障
丙、立法禁止雇主要求懷孕婦女輪值夜班
丁、立法規定妻子須以丈夫之住所為住所
戊、外籍配偶成為國民時應先受識字教育
己、關閉偏遠迷你小學以節省財政的支出
請問：

41. 上述政策中，哪些「違反」真平等的精神？
    (A) 甲、丙、丁　　　　　　(B) 乙、丙、己
    (C) 乙、丁、戊　　　　　　(D) 丁、戊、己

42. 哪些政策的實踐，是中山先生「革命民權說」精神的最佳例證？
    (A) 甲、乙　　　　　　　　(B) 乙、丙
    (C) 丙、丁　　　　　　　　(D) 丁、戊

第貳部分（佔 48 分）

說明：第 43 至 72 題共 30 題，答對 24 題以上（含 24 題），第貳部
　　　分即得滿分。第 43 至 72 題皆是單選題，請選出一個最適當
　　　選項標示在答案卡之「選擇題答案區」。每題答對得 2 分，答
　　　錯不倒扣。

43. 一位政治人物批評某國說：「我們正目睹一個危機，『該國』在
    這危機中，對經濟秩序的需求與對政治秩序的需求互相衝突。過
    度中央集權使經濟成長持續萎縮，軍事生產則大增。」這裡的「
    該國」是指何國？
    (A) 1945年的法國　　　　　(B) 1960年的西德
    (C) 1980年的蘇聯　　　　　(D) 1995年的中國

44. 一個人回憶：「每個月初，父親領到薪水，先付清房租及雜費。
    第二天一清早，全家趕赴賣場，大肆採購乳酪、火腿、馬鈴薯等，
    將所有的錢花費在不易腐敗的食物上。總之，我們會將一個月的
    存糧準備好，接著整整一個月身無分文。」這種場景最可能發生
    在何時何地？
    (A) 1782年的巴黎市　　　　(B) 1814年的維也納
    (C) 1923年的柏林市　　　　(D) 1968年的莫斯科

45. 某國政治人物在1951年時呼籲：「我國已經無法再以一己之力，承擔地中海地區的政治責任，也無法主導當地的外交事務。我們必須與他國合作，才能處理埃及或蘇彝士運河的問題。」這位說話者的身分應當是：
(A) 英國國會的反對黨領袖　　　(B) 美國國家安全部門主管
(C) 法國執政黨外交事務官　　　(D) 蘇聯的國家情報局主管

46. 「西公園」闢建於1915年，園中立有一個紀念日俄戰爭的海軍紀念碑和忠靈碑，1948年以後更名為「勝利公園」。這個公園應當位於何處？
(A) 長春　　　(B) 平壤　　　(C) 釜山　　　(D) 東京

47. 19世紀中，英國開始改革選舉制度，除先後大幅放寬選舉人的限制，也調整選區。1840年代，一位具有選舉權的倫敦市民最先可以選舉下列何者？
(A) 倫敦市長　　(B) 下院議員　　(C) 上院議員　　(D) 首相

48. 一本介紹戰爭的著作指出：「這場戰爭用了當時最先進的各種技術，不但槍枝射程有極大的改善，還用火車、輪船來運送軍隊，也有攝影師將戰爭的場景登載於報刊，引起各國輿論的注意。許多軍人在戰場上因為衛生條件太差，死傷甚為嚴重，還因此促成了軍醫制度的發展。」這種場景最早可能發生在下列哪場戰爭中？
(A) 1800年前後拿破崙戰爭　　(B) 1854年的克里米亞戰爭
(C) 1894年的中日甲午戰爭　　(D) 1914年第一次世界大戰

49. 何先生出生於臺中，幼年時就讀於當地的公學校，後來轉到東京求學。有一天，他看到報上登出某地新成立的政府因與日本關係密切，急需日語教學人才；由於他的語言較無問題，願意應徵，

也立刻被錄用。他從東京火車站出發,兩天就到達該地,在當地
中學教了好幾年日語,晚上還兼差,教當地官員及家眷日語。直
到第二次世界大戰結束之後,他才回到臺灣。何先生這幾年的教
學生涯最可能是在哪裡度過?

(A) 瀋陽　　　　　　　　　　(B) 琉球

(C) 曼谷　　　　　　　　　　(D) 新加坡

50. 有位作家回憶:「參訪這座城市時,經濟情況相當惡劣,正在執
行第二個五年經濟計畫。三十歲以上的人,還懷念帝國時代的安
適生活、歐洲大陸的富強繁盛;三十歲以下的人,對往日的安定、
富庶感受不深,也無法接觸到國外的事物。此外,私人財產均遭
沒收,一切收歸國有。」這位作家描述的情況是:

(A) 1850年的巴黎市　　　　　(B) 1900年的維也納

(C) 1930年的莫斯科　　　　　(D) 1980年的柏林市

51. 德國政府說:「美國人對世界文明的唯一貢獻就是發明了口香糖
及可口可樂。」同一時期,日本政府宣傳:「進口可口可樂就等
於進口了美國社會的病毒。」這種說法應是何時出現?

(A) 1917年美國宣布對德作戰時

(B) 1942年太平洋戰爭爆發之後

(C) 1973年石油經濟危機發生時

(D) 1990全球討論關稅協定之後

52. 一本書中提到:「從上海到南寧最快的方法,先要乘大輪船到香
港,接著乘廣九鐵路到廣州,再轉到三水,從三水坐輪船到梧州。
從梧州到南寧只有小火輪可乘,要走三天。如果能搭上單引擎飛
機,只要幾個小時就可以從南寧到廣州。」這種交通條件最可能
出現在何時?

(A) 1870年　　(B) 1900年　　　　(C) 1930年　　　　(D) 1960年

53. 「這裡非常寒冷荒涼，也很乾燥。由於氣候乾燥，牧場面積必須很大才有足夠草料飼養羊群；遠處的山麓地帶，有美麗的湖泊和冰河。」以上這段描述，最可能是美洲下列哪個地區的寫照？
(A) 巴西高原
(B) 拉布拉多高原
(C) 哥倫比亞高原
(D) 巴塔哥尼亞高原

54. 「這個地區的河流都靠降雨來補給流量，冬季水流湍急，夏天河床則成為乾枯空曠的道路。」文中描述的地區最可能位於下列何地？

(A)
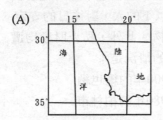

(B)
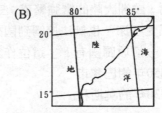

(C)
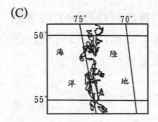

(D)
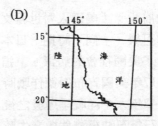

55. 照片二為某一都市的照片。該都市所屬氣候區最可能出現哪一項特徵？
(A) 日夜的溫差大
(B) 冬夏風向相反
(C) 年雨量變率小
(D) 春夏多龍捲風

照片二

56. 大法官會議最近對「性資訊流通」處以妨害風化罪所引發的爭議
作出解釋，主張法律適度限制性資訊的流通，並不違憲。依據上
述訊息判斷，該解釋文所持的最主要論點是：
(A) 性資訊流通不在出版自由保障的範圍之內
(B) 加重刑罰能有效遏止性資訊流通日趨氾濫
(C) 性資訊的事前審查可以防止妨害社會風化
(D) 保障性言論應考量社會多數共通之性價值

57. 圖四是某國在2000年至2004年間，育齡婦女平均生育子女數的變
遷情形。學者指出此種變遷趨勢若持續下去，將會引發社會問題。
依據圖中訊息判斷，下列何者為這種變遷趨勢最可能直接引發的
問題？

(A) 販賣人口逐漸增加
(B) 家庭價值趨於瓦解
(C) 勞動人口負擔加重
(D) 教育品質日益低落

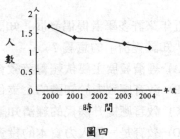

圖四

58. 根據統計，國內使用網際網路的人口急速攀升，網際網路的便利
確實為現代社會帶來一些正面的影響。下列敘述何者最能顯示網
際網路在臺灣社會的正面功能？
(A) 可減少人際衝突並提升互動的品質
(B) 提供弱勢團體連結爭取權益的機會
(C) 可解決大眾資源社會階層化的問題
(D) 提供的是最迅速確實的第一手訊息

59. 表四爲某國近十餘年來社會變遷的相關統計資料。根據表中的資料，對於該國經濟、教育因素與社會運動之間的關係，下列推論何者最正確？

表四

年代	1990	1995	2000	2005
社會抗爭事件次數	152	358	1012	748
國民平均受教育年數	3.8	6.2	10.7	13.8
失業率（％）	2.9	3.0	5.1	4.8
國內實質生產毛額（美元/人）	5,000	8,000	13,000	15,000

(A) 失業率的驟升可能使社會抗爭事件激增
(B) 低國民所得是產生社會抗爭事件的主因
(C) 社會抗爭隨著國內生產毛額提高而加劇
(D) 社會抗爭事件隨著教育水準提高而增加

60. 近年來許多學者提倡發展「知識經濟」，下列何者最能反映出「知識經濟」的意義？
(A) 經濟發展主要依賴菁英教育
(B) 教育應致力於知識的企業化
(C) 教育應提升國民的經濟知識
(D) 教育是一種人力資本的投資

61. 圖五爲某國社會階層調查中，1000位具有研究所學歷的受訪者及其父親的社會階層分布百分比圖。依據圖中資料顯示，該國教育因素、社會階層與社會流動之間的關係，下列解釋何者最正確？
(A) 該國水平社會流動情形十分普遍
(B) 受教育有助於該國人民向上流動
(C) 該國的中下階層缺乏受教育機會
(D) 個人社會階層深受父親背景影響

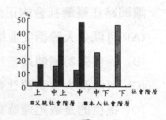

圖五

62. 關於臺灣近年來社會變遷對家庭的影響，下列敘述何者最正確？
　　(A) 國民教育蓬勃，取代家庭原有的社會化功能
　　(B) 福利政策擴張，免除了家庭照護長者的負擔
　　(C) 性別平權落實，配偶平等分擔家庭勞務工作
　　(D) 產業結構改變，家庭不再是主要的生產單位

63. 人權團體批評某些國際知名品牌球鞋製造商，以極微薄的工資剝削開發中國家的勞力，消耗當地天然資源，最後卻獨享高額利潤。上述人權團體的批評，最可能是基於哪個觀點？
　　(A) 跨國企業品牌經營觀點
　　(B) 全球化的資源整合觀點
　　(C) 核心與邊陲的分工觀點
　　(D) 國家的現代化發展觀點

64-66為題組

◎ 圖六為四個都市的氣溫雨量分布圖。請問：

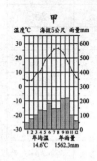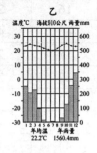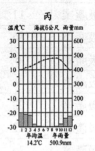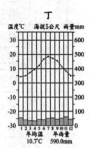

圖六

64. 哪個都市最可能位於季風氣候區內？
　　(A) 甲　　　　　(B) 乙　　　　　(C) 丙　　　　　(D) 丁

65. 咖啡栽培最可能出現在哪個都市代表的氣候類型區內？

(A) 甲　　　　(B) 乙　　　　(C) 丙　　　　(D) 丁

66. 哪個都市代表的氣候類型因雨季和生長季不一致，農業發展最需灌溉？

(A) 甲　　　　(B) 乙　　　　(C) 丙　　　　(D) 丁

67-68為題組

◎ 表五為英國、美國、日本和印度四個國家1870年至2000年各級產業人口比例（％）的變化資料。請問：

表五

國家	時間 產業	1870	1913	1950	2000
甲	第一級產業	74	72	70	58
	第二級產業	15	12	8	16
	第三級產業	11	16	22	25
乙	第一級產業	86	60	48	5
	第二級產業	6	18	26	31
	第三級產業	9	22	27	63
丙	第一級產業	23	12	5	2
	第二級產業	42	44	49	25
	第三級產業	35	44	46	73
丁	第一級產業	50	28	12	3
	第二級產業	24	30	35	23
	第三級產業	26	43	54	75

67. 哪個國家位於西歐？

　　(A) 甲　　　　　(B) 乙　　　　　(C) 丙　　　　　(D) 丁

68. 哪兩個國家的種族最複雜、語言和宗教最多元？

　　(A) 甲、乙　　　(B) 甲、丁　　　(C) 乙、丙　　　(D) 丙、丁

<u>69-70為題組</u>

◎ 圖七為歐洲四種農業類型的分布圖。
　　請問：

圖七

69. 哪種農業類型的經營集約程度最高？

　　(A) 甲

　　(B) 乙

　　(C) 丙

　　(D) 丁

70. 下列哪種農業經營模式，最能說明圖中乙農業類型的特徵？

(A)
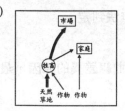

(B)
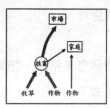

(C)
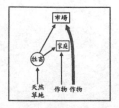

(D)
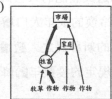

71-72為題組

◎ 圖八是某國1948年至2004年國會議員選舉的兩種投票率變動曲線
圖。請問：

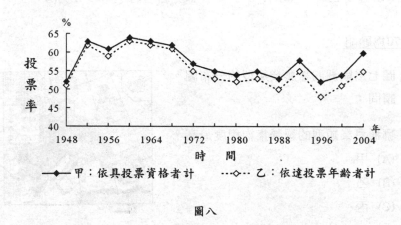

圖八

71. 哪條曲線可以正確顯示該國歷年的投票率？

(A) 甲為正確　　　　　　　(B) 乙為正確

(C) 兩者皆可　　　　　　　(D) 無法判定

72. 從圖中的訊息來推論，造成甲、乙統計曲線差異的原因，最可能
是下列何者？

(A) 完成選民登記的人數降低

(B) 政治冷漠的成年人口增加

(C) 成年的新移民之人數增加

(D) 法律規定的投票年齡降低

96年度學科能力測驗社會科試題詳解

第壹部分

1. **C**

   【解析】 唐宋間因為工商業興盛－經濟結構的變化，這些從事
   工商業者有錢又有閒，需要娛樂，乃出現有別於士大
   夫階層的茶道、花道等「雅文化」的「俗文化」或
   「庶民文化」。

2. **A**

   【解析】 運河線上的船伕參加的可能是青幫，「青幫」相傳創
   始於清雍正年間，朝廷為加強漕運，有天地會會員組
   成「清幫」，由於成員用青布扎頭，後來稱「青幫」，
   有時也稱「漕幫」。

3. **B**

   【解析】 魏晉南北朝「儒學在思想層次或許是衰落，但在規畫
   政治組織與統治政策的治術方面，卻大獲全勝」，因
   為魏晉南北朝儒學衰微，盛行道家為主的「玄學」，
   但創行許多制度為後世沿用，如三省六官制、均田制、
   府兵制等，北周採用「周禮」創六官制。

4. **B**

   【解析】 煙草、玉米、蕃薯等是明代中葉（地理大發現後）傳
   入中國，明代有一部科技百科全書－宋應星（中國狄
   得羅）的「天工開物」。

5. **C**

　【解析】　臺灣位於亞太樞紐，除瘧疾外多數的傳染病如傷寒、
　　　　　霍亂、鼠疫都是入港時船上人員帶來的；「台灣鼠疫」
　　　　　最早在 1895 年被檢疫出來，「新的統治者」指日治時
　　　　　期臺灣總督府民政長官；臺灣衛生的整頓，關係日本
　　　　　在台灣的經營，因此日治時代臺灣的基礎建設，首重
　　　　　衛生工程；從培訓醫療人員、設置公立醫療機構、建
　　　　　設地下水道開始，並強制民眾接受預防注射等。

6. **B**

　【解析】　清末同治光緒年間沈葆楨來台灣後，開始開闢山路、
　　　　　安撫原住民，留下東西向三條道路；劉銘傳接著開山
　　　　　撫番，故有此段「自從決議要開山以後，蕃亂不止，
　　　　　已有十多年了，剿也無功，撫也無效」的批評。

7. **B**

　【解析】　魏晉南北朝時期是中國歷史上禮學極為發達的時代，
　　　　　當時面臨「情」與「禮」衝突的問題，故有人「被人
　　　　　檢舉違反禮法，因而受到清議的批評」。

8. **A**

　【解析】　1950 年韓戰爆發，蘇聯支持中共出兵朝鮮，破壞區域
　　　　　和平；美國杜魯門總統派第七艦隊協防台灣，並提供軍
　　　　　經援助，為台灣帶來轉機－如「西安事變」救了共產黨，
　　　　　韓戰則救了國民黨，韓戰成為國民黨的「西安事變」。

9. **C**

　【解析】　清代「銀價不斷上漲」的關鍵是鴉片非法進口太多，
　　　　　使物價不斷上漲；解決的方法當然是「禁止鴉片進口，
　　　　　避免白銀外流」。

10. **A**

【解析】西周封建制度下，「貴者有氏，賤者有名無氏」；戰國
後因封建制度崩解，農民成爲國家租稅的對象，國家
展開「編戶齊民」，同時因社會流動，布衣可以爲卿
相，姓氏分野逐漸泯除，平民獲得姓氏。

11. **A**

【解析】(B) 台灣早期電話並不普及，公用電話成了最佳的替代
方式，自1949年向美國購入投幣式公用電話機10部
開始。

(C) 日治時期在1905年後，每隔五年舉辦的戶口調查顯
示台灣人口在日治時期呈現 0.988%－2.835% 間的
年自然增加率；1905年台灣總人口約有303萬人，
到 1940 年則約 587 萬。

(D) 日本移民台灣人口約從 5 萬人增至 30 萬人，比例
從 1.8% 升至 5.32%，沒有如考題那麼高。

12. **D**

【解析】清初爲消滅反清勢力如鄭成功等頒布海禁令，嚴禁商
民船隻私自出海。鄭成功攻取臺灣，清廷再頒「海禁
令」，遷粵、閩、浙、蘇、魯沿海五省居民三十至五十
里，盡燒民居及船隻。

13. **D**

【解析】明清通過考試成爲生員（秀才）、舉人和進士者，統
稱爲「仕紳」；明清要成爲仕紳，除科舉功名的途徑
外，也可以透過其他管道如捐納、保舉、軍功而獲
得；十九世紀中葉後以仕紳爲核心的地方勢力興起：
地方仕紳常常組成地方防衛團體，如太平天國、捻亂
等民變，靠著湘軍、淮軍等地方軍隊而平定。

14. **B**

【解析】　隋煬帝大業九年(612年)煬帝再次親征高麗，隋軍攻打遼東城，煬帝接到禮部尚書楊玄感叛變的消息，於是迅速退兵，趕回洛陽，平定楊玄感之亂。

15. **C**

【解析】　日治時期在台灣推動國語運動－推廣日語日文：教育程度低者在各地設立國語講習所；教育較高者有「國語家庭」獎勵法；取消報紙中的漢文欄，廢止學校中的漢文課；其目標「讓學生瞭解我國冠絕世界的國體、國風，以涵養國民精神」，讓台灣人認同日本，達到同化台灣的目的。

16. **B**

【解析】

亞太經濟合作會議（APEC）會員國	亞　洲	1.東亞：中國、香港、日本、南韓 2.東南亞：越南、泰國、馬來西亞、汶萊、菲律賓、印尼、新加坡、台灣
	美　洲	美國、加拿大、墨西哥、智利、秘魯
	大洋洲	巴布亞新幾內亞、紐西蘭、澳洲
	歐　亞	俄羅斯

17. **C**

【解析】

台灣	23.5°N為界（一月18°C）	副熱帶季風	冬溫<18°C，四季有雨，雨量較豐。
		熱帶季風	冬溫>18°C，乾雨季各半年，夏雨多乾。
	夏、秋兩季有颱風		

台灣：夏秋剩水、多春缺水。

甲、高雄春季缺水。

丙、花蓮秋季剩水。

18. **D**

【解析】 1. 沿海的北京、天津、上海、廣
　　　　　州等大都市所在地區的人口比例最高。

　　　　2. 東北地區因農業機械化，爲全國農業人口比例最低
　　　　　區，也因工業化帶來都市化，都市人口比例高於全
　　　　　國平均值。

19. **A**

【解析】 1. 英格蘭、阿帕拉契山西麓的污染源，受盛行西風影
　　　　　響，吹送至北歐、美國東北部造成酸雨。

　　　　2. 華北地區因多季季風（西北、北、東北風）的吹送，
　　　　　形成四川、雲貴的酸雨。

20. **A**

【解析】 全球因溫室效應，氣溫上升，出現暖冬現象，使櫻花
　　　　早開、楓紅延後、霧日減少。

21. **C**

【解析】 (A) 赤道經過的國家（印尼、巴西、哥倫比亞）哺乳類
　　　　　物種較副熱帶多。

　　　　(B) 表中諸國所在非島嶼。

　　　　(D) 1. 北半球國家由低緯→高緯依序排列：印尼（515）
　　　　　　 →印度（350）→墨西哥（449）→中國（394）。

2. 南半球的巴西（428）與秘魯（361）、坦尚尼亞（310）所在緯度相似，表中資料無法作出此結論。

22. **B**

　　【解析】　孫文認為盧梭用「天賦人權」對抗「君權神授」，對當時憎惡君主專制的人心是政治上千古的大功勞。

23. **C**

　　【解析】　憲法第75條規定：「立法委員不得兼任官吏」，「權能區分」是解決人民與政府之間的問題，「均權制度」是解決中央與地方政府權限的劃分，「權力分立」為防止權力集中，「專家政治」是為實現萬能政府的方法。

24. **B**

25. **C**

　　【解析】　國父批評：盡所能者，其所盡未必充分之能，而取所需者，其所取又恐為過量之需矣！乃國民道德未達極端。

26. **A**

　　【解析】　康慧主張每一個人都具有被他人尊重的價值與尊嚴，由此衍生的基本權力即：個人有自由為自己做選擇的權利，如隱私權、支配財產權，即有權要求他人不可干涉的自由，即「消極性權利」。

27. **B**

【解析】 中山先生之建國方略包括「孫文學說」心理建設；「民
權初步」社會建設；「實業計劃」物質建設，而社會建
設在教導人民集會議事種種法則。

28. **C**

【解析】 避免國家人民緊急危難，應付財經重大變更，得經行
政院會議決議發佈「緊急命令」，並於十日內送交立
法院追認。

29. **A**

【解析】 雙首長制在「左右共治」時，傾向於內閣制，此時由
內閣總理成為最高行政首長。

30. **B**

【解析】 實業計劃首重交通、礦業、工業之發展，並主張利用
外資、外才。

31. **D**

32-34 為題組

32. **D**

【解析】 都市就業人口以二、三級為主，丁區二、三級就業人
口比例（34.7＋63.6＝98.3％）最高，故都市化程度
最高。

33. **A**

　　【解析】　（土地面積×耕地率）×水田率＝水田面積

　　　　　　　甲區水田面積：

　　　　　　　　　（10506 平方公里×28.5%）×57.4%

　　　　　　　　　＝1718.7 平方公里（最高）

　　　　　　　乙區水田面積：

　　　　　　　　　（10002 平方公里×30.5%）×48.7%

　　　　　　　　　＝1485.6 平方公里

　　　　　　　丙區水田面積：

　　　　　　　　　（8143 平方公里×11.6%）×28.0%

　　　　　　　　　＝264.5 平方公里

　　　　　　　丁區水田面積：

　　　　　　　　　（7353 平方公里×18.6%）×59.1%

　　　　　　　　　＝808.3 平方公里

34. **C**

　　【解析】　工業就業人口以二級為主，丙區二級就業人口比例最
　　　　　　　低，故河川受污染較輕。

35-36 為題組

35. **B**

　　【解析】　堆積物由北方的陸地沿海向南方海域運積延伸，可印
　　　　　　　證海流是自北向南流。

36. **C**

　　【解析】　台灣西南海岸屬離水堆積的沙岸，沿海多沙洲分布。

<u>37-38 為題組</u>

37. **B**

【解析】 拿尺量圖中方格邊長為 2 公分，故知圖上 2 公分代表
實際 1 公里：

$$比例尺 = \frac{2\ 公分}{1\ 公里} = \frac{2}{100000} = \frac{1}{50000}$$

38. **A**

【解析】 1. 找出最高點所在的網格，
再讀出交會在該網格西南
角的座標值（1891）。

2. 本圖最高等高線為260 m。

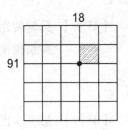

<u>39-40 為題組</u>

39. **D**

【解析】 中國煤和石油多產於北方，華南、華中地區以水力和
天然氣蘊藏較富。

40. **B**

【解析】 中國經濟發展，石油消費量大增，積極尋求國外油源。

<u>41-42 為題組</u>

41. **D**

【解析】 「真平等」就是實質平等，也就是大家謀生活、選擇
職業、受教育機會均等。

42. **B**

【解析】主張民國的人則享有民權，反對民國之人，不得享有。帝制運動人士、割據的軍閥、貪官污吏，不得享有民權，防止藉著權力破壞國家。

第貳部分

43. **C**

【解析】蘇聯時常重視國防工業，忽略民生經濟，故「過度中央集權使經濟成長持續萎縮，軍事生產則大增」。

44. **C**

【解析】第一次世界大戰後德國戰敗，經濟特別蕭條，物價飛漲，通貨膨脹嚴重，故「每個月初，父親領到薪水，先付清房租及雜費。第二天一清早，全家趕赴賣場，大肆採購乳酪、火腿、馬鈴薯等，將所有的錢花費在不易腐敗的食物上」。

45. **A**

【解析】1936 年英埃條約英國保留對蘇彝士運河的控制權；1951 年埃及推翻 1936 年英埃條約，新的政府要求英國撤軍，1954 年英國同意放棄，1956 年最後一批英軍撤離埃及；故英國在 1951 年時有此呼籲。

46. **A**

【解析】題幹中有「紀念日俄戰爭的海軍紀念碑和忠靈碑」可知此一地點是在日俄戰爭的戰場附近的長春。

47. **B**

【解析】 1832 年，英國民黨執政時，國會通過改革法案，取消衰廢市鎮的「議員」名額，將之改配給新興城市；而且降低選民的財產限制，使小康的成年男人都獲得選舉權，故 1840 年代，一位具有選舉權的倫敦市民最先可以選舉「下院議員」（上院稱為貴族院，貴族院議員直接由貴族擔任）；1832 年改革後，英國才於 1867 年、1872 年、1883 年、1884 年、1885 年又進行制度改革。

48. **B**

【解析】 在克里米亞戰爭中鐵甲船和現代的爆炸性的炮彈第一次被使用，它也是歷史上第一次壕溝戰；電報首次在戰爭中被使用，火車首次被用來運送補給和增援；這場戰爭中約 20 多萬人死亡，大多數士兵不是陣亡，而是因饑餓、營養不良、衛生條件差死於戰傷。南丁格爾改善野戰醫院的衛生條件，戰後南丁格爾在倫敦創辦第一所護士學校。

49. **A**

【解析】 由題幹「某地新成立的政府因與日本關係密切」可知不會是琉球（光緒五年已被日本併吞）、曼谷（獨立王國、不需日語）、新加坡（英國、馬來西亞統治，不需日語）。

50. **C**

【解析】 由題幹「正在執行第二個五年經濟計畫」、「私人財產均遭沒收，一切收歸國有」可知是「1930 年的莫斯科」。

51. **B**

【解析】 德國與日本第二次世界大戰（1937-1945年）結盟為
「軸心國」對抗中、美、英、蘇，故德國與日本宣傳
品共同羞辱或消遣美國。

52. **C**

【解析】 (C) 1903年奧維爾‧萊特（Orville Wright）駕駛動力
飛機起飛，開始飛機的歷史；題幹中有「單引擎
飛機」故不可選 (A) (B)；最可能是在黃金的十年
（1928-1937 年）；(D) 太晚了。

53. **D**

【解析】 (A) 巴西高原：熱帶莽原景觀
(B) 拉布拉多高原：位加拿大東北，屬溫帶大陸性氣候
(C) 哥倫比亞高原：位美國西北部，是溫帶草原氣候
(D) 巴塔哥尼亞高原：位南美阿根廷，安地斯山南段
的東側，背盛行西風，沿海有福克蘭寒流，乾燥
少雨，屬沙漠氣候，最吻合文中敘述。

54. **A**

【解析】 1. 文中描述當地冬雨
夏乾，可判斷屬地
中海形氣候，故選
位 $30^{\circ} \sim 40^{\circ}$ 之間的

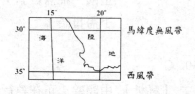

陸地，因風帶季移而形成地中海型河川特徵。

2. 附圖為澳洲西南部。

55. **A**

【解析】照片中都市附近的山麓乾燥缺乏林木，都市建築多圓頂高塔，可判斷爲中東乾燥區的某回教國，日夜溫差大是乾燥氣候特徵之一。

56. **D**

【解析】釋字第 617 號解釋：憲法第 11 條，人民之出版自由，旨在取得充分資訊，實現自我之機會，而性資訊或物品之流通，在客觀上足以引起一般人羞恥心或厭惡感，有礙於社會風化者，對於和諧的社會新價值秩序，顯有危害，與憲法 23 條（社會秩序），有所衝突，立法加以管制，應屬正當。

57. **C**

【解析】少子化將造成高齡化社會，將造成勞動人口負擔加重。

58. **B**

【解析】網絡的便利，將使過去掌握媒體優勢的企業，開始重視由單向的播放，邁入雙向互動的媒介時代，而弱勢團體透過線上討論、留言、發表意見的方式，形成重要輿論，可影響政府重大決策。

59. **A**

60. **D**

【解析】教育可提昇整體人力素質，培育國家人才，促進社會階層流動，傳承知識文化，適應社會變遷，建立正確價值。

61. **B**

【解析】教育有助打破社會階層，增加社會的流動機會。

62. **D**

【解析】　家庭已從生產單位轉型為消費的基本單位。

63. **C**

【解析】　核心邊陲是依經濟的分工和政經地位所作分類，由「權力支配」和「比較利益」作區別。
而「核心國家」大都擁有科技和雄厚的資本，如「經濟合作開發組織」的會員國，而「邊陲國家」大多是貧窮和以農業資源為主的國家，而兩者分工的結果經常造成貧富差距更大。

64-66 為題組

64. **A**

【解析】　季風氣候夏季高溫（20～28 $^{\circ}$C 上下），夏雨多乾，甲圖最相符。

65. **B**

【解析】　咖啡適宜生長於熱帶，故選年均溫高，夏雨多乾的熱帶莽原(乙)。

66. **C**

【解析】　丙圖夏季高溫，正值生長季，卻乾旱無雨，農業最需灌溉（如地中海型）。

67-68 為題組

67. **C**

【解析】　西歐率先工業革命，故第二、三級產業人口比例高→近代則以第三級產業人口比例最高。

68. **B**

【解析】 1. 美、印兩國種族複雜，語言及宗教多元。
　　　　 2. 甲：印度　乙：日本　丙：英國　丁：美國。

69-70 為題組

69. **C**

【解析】 1. 歐洲混合農業的農場兼營作物種植和牲畜飼養，因
　　　　 土地有限，大量施肥，並使用農機補充人力之不足，
　　　　 故仍能維持高單位面積產量。
　　　　 2. 混合農業生產的作物：①農業自用；②供應市場；
　　　　 ③飼養牲畜出售。
　　　　 故集約程度高。

70. **D**

【解析】 1. 乙區代表酪農業：溫帶濕潤氣候區，農民在狹小土
　　　　 地上種植牧草或飼料作物，飼養乳牛供應都市居民
　　　　 鮮乳或乳製品的需求。
　　　　 2. 酪農業重要產區：西北歐各國、北美五大湖區和新
　　　　 英格蘭區。

71-72 為題組

71. **A**

72. **C**

【解析】 新移民達到投票年齡，但未必具有投票資格。

九十六年度學科能力測驗（社會考科）
大考中心公佈答案

題號	答案	題號	答案	題號	答案	題號	答案
1	C	21	C	41	D	61	B
2	A	22	B	42	B	62	D
3	B	23	C	43	C	63	C
4	B	24	B	44	C	64	A
5	C	25	C	45	A	65	B
6	B	26	A	46	A	66	C
7	B	27	B	47	B	67	C
8	A	28	C	48	B	68	B
9	C	29	A	49	A	69	C
10	A	30	B	50	C	70	D
11	A	31	D	51	B	71	A
12	D	32	D	52	C	72	C
13	D	33	A	53	D		
14	B	34	C	54	A		
15	C	35	B	55	A		
16	B	36	C	56	D		
17	C	37	B	57	C		
18	D	38	A	58	B		
19	A	39	D	59	A		
20	A	40	B	60	D		

九十五年大學入學學科能力測驗試題
社會考科

第壹部分（佔 84 分）

說明：第 1 至 42 題皆計分。第 1 至 42 題皆是單選題，請選出一個最適當的選項標示在答案卡之「選擇題答案區」。每題答對得 2 分，答錯不倒扣。

1. 依據中華民國憲法及增修條文的相關規定，下列關於總統職權的敘述，何者正確？
   (A) 是最高的行政首長
   (B) 具有法案的否決權
   (C) 發布法律或命令皆須行政院長之副署
   (D) 發布緊急命令須經行政院會議之決議

2. 學者研究指出，許多新興的發展中國家，在建國過程中同時面臨許多問題的挑戰，本質上是壓縮的社會（compressed society）。這項論述最足以反映出中山先生何種主張的背景因素？
   (A) 建國三程序　　　　　　(B) 萬能政府論
   (C) 革命民權論　　　　　　(D) 一次革命論

3. 下列哪一項事實或行為最符合中山先生主張的「合理的自由」？
   (A) 至公園散步時拒絕警察的隨機搜身臨檢
   (B) 由疫區自行攜回傳染病檢體以進行研究
   (C) 將自己珍藏的偶像電影上網供網友下載
   (D) 十六歲少男自行與相戀的同齡女友結婚

4. 一位學者強調，在正義的社會中，社會制度的安排必須對處於社會最不利地位的人是最有利的。這個論點與中山先生哪一項主張的精神最相似？
   (A) 濟弱扶傾　　　　　　　(B) 民族平等
   (C) 計畫經濟　　　　　　　(D) 分權制衡

5. 中華民國憲法第八十一條關於法官「非受刑事或懲戒處分，或禁治產之宣告，不得免職。非依法律，不得停職、轉任或減俸」的規定，主要在維護下列何項憲政精神？
   (A) 文官中立　　　　　　　(B) 罪刑法定
   (C) 依法施政　　　　　　　(D) 司法獨立

6. 某國舉行國會大選，結果沒有任何一個政黨的得票率超過半數，而由得票合計過半的二個政黨組成聯合政府。這個國家最可能是下列何者？
   (A) 美國　　　　　　　　　(B) 俄羅斯
   (C) 德國　　　　　　　　　(D) 瑞士

7. 全球化的浪潮席捲全世界，某些強勢文化挾帶經濟和科技的優勢，向全球進行「文化傾銷」，有些國家因而遭遇了本土文化式微甚至消失的危機。本土文化遭逢全球化的挑戰，這與清末民初中山先生認為中國所遭遇的何種境遇最相似？
   (A) 列強武力侵略壓迫，國家主權淪喪
   (B) 列強經濟力的壓迫，外資大舉入侵
   (C) 國人放棄民族主義，講求世界主義
   (D) 中國科學技術落後，產業發展停頓

8. 有關中山先生主張的「均權制度」與孟德斯鳩的「分權制度」比較，下列敘述何者正確？
   (A) 兩制皆為同級政府的橫向分權制度
   (B) 兩制皆為中央與地方間的權力劃分
   (C) 前者為同級政府的橫向分權，後者為中央與地方間的縱向分權
   (D) 前者為中央與地方間的縱向分權，後者為同級政府的橫向分權

9. 中山先生在自傳中曾說：「於西學則雅癖達爾文之道」，達爾文思想中為中山先生所贊同而引用的是：
   (A) 進化的觀點　　　　　　(B) 互助的原則
   (C) 競爭的手段　　　　　　(D) 漸進的方法

10. 中山先生於民國 13 年手訂國民政府的建國大綱，其主要用意為何？
    (A) 訓練人民行使直接民權的能力
    (B) 糾正民眾遇事畏難退縮的心理
    (C) 提供依序建設現代化國家藍圖
    (D) 指出中國經濟建設的發展方向

11. 2005 年 5 月政府召開任務型國民大會，針對立法院的修憲案進行複決，此次修憲的重點為何？
    甲、廢除國民大會改由立法院複決修憲案
    乙、立法委員選舉制改為單一選區兩票制
    丙、監察委員由總統任命不須立法院同意
    丁、廢除考試院軍公教人員優惠存款利率
    戊、總統彈劾案改由司法院大法官來審理
    (A) 甲、乙　　(B) 乙、戊　　(C) 丙、丁　　(D) 丁、戊

12. 中山先生的民生主義，對於生產及分配的先後順序有何主張？
　　(A) 重養民，不強調生產分配的次序
　　(B) 以歐美爲鑑，應該先求合理分配
　　(C) 應該按實際情況決定先後的順序
　　(D) 中國患貧，宜先發達生產以求富

13. 近代有人指出：「槍桿子出政權」，古代也有人說：「天子者，兵強馬壯者居之。」中國歷史上，這種情況有時會成爲政權交替的常態。下列哪一個時代最可能出現這種情況？
　　(A) 漢朝前期　　(B) 唐代中期　　(C) 五代時期　　(D) 明代中葉

14. 一位古董商人要出售以下文物：篆文書寫的青銅器、楷書書寫的《道德經》、甲骨文書寫的五言詩、書刻寫的竹簡。他最可能是何時何地的商人？
　　(A) 唐末的洛陽　　　　　　　(B) 北宋的開封
　　(C) 明初的南京　　　　　　　(D) 民初的北京

15. 學者批評某個朝代頗多失禮之事，宮廷喋血衝突不絕於書，並認爲這是因爲這個朝代的創建沾染夷狄之風所致。這個朝代是指：
　　(A) 秦代　　　(B) 唐代　　　(C) 宋代　　　(D) 清代

16. 一位英國商人第一次到淡水地區經商時，與當地商人發生衝突，但當地官署無法處罰他。七年後，這位商人再度來台，企圖如法炮製，卻立刻被官署糾正、處罰。這位商人大概是在何時來台？
　　(A) 1840 年台灣開港通商前後
　　(B) 1895 年台灣割讓日本前後
　　(C) 1915 年一次大戰爆發前後
　　(D) 1945 年日本戰敗投降前後

17. 某人翻閱古書，看到一位任職台灣的官員在 1820 年提出一份有
　　關當地的報告。這份報告的主旨最可能包括下列何者？
　　(A) 彰化地區發生了兩派人馬的集體衝突
　　(B) 魚塭養殖的鰻魚豐收，外銷成果良好
　　(C) 當地父老聯名，請求官府改建火車站
　　(D) 糖廠安裝新式的蒸汽鍋爐以提高產能

18. 朱一貴之亂後，康熙皇帝在上諭裡指稱：「臺灣止一海島，本地
　　所產不敷所用，仰賴閩省錢糧養生。」關於這份上諭，以下哪一
　　項說明較為合理？
　　(A) 當時台灣生產力落後，人民生活窮困，需要福建接濟
　　(B) 當時國家控制下繳納賦稅的戶口不多，財政收入不足
　　(C) 這是清廷為了安撫鄭氏餘黨，給予大量物資作為酬庸
　　(D) 這是清初加強台灣的建設，不足的經費由福建來支援

19. 以下是清朝以後中國人稱呼西方人的幾個說法：
　　甲、「中國稱『鬼子』其實是龜茲的轉音，只有通稱西方之意。」
　　乙、「以後各式公文，凡有關大英國臣民者，不得書『夷』字。」
　　丙、「茶葉大黃，外國所必需，中國不售，『夷人』何以為生？」
　　它們出現的先後次序應是：
　　(A) 甲、乙、丙　　　　　　　(B) 乙、丙、甲
　　(C) 乙、甲、丙　　　　　　　(D) 丙、乙、甲

20. 這位皇帝自誇他調整國家組織的成效，使得軍、政等機關分別處
　　理庶務，互不統屬，彼此對抗，所有大權盡歸皇帝總之，所以穩
　　當。這位皇帝應是：
　　(A) 秦始皇　　(B) 隋文帝　　(C) 明太祖　　(D) 清雍正

21. 一位政治家爲了鞏固政權，下令求才，強調不問道德，只要有才幹，雖不仁不孝，亦可任用。他是下列何人？
 (A) 漢武帝
 (B) 曹操
 (C) 宋太宗
 (D) 王安石

22. 從某個時期開始，中國社會逐漸出現停棺多年、久喪不葬的習俗，要找到風水寶地之後才入葬。人們認爲這麼做可以帶給後世子孫功名或財富等福蔭，出人頭地。這種風俗背後反映了某種社會變動的趨勢。根據這個角度，此一習俗最早可能形成於何時？
 (A) 秦漢時代，因布衣卿相之局，庶民有機會出頭
 (B) 魏晉時期，因道教盛行，庶民才流行風水觀念
 (C) 唐宋之間，反映工商業與科舉制擴大社會流動
 (D) 明清之間，反映商業繁榮，人民希望追逐財富

23. 學者根據清代兩次戶口統計資料，計算出清代台灣北、中、南、東四個區域人口數如表一，其中哪一個是北部地區？

表一

	嘉慶 16 年 (1811)	光緒 19 年 (1893)
甲	無資料	6,000 人
乙	258,000 人	767,000 人
丙	1,305,000 人	1,101,000 人
丁	342,000 人	622,000 人

 (A) 甲
 (B) 乙
 (C) 丙
 (D) 丁

24. 中國某個朝代的前期，東北以鴨綠江與朝鮮爲界，北方有蒙古韃靼、瓦剌等部族。此時期中，朝廷對境內大部分地區都能有效統治，少數民族也多臣服，但北方的邊患一直困擾著政府。這是哪一個朝代？
    (A) 宋代　　　　(B) 元代　　　　(C) 明代　　　　(D) 清代

25. 某人舉出兩個政府施政不當的例子，說明他對政治及國家運作的想法：
    例一：有位正直的人，向地方官檢舉他的父親偷了一頭羊。地方官卻下令將他殺掉。從此以後，沒有人敢向政府報告事情。
    例二：一位軍士每戰必敗，問他原因。軍士說是家裡有老父要奉養。政府不但不治罪，反而予以嘉獎。這個國家的軍隊從此再也無法打勝仗。此人最可能是誰？
    (A) 孔子　　　　(B) 荀子　　　　(C) 老子　　　　(D) 韓非子

26. 二十世紀初，學者在敦煌附近的遺址中，發掘出一種用「新文字」書寫的佛經。後來有人找到一本名爲《番漢合珠掌中書》的字典，才逐漸瞭解此種新文字的原則：使用漢字偏旁以代表各種意義。書寫時有篆、草、行、楷等書體，相當複雜。這應該是哪一種文字？
    (A) 西夏文　　　(B) 藏文　　　　(C) 波斯文　　　(D) 蒙古文

27. 1937 年 12 月，上海發行的報紙報導：「南京上游29公里處，有英、美兩國船隻遭到某國飛機轟炸沈沒。」我們如何瞭解這個事件？
    (A) 英、美自己炸沈船隻，嫁禍中國，企圖擴大在中國利益
    (B) 德國與美國對歐洲事務有歧見，故對美國軍艦發動攻擊
    (C) 日本加速在中國的侵略，開始攻擊英美在華的軍隊設備
    (D) 中共在長江中游發展，受到英、美兩國掃蕩，憤而報復

28. 圖一為臺中地區 1961 年至 1990 年平均的逐月水平衡圖。圖中的可能蒸發散量是指一般旱作或草地,滿足土壤蒸發和植株正常生長所需的蒸發散水量。假設土壤因雨水下滲所儲存的土壤水量最高為100 mm,則超出的雨水將會成為逕流流出。在沒有灌溉的情況下,臺中地區的旱作農業,哪幾個月份最容易發生缺水的現象?

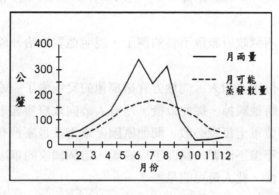

圖一

(A) 二月至五月   (B) 七月至九月

(C) 十月至十二月   (D) 十一月至翌年一月

29. 清代初期進出鹿耳門的船隻,多安排於清晨時出港、黃昏時入港。這樣的航程安排,和下列哪一項因素的關係最密切?

(A) 季風的交替   (B) 洋流的交會

(C) 潮汐的漲退   (D) 海陸風轉換

30. 中國某地區「形勢封閉,終年濕氣重;地形複雜,氣候溫和,農產種類繁多、產量豐富。由於中醫認為麻辣有驅風除濕之效,當地因而發展出善用麻辣、菜色豐富的飲食文化。」該地區最可能是:

(A) 雲貴高原   (B) 東南丘陵   (C) 四川盆地   (D) 黃土高原

31. 來自臺灣的職棒球員王建民，於美國夏令時間 2005 年 9 月 30 日下午七點出賽，臺灣的電視台在 10 月 1 日上午七點進行實況即時轉播。王建民應該是在哪一個城市出賽？
   (A) 波士頓 (71°W)　　　　　　　(B) 芝加哥 (87°W)
   (C) 丹佛 (104°W)　　　　　　　　(D) 洛杉磯 (118°W)

32. 某沙漠是世界上最乾燥的地區之一，終年雨量極少，但夜間卻常有濃霧籠罩。科學家在沙漠上張設纖維製成的網，讓夜間霧氣在網上凝成水滴，以便蒐集水。該沙漠少雨，夜間卻多霧的原因，和下列哪一因素的關係最密切？
   (A) 位居有涼流經過的沿海
   (B) 地處盛行西風的背風側
   (C) 終年受副熱帶高壓籠罩
   (D) 深居有高山環繞的內陸

33. 臺灣地處歐亞板塊和菲律賓海板塊的接觸帶，二者在花東縱谷縫合，以致地震頻繁、火山地形分布普遍。下列哪一個縣的火山地形面積，佔全縣總面積的比率最高？
   (A) 臺東縣　　　(B) 花蓮縣　　　(C) 臺北縣　　　(D) 澎湖縣

34. 一位學者描述中國某一平原的區域特色是：「四周有山環水繞，中央則地勢低平、土壤肥沃。長期以來，許多游牧民族和漁獵民族向平原聚集；也有眾多華北平原的農耕民族移入，使本區居民的生活，具有多元文化的色彩。」該平原最可能是：
   (A) 成都平原　　　　　　　　　　(B) 寧夏平原
   (C) 渭河平原　　　　　　　　　　(D) 松遼平原

35-36為題組

◎ 根據自然環境的差異和人文發展的特色，可以把北京、天津、河北、山東、河南、山西和陝西七省市併為「華北地區」；把黑龍江、吉林和遼寧三省併為「東北地區」；把上海、重慶、江蘇、浙江、安徽、江西和湖北、湖南和四川九省市併為「華中地區」；把福建、廣東、廣西、貴州、雲南和海南六省併為「華南地區」；把內蒙古、寧夏、甘肅、新疆、青海和西藏六省區併為「塞北與西部地區」。表二是這五大地理區2003年的人口數、國際貿易額和部分物產佔全中國的比例。請問：

表二　　　　　　　　　　　　　　　　　　　　　　單位：%

地理區	人口數	國 際 貿易額	煤炭 儲量	鐵礦 儲量	錳礦 儲量	糧食 產量	積 體 電路板
甲	27.31	15.84	49.11	30.37	1.80	26.70	5.66
乙	6.46	1.25	29.01	9.19	2.44	7.85	7.34
丙	19.70	39.62	9.63	5.89	52.08	14.83	27.66
丁	38.12	38.26	7.48	24.69	38.31	36.07	59.34
戊	8.40	5.03	4.77	29.85	5.36	14.56	0.01
全國	100.00	100.00	100.00	100.00	100.00	100.00	100.00

35. 哪一個地理區糧食生產的商品化程度最高？

　　(A) 甲　　　　(B) 丙　　　　(C) 丁　　　　(D) 戊

36. 甲、乙、丙、丁、戊所代表的地理區，下列敘述何者正確？

　　(A) 甲：東北；乙：華北；丙：華中；丁：華南；
　　　　戊：塞北與西部

　　(B) 甲：華中；乙：東北；丙：華南；丁：華北；
　　　　戊：塞北與西部

　　(C) 甲：華北；乙：塞北與西部；丙：華南；丁：華中；戊：東北

　　(D) 甲：華南；乙：塞北與西部；丙：華北；丁：華中；戊：東北

37-39為題組

◎ 圖二為某地多年平均的月雨量及月均溫點散布圖。請問：

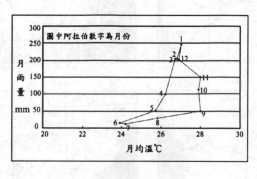

圖二

37. 該地最有可能位於下列哪一個緯度帶？

(A) 50°N～30°N　　　　　　(B) 30°N～10°N

(C) 10°N～10°S　　　　　　(D) 10°S～30°S

38. 該地的天然植被最可能是：

(A) 雨林　　　　　　　　　　(B) 針葉林

(C) 疏林草原　　　　　　　　(D) 常綠闊葉林

39. 在該種類型的氣候區內，下列哪一種經濟作物的栽培最普遍？

(A) 橄欖　　　　　　　　　　(B) 咖啡

(C) 甜菜　　　　　　　　　　(D) 蘋果

40-42為題組

◎ 圖三甲、乙、丙、丁為四條河流地形圖，請問：

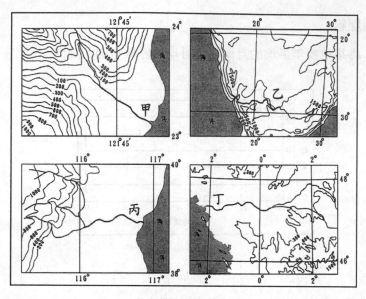

圖三

40. 圖中哪一條河流最可能出現在臺灣？

(A) 甲　　　　　(B) 乙　　　　　(C) 丙　　　　　(D) 丁

41. 圖中哪一條河流水量的洪枯變化最小？

(A) 甲　　　　　(B) 乙　　　　　(C) 丙　　　　　(D) 丁

42. 圖中哪兩條河流最可能出現在季風氣候區？

(A) 甲、乙　　　(B) 甲、丙　　　(C) 乙、丙　　　(D) 乙、丁

第貳部分 (佔48分)

說明：第 43 至 72 題共 30 題，答對 24 題以上（含 24 題），第貳部
　　　分即得滿分。第 43 至 72 題皆是單選題，請選出一個最適當
　　　的選項標示在答案卡之「選擇題答案區」。每題答對得 2 分，
　　　答錯不倒扣。

43. 一則新聞報導指出：「近幾年臺灣出現的霍亂案例，多與外籍新娘返回東南亞探親有關」。下列哪一項解讀最能說明這項報導？
(A) 異國間的通婚很容易導致疾病的傳染
(B) 霍亂發生於東南亞等低度發展的社會
(C) 返鄉探親的女性外籍配偶最易成為疾病傳染源
(D) 新聞媒體的報導有時會將女性外籍配偶污名化

44. 小文被朋友批評只顧唸書，不願意多花點時間練習籃球，以爭取班上榮譽。落單的小文覺得自己人緣差，因而失去原本自信的笑容，經與同學溝通後，各自調整而重新和好。小文的例子最能與下述哪一位學者的理論相符？
(A) 亞當斯密認為行為的目的在增進社會利益
(B) 米德認為自我之形成是透過與他人的互動
(C) 涂爾幹指出個人的意志乃取決於社會規範
(D) 佛洛依德認為女性童年經驗使其缺乏自信

45. 2005 年 10 月同性戀團體舉辦年度大遊行，提出公民平等不受歧視之訴求，部分亞洲國家同性戀團體也來台共襄盛舉，並交流推動同性戀人權經驗。下列關於此次遊行的敘述何者正確？
甲、以遊行提出訴求是一種公民權利的實踐
乙、同性戀是值得同情與關懷的偏差性傾向
丙、遊行訴求反映少數群體的權益常遭剝奪
丁、跨國參與顯示人權關懷為亞洲文化特色
戊、同性戀人權已明確列入我憲法保障範圍
(A) 甲、丙
(B) 乙、丁
(C) 丁、戊
(D) 甲、乙

46. 目前國內有許多重大工程雇用外籍勞工，對於外籍勞工的權利保障，下列敘述何者最正確？
    (A) 外籍勞工不具有公民身份，但仍應享有基本人權
    (B) 外籍勞工的權利保障應該依據其母國的法律規定
    (C) 外籍勞工居住滿一定年限後即享有歸化的公民權
    (D) 外籍勞工非本國國民，不適用我國憲法權利保障

47. 基因科技的進步使複製夢想可能成真，但學者指出複製人的出現將嚴重衝擊現行倫理關係，日前聯合國也敦促各國立法禁止複製科技。對於基因科技爭議的說明，下列何者最為正確？
    (A) 複製科技的出現將造成人口爆炸，增加財政負擔
    (B) 科技雖能解決生活難題，卻無法提供適切的規範
    (C) 基因科技的進步是導致倫理道德規範淪喪的主因
    (D) 器官買賣將隨基因科技而產生，並引發商業競爭

48. 最近法國一名青少年躲避警方時誤觸電網而死，因而引發巴黎市郊貧民區的嚴重暴動。一位學者認為這是長期社會不平等所導致的社會衝突。我們如何理解這位學者的觀點？
    (A) 青少年血氣方剛因而容易產生暴力行為
    (B) 相對剝奪感往往使人們產生反社會行為
    (C) 警察對待青少年的方式易引發人民反抗
    (D) 經濟不景氣導致人民因貧窮而走上街頭

49. 表三是某國十六至六十五歲已婚女性之平均初婚年齡、婚前工作狀況與教育程度。根據表中的資訊可以獲得下列哪一項結論？

表三　　　　　　　　　　　　　　　　　單位：歲

婚前工作狀況	小學及以下	中學	大學及以上
婚前有工作者	21.66	23.59	26.47
婚前無工作者	20.85	22.11	23.92
平均初婚年齡	21.42	23.25	26.28

(A) 年齡愈高且婚前無工作者的初婚年齡愈早

(B) 婚前工作的比例隨著年齡增加而逐漸降低

(C) 婚前是否有工作對低教育程度者的初婚年齡影響較顯著

(D) 教育程度愈高且婚前具有工作之女性，愈有晚婚之傾向

50. 解嚴以後，臺灣社會變遷快速，下列有關臺灣經濟和生活型態變遷趨勢的敘述，何者正確？

(A) 飲食支出占總支出比例上升

(B) 從事製造業的人口比例上升

(C) 農產品的進口數量持續成長

(D) 國民實質消費能力逐年增加

51. 1917 年有一則啟事說：「每個自由之子，快來吧！把話傳過去，我們就要來了。拿起你的槍，亮給德國佬看，揚起旗幟吧，我們從來不畏艱難。我們不會回頭，直到戰爭終了。」這個啟事的背景是：

(A) 俄國發生大革命，共黨號召群眾革命

(B) 奧地利政局改變，號召人民抵抗德國

(C) 英國決心參戰，開始與德奧等國作戰

(D) 美國宣布參戰，要招募人民從軍入伍

52. 表四是 1926 年時台灣的一項統計數字，這個表最適當的主題為何？

表四

	男	女	平均
日本人	98.3%	98.1%	98.2%
台灣人	43.0%	12.3%	28.0%

(A) 台灣適齡兒童就學情況統計
(B) 台灣地區神道信徒人口統計
(C) 台灣地區成年人口就業統計
(D) 台灣地區醫療照護保險統計

53. 劉銘傳擔任台灣巡撫時，招募許多歐洲工程師來台協助興建鐵路，架設電線。有位工程師覺得台灣風土民情處處新鮮，將許多有趣之事向歐洲的親友報告，許多人也有親臨現場的感覺。他當時使用的方法最可能是：

(A) 照相　　　(B) 錄影　　　(C) 繪圖　　　(D) 剪報

54. 有位美國學者預言：「未來50年」中，「生活會相當方便，熱氣和冷氣都從管線中來，以調節室內溫度。汽車價格將低於馬匹，農民會有自動推車、自動犁等機械化設備，草莓也會長得像蘋果一樣大。戰爭時，巨砲的射程可達四十公里，軍隊能從氣球上使用附有照相機的望遠鏡，監視 100 公里內敵人的動靜，並立刻傳到指揮官手上。」這位學者應是在何時做這個預言？

(A) 1850 年　　　(B) 1900 年　　　(C) 1950 年　　　(D) 2000 年

55. 某國受到西方列強侵略，簽訂了包括協定關稅，承認西方領事有
　　裁判權等內容的條約，受到相當時期的壓迫。該國於是發憤圖強，
　　經過長期的改革與建設，並與列強積極交涉，到 20 世紀初，終
　　於重新簽訂平等新約，獲得關稅自主權。這是哪一個國家的情況？
　　(A) 日本　　　　　　　　　(B) 中國
　　(C) 菲律賓　　　　　　　　(D) 印度

56. 一位政治人物指出：「讓殖民地人民自由地生活、並自己管理，
　　才是我們的最終目的。恢復越南的秩序與和平，才是達到這個理
　　想的最重要基礎。」這種想法代表的是：
　　(A) 十九世紀後期，法國殖民主義者的想法
　　(B) 二十世紀初期，美國對民族自決的主張
　　(C) 二十世紀中期，法國對越南獨立的態度
　　(D) 二十世紀末，美國主張越南開放的說法

57. 一名女子說：「我不知道我算是哪一國人，我的祖父因為信奉新
　　教，被教區神父處罰終身苦力；我的父親被老爺打成跛子；我的
　　丈夫從軍去了，我不知道他究竟是幫誰打仗。」有人批評這名女
　　子的丈夫及家人愚蠢，竟然為剝削他們的國王、貴族、教士作戰。
　　根據這段資料的內容，這名女子最可能生活在：
　　(A) 15世紀初義大利的莊園
　　(B) 16世紀末日耳曼北部城市
　　(C) 17世紀英國的港口農村
　　(D) 18世紀末法國中部的小鎮

58. 某人暑假時前往國外渡假，在遊記中說道：
此地甚熱，又擔心水不潔淨，經常喝汽水等
碳酸飲料。看不到熟悉的雜誌，空氣中飄來
的各種香料及食物的氣味也很陌生。有一天
肚子不舒服，找到一個掛有圖四這個標記的
組織，協助他解決就醫問題。他最可能是在哪裡旅遊？

圖四

    (A) 泰國　　　　(B) 古巴　　　　(C) 巴基斯坦　　(D) 巴西

59. 一位學者回憶幼年的時光：「有人從上海帶來幾盒洋火柴，當時
叫做自來火。雖然有了時鐘，但是在鄉下並無大用，早兩三個小
時，晚兩三個小時，又有什麼關係？火柴其實也是奢侈品，至於
煤油，那可又另當別論：煤油燈可以把黑夜照的如同白晝。國際
上也發生了不少事。」從文中所述時代推斷，當時國際上可能發
生哪件大事？

    (A) 法國大革命　　　　　　　(B) 瓦特改良蒸氣機成功
    (C) 日本佔領台灣　　　　　　(D) 印度脫離英國獨立

60. 下列哪一國家如加入歐盟，會使歐盟與中東伊斯蘭教地區接壤，
易產生地緣政治上的摩擦？

    (A) 土耳其　　　(B) 摩納哥　　　(C) 塞爾維亞　　(D) 阿爾巴尼亞

61. 在第四紀時，範圍廣大的大陸冰河曾覆蓋北美洲北部。美國哪一
項地理特性和曾遭冰河覆蓋有關？

    (A) 西北部水力資源豐沛，水電充足
    (B) 中部大平原北部，湖泊星羅棋布
    (C) 東部阿帕拉契山脈為古老的結晶岩地塊
    (D) 冬季極地大陸氣團直驅南下，天氣乾冷

62. 北美大陸的小麥帶，由美國堪薩斯州向北延伸到美加邊境，是世界最大、最重要的小麥生產帶。不過堪薩斯州的小麥栽培卻與美加邊境不同，最主要的差異是：
(A) 農場規模　　(B) 運輸方式　　(C) 生產季節　　(D) 機械化程度

63. 圖五是四個島嶼的輪廓圖。哪一個島嶼的綿羊放牧和乳牛飼養均極興盛，使畜牧業成為該島嶼的經濟主體？

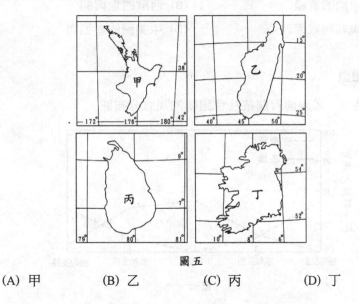

圖五

(A) 甲　　　　(B) 乙　　　　(C) 丙　　　　(D) 丁

64. 中華民國經濟部發布的各國投資環境簡介中，對某一國家的介紹是：「該國的地形包括平原、山地和高原三部份，氣候介於溫帶和熱帶之間。72% 左右的人口居住在鄉村地區，宗教信仰和語言非常複雜。近年來，該國政府積極培養人才，並制訂各種法規和政策，致力發展通訊和軟體產業。」引文介紹的最可能是下列哪一個國家？
(A) 巴西　　　(B) 印度　　　(C) 墨西哥　　(D) 馬來西亞

65. 歷史上有很多地區由於強勢的宗教傳入，原來的宗教信仰受到壓抑，最後根本改變了這個地區的宗教文化景觀。但這些地區中，也有少數地方因地形封閉、環境隔絕，使外來文化對宗教信仰的影響較弱，原來的宗教乃得以保存下來，形成退守於強勢宗教海洋中的「文化島」。下列哪一地區的宗教文化景觀，仍殘存有「文化島」的現象？
(A) 中國的新疆 (B) 西歐的愛爾蘭
(C) 東非的衣索匹亞 (D) 中美洲的墨西哥

66-67為題組

◎ 圖六是甲、乙兩國有關某社會議題的民意分布圖。

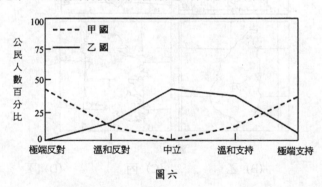

圖六

66. 如果這個議題是有關「取消遺產稅」的問題，從圖中的訊息判斷兩國的社會情況，下列推論何者最恰當？
(A) 甲國的貧富懸殊較乙國嚴重
(B) 乙國的貧富懸殊較甲國嚴重
(C) 甲國的政府財政較乙國寬裕
(D) 乙國的政府財政較甲國寬裕

67. 如果這個議題是有關「同性戀婚姻合法化」的議題，從圖中的訊息判斷兩國的社會情況，下列推論何者最恰當？
    (A) 甲國的價值多元程度較乙國為高
    (B) 乙國的價值多元程度較甲國為高
    (C) 甲國的家庭結構功能較乙國健全
    (D) 乙國的家庭結構功能較甲國健全

68-69為題組

◎ 表五為西元 2000 年世界各大洲某種礦物的探明可開採儲量，請問：

表五

洲　　別	儲量 (百萬公噸)	％
亞　　洲	180,750	34.8
北美洲	120,222	23.2
歐　　洲	112,596	21.7
非　　洲	55,171	10.6
大洋洲	42,585	8.2
南美洲	7,728	1.5
世　　界	519,052	100.0

68. 非洲陸地面積約佔全球陸地面積的 20.4%，但該種礦物的儲量卻僅佔 10.6%。非洲該種礦物相對較少的原因，和該洲哪一項自然環境特徵的關係最密切？
    (A) 氣候帶大致呈南北對稱分布
    (B) 地形以高原為主且地勢高聳
    (C) 地質構造以古老結晶岩層為主
    (D) 地表物理風化和化學風化旺盛

69. 如果人類持續大量消耗該種礦物,將直接導致哪一項全球性的環境問題更加嚴重?
    (A) 災害性地震的範圍擴大
    (B) 土地沙漠化的程度加劇
    (C) 高空大氣臭氧含量減少
    (D) 全球平均氣溫逐漸上升

70-72為題組

◎ 圖七甲、乙、丙、丁四圖分別表示 1990 年時四個國家十萬人口以上都市的規模分布圖,請問:

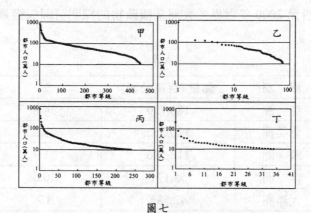

圖七

70. 甲、乙、丙、丁四圖中,哪一幅最可能是 1990 年中國大陸的都市規模分布型態?
    (A) 甲　　　　(B) 乙　　　　(C) 丙　　　　(D) 丁

71. 哪一個國家「經濟高度依賴世界價格」的色彩最濃厚?
    (A) 甲　　　　(B) 乙　　　　(C) 丙　　　　(D) 丁

72. 在中國歷史上,北宋的都市規模分布型態,和圖七中的哪一種型態最類似?
    (A) 甲　　　　(B) 乙　　　　(C) 丙　　　　(D) 丁

95年度學科能力測驗社會科試題詳解

第壹部分

1. **D**

   【解析】 (A) 最高行政首長應為行政院長。

   (B) 我國總統有核可行政院所提「覆議」制度，非美國總統之「否決權」。

   (C) 修憲後，總統發布法律或命令，提名重要人事，無須行政院長副署。

   (D) 89 年學測已考過。

2. **D**

   【解析】 新興國家面臨的許多問題，皆須迫切的解決，而中山先生在「民報發刊詞」中，曾強調歐美三大問題的發生與解決有其時代背景，而中國卻同時面臨，故主張「不可不並時而弛張」的一次革命解決中國三大問題。

3. **A**

   【解析】 自由基於理性與法治，同時不主張為所欲為的自由，進而主張為所應為的自由。

4. **A**

   【解析】 「濟弱扶傾」是王道精神的發揚，根源於中國固有的王道文化。

5. **D**

   【解析】 司法、考試、監察三權在行使時，需超出黨派以外，獨立不受干涉。

6. **C**

【解析】「聯合政府」為「多黨制」國家之重大特徵。美國、俄羅斯為「總統制」，非由多數黨組閣。瑞士為「委員會制」。德、英、日、瑞典、加拿大、荷蘭為內閣制。

7. **C**

【解析】國父主張「發揚吾固有文化，且吸收世界之文化而光大之」。對中西文化主張有所取捨、調和，並主張中西文化沒有體用之分。

而民初新文化運動曾有西方的世界主義與民族主義之辯，中山先生並以「竹槓與彩票」為例，期望國人發達世界主義，必先鞏固民族主義。

8. **D**

【解析】「均權制度」是劃分中央政府與地方政府的權限，為縱向分權。

「三權分立」、「四權分立」或「五權分立」為同級政府的橫向分權。

9. **A**

【解析】中山先生無論講「哲學、政治、社會、歷史」無不採取「進化觀點」。

10. **C**

【解析】「建國大綱」將建國的程序分為軍政、訓政、憲政三時期，為「政治建設」的藍圖。

(A) 為民權初步

(B) 為孫文學說

(D) 為實業計畫

11. **B**

【解析】 民國九十四年五月產生的任務型國民大會，於六月完
　　　　成五大修憲議題：

1. 立法委員的席次由 225 席減為 113 席。
2. 立法委員的任期第七屆起由三年調整為四年。
3. 立法委員的產生方式改為單一選區兩票制。
4. 總統、副總統的彈劾改為立法院提案，移送司法院
　　大法官負責審理。
5. 廢除國民大會機制，改由公民複決憲法修正案。

12. **D 或 A**

【解析】 中山先生主張「中國之患在貧，貧則宜開發富源以富
　　　　之，唯富而不均，仍不免於爭，故民生主義患預防
　　　　宜以歐美為鑑，力謀社會經濟均等發展」，故應選「富
　　　　中求均」的答案，在經濟上的生產與社會上的分配同
　　　　時並行。即中山先生主張的「取文明善果，避文明惡
　　　　果」，「發達生產以致富，合理分配以求均」。

13. **C**

【解析】 (C) 此題意指軍閥（藩鎮、蕃帥）割據，因題中有
　　　　　　「天子者，兵強馬壯者居之」文句，中國歷史
　　　　　　上出現軍閥割據的有東漢末年到三國、唐朝末
　　　　　　年到五代十國、清末到民初。

14. **D**

【解析】 (D) 此題關鍵處在「甲骨文書寫的五言詩」，漢唐時
　　　　　　期的人不可能用甲骨文書寫五言詩，因甲骨文是
　　　　　　商朝人刻或寫在龜甲或獸骨上的文字，到清末民
　　　　　　初才被發現。

15. **B**

【解析】 (B) 唐代胡風甚盛，夷夏一家盛況空前，宮廷喋血衝突不絕於書，如唐太宗殺兄弟有名的「玄武門之變」等。

16. **B**

【解析】 (B) 英國商人到淡水經商，與當地商人發生衝突，因清朝與英國簽過南京條約的續約，允許英國有「領事裁判權」，故淡水官署無法處罰他；到1895年台灣割讓日本後，日本不允許英國有「領事裁判權」，故商人再度來台，企圖如法炮製，立刻被官署糾正、處罰。

17. **A**

【解析】 (A) 清領台灣前期（1683-1860年）台灣因吏治不良、男女比例懸殊等，社會衝突嚴重，發生許多的民變與械鬥，故有「三年一小反，五年一大反」之言，1820年任職台灣的官員提出報告主旨最可能是兩派人馬的集體衝突（即集體械鬥）；

(B) 臺灣鰻魚養殖始於1960年代；

(C) 臺灣建築鐵路始於清末劉銘傳時期，1891年臺北至基隆段通車；

(D) 日治臺灣，臺灣糖業方使用新式機器。

18. **B**

【解析】 (B) 清朝統治台灣前期消極治台，不會加強台灣的建設（牡丹社事件沈葆楨來臺後，臺灣才開始有重大的建設）；也無需安撫鄭氏餘黨；臺灣所產不敷所用，仰賴閩省錢糧養生，主因是「當時國家控制下繳納賦稅的戶口不多，財政收入不足」，到清末劉銘傳清理田賦後，稅賦才較過去大為增加。

19. **D**

【解析】 (D) 丙：鴉片戰爭前林則徐等人對西方誤解之語；乙：
鴉片戰後南京條約規定文書往來平等，凡有關大英
國臣民者，不得書『夷』字；甲：傳統「鬼子」為
中國人對外國人的稱呼，帶有鄙視意味，甲的說法
表示中國人並非歧視外人，說此話的人較清末開
明，應為清末民初之人。

20. **C**

【解析】 (C) 明太祖朱元璋罷除中書省（廢宰相），由皇帝直接
統領六部，所有大權盡歸皇帝總之，中國君主獨裁
政體徹底建立。

21. **B**

【解析】 (B) 曹操魏武三令《魏武求才詔令》：昔伊摯、傅說出
於賤人，管仲，桓公賊也，皆用之以興。蕭何、
曹參，縣吏也，韓、陳平負污辱之名，有見笑之
恥，卒能成就王業，聲著千載。吳起貪將，殺妻
自信，散金求官，母死不歸，然在魏，秦人不敢
東向，在楚則三晉不敢南謀。今天下得無有至德
之人放在民間，及果勇不顧，臨敵力戰；若文俗
之吏，高才異質，或堪為將守；負污辱之名，見
笑之行，或不仁不孝而有治國用兵之術：其各舉
所知，勿有所遺。

22. **C**

【解析】 (C) 題目中有「可以帶給後世子孫功名或財富等福蔭」
這句話，是希望後世子孫可以在祖先的蔭蔽下，
向上層社會移動，或是累積財富。唐宋以後，科

舉考試（隋唐開始）成為選拔人才的重要管道，
士人不論出身，只要透過科舉，都能取得功名或
財富等；加上工商業發達，不少平民致富，促進
社會階層的流動，故「出現停棺多年、久喪不葬
的習俗，要找到風水寶地之後才入葬。」。

23. **B**

【解析】(B) 清朝臺灣的發展方向是由南而北，由西而東。南部
發展較早，丙是南部人口數；南部人口在光緒初年
達到飽和，人民向中北部發展人口反而減少；相對
中部、北部人口逐漸增多，乙是北部人口數；丁是
中部人口數；甲是東部人口數。

24. **C**

【解析】(C) 題目中有「北方有蒙古韃靼、瓦剌等部族」，可以
知道此時為明代，因明代初期，蒙古雖退回北方，
仍經常入寇；洪武末年，蒙古分裂為韃靼與瓦剌兩
部。

25. **D**

【解析】(D) 儒家強調倫理孝道，子為父隱（兒子要為父親隱藏
缺點或罪惡）、要奉養老父等，題目中兩例子都說
過分重視孝道，反而使國家不利，可以看出此人以
國家利益為優先，站在君主的立場，這是法家思想，
故選 (D)。

26. **A**

【解析】(A) 此種文字的構造「以漢字為偏旁，書寫時並有篆、
草、行、楷等書體」，表示其曾受中國文字影響。

宋代時西夏、契丹（遼）、女眞（金）均曾模仿漢
字自創文字，表示她們對漢文化有戒心，故答案
爲 (A)。

27. **C**

【解析】 (C) 1937 年（民國 26 年）7 月中日八年抗戰（第二次
世界大戰）開始，1937 年 12 月日本直逼南京，故
「南京上游 29 公里處，有英、美兩國船隻遭到日
本飛機轟炸沈沒。」此時英、美、德尚未捲入中日
八年抗戰，且英、美未掃蕩中共，(A)(B)(D) 與事實
不符。

28. **C**

【解析】 (1) 月雨量＜（月可能蒸發散量＋土壤水量 100mm）
則缺水。

(2) 判讀附圖中：10 月～12 月的月雨量＜月可能蒸
發散量，故最易發生缺水現象。

29. **D**

【解析】 (1) 陸風：夜晚陸冷壓高，海暖壓低，風由陸吹向海，
船隻清晨揚帆出港。

(2) 海風：白晝海冷壓高，陸熱壓低，風由海吹向陸，
故黃昏時帆船入港。

30. **C**

【解析】 四川盆地爲天府之國，農產豐富，因四周高山，形勢
封閉，溫暖多霧，濕度高，水汽多，汗水不易蒸發，
故藉吃麻辣冒汗達到散熱驅風除濕之效。

31. **A**

【解析】 (1) 美國夏令時間撥快 1 小時，故七點實際為六點。

(2) 台灣中原標準時區（120°E）10/1 上午七點與美國 9/30 下午六點相差 13 小時。

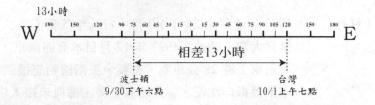

(3) 75°W 時區範圍跨 15 度：67.5°～75°W～82.5° 故波士頓（71°W）屬 75°W 時區（西 5 區或美國東方時區）。

32. **A**

【解析】 (1) 沿岸涼流經過易形成沙漠氣候與地中海型氣候。

(2) 涼流經過，使地面空氣穩定，沿海降水減少，多霧。

33. **D**

【解析】 澎湖群島為塩基性火山噴發形成的火山島，主要地形為玄武岩方山，故火山地形佔全縣面積的比率最高。

34. **D**

【解析】 松遼平原四周山環水繞，西北為大興安嶺，東北為小興安嶺，東為長白山地，外圍有黑龍江、烏蘇里江、圖們江、鴨綠江繞流，平原土壤肥沃，有赫哲人、鄂倫春人、滿人等漁獵民族，亦有華北平原冀、魯、豫省的農耕民族移入，具多元文化色彩。

35-36 為題組

35. D

　【解析】 東北地區人口密度小，農業機械化水準高，是中國重要糧食、經濟作物產地，大豆、玉米產量居全國首位，可銷往國內外各地，農作物商品化程度高。

36. C

　【解析】 同學可先由人口數判斷，再由所占%高的項目確認之：
　　　　　甲：華北區 —— 中華文化發祥地，故人口僅次於華中，黃淮平原糧產豐富，山西省煤礦產儲居全國首位。
　　　　　乙：塞北與西部 —— 位邊陲位置，人口最少。
　　　　　丙：華南區 —— 人口數次於華中、華北，因設五個經濟特區，故國際貿易額高。
　　　　　丁：華中區 —— 人口最多，長江流域糧產量高，有湖廣熟天下足之稱，上海區電子工業發達，國際貿易額高。
　　　　　戊：東北區 —— 地廣人稀，鞍山鐵礦產量冠全國。

37-39 為題組

37. D

　【解析】 可由散布圖直接判讀或將圖中資料作成下表判讀：

夏雨　　　　　　　　　　　冬乾

月　份	1	2	3	4	5	6	7	8	9	10	11	12
月雨量	250	200	200	100	50	20	18	30	50	120	150	200
月均溫	27	26.5	26.6	26	25.6	23.8	24.2	25.8	28	27.9	28	27

7 月溫度低
故位南半球

全年月均溫介於 $24^{\circ}C \sim 28^{\circ}C$，故知屬熱帶氣候。

38. **C**

【解析】　由圖表判讀出全年月均溫在 $26^{\circ}C$ 上下，夏雨多乾，某地屬熱帶莽原氣候，其天然植被最可能為疏林草原（莽原）。

39. **B**

【解析】　咖啡生長環境：適宜於高溫多雨，排水良好的熱帶地區。

<u>40-42 為題組</u>

40. **A**

【解析】　可由經緯度判斷。台灣的經緯度位置見附圖。

41. **D**

【解析】　中緯度的大陸西岸迎來自海洋的盛行西風，故河川洪枯變化較小。

42. **B**

【解析】　季風分布緯度請見附圖：

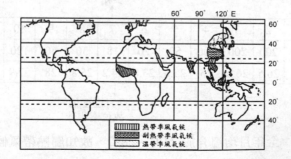

第貳部分

43. **D**

【解析】 新聞報導易陷入主觀價值的偏見

44. **B**

45. **A**

【解析】 (甲) 憲法保障人民集會結社自由。

(戊) 我國憲法並未明文保障同性戀人權。

46. **A**

【解析】「人權」有廣義與狹義的概念，一般而言，根據聯合國世界人權宣言的定義，是不分國界、種族、膚色…「公民」為取得該國法律上得享有一定的資格，如行使參政的權利，兩者並無衝突。

47. **B**

【解析】 社會變遷包括了「器物」，進而「制度」與「觀念」的改變。新的「器物」科技的創新會影響社會行為，而「制度」往往為漸進型，無法立即提供適切規範。

48. **B**

【解析】「集體行為」可分為兩類：(1) 群眾行為，(2) 大眾行為，因長期社會衝突而引發的，通常為「群眾行為」，為一種集體的感情投射於外在的事物，或一件偶發事件所造成情緒上集體宣洩。

49. **D**

50. **C**

51. **D**

　【解析】(D) 第一次世界大戰（1914-1918 年）發展到 1917 年，美國因德國採取無限制潛艇政策而朝野大憤，決定「為維護自由民主的安全」對德宣戰，加入英、法等協約國陣營，故啟事說「每個自由之子，快來吧！………拿起你的槍，亮給德國佬看」；

　　　　(A) 俄國因發生 1917 年十月革命而退出戰局；

　　　　(B) 第一次世界大戰德國、奧國、保加利亞、土耳其等皆屬同盟國，奧國未號召人民抵抗德國；

　　　　(C) 英國早已於 1914 年參戰。

52. **A**

　【解析】(A) 1941 年以前，日本在臺灣教育方面實施差別待遇、隔離政策，故臺人就學率遠低於日人，尤其女性更低，表四明顯呈現日本人與臺灣人在台灣適齡兒童就學情況統計調查數據中比例懸殊；

　　　　(B) 臺灣雖受日本統治五十一年，真正信仰神道教者很少；

　　　　(C) 日治時期臺灣人有工作者甚多，只是薪水、待遇等方面倍受歧視；

　　　　(D) 日治時期臺灣人尚未享有醫療照護保險。

53. **A**

　【解析】(A) 1880年美國人伊士曼發明照相機與軟片，劉銘傳擔任台灣巡撫期間（1885-1891 年）可見此項技術。

54. **B**

　【解析】(B)「汽車價格將低於馬匹」這句話，這代表當時已經
　　　　　發明汽車，但它的價格相當昂貴，美國汽車價格大
　　　　　幅下降是在二十世紀初；「軍隊能從氣球上使用附
　　　　　有照相機的望遠鏡」，照相機發明在 1880 年，將其
　　　　　反推的話，最接近 1900 年。

55. **A**

　【解析】(A) 日本在 1858 年後被迫簽訂許多不平等條約，到中
　　　　　日甲午戰爭（1895 年）打敗中國，成為亞洲第一
　　　　　強國，到 20 世紀初，終於重新簽訂平等新約，獲
　　　　　得關稅自主權；
　　　　(B) 中國到 1943 年才與列強重新簽訂平等新約；
　　　　(C) (D) 印度與菲律賓早已淪為列強的殖民地，到第二
　　　　　次世界大戰（1945 年）後才獨立。

56. **C**

　【解析】(C) 十九世紀中法越南戰爭（1885 年）後越南成為法
　　　　　國的殖民地；到第二次世界大戰（1945 年，二十
　　　　　世紀中期）後，法國支持越南獨立。

57. **D**

　【解析】(D) 題目中有「我的祖父因為信奉新教，被教區神父處
　　　　　罰終身苦力」，可知這個時候新教已經出現，時間
　　　　　在十六世紀後，
　　　　(A) 時間不合；這個女子所屬是舊教勢力較強大的地
　　　　　區，所以才會受到舊教勢力的迫害，
　　　　(B) (C) 所屬的區域均是新教勢力較強的地方，故選 (D)。

58. **C**

【解析】(C) 從圖四新月形的標記可以知道，該地區屬於伊斯蘭
教的地區。因為伊斯蘭教國家，受到十字軍東征的
歷史影響，無法接受紅十字會的標誌，改採用伊斯
蘭世界的的新月標誌，答案中只有(C)巴基斯坦屬
於回教世界。

59. **C**

【解析】(C) 火柴用黃磷、硫磺等原料製造，是 1830 年代德人
與法人研發出現；題目中有「煤油燈可以把黑夜
照的如同白晝」，可知當時主要是以煤油燈作為
照明的主要工具，煤油燈盛行在十九世紀，到二
十世紀後，煤油燈就被電燈所取代，由此可知這
位學者的幼年時光應屬於十九世紀；(A)(B)均在十
八世紀，(D)在二十世紀，都不符合，故選(C)。

60. **A**

【解析】(1) 歐盟未來新成員國：保加利亞、羅馬尼亞、土
耳其。

(2) 土耳其國土跨歐亞兩洲，主要宗教信仰為伊斯蘭
教，若加入歐盟，易產生地緣政治上的摩擦。

61. **B**

【解析】美國中部大平原的北部曾被第四紀大陸冰河覆蓋，冰
河移動刻蝕，形成冰蝕湖泊廣布的冰蝕平原。

62. **C**

【解析】 (1) 堪薩斯州：因緯度較低，種冬小麥，秋種至異年的夏收。

(2) 美加邊界：因緯度高冬冷，種春小麥，春種秋收。

63. **A**

【解析】 甲：紐西蘭、北島→以畜牧業為經濟主體。

乙：非洲、馬達加斯加島。

丙：斯里蘭卡、錫蘭島。

丁：愛爾蘭島。

64. **B**

【解析】 (1) 印度地形分三大部分：

1. 北部高山區。

2. 中部印度大平原。

3. 南部德干高原。

(2) 印度氣候：主要屬熱帶季風氣候。

(3) 宗教複雜，有「宗教博物館」之稱，主要宗教有：印度教、佛教、耆那教、錫克教、回教、基督教、祆教等。

(4) 印度語言：各民族語言多達一千六百多種，憲法中承認的正式語言有十五種，分屬印歐語系、達羅毗荼語系、漢藏語系、南亞語系。

(5) 印度近年發展通訊和電腦軟體有成，為金磚四國之一。

65. **C**

　　【解析】(1) 衣索比亞是人類古文明發源地之一，非洲最古老的獨立國。

　　　　　　(2) 衣索比亞全境以高原為主，東非大地塹由東北向西南貫穿，把高原一分為二，高原交通困難，使外來文化對宗教信仰的影響較弱，而殘存有「文化島」現象。

66-67 為題組

66. **A**

　　【解析】多元開放的國家，人民彼此尊重，包容不同意見；保守、封閉的國家，社會對立氣氛較重。而前者通常經濟生活富庶，教育水平較高，故由圖判別乙國為多元開放的社會。

67. **B**

68-69 為題組

68. **C**

　　【解析】(1) 非洲地質構造以古老結晶岩為主，故多金屬礦。

　　　　　　(2) 石油多蘊藏於沈積岩的背斜層中。

69. **D**

　　【解析】(1) 造成全球暖化的溫室效應氣體，以 CO_2 占最大部分。

　　　　　　(2) 空氣中 CO_2 的增加，主要是工廠、電廠、家庭、運輸工具燃燒化石燃料所產生。

70-72 為題組

70. **A**

【解析】 中國超過百萬的都市有數十個，都市等級為第一級的
　　　　上海市，人口達千萬。

71. **B**

【解析】 工業化帶來都市化，都市產業以 2、3 級為主，乙圖顯
　　　　示都市化程度較低，鄉村以第一級產業為主，故經濟
　　　　高度依賴世界價格。

72. **B（或 D）**

【解析】 (B) 唐代以降的城市發展集中於首都，且北宋施行「強
　　　　　　幹弱枝」政策，在財富及資源均集中於首都的情況
　　　　　　下，可推論汴京為首要型都市，符合乙圖的型態；

　　　　 (D) 若考生關注北宋的社會經濟發展，則可瞭解此時南
　　　　　　方城市（如蘇州、杭州）人口已逐漸增加，當地的
　　　　　　圩田農業及城市均蓬勃發展。若以史料文獻所述汴
　　　　　　京約 140 萬人口且當時南方都市持續發展，則較符
　　　　　　合丁圖的都市規模分布型態。故 B 或 D 均為本題
　　　　　　的正確答案。

九十五年度學科能力測驗（社會考科）
大考中心公佈答案

題號	答案	題號	答案	題號	答案	題號	答案
1	D	21	B	41	D	61	B
2	D	22	C	42	B	62	C
3	A	23	B	43	D	63	A
4	A	24	C	44	B	64	B
5	D	25	D	45	A	65	C
6	C	26	A	46	A	66	A
7	C	27	C	47	B	67	B
8	D	28	C	48	B	68	C
9	A	29	D	49	D	69	D
10	C	30	C	50	C	70	A
11	B	31	A	51	D	71	B
12	D或A	32	A	52	A	72	B或D
13	C	33	D	53	A		
14	D	34	D	54	B		
15	B	35	D	55	A		
16	B	36	C	56	C		
17	A	37	D	57	D		
18	B	38	C	58	C		
19	D	39	B	59	C		
20	C	40	A	60	A		

九十四年大學入學學科能力測驗試題 社會考科

第壹部分（佔 84 分）

說明：第 1 至 42 題皆計分。第 1 至 35 題為單選題；第 36 至 42 題為題組題，每組有 2-3 個子題。各子題皆是單選題。請選出正確選項標示在「答案卡」上。每題答對得 2 分，答錯不倒扣。

1. 孫中山先生為合理解決資本問題，提倡節制私人資本，在他所擬訂的辦法中，哪一項牽涉到勞工權益的維護？
   (A) 限制私人企業經營之範圍　　(B) 社會與工業之改良
   (C) 直接徵稅　　　　　　　　　(D) 分配社會化

2. 一位老師在介紹一本孫中山先生的著作時，說到：「這本書提倡知難行易，破除『知之非艱，行之惟艱』的流毒，有助於國人革除『坐而言不能起而行』的積習，養成嚴謹勤勞、振奮進取的心性。」請問這本書為何？
   (A) 孫文學說　　(B) 實業計畫　　(C) 民權初步　　(D) 建國大綱

3. 台灣地區已逐漸成為一高齡化社會，老年人口比例逐年攀升，為落實民生主義「養民」的目的，下列哪些措施，有助於達成「老有所終」的理想？
   甲、恢復傳統大家庭的制度
   乙、制定妥善的老人福利政策
   丙、鼓勵三代同堂或三代同鄰
   丁、老人年金發放年齡降至五十歲
   (A) 甲、乙　　　(B) 乙、丙　　　(C) 丙、丁　　　(D) 甲、丁

4. 近年來政府積極敦促中船、中油、台糖、台鐵等國營事業轉型為民營事業,這項政策最主要的著眼點為何?
   (A) 提升經營效率
   (B) 因應台幣升值
   (C) 創造就業機會
   (D) 培植基礎工業

5. 政府將致力於憲政改革,今後憲政體制無論是採行內閣制、總統制、雙首長制或五權憲法制,都必須落實憲政民主的精神。下列何者最符合憲政民主精神?
   (A) 落實主權在民,各項爭議都訴諸公民投票解決
   (B) 防止民代濫權,擴大行政部門職權制衡立法權
   (C) 實施有限政府,各部門權責依據分權原理設計
   (D) 採用赤字財政,涉及民眾福利者皆應優先處理

6. 全民健保實施以來,造福不少貧困家庭,但也有人質疑,國家強制人民參加健保、繳交保費,有侵犯憲法保障之人民財產權的嫌疑。事實上,大法官會議曾作出解釋:全民健保強制入保的作法,符合公共利益並不構成違憲。針對此一議題,下列哪些主張可能會被用來支持大法官會議的觀點?
   甲、保障社會安全是國家發展的方針
   乙、尊重私人財產但不允許資本壟斷
   丙、促進民族健康為國家施政的原則
   丁、人權的保障應依國家需要而限縮
   (A) 甲、乙　　(B) 乙、丁　　(C) 甲、丙　　(D) 丙、丁

7. 孫中山先生是當代著名的政治家,由於出生地理環境的關係,使他可以用不一樣的角度思考中國的問題。請問下列何者為其出生地所具有的最重要優勢?

(A) 地處政治中樞，接近政治權力的中心

(B) 位處沿海地區，有機會接觸外來資訊

(C) 隸屬外國殖民地，不受清廷權力管轄

(D) 地屬偏遠，因此得以免受戰火之波及

8. 台灣近年來失業率較以往上升，引起政府的高度重視，因為失業問題往往會引發其他的社會問題，下列何者是政府在面對失業問題時，最可能關注的重點？

(A) 造成物價上漲，進而引發通貨膨脹

(B) 造成人口外移，雇主被迫引進外勞

(C) 佔用大量社會福利資源而耗盡國庫

(D) 造成犯罪率上升因而危及社會治安

9. 相對於歐美國家的憲政體制設計，我國的監察院是較為特殊的機構，依據我國現行憲法規定，下列有關監察院的定位、監察委員的產生及其職權的敘述，何者正確？

(A) 監察院定位為中央民意代表機關

(B) 監察院院長、副院長由監察委員互選產生

(C) 監察委員由總統提名，經立法院同意後任命

(D) 監察院職掌審理政黨違憲解散事項

10. 執政黨為消弭族群爭端，近來通過了「族群多元國家一體」之決議，下列主張何者有助於緩和族群爭端？

(A) 基於平等，規定各族群擔任民意代表人數應相同

(B) 國家認同應超越省籍，建立在公民意識基礎之上

(C) 為避免弱勢族群遭同化，應減少族群間文化交流

(D) 為建立台灣文化主體性，應排除外來文化移入

11. 關懷原住民的弱勢處境是政府近年來施政的重點，原住民政策也從「讓原住民適應現代社會」轉變爲「積極創新並維護原住民傳統文化」，下列哪一項敘述最能解釋上述政策的轉變？
    (A) 原住民的人口正急速減少中
    (B) 政策隨政黨輪替而改弦易轍
    (C) 現代社會變遷使原住民難以適應
    (D) 族群政策重視多元差異而非同化

12. 孫中山先生的民權主義理論中，哪一項最具有階段性國家發展理論的意涵？
    (A) 以五權分立爲基礎的憲法主張
    (B) 建國大綱中所規劃的革命方略
    (C) 實業計劃中提出吸收外資、外才共同開發國家
    (D) 主張國家的長治久安端賴於良好道德觀爲基礎

13. 如果你是一位元代的學者，在思想上深信「心」是世界的本源，而要了解宇宙的眞相，只須向內探索，不必向外格物窮理。請問你會特別肯定何人的學說？
    (A) 張載　　　(B) 朱熹　　　(C) 陸九淵　　　(D) 王陽明

14. 日治時期，台灣海峽兩岸雖然政治分離，但文化思想的交流仍然密切。1923 年《臺灣民報》創刊，其「創刊詞」說：「我們處在今日的台灣社會，欲望平等，要求生存，實在非趕緊創設民眾的言論機關，以助社會教育，並喚醒民生不可了。……所以這回新刊本報，專用平易的漢文，滿載民眾的知識，宗旨不外欲啓發我島文化，振起同胞的元氣，以謀台灣的幸福。」這段話顯示，當時台灣知識份子已接納的近代中國新文化是下列哪一項？
    (A) 新教育　　　(B) 反傳統　　　(C) 反腐敗　　　(D) 白話文

15. 文化的傳承有因襲，也有損益，即使歷經百世，其因襲損益仍有脈絡可循。殷商文化距今已逾三千年，但在當代華人社會中，仍可見其傳承脈絡，其中最顯著的是下列何者？
    (A) 婚喪禮俗　　(B) 干支紀時　　(C) 甲骨占卜　　(D) 宗法制度

16. 某大臣力排眾議，主張積極改革，強調：「文化輸出國不必自傲，文明輸入國也不必自卑，某一國文化為別一國所吸收，這種輸入品即為吸收者所擁有。譬如人吃豬肉，消化後變成人的血肉，誰能懷疑吃豬肉的人，他的血肉是豬的血肉而不是人的呢？」這位大臣最可能出現在哪一朝代？
    (A) 唐代　　　　(B) 宋代　　　　(C) 明代　　　　(D) 清代

17. 日本某古寺留存有一份珍貴文件記載：「癸丑，春三月，明州（今寧波）來船二艘。其中，祥興號滿載絲綢、陶瓷，另附銅錢七萬，《史記》、《漢書》、《三國志》各十部；《四書集注》百部；佛教經典數百部。」這一份文件最早可能出現於哪一朝代？
    (A) 漢代　　　　(B) 唐代　　　　(C) 宋代　　　　(D) 元代

18. 某一歷史古蹟的導覽手冊描述：指揮官縱容官兵搶劫擄掠之後，又下令縱火破壞，誓言留下永久的烙印以示懲罰，還得意地說：「我不以為在藝術方面，我們能從中國學到什麼東西。」但是，有良知的文明人對此暴行無不斥責。大文豪雨果（Victor Hugo）就說：「將我們各大教堂的寶物集中在一起，也抵不上東方這處龐大輝煌的博物館。……我們歐洲人是文明人，在我們眼中，中國人是野蠻人，可是你看文明人對野蠻人幹了什麼？」這份導覽手冊描述的是清末哪一場戰爭？
    (A) 鴉片戰爭　　(B) 英法聯軍　　(C) 中法戰爭　　(D) 八國聯軍

19. 中國古代帝王的典型形象是：「一手捧著儒家經典，宣示教化；一手高舉法家利劍，屬行專制。」這種帝王的典型是從哪一個朝代開始的？
(A) 秦代　　　(B) 漢代　　　(C) 唐代　　　(D) 宋代

20. **表一**是台灣在某一時期的對外貿易統計數字。請問造成表中數字變化的主要原因是什麼？
(A) 海禁政策的解除　　　(B) 技職教育的推廣
(C) 殖民體制的確立　　　(D) 鐵路港口的興建

表一 （單位：日圓）

年代	輸出	輸入	合計	指數
1896	11,396	8,631	20,027	100
1924	42,567	46,424	89,000	444
1925	47,966	56,489	104,454	522
1926	49,315	62,008	111,323	557

21. 一位作家以充滿感性的文字寫道：「內地人徹底地擁抱本島人，而本島人喜悅地投入內地人的懷裡，這種親和性不是一時的現象，可能在永久性的意義上有著要創造一個民族的骨骼之性質吧！現在，台灣人非打開眼睛不可。正是時候了，台灣人不單只是日本國籍，而且從內心深處完全變成日本人。如果失去這次時機，以後我們不能再遇到這種機會了。」這位作家寫作的背景與目的是下列何者？
(A) 反對台灣民主國的抗日運動
(B) 爭取台灣自治權的民主運動
(C) 呼應台灣總督府的皇民運動
(D) 渴望台灣人出頭的民族運動

22. 中國歷史上有一個時期，官員們大多安於逸樂，卻自鳴清高，甚
至將「居官無官官之事，處事無事事之心」，視為一種最高的道
德規範。下列哪一個時期最能反映這種「當官不處理公務，做事
不用心負責」的風氣？
(A) 東晉南朝　　(B) 唐末五代　　(C) 南宋時期　　(D) 蒙元時期

23. 圖 1 反映了中共政權在某一時期的國
家發展路線，圖中的標語是：「多出
鋼快出鋼，澆死美國狼。」這是哪一
時期的宣傳品？
(A) 抗美援朝
(B) 大躍進
(C) 文化大革命
(D) 改革開放

圖 1

24. 圖 2 為台灣在 1929 至 1989 年
之間每隔二十年的人口統計
值，其正確先後次序應為：
(A) 甲乙丙丁
(B) 甲丙丁乙
(C) 丙甲乙丁
(D) 丁甲丙乙

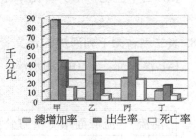

圖 2

25. 圖 3 是一張海岸橫剖面圖。下列有關該海岸地帶不同區位的環境
特性，何者正確？
(A) 「甲」易受海浪侵蝕；「丙」易積水形成沼澤
(B) 「乙」淋溶作用顯著；「戊」易積水形成沼澤

(C) 「丁」淋溶作用顯著；「庚」易積水形成沼澤
(D) 「己」易受海浪侵蝕；「辛」易積水形成沼澤

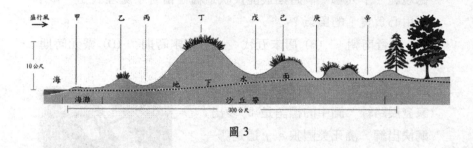

圖3

26. 王先生要打電話給住在美國夏威夷的朋友，他們約好在夏威夷近中午時聯絡，請判斷住在花蓮的王先生應該在何時打電話最合適？
(A) 5：00　　　(B) 11：00　　　(C) 17：00　　　(D) 23：00

27. 下列哪一個地區的地下水蘊藏量並不豐富？
(A) 台中盆地　　(B) 彰化平原　　(C) 桃園台地　　(D) 屏東平原

28. 表二為台灣下列河流的水文資料，其中，乙河應為下列何者？
(A) 淡水河　　(B) 濁水溪　　(C) 四重溪　　(D) 蘭陽溪

表二

河流	流域面積（平方公里）	年逕流量（百萬立方公尺）
甲	3155	5139
乙	979	2361
丙	2726	5904
丁	130	168

29. 下列各種外營力作用所造成的堆積地形中,何者組成物質的顆粒最小也最均勻?
    (A) 沙灘　　　　(B) 沙丘　　　　(C) 沖積扇　　　(D) 冰磧丘

30. 東南丘陵與嶺南丘陵兩地理區具有頗多相同的地理特色,下列哪一個組合是正確的?
    甲、多鹽鹼化災害　　乙、氣候溼熱　　　丙、人口壓力大
    丁、山多平原少　　　　戊、全境河川連成一水系
    (A) 甲、乙、丙　　　　　　　(B) 甲、丙、戊
    (C) 乙、丙、丁　　　　　　　(D) 丙、丁、戊

31. 台灣有不少地區的聚落屬於散村形態,其地理條件包括下列哪一項?
    (A) 水源稀缺　　　　　　　　(B) 集體開墾
    (C) 平地狹小分散　　　　　　(D) 天災頻仍

32. 唐詩中的「劍河風急雪片闊,沙口石凍馬蹄脫」、「火山六月應更熱,赤亭道口行人絕」、「一川碎石大如斗,隨風滿地石亂走」等詩句,最可能是在描述下列哪個地區的景色?
    (A) 新疆地區　(B) 漠南地區　(C) 滇西縱谷　(D) 西藏地方

33. 元代某書籍描述某地的特色:「……陂地與隴崗相望,還有七處可泊舟處分布於其中,各有各的名稱。從泉州乘船順風二個晝夜便可以到達。島上生長草叢而無喬木,土壤貧瘠,不適宜種植稻穀。居民用茅草蓋房屋居住。氣候常年溫暖,風俗質樸帶點粗野,民眾大多長壽。」請問上述引文所指的是哪個地方?
    (A) 舟山群島　(B) 澎湖群島　(C) 香港島　(D) 東沙島

34. 圖 4 為黃土高原上某溪流造林前的水文歷線
（即圖中曲線，可表示一地流量隨時間的變
化），圖中柱狀圖代表一次的降雨量。請由
選項中選出最能顯示造林成功後的溪流水文
歷線變化。

圖 4

(A)　　　　　　(B)　　　　　　(C)　　　　　　(D)

35. 圖 5 為華南兩個海港及其腹地關係的示意圖，圖中港口、都市之
圓圈大小代表其人口的多寡。請問下列何者為正確的說明？
(A) P1 和 P2 有各自的服務範圍，彼此並不重疊
(B) P1 和 P2 的服務範圍以各自為中心，均衡地向四周圍擴展
(C) P1 的服務人口大於 P2
(D) 所有運輸幹線都是因為都市之間高度需求而新近興建

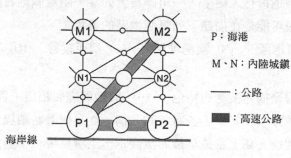

圖 5

題組題（第 36-37 題爲題組）

◎ 圖 6 及圖 7 分別是台灣在兩個不同時期的行政區域示意圖。請問：

36. 台灣的行政區劃由圖 6 演變至圖 7，是受到哪一事件衝擊的結果？
　　(A) 1856 年的英法聯軍　　　　(B) 1874 年的日本侵台
　　(C) 1884 年的中法戰爭　　　　(D) 1894 年的甲午戰爭

37. 台灣的行政區劃由圖 6 演變至圖 7，顯示出台灣歷史的哪一種發
　　展？
　　(A) 漢人移墾的禁令已告廢除　　(B) 建省後統治政策轉趨積極
　　(C) 蓬勃發展的地方自治運動　　(D) 日本殖民統治的基礎穩固

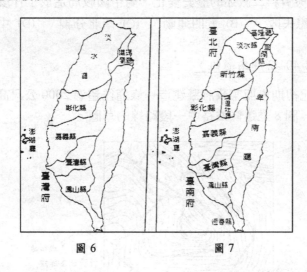

圖 6　　　　　　　　　圖 7

題組題（第 38-39 題爲題組）

資料一：

　　其時歐戰方酣，某國實行遠交近攻政策，欲與我方修好，知國
父反對參戰，故願助其組織護法政府以對抗北京。

資料二：

　　民國六年，總理黎元洪被督軍團脅迫解散國會，國人大憤，國父在滬力圖起兵護法，但缺乏經費。適有某國醫生輾轉告知國父：「如孫公有起兵護法之決心，某國願助資百萬。」國父知悉後，甚感快慰。……未幾，遂有（海軍總長）程璧光率海軍南下及廣州召集非常國會之舉。

請問：

38. 在資料一與資料二中，「某國」是指下列哪一個國家？
　　(A) 俄國　　　　　(B) 日本　　　　(C) 英國　　　　(D) 德國

39. 資料一與資料二敘述的歷史變化，對中國政局造成了什麼影響？
　　(A) 洪憲失敗　　(B) 五四運動　　(C) 南北分裂　　(D) 中共崛起

題組題（第 40-42 題為題組）

◎ 二十世紀初期東亞某政府擬建造一條通往超過 2000 公尺高之山區的鐵路，圖 8 是這條鐵路中一段路線的草圖。

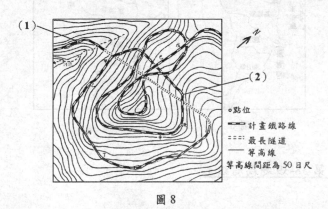

圖 8

40. 鐵路沿線第(1)點到第(2)點之間的高度差約為多少日尺？
　　(A) 300　　　　　(B) 550　　　　(C) 800　　　　(D) 1050

41. 試問當鐵道開通後，火車繞著山體爬行至下列哪兩點之間時，車廂的西側車窗因緊挨山壁而無良好的視野？

    (A) 甲、乙　　　(B) 丙、丁　　　(C) 戊、己　　　(D) 庚、辛

42. 該政府興建此鐵路的最主要目的爲何？

    (A) 開發自然資源　　　　　　(B) 改善山區交通

    (C) 振興地方經濟　　　　　　(D) 發展觀光事業

第貳部分（佔 48 分）

說明：第 43 至 72 題共 30 題，答對 24 題以上（含 24 題），第貳部分即得滿分。第 43 至 66 題爲單選題；第 67 至 72 題爲題組題，每組有 2 個子題，各子題皆是單選題。請選出正確選項標示在「答案卡」上。每題答對得 2 分，答錯不倒扣。

43. 麥可喬丹出身貧民家庭，憑運動天份及教練指導，終於成爲舉世著名的籃球明星，不僅經濟收入豐厚，也進入高級社會階層。下列關於「社會流動」的敘述，何者正確？

    (A) 都市化與社會流動無必然的關係

    (B) 社會階層化促使社會流動趨於開放

    (C) 麥可喬丹的現象是一種水平社會流動

    (D) 經濟發展與科技進步促進垂直社會流動

44. 全球 103 國的元首於 1992 年齊聚巴西召開「地球高峰會議」，通過了《生物多樣性公約》（Convention on Biological Diversity），次年獲得 120 國簽字同意，從此「生物多樣性」成爲環境保育的重要理念。下列何者可能<u>無助於</u>「生物多樣性」的維護？

    (A) 開發使用新能源，降低人口成長的速度

    (B) 鼓勵低污染、省能源、可回收的綠色消費

    (C) 維護地球多樣的基因庫，平衡全球生態系統

    (D) 大量食用基因改造食品

45. 台灣人民對休閒的需求日益迫切，休閒已成為生活的重要內容，
有人說台灣社會已步入「大眾休閒時代」。下列哪一個組合，最
能顯示大眾休閒時代中「工作與休閒」的關係？
甲、工作與休閒兩相平衡能提高個人的生活品質
乙、個人工作室等去組織化的工作形態使休閒與工作分開
丙、不同職業的工作者對工作與休閒相互關係的看法無差異
丁、為休閒而工作的價值觀逐漸取代了為工作而休閒的觀念
(A) 甲、乙　　(B) 甲、丁　　(C) 乙、丙　　(D) 丙、丁

46. 因為社會變遷的影響，現代的家庭結構與功能已有很大變化。下
列關於現代家庭結構與功能的敘述，哪一個組合正確？
甲、醫學及生物科技的進步，衝擊了傳統的家庭生育功能
乙、家庭的社會化功能可由各級學校、社教機構及傳播媒體所取代
丙、「男主外、女主內」的分工模式，漸被「男主內、女主外」
　　所取代
丁、家庭已由生產單位轉變為消費單位，家人分享生產成果參與
　　休閒活動
(A) 甲、丙　　(B) 甲、丁　　(C) 乙、丙　　(D) 乙、丁

47. 近年來台灣的廣播與電視節目常有「Call in」及「Call out」，報
紙也紛紛開闢「民意論壇」、「言論廣場」之類的版面，民眾可以
直接向媒體反映心聲。請問這些現象最能彰顯大眾媒體發展的哪
一種特徵？
(A) 媒體傳播的方向朝雙向化發展
(B) 大眾傳播的商業功能日受重視
(C) 三C產業的結合是媒體共同的發展趨勢
(D) 傳播媒體主要功能在於滿足大眾知的權利

48. 當前台灣社會中，有人生病不去醫院診療，反而到寺廟求神問卜；
    有民眾簽賭「樂透彩」到處求「明牌」，能出「明牌」之寺廟香火
    鼎盛，信徒蜂湧膜拜，若因而「槓龜」則偶有丟棄或毀損神像之
    情形發生。下列哪一個組合，能正確地反映當前台灣社會宗教問
    題的特徵？
    甲、神聖化　　乙、迷信化　　丙、功利化　　丁、多元化
    (A) 甲、丙　　　(B) 甲、丁　　　(C) 乙、丙　　　(D) 乙、丁

49. 只要是有群體就會有規範，家有家規，校有校規，而社會亦有社
    會規範。下列關於「社會規範」的敘述何者不正確？
    (A) 民俗、民德與法律為重要的社會規範
    (B) 社會規範有其不變性，不會隨時空環境而調整
    (C) 各種社會團體有不同的規範，其約束力的大小與範圍也有
        不同
    (D) 社會規範是個人在社會中的行為準則，關係著人際互動的
        期待

50. 自我的形成是社會化的重要關鍵，美國社會學家米德（G. H.
    Mead）提出「概括化他人」（generalized other）的理論，來說
    明這個現象。下列何者為米德的自我理論？
    (A) 每一個人同時具備三個「我」——本我、自我與超我
    (B) 生活中所表現出來的「自我」是「本我」與「超我」之間協
        調的結果
    (C) 生活中的社會行為是「主我」與「客我」不斷互動與對話的
        表現
    (D) 自我概念的形成隨著個人認識外在世界的能力發展與時俱
        進，一般要在八歲以後才逐漸脫離自我中心的現象

51. 台灣積極參與正式或非正式的國際組織，以爭取國際地位和權益，善盡國際社會的義務。請問目前台灣是下列哪些國際組織的成員？
    甲、聯合國　　　　乙、世界貿易組織　　　丙、世界衛生組織
    丁、東南亞國協　　戊、亞太經濟合作會議
    (A) 甲、丙　　　(B) 乙、丙　　　(C) 乙、戊　　　(D) 丁、戊

52. 「現代社會」不同於「傳統社會」，已經成爲許多社會的現實或理想。下列有關「現代社會」特質的敘述，哪一個組合正確？
    甲、現代社會是同質、靜態的社會
    乙、個人通常以團體的利益爲依歸
    丙、社會內部存在著不平等的問題
    丁、個人以其成就來爭取社會地位
    戊、人際互動主要是面對面的交流
    (A) 甲、乙　　　(B) 甲、戊　　　(C) 乙、丙　　　(D) 丙、丁

53. 有一部小說指出：「自從蒸汽機成爲世界的王后以來，貴族頭銜已成爲無用之物。」據此一敘述推論，當時取代貴族的是什麼階級？
    (A) 農民階級　　　　　　　　(B) 勞工階級
    (C) 教士階級　　　　　　　　(D) 資產階級

54. 某一時期，德國人宣稱「我們的未來在海上」、法國人高唱「不要忘記色當之役」、俄國人揚言「保衛斯拉夫兄弟」。這些聳動的口號與行動，最後導致哪個戰爭？
    (A) 普法戰爭　　　　　　　　(B) 克里米亞戰爭
    (C) 俄土戰爭　　　　　　　　(D) 第一次世界大戰

55. 有一位著名作家，經常徵引古希臘、羅馬的論述，來反思、探索人的問題，強調每個人都可以創造自己的命運。這位作家代表哪一種思潮的精神？
    (A) 文藝復興　　(B) 啓蒙運動　　(C) 浪漫主義　　(D) 存在主義

56. 某位藝術大師，作品風格不斷變化創新，其立體派畫風與人道主義的反戰作品尤爲著名。這位藝術大師的風格應是屬於哪個時期？
    (A) 十九世紀前期　　　　　　　(B) 十九世紀後期
    (C) 二十世紀前期　　　　　　　(D) 二十世紀後期

57. 十九世紀時有些社會主義者思考解決當時的社會問題，提出用選票爭取勞工階級利益、勞工階級組成政黨、培養社會改革人才等方法。這類主張屬於何種社會主義？
    (A) 共產主義　　(B) 費邊社　　(C) 工團主義　　(D) 無政府主義

58. 在歐洲列強控制下，亞非許多地區遲至二十世紀中後期才脫離殖民統治，但是拉丁美洲國家卻能在十九世紀初期獲得獨立，其主要原因爲何？
    (A) 受美國實行巨棒政策的影響
    (B) 受啓蒙運動與民族主義影響
    (C) 本身有軍事實力和文化基礎
    (D) 本身產業發達並且經濟富裕

59. 有一種史學思想，在性別、種族、階級或信仰等方面，較能從多元文化角度去論述。這是何種史學思想？
    (A) 人文主義　　　　　　　　　(B) 啓蒙主義
    (C) 浪漫主義　　　　　　　　　(D) 後現代主義

60. 十七、十八世紀時，法國巴黎的上流社會盛行沙龍聚會。到了十九世紀以後，這種風氣逐漸衰微，最主要的原因為何？
    (A) 被咖啡館之類的社交聚會場所取代
    (B) 缺少才貌雙全博學開明的女主持人
    (C) 法國政府嚴厲控制集會和言論自由
    (D) 社會動盪不安影響舉辦沙龍的意願

61. 「在正常年度時，太平洋秘魯沿岸的水溫比同緯度海域平均低攝氏好幾度，主要原因包括：1.(甲) 風系將暖水向秘魯海域外吹送；2. 秘魯洋流將冷水輸送到秘魯海岸；3. 湧升流……。」
    此段敘述中的 (甲) 風系是指：
    (A) 西南季風　　(B) 盛行西風　　(C) 東北季風　　(D) 東南信風

62. 北非和西亞地區一向有謹慎使用水資源的傳統，但是除少數國家外，過去幾十年來本區水資源短缺問題日益嚴重。下列哪些因素是造成此問題日益嚴重的最主要原因？
    甲、降雨量變化率增大　　　乙、人口快速成長
    丙、製造業用水量大增　　　丁、生活方式現代化
    戊、戰亂衝突加劇
    (A) 甲、乙　　　(B) 乙、丁　　　(C) 丙、戊　　　(D) 丁、戊

63. 蘇門答臘北部於 2004 年年底發生了規模 9 級的大地震，所引發的海嘯使東南亞與南亞多國嚴重受創，甚至某國的首都也被海水淹沒大半。這個國家是指下列哪一國家？
    (A) 印尼　　　(B) 孟加拉　　　(C) 斯里蘭卡　　　(D) 馬爾地夫

64. 有一位觀光客在他的遊記中寫下：「時間是西元 2004 年除夕的黃昏，我站在海邊看到本年全球最後的一抹夕陽，興奮極了！這兒的島嶼樣子有如甜甜圈，上面長滿棕櫚樹，陸地包圍著湛藍色的海水，好不美麗。」文中所描述的景觀最可能出現在下列哪一個地區？

(A) 印度尼西亞　　　　(B) 密克羅尼西亞

(C) 美拉尼西亞　　　　(D) 玻里尼西亞

65. 圖 9 為某項商品的全球產地分布及運輸路線圖，請問這種商品最可能是下列哪一項？

(A) 鐵礦　　(B) 煤礦　　(C) 石油　　(D) 木材

▲ 產地

圖 9

66. 圖 10、圖 11、表三分別為某地區的氣候圖和當地某農家的年中
   行事曆,請問這個地區最可能是指下列哪一個地方?
   (A) 加拿大的草原三省　　　(B) 非洲的馬達加斯加
   (C) 阿根廷的彭巴草原　　　(D) 澳洲的墨累河盆地

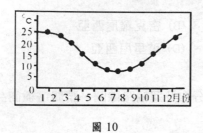

圖 10

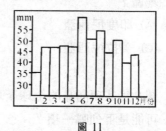

圖 11

表三

月份	1月	2月	3月	4月	5月	6月	7月	8月	9月	10月	11月	12月
農	犁田	→	播種	→	→	生長	→	→	→	→	收割	→
牧	放牧	→	→	→	配種	→	→	剪毛	→	接生	放牧	→

題組題(第 67-68 題為題組)

◎ 圖 12 是有關希特勒與史達林關係的諷刺性漫畫。請回答下列
   問題:

67. 圖中新郎結婚的目的為何?
   (A) 化解俄國對德日反共公約的疑慮
   (B) 方便德國與東南歐獨裁政權合作
   (C) 壯大德國實力以嚇阻美國的干預
   (D) 免除德國東顧之憂以便對付英法

圖 12

68. 兩人「結爲連理」以後，對歐洲局勢造成什麼影響？
    (A) 希特勒因此廢除凡爾賽和約
    (B) 希特勒乘機進占奧國與捷克
    (C) 德俄兩國進而協議瓜分波蘭
    (D) 英法對德轉而採取姑息政策

題組題（第 69-70 題爲題組）

◎ 前南斯拉夫在歷史上曾經被多個帝國統治。二次世界大戰後，在
  強人狄托（Tito）主導下建立了由六個共和國組成的南斯拉夫聯
  邦，其中，五個共和國的人口組成都有單一優勢族群，只有一個
  例外。

69. 前南斯拉夫各共和國中，哪一個共和國**沒有**單一優勢的族群？
    (A) 克羅埃西亞　　　　　　(B) 波士尼亞
    (C) 塞爾維亞　　　　　　　(D) 馬其頓

70. 從 1990 年代起，前南斯拉夫多個共和國相繼宣佈獨立，請問下
    列何者<u>不是</u>造成它們獨立的原因？
    (A) 宗教信仰不同
    (B) 中央計畫經濟日漸失靈
    (C) 口說語言難以溝通
    (D) 中央政權被單一族群掌控

題組題（第 71-72 題爲題組）

◎ 隨著時代的進展，各種能源的相對重要性有所變化；而同一時期，
  全球能源的生產與消費也有明顯的區域差異。

71. 圖 13 是各種能源在 20 世紀後半葉的使用狀況，請問圖中甲、乙、丙、丁依序是指何種能源。
    (A) 煤、核能、天然氣、石油
    (B) 天然氣、煤、核能、石油
    (C) 天然氣、核能、石油、煤
    (D) 核能、天然氣、石油、煤

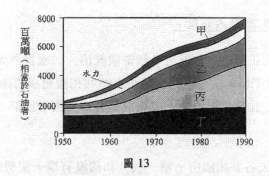

圖 13

72. 圖 14 是 20 世紀末期西歐、前蘇聯與東歐、北美、南美、非洲、中東、亞洲(不含中東)、大洋洲等八個地區的能源生產與消費比較圖，兩圖中的「丙」是指下列哪一個地區？
    (A) 北美　　(B) 南美　　(C) 西歐　　(D) 亞洲（不含中東）

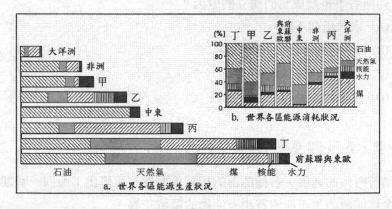

圖 14

94年度學科能力測驗社會科試題詳解

第壹部分

1. **B**

【解析】(A) 主要針對資本家

(C) 主要針對所有公民

(D) 主要針對資本家或經營者。

2. **A**

【解析】(B) 實業計畫是孫文經濟建設的書

(C) 民權初步是孫文教導人民集會結社的書

(D) 建國大綱是孫文提出國家重大建設的綱要。

3. **B**

【解析】(甲) 大家庭制度不符合當今時代潮流

(丙) 三代同鄰就住在上下樓或隔壁就近照顧

(丁) 老人照顧除了給金錢之外,最重要的是精神上的
照顧和關懷。

4. **A**

【解析】國營事業的優點主要是保障國民基本需要;民營事業
之優點主要在提升經營效率。

5. **C**

【解析】 (A)「各項爭議都訴諸公民投票解決」這樣就不需要
民意機關了，不符合憲政民主精神；全民投票可
以補救代議政治的不足

(B) 行政權大過立法權，違反民主政治監督制衡原則

(D)「採用赤字財政」即先花錢，要後代子孫還錢，
不符民主精神。

6. **C**

【解析】 (乙) 全民健保強制入保的作法與資本壟斷無關

(丁) 違反憲法 23 條規定，為國家需要應限制個人
自由。

7. **B**

【解析】 孫文的故鄉是廣東省香山縣，

(A) 不會地處政治中樞

(C) 未隸屬外國殖民地

(D) 廣東近代受鴉片戰爭、英法聯軍戰火之波及。

8. **D**

【解析】 (A) 失業多消費能力低，不容易造成物價上漲，進而
引發通貨膨脹

(B) 台灣失業是很多人不願屈就工作才失業，雇主不
得不用外勞，沒有人口外移問題

(C) 問題沒那麼嚴重。

9. **C**

　【解析】(A) 現今中央民意機關是立法院，監察院是準司法
　　　　　　　機關

　　　　　(B)(C) 答案互相衝突

　　　　　(D) 司法院職掌審理政黨違憲解散事項。

10. **B**

　【解析】(A) 各族群擔任民意代表人數應相同，如此對多數族
　　　　　　　群不平等

　　　　　(C) 族群間文化交流會促使文化多元，不應減少

　　　　　(D) 排除外來文化移入會造成故步自封。

11. **D**

　【解析】(D) 維護原住民文化重視多元差異而非同化，使其在
　　　　　　　現代社會中有新的生命力和創造力，跟其他族群
　　　　　　　文化和平相容。

12. **B**

　【解析】(A) 針對政府結構

　　　　　(B) 建國大綱規定國家建設分軍政、訓政、憲政三階段

　　　　　(C) 針對經濟發展

　　　　　(D) 恢復民族地位的方法之一。

13. **C**

　【解析】(C) 元代學者深信「心」是世界的本源，即肯定陸九淵
　　　　　　　的學說，因南宋理學家陸九淵受北宋程顥的影響
　　　　　　　（陸王學派），主張「心即是理」的心學

(B) 南宋理學家朱熹受北宋程頤的影響（程朱學派），
主張「信古人多讀古書」，強調「道問學」的重要

(D) 元代學者不可能肯定明代理學家王陽明（守仁）的
學說。

14. **D**

【解析】(D) 《臺灣民報》說：「這回新刊本報，專用平易的漢
文，滿載民眾的知識」顯示當時台灣知識份子已接
納中國白話文。

15. **B**

【解析】(B) 商朝人用干支紀時歷經三千年而沒變化，在當代華
人社會中，仍可見其傳承脈絡，成為中國文化史上
的奇蹟。

16. **D**

【解析】(D) 清末中國歷經一連串的失敗，激起知識份子的反
省，希望能學習西方長處以自立自強，故強調「人
吃豬肉，消化後變成人的血肉，誰能懷疑吃豬肉的
人，他的血肉是豬的血肉而不是人的呢？」

17. **C**

【解析】(C) 這些事物中以《四書集注》出現在南宋最晚，這份
文件最早可能出現於宋代。

18. **B**

【解析】(B) 清咸豐十（1860）年第二次英法聯軍入北京，燒殺擄掠，還火燒毀北京圓明園，法國雨果（Victor Hugo）說：「我們歐洲人是文明人，在我們眼中，中國人是野蠻人，可是你看文明人對野蠻人幹了什麼？」。

19. **B**

【解析】(B) 西漢武帝表面罷黜百家獨尊儒術，實際上「內多欲而外飾以仁義」－即「一手捧著儒家經典；一手高舉法家利劍」。

20. **D**

【解析】(D) 甲午戰爭台灣割讓給日本後，日本建立交通網，完成基隆到高雄的台灣縱貫鐵路（1908 年），使得台灣對外貿易輸出輸入量大幅增加。

21. **C**

【解析】(C) 第二次世界大戰時日本要臺灣人協助，在台灣推動皇民化運動，要台灣人從文化血統上認同自己是日本人，從「台灣人不單只是日本國籍，而且從內心深處完全變成日本人」可知日本在台灣推動皇民化運動時的資料。

22. **A**

【解析】(A) 東晉南朝盛行清談玄學，南方士人以自我覺醒為歸趨，官員們大多安於逸樂，卻自鳴清高，故「居官

無官官之事，處事無事事之心」，視為一種最高的
道德規範，社會風氣頹廢。

23. **B**

【解析】(B) 中共大躍進時期（1958－1961 年）口號有「人有
多大膽，地有多大產」，希望「超英趕美」，提
出「土法煉鋼」，故標語「多出鋼快出鋼，澆死
美國狼。」

24. **C**

【解析】

1929		
丙	出生率高、死亡率高，故人口總增加率低。
1949		
甲	出生率高、死亡率漸降，國民政府遷台，戰後嬰兒潮，故人口總增加率甚高。
1969		
乙	出生率漸降，死亡率低，人口增加率仍高。
1989		
丁	台灣近代出生率、死亡率均低，人口增加緩慢。
1989		

25. **C**

【解析】(1) 「丁」為沙丘：是灘沙受風力作用堆積於海灘後
方狀似小山的帶狀沙丘，沙質疏鬆，故淋溶作用
顯著。

(2) 「庚」區的地下水面與地面相切，易生湧泉。湧
泉與雨水在入海前受沿海沙丘阻礙，易形成低濕
帶及沼澤帶。

26. **A**

【解析】 夏威夷群島約屬 150°W 及 165°W 地方時區,花蓮屬 120°E 時區。

由上圖可知,夏威夷近中午時,花蓮為上午 5 時左右。

27. **C**

【解析】 (1) 桃園台地原為古沖積扇,台地表面紅土覆蓋,其下為礫石層。

(2) 後來台北盆地陷落,淡水河上游向源侵蝕襲奪了古石門溪,使桃園台地上的河川失去中、上游水源,變成流路短,流量小的河川,故地下水蘊藏不豐。

28. **D**

【解析】 (1) 「竹風蘭雨」,宜蘭背山面海,地當東北季風之衝,終年有雨,年雨量達 2000～3000 公釐,故年逕流量大。

(2) 蘭陽溪每方公里流域面積的年逕流量 $\left(\dfrac{年逕流量}{流域面積}\right)$ 最高:乙＞丙＞甲＞丁

29. **B**

【解析】 (A) 沙灘:在海濱地區由岩屑沙粒堆積而成,顆粒大小混雜。

(B) 沙丘：灘沙受風力作用堆積於海灘後方，因經風力淘選，顆粒小而均勻。

(C) **沖積扇**：河流由山地進入平原時，因坡度變緩，流速銳減，大量泥沙、石礫堆積。

(D) 冰磧丘：冰河消融時，土石碎屑物直接沈積，形成大小混雜，層次難分的冰磧。

30. **C**

【解析】

地　區	氣　　候	地　形	水　系	人　　口
東南丘陵	副熱帶季風氣候濕熱	八山-水-分田	格子狀獨流入海	山多田少人稠海外移民
嶺南丘陵	熱帶與副熱帶季風高溫多雨	多丘陵淺山	樹枝狀珠江水系	地狹人稠人口外移

31. **C**

【解析】　台灣北部多丘陵地形，平地狹小分散，故多散村。

32. **A**

【解析】　「劍河風急雪片闊，……」→冬冷。

「火山六月應更熱，……」→夏熱。

「一川碎石大如斗，……」→沙漠景觀。

33. **B**

【解析】(1)　「從泉州乘船順風二個晝夜到達……」→可排除位於大陸邊緣的舟山群島與香港島。「居民用茅草蓋屋……」→可刪除無人居住的珊瑚礁東沙島。

(2)　文中敘述特徵與澎湖群島特色相似。

34. **B**

【解析】　造林可降低土壤侵蝕，涵養水源，故選洪峰較低且出
　　　　　現時間延後的溪流水文歷線變化圖。

35. **C**

【解析】　(1) P_1 人口＞P_2 人口
　　　　　(2) P_1 高速公路二條＞P_2 高速公路一條
　　　　　可判知 P_1 服務人口較多

第 36-37 題為題組

36. **B 或 C**

【解析】　(B) 或 (C) 日本侵台（牡丹社事件）沈葆楨來台，台灣
　　　　　從一府－台灣府在台南，增為二府（台北府、台灣府）；
　　　　　中法戰爭後劉銘傳來台，使台灣成為三府（台北府、
　　　　　台灣府、台南府－在台中增設台灣府，台南改為台南
　　　　　府），地圖七把台南寫為台南府，語意不詳，故選 B
　　　　　或 C 都給分。

37. **A 或 B**

【解析】　(A) 或 (B) 沈葆楨來台後，積極自強新政－廢除渡台禁
　　　　　令；後來劉銘傳來台，光緒十一年下令台灣設省，建
　　　　　省後統治政策轉趨積極，地圖七把台南寫為台南府，
　　　　　語意不詳，故選 A 或 B 都給分。

第 38-39 題爲題組

38. **D**

【解析】 (D) 第一次世界大戰時段祺瑞操控北洋政府，1917 年
擅自參加協約國對德國等同盟國參戰，孫文反對，
故德國願助其組織護法政府。

39. **C**

【解析】 (C) 民國六（1917）年孫文在廣州成立軍政府，號召護
法，對付段祺瑞北洋政府，造成中華民國南北分裂
之局。

第 40-42 題爲題組

40. **A**

【解析】　　山頂至 (1)　　 14 個間距
　　　　 － 山頂至 (2)　　　 8 個間距
　　　　 ─────────────
　　　　　　　　　　 6 個間距
　　　　　　　　 × 50（日尺）
　　　　 ─────────────
　　　　　　　　 300（日尺）

41. **D**

【解析】 「庚辛」西側爲面向山頂的山壁，無良好視野。

42. **A**

【解析】 山區鐵路以開發自然資源爲主。

第貳部分

43. **D**

【解析】(A) 都市化與社會流動有必然的關係

(B) 社會階層化促使社會流動趨於緩慢

(C) 麥可喬丹的現象是一種垂直社會流動

44. **D**

【解析】(D) 大量食用基因改造食品使生物單一化

45. **B**

【解析】(甲)「休息是為了走更長遠的路。」如果沒有休息，工作不可能長久；

(乙)個人工作室等去組織化的工作形態使休閒與工作結合；

(丙)不同職業的工作者對工作與休閒相互關係的看法有差異；

(丁)社會經濟發展導致富裕的階段後，若要成為一個「完整的人上生活不能只有工作，因此現代社會的「休閒」有重要的功能。

46. **B**

【解析】(乙)家庭的社會化功能可和各級學校、社教機構及傳播媒體共同鄉輔助，不是被取代男性負披了比傳統為多的家庭角色，女性則擔負了比傳統更多的工作角色；

(丙)「男主外、女主內」的分工模式，沒被「男主內、女主外」所取代，只是男性分擔較多的家務，使男女較平等。

47. **A**

【解析】 (A) 「Call in」、「Call out」、「民意論壇」、「言論廣
場」，民眾可以直接向媒體反映患見，達到雙向
溝通的目的
※ 大眾傳播的特徵：
(1) 內容從單一到多元；
(2) 傳播方向從單向到雙向
(3) 傳播範圍從狹隘到廣泛
(4) 傳播媒體的整合風潮。

48. **C**

【解析】 台灣宗教的問題：
(1) 迷信的問題：生病不去醫院診療，反而到寺廟求
神問卜；有民眾簽賭「樂透彩」到處求「明牌」，
能出「明牌」之寺廟香火鼎盛
(2) 商業化的問題：有些人假借宗教之名，行詐騙之實
(3) 功利的問題：如簽賭「樂透彩」因而「槓龜」則偶
有丟棄或毀損神像之情形發生。

49. **B**

【解析】 (B) 社會規範應隨時空環境而調整，不可永遠不變。

50. **C**

【解析】 (C) 美國社會學家米德（G. H. Mead）認為生活中的社
會行為是「主我」（I）與「客我」（me）不斷互動
與對話的表現，我們的自我就在主我與客我的不
斷互動中形成的。

51. **C**

【解析】 台灣目前想加入的國際組織含聯合國、世界衛生組織
　　　　 等。

52. **D**

【解析】 (甲)傳統社會是同質、靜態、封閉的社會；現代社會
　　　　 是動態、異質、開放的社會。
　　　　 (乙)現代社會追求個人主義，較不以團體的利益為依歸。
　　　　 (戊)傳統社會人際互動主要是面對面的交流；現代社
　　　　 會較藉由通訊科技溝通，不需要面對面的交流。

53. **D**

【解析】 (D) 小說指出：「自從蒸汽機成為世界的王后以來」指
　　　　 工業革命後資產階級資本主義更加興盛，故「貴族
　　　　 頭銜已成為無用之物」。

54. **D**

【解析】 (D) 第一次世界大戰（1914-1918 年）前歐洲不同國家
　　　　 結盟對立，如德、義、奧組成「三國同盟」；英、
　　　　 法、俄組成「三國協約」，相互對抗，故爆發第一
　　　　 次世界大戰。【色當之役指普法戰爭（1870 年）時
　　　　 法國皇帝路易拿破崙被俘之戰役】

55. **A**

【解析】 (A) 文藝復興時期（十四世紀）歐洲人想要恢復古希臘、
　　　　 羅馬文明，又要創新，反對中古以來基督教神學的
　　　　 盛行，提倡人文主義，強調每個人都可以創造自己

的命運，如人文主義之王－佩脫拉克曾說：「我只
是凡人，我只追求凡人的幸福」。

56. **C**

【解析】(C)－畢卡索（Pablo Ruiz Picasso，1881－1973 年）
是超現實藝術家，其立體派畫風（1907－1916 年）
與人道主義的反戰作品（1937－1953 年）屬於二
十世紀前期。

57. **B**

【解析】(B) 自馬克思出版其名著資本論（Capital）後，英國
就有不少研究馬克思的社團，其中以蕭伯納
（Bernard Shaw）、韋伯夫婦（Sidney and Beatice
Webb）等 1884 年組成費邊社（Fabian Society）
最有名。他們反對馬克思以暴烈手段來推翻資本
主義等主張，認為改革途徑仍以經由國會立法始
屬正當，經由溫和緩進的方法來追求均富的目的。
費邊社這種溫和緩進的主張後來被許多知識分子
接受，甚至連許多工會也很贊同，後來以工會為
基礎於 1893 年組成獨立工黨（Independent Labor
Party），這就是工黨產生之始。

58. **B**

【解析】(B) 受啟蒙運動理性主義與民族主義（如 1823 年美國
總統提出歐洲國家不要干涉美洲國家事務的門羅
主義）影響，拉丁（中南）美洲國家能在十九世
紀初期脫離西班牙、葡萄牙的統治而獲得獨立。

59. **D**

【解析】 (D) 後現代主義（Postmodernism）是二十世紀六〇年代出現的思潮，「後現代主義」概括六〇年代以來歐美各種複雜理論，他們主張在創作中，創造性想像占主導地位，要求能準確表現這個多元化、多變化世界中人的地位，作品比現代主義更具不確定性，影響到史學思想，在性別、種族、階級或信仰等方面，較能從多元文化角度去論述。

60. **A**

【解析】 (A) 歐洲啟蒙時代，法國巴黎上流社會盛行沙龍聚會。到十九世紀後，被咖啡館之類的社交聚會場所取代，逐漸衰微。

61. **D**

【解析】 秘魯海域屬南半球東南信風帶，將暖水向秘魯海域外吹送。

62. **B**

【解析】 北非和西亞地區人口快速成長，生活方式現代化，使用水量增加，使水源短缺問題日益嚴重。

63. **D**

【解析】 (1) 2004 年 12 月 26 日印尼蘇門答臘西齊省外海強震，引發印度洋大海嘯，橫掃東南亞和南亞的印尼、泰國、緬甸、馬來西亞、馬爾地夫、斯里蘭卡、印度、孟加拉各國海岸，甚至直達非洲東岸。

(2) 印度洋中島國馬爾地夫，因屬珊瑚礁島，地勢較低平，受創嚴重。

64. **D**

　【解析】玻里尼西亞位國際換日線（180°經線）之東，故可以
　　　　　看到 2004 年全球最後一抹夕陽。

65. **A**

　【解析】由中、美、俄、澳、巴西等產地分布，可研判為
　　　　　鐵礦。

66. **D**

　【解析】(1)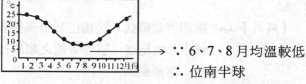

∵ 6、7、8 月均溫較低

∴ 位南半球

（7 月為南半球冬季）

　　　　　(2)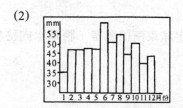

∵ 降水以多雨較多

年雨量約近 500 公釐

∴ 為地中海型氣候

　　　　　(3) 由表三，可判知經營混合農業，農、牧兼營。

　　　　　(4) 南半球澳洲墨累河盆地，屬地中海型氣候，混合
　　　　　　　農業。

第 67-68 題為題組

67. **D**

　【解析】(D) 希特勒與史達林 1939 年簽訂德蘇互不侵犯條約，
　　　　　　　免除德國東顧之憂以便對付英法，條約簽訂後，希
　　　　　　　特勒在 1939 年派兵入侵波蘭。

68. **C**

　　【解析】(C) 希特勒與史達林 1939 年簽訂德蘇互不侵犯條約，兩國進而協議訂立瓜分波蘭的秘密協定，第二次世界大戰歐戰戰火從此點燃。

第 69-70 題爲題組

69. **B**

　　【解析】波士尼亞國內族群：波士尼亞人佔 44%，塞爾維亞人佔 31%，克羅埃西亞人佔 17%，其他移民佔 8%。

70. **C**

　　【解析】獨立原因以宗敎種族、經濟問題爲主。

第 71-72 題爲題組

71. **D**

　　【解析】(甲)核能：因反核運動，非核家園觀念影響，增加有限。

　　　　　(乙)(丙) 天然氣、石油：是今日主要能源，消費量大。

　　　　　(丁)煤：自工業革命以來，一直爲基礎能源。

72. **D**

　　【解析】(丙)亞洲煤礦產量高，宜於產地消費，另亞洲開發中國家發展現代工業，亦需消費石化能源。

九十四年度學科能力測驗（社會考科）
大考中心公佈答案

題號	答案	題號	答案	題號	答案	題號	答案
1	B	21	C	41	D	61	D
2	A	22	A	42	A	62	B
3	B	23	B	43	D	63	D
4	A	24	C	44	D	64	D
5	C	25	C	45	B	65	A
6	C	26	A	46	B	66	D
7	B	27	C	47	A	67	D
8	D	28	D	48	C	68	C
9	C	29	B	49	B	69	B
10	B	30	C	50	C	70	C
11	D	31	C	51	C	71	D
12	B	32	A	52	D	72	D
13	C	33	B	53	D		
14	D	34	B	54	D		
15	B	35	C	55	A		
16	D	36	B 或 C	56	C		
17	C	37	A 或 B	57	B		
18	B	38	D	58	B		
19	B	39	C	59	D		
20	D	40	A	60	A		

九十三年大學入學學科能力測驗試題 社會考科

第壹部分（佔 84 分）

說明：第 1 至 42 題皆計分。第 1 至 39 題為單一選擇題；第 40 至 42 題為題組，有 3 個子題。各題皆是單選題，請選出正確選項標示在「答案卡」上。每題答對得 2 分，答錯不倒扣。

1. 考試權獨立是中山先生五權憲法的重要主張。國家實施考試制度，除了可以甄拔人才，提高公務人員的專業知能外，還會影響社會發展。下列何者為考試制度促成社會發展最主要的表現？
   (A) 增強社會控制力量　　　(B) 增加社會垂直流動
   (C) 鞏固社會階層體系　　　(D) 協助改革銓敍制度

2. 上課時，老師要求同學舉例說明哪些自由及權利不妨害社會秩序和公共利益，而且受到憲法的保障。下列哪一位同學的說法最正確？
   (A) 我有權利選擇任何地點集會，因為這是我的集會自由
   (B) 我有權利拒絕申報流動戶口，因為這是我的遷徙自由
   (C) 為了保障財產自由，擔任公職時我有權拒絕申報財產
   (D) 為了保障隱私，我有權利拒絕刊登自己的住址和電話

3. 為了建立民族平等的國家，下列哪些政策最符合中山先生民族主義的理念？
   甲、尊重各族獨立公投的權利　　乙、設立少數民族自治區
   丙、各族語言並列為官方語言　　丁、鼓勵不同民族的通婚
   戊、反對漢民族移入少數民族自治區
   (A) 甲、丁　　(B) 甲、戊　　(C) 乙、丙　　(D) 乙、丁

4. 我國大法官會議第五三五號解釋指出：**警察實施臨檢勤務，必須限於已發生危害，或依客觀、合理判斷易生危害的處所、交通工具或公共場所，不可以不顧時間、地點，任意或隨機臨檢。**這項解釋的主要目的，在保障下列哪一項自由權？
(A) 人身自由 　　(B) 遷徙自由
(C) 居住自由 　　(D) 集會自由

5. 英國、德國和日本均是實施內閣制的國家。下列哪一項是內閣制國家政治制度的特徵？
(A) 均屬於民主共和體制
(B) 國會有不信任投票權
(C) 由直接選舉產生最高行政首長
(D) 元首對國會法案有覆議否決權

6. 報載加州消費者集體控告微軟公司違反加州的反托拉斯及公平競爭法，加州的反托拉斯法案與中山先生的哪一項主張最接近？
(A) 發達國家資本
(B) 節制私人資本
(C) 滿足民生的基本需求
(D) 實施計畫性自由經濟

7. 在菲律賓獨立前，美國曾經投入大批人力、物力，協助菲律賓人建立獨立政府，並適應民主制度。美國協助菲國獨立的經過，與中山先生哪一項主張最為相似？
(A) 革命民權 　　(B) 權能區分
(C) 訓政程序 　　(D) 地方自治

8. 中山先生說：「惟民生主義之意義爲何？吾人所主張者，並非如反動派所言，將產業重新分配之荒謬絕倫，但欲行一方策，使物產之供給，得按公理而互蒙利益耳。此即余所主張之民生主義的定義。」根據上述，我們應如何理解中山先生的民生主義？
   (A) 合理分配生產所得以求均富
   (B) 致力勞資和諧以求社會安和
   (C) 產業和平收歸國有以厚民生
   (D) 管制經濟資源以達成真平等

9. 地方自治團體公法人是指：具有自主組織權，可針對自治事項制定規章並執行的地域團體。依據我國現行憲法增修條文和地方自治法規的規定，下列哪些是地方自治團體公法人？
   甲、臺灣省　　乙、福建省　　丙、臺北市
   丁、臺東縣的達仁鄉　　　戊、澎湖縣望安鄉的花嶼村
   (A) 甲、乙　　(B) 甲、戊　　(C) 丙、丁　　(D) 丁、戊

10. 依據我國現行憲法增修條文第一條的規定，下列有關國民大會職權與組成方式的敘述，何者正確？
   (A) 國民大會代表是經由縣、市的區域選舉而產生
   (B) 國民大會代表每六年集會一次，由總統召集之
   (C) 集會時聽取總統的國情報告，並提出國是建言
   (D) 不能主動修憲，但可複決立法院的憲法修正案

11. 有一副對聯：「白話通神，紅樓夢、水滸，真不可思議。古文討厭，歐陽修、韓愈，是什麼東西。」這樣的對聯最可能出自誰的手筆？
   (A) 日據時代臺北帝大的學生
   (B) 清末就讀同文館學的學生
   (C) 民國初年北京大學的學生
   (D) 文革時期參與串聯的學生

12. 清末一位學者留學日本，研習法律與政治。他主張「民主革命富
於破壞，中國已有東亞病夫之名，不堪服猛劑以招危亡。英日兩
國皆以君主立憲而強，可資借鏡。」以下清末民初許多言論中，
何者與該學者的主張一致？
(A) 古代的周召共和實為君主政體
(B) 革命排滿是必要而非仇殺報復
(C) 天賦人權說就是主張共和體制
(D) 民國主權的基礎本於全體國民

13. 港口邊的大街上，人群熙來攘往，偶而夾雜幾位金髮碧眼的外國
人。他們走進街旁的商行裡，和商行裡等待交易的茶商討論該地
生產即將上市的春茶價格。對面的商家陳列著剛剛由洋船運抵的
紡織品，吸引了大批逛街的民眾，爭相詢問款式與價格。這個場
景最可能出現在何時何地？
(A) 1800 年，廣州　　　　(B) 1840 年，上海
(C) 1880 年，淡水　　　　(D) 1940 年，天津

14. 某地洪水為患，消息上報朝廷後，皇帝一方面交待工部儘速搶修
潰決的堤防，勿使水患繼續擴大；另一方面責成戶部儘速調度糧
食，運往災區，賑濟災民。幕僚根據皇帝之意，寫成詔書，經皇
帝確認無誤後，直接送至工部、戶部等單位執行。這是哪個時期
的制度？
(A) 秦漢　　　(B) 隋唐　　　(C) 宋元　　　(D) 明清

15. 某個石器時期遺址出土以下遺物：堆積如山的獸骨、許多遭外力
砍斷手腳的人體骨骸、眾多的小型房舍、破碎的陶器堆。根據你
的歷史知識，學者應如何判斷這個遺址可能的時代？

(A) 殘缺不全的人體骨骸，反映此期可能是戰爭趨於頻繁的新石
　　器中晚期

(B) 為數眾多的小房舍，反映此期可能屬於農業剛萌芽的新石器
　　早期階段

(C) 破碎的陶器說明此期屬於舊石器時期，人類剛開始知道如何
　　製作陶器

(D) 堆積如山的獸骨，說明此遺址的經濟型態是以狩獵為主的舊
　　石器時期

16. 學者指出：中國古代的士族原本散居各地，以農村為根據地，成
　　為當地地方政府官員的主要來源。如果有機會的話，他們也會爭
　　取在朝廷任職。即使在中央政府任職，死後大多會歸葬家鄉的祖
　　墳。但是，「自某個時期起」，因為制度的變遷，許多士族成員
　　逐漸遠離家鄉，居住在首都附近，而且不再歸葬祖墳。根據你的
　　歷史知識，這位學者所謂「自某個時期起」最可能是：
　　(A) 秦漢　　　(B) 魏晉　　　(C) 隋唐　　　(D) 宋元

17. 某個朝代開國數十年後，一位大臣上書皇帝，痛陳當時政府承襲
　　前朝法令，強制百姓分家，以致社會風氣敗壞，父子間形同路人。
　　根據你的歷史知識，這個大臣可能是哪個時代的人？
　　(A) 漢代　　　(B) 唐代　　　(C) 宋代　　　(D) 明代

18. 政府宣佈：禁止演出布袋戲、歌仔戲，也不准進入寺廟，鼓勵人
　　民更改姓氏，強迫改說「國語」。這種政策是在何時開始推行的？
　　(A) 1895 年，甲午戰後日本佔領臺灣時
　　(B) 1919 年，第一次世界大戰結束之時
　　(C) 1937 年，中日爆發蘆溝橋衝突之後
　　(D) 1945 年，陳儀任臺灣行政長官之後

19. 臺灣南部某鎮一座有兩百餘年歷史的廟宇，留下的捐款紀錄記載長期以來捐獻者的姓名、居地與捐獻金額。此資料自某時期開始，出現了來自「板橋、新莊」等北部地區的信眾，且此後漸以為常。關於此一現象，以下哪個選項的解釋最為合理？
    (A) 清朝中期族群衝突緩和，南北交流漸趨密切
    (B) 臺灣開港通商之後，南部居民轉向北部移動
    (C) 日據時期為了開發南部，北部農業人口南移
    (D) 二次大戰後臺灣工業化，南部居民北上就業

20. 漢武帝獨尊儒術，可能原因之一是當時儒學的某些觀點，與漢武帝的政治意圖相契合。以下哪一種論點最可能符合漢武帝當時的政治意圖？
    (A) 孟子強調民貴君輕，有助於漢武帝強化其統治的合理性
    (B) 春秋公羊傳強調大一統觀念，可作為削弱諸侯王的依據
    (C) 天人感應說強調帝國萬世一系，符合漢帝國的統治利益
    (D) 強調禮制的儒學有助於維護貴族世家之利益，鞏固政權

21. 某地有一個傳說：1903 年外國人入侵時，該地人民奮勇抵抗，有幾位男人因為武器落後，無法對抗入侵軍隊，遂跳崖自殺。不久，外國軍隊撤軍返國，該地村民立碑紀念，並將地名改為「英雄堡」。這個傳說應與以下哪一個史實有關？
    (A) 臺灣中部地區英勇的武裝抗日事蹟
    (B) 日俄戰爭期間瀋陽地區的抗日行動
    (C) 英軍入侵西藏時，藏民的抵抗活動
    (D) 日軍入侵朝鮮時，朝鮮人民的抵抗

22. 典禮進行時，兩國國君為了個人在會場位置的先後而爭執不下，
　　負責典禮的官員表示：「凡屬於我邦的同盟，同姓在前，異姓在
　　後，這是長久以來的禮儀規範。」因而平息了這場爭議。這個場
　　景最可能出現在哪個時期？
　　(A) 羅馬帝國時期　　　　　　(B) 中國西周時期
　　(C) 西歐中古時期　　　　　　(D) 日本幕府時期

23. 農民的生產過程裡，在尚未收成前，有時需要舉債度日。但是，
　　民間借貸的利息偏高，常使農民陷入嚴重的債務危機。因此，有
　　的時期政府設計了一些制度或者成立組織，以解決農民借貸的需
　　求。以下哪個法令或組織是為了這個目的而成立的？
　　(A) 漢武帝實施的均輸平準法
　　(B) 隋唐時期採行的租庸調制度
　　(C) 明清時期盛行的族田制度
　　(D) 二次大戰後臺灣農會信用部

24. 戶籍是官府管理社會的重要憑藉。某個時期的戶籍制度普及至每
　　一個人，而戶籍資料裡除了姓名、年齡、居住或遷移等紀錄外，
　　也紀錄著與本人有關的各項記事，諸如「本籍與族稱、屬於哪個
　　保甲、是否吸食鴉片」。這份戶籍資料最可能出現在何時何地？
　　(A) 1830，廈門　　　　　　　(B) 1860，寧波
　　(C) 1910，臺南　　　　　　　(D) 1930，南昌

25. 公元 1640 年，一名荷蘭軍官向某地西班牙軍隊的指揮官提出最
　　後通牒，限期退出該地，遭西班牙軍官拒絕。雙方開戰，西班牙
　　軍隊戰敗投降，許多教士也被俘，並遭遣送出境。這樣的故事最
　　可能發生在何處？
　　(A) 巴達維亞　　(B) 基隆　　(C) 好望角　　(D) 馬尼拉

26. 中央政府認爲應嚴格管制社會上到處流動的士人，以免他們違法
　　亂紀，造成政治與社會秩序的不安；並要求地方政府應確實統計
　　這些人的活動紀錄，在每年年底呈報給中央政府。這個現象最可
　　能出現在哪個時期？
　　(A) 戰國秦漢　　(B) 魏晉隋唐　　(C) 宋元時期　　(D) 明清時期

27. 撰於清康熙年間的某一古籍，對臺灣某一河川岸邊的景觀，有如
　　下的記載：「旱田百餘里，夾道蔗林。… 臺民以蔗爲生，糖貨之
　　利上資江浙。」該文記述的，最可能是下列哪一條河川的河岸景觀？
　　(A) 蘭陽溪　　(B) 花蓮溪　　(C) 高屏溪　　(D) 濁水溪

28. 日本、臺灣和菲律賓，都有許多地理學者針對海階地形進行研究。
　　這些研究有助於釐清下列哪一項環境變遷議題？
　　(A) 西太平洋地震帶的地震發生週期
　　(B) 東亞地區活斷層的等級區分與空間分布
　　(C) 近一萬年來西太平洋海水面下降的程度
　　(D) 西太平洋洋流系統流速變化週期的分析

29. 圖一爲臺灣本島七月份的降水
　　日數分布圖，影響圖中七月雨
　　日等值線分布的最主要因素爲
　　何？
　　(A) 風向、緯度
　　(B) 緯度、洋流
　　(C) 洋流、地形
　　(D) 地形、風向

圖一

30. 依照自然環境和人文活動的差異，可將中國區分為華南、華中、華北、東北、塞北和西部六個地理區。下列哪一條界線，位於華北與塞北兩個地理區的過渡地帶上？
　　(A) 西南季風北限界線
　　(B) 一月均溫 0℃ 等溫線
　　(C) 年雨量 400 公厘等雨線
　　(D) 年均降水日數 120 日等值線

31. 臺灣東岸的商港或漁港，都比西岸少許多。造成此現象的最主要原因為何？
　　(A) 地震、颱風等災害頻繁
　　(B) 斷層海岸平直缺乏灣澳
　　(C) 鐵、公路等交通不順暢
　　(D) 黑潮流勢強勁行船不易

32. 夏至時，臺灣下列哪一個都市的白晝時間最長？
　　(A) 高雄　　　(B) 嘉義　　　(C) 臺中　　　(D) 臺北

33. 圖二為物理風化與氣溫、降水的關係示意圖，圖中哪兩個區塊的物理風化作用最為盛行？
　　(A) 甲、丙
　　(B) 甲、戊
　　(C) 乙、戊
　　(D) 丙、丁

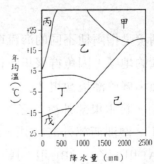

圖二

34. 圖三為某地區的居民，獲得三種商品或服務的空間移動示意圖。
下列有關該地居民空間移動的說明，何者正確？

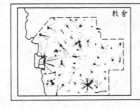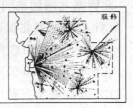

圖三

(A) 商品或服務的等級愈高，移動的距離愈遠
(B) 商品或服務的需求愈頻繁，移動的距離愈遠
(C) 供應商品或服務的地點愈多，移動的距離愈遠
(D) 取得商品的移動距離較遠，取得服務的移動距離較近

35. 地方生活圈的國土規劃，是計劃在同一個生活圈的居民，能夠獲
得工作、交通、居住、文化、教育、醫療、娛樂的基本需求，以
達到均衡區域發展、縮小區域差異的目標。請問政府近年來進行
的交通建設中，哪一項最具有促進生活圈內部整合的功能？
(A) 高速鐵路　　　　　　　(B) 捷運系統
(C) 第二高速公路　　　　　(D) 東西向快速道路

36. 潮境是指兩種不同的海流或水塊交匯的海域，通常是指寒暖流相
匯的地區，因魚群聚集，往往也是重要的漁場所在。下列那二個
漁場屬於潮境漁場？
甲、日本東部外海　乙、祕魯西部外海　　丙、南非西部外海
丁、澳洲西部外海　戊、加拿大東部外海
(A) 甲、乙　　(B) 甲、戊　　(C) 乙、丁　　(D) 丙、戊

37. 以下是一段有關某工業類型與其區位的陳述：「該工業需要高度的技術和巨大的設備，並能帶動許多相關產業的發展；由於大多數國家需要進口原料，工廠也就多設於靠近消費地的港口都市。」這個陳述指的最可能是下列哪一種工業？
    (A) 石化工業
    (B) 機械工業
    (C) 電子工業
    (D) 運輸設備工業

38. 在臺灣不同的歷史階段中，會出現一些具有時代背景特色的新地名，例如信義（南投縣信義鄉）、公館（苗栗縣公館鄉）、麻豆（臺南縣麻豆鎮）、關山（臺東縣關山鎮）等。這四個地名出現的時間先後順序為何？
    (A) 信義－公館－麻豆－關山
    (B) 公館－麻豆－關山－信義
    (C) 麻豆－公館－關山－信義
    (D) 麻豆－信義－公館－關山

39. 圖四為中國海南省 1988 與 1995 年三級產業的人口比例圖。下列有關此圖的解讀，何者最為正確？
    (A) 農業人口急速減少
    (B) 工業生產發展快速
    (C) 服務業部門成長趨緩
    (D) 農業人口大量投入工業

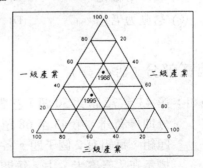

圖四

題組題（第 40-42 題為題組）

◎ 圖五是某地區的農村聚落景觀，表一是四個國家的人口密度與農地上農業人口密度資料。請問：

表一 　（單位：人／平方公里）

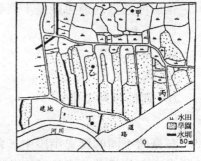

人口密度＼國別	戊	己	庚	辛
國家人口密度	75	1642	118	2380
農地上農業人口密度	209	34	1	135

圖五

40. 圖五中甲乙丙丁四個地點，何者的地勢最低？
　　(A) 甲　　　　(B) 乙　　　　(C) 丙　　　　(D) 丁

41. 圖五所示的農村聚落景觀，最可能出現在表一的哪一個國家之中？
　　(A) 戊　　　　(B) 己　　　　(C) 庚　　　　(D) 辛

42. 庚國的農業經營，最可能具有下列哪一項特徵？
　　(A) 耕地零細化　　　　　(B) 高度機械化
　　(C) 勞動力老化　　　　　(D) 作物雜異化

第貳部分（佔 48 分）

說明：第 43 至 72 題共 30 題，答對 24 題以上（含 24 題）則第貳部分即得滿分。第 43 至 68 題為單一選擇題；第 69 至 72 題為題組，每組有 2 個子題。各題皆是單選題，請選出正確選項標示在「答案卡」上。每題答對得 2 分，答錯不倒扣。

43. 參政權是現代公民的重要權利之一，下列哪一項行為最能彰顯公民參政權的積極意義？

　　(A) 簽名連署，積極響應政府反賄選政策

　　(B) 選舉時，全力支持所屬政黨配票政策

　　(C) 加入人權團體，推動性別平等立法工作

　　(D) 主動閱讀政令文宣，以了解政府的施政

44. 一個國家的社會福利政策，必須考慮該社會的人口結構與人口變遷。圖六是某國近四十年出生率與死亡率的變化資料，根據此項資料，下列哪些社會福利政策是該國最應優先實施的？

　　甲、廣設大學科系以滿足教
　　　　育的需求

　　乙、成立老人居家照護的志
　　　　工服務隊

　　丙、加強就業輔導並提供失
　　　　業補助金

　　丁、鼓勵生育並提供更好的
　　　　育嬰服務

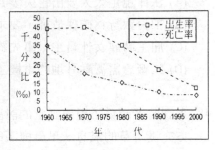

圖六

　　戊、全民醫療保險轉由民間企業承辦

　　(A) 甲、戊　　(B) 乙、丁　　(C) 乙、戊　　(D) 丙、丁

45. 下列哪一項國際組織的宗旨在於降低成員國間的關稅壁壘，並促進國際間的貿易往來？

　　(A) 世界糧農組織

　　(B) 世界貿易組織

　　(C) 國際貨幣基金會

　　(D) 石油輸出國家組織

46. 阿強年輕時曾模仿外國嬉皮蓄長髮，被視爲行爲偏差而遭警察取
締，如今男子蓄長髮卻成爲一種社會時尚。這種變化最能夠凸顯
「偏差行爲」的哪一項特質？
(A) 偏差行爲的認定不因中外社會差異而有不同
(B) 偏差行爲常導因於個人與生俱來的人格偏差
(C) 偏差行爲是指不嚴重但仍須制裁的犯罪行爲
(D) 偏差行爲定義改變常受主流文化轉變的影響

47. 性別平等是現代民主社會的重要指標，下列哪一項社會現象最符
合性別平等的原則？
(A) 法律規定太太要出售夫妻共有房屋時，須得到先生的同意
(B) 部份銀行爲確保債權，要求已婚婦女貸款須附配偶同意函
(C) 雇主聘雇女性員工，事先約定女性員工懷孕即應留職停薪
(D) 工廠急需派駐外地的電機工程師，限定大專畢業男性應徵

48. 上課時老師爲了引導課堂的討論，向學生描述他過去所居住的地
方充滿青草的氣息、早晨攤販的飯糰香、廟宇慶典的煙硝味等。
並說道，這些氣味的記憶與他對那塊土地的濃厚情感緊密地交織
在一起。該堂課討論的主題最可能是：
(A) 社區認同的形成　　(B) 社會結構的變遷
(C) 休閒生活的安排　　(D) 社會階層的轉變

49. 報載國營事業員工，以罷工行動抗議員工利益在民營化過程中一
再被忽略。下列對罷工行動的說法，何者最適當？
(A) 遣散員工是經濟不景氣時難免的措施，罷工徒勞無益
(B) 民營化能提升效益，國營事業員工的罷工不具正當性
(C) 罷工影響社會大眾權益，政府應該儘速修法予以禁止
(D) 罷工是一種社會運動，有助於刺激民眾思考社會問題

50. 某市向中央爭取經費補助，希望在該市設立博物館。設置博物館最可能為都市帶來哪些益處？
    甲、強化社會教育機構，實現終身學習
    乙、刺激民眾商業思維，促進經濟成長
    丙、擴大都市化的範圍，增加都市空間
    丁、爭取經費補助，改善地方財政赤字
    戊、提供活動空間，紓解都市生活壓力
    (A) 甲、丙　(B) 甲、戊　(C) 乙、丁　(D) 丙、丁

51. 社會學者認為：為使組織成員分工明確、獎賞規則清楚，現代社會勢將走上科層制的型態，下列何種角色分配最符合科層制的型態？
    (A) 校長－學務處－家長會－學生
    (B) 唱片公司－經銷商－歌手－消費者
    (C) 總統－行政院長－內政部長－人民
    (D) 總經理－設計部－生產部－行銷部

52. 當代一位學者介紹南洋群島東部的一個小島嶼，指出因為這個島嶼面積小，也沒有重要物產，所以現代許多地圖根本忽略其存在。但是，在 17 世紀歐洲人出版的地圖中，這個島嶼總是佔著重要地位，比例被放大，島嶼被繪成比實際應有的大小還大得多。這個島嶼在 17 世紀時受到重視，最可能的原因是：
    (A) 盛產鳥糞，是歐洲花卉肥料的主要來源
    (B) 出產荳蔻，是當時歐洲貿易的重要商品
    (C) 宗教聖地，是回教在南洋傳教的立足點
    (D) 盛產煤礦，是當時船隻的主要動力來源

53. 一位作家討論 20 世紀的某種「主義」時，認為「沒有它，印度可能還受英國統治，印尼也可能還屬於荷蘭，但日本的軍國思想卻也因此而起。印度與巴基斯坦間的不良關係，更與此有密切關聯。」這位作家所說的「主義」最可能是指下列何者？
    (A) 重商主義 　　　　　(B) 民族主義
    (C) 帝國主義 　　　　　(D) 共產主義

54. 表二是四個國家某項數據資料，從 1931 年到 1937 年的變化。幾位同學討論該表的意義，以下何人的說法較為正確？
    (A) 這是各國飛彈生產量的數字，俄國因準備對抗希特勒，所以數字較高
    (B) 第一次大戰之後，各國裁軍，這是以 1918 年為基準各國裁軍的百分比
    (C) 這是各國發展核能發電廠的數字，俄國幅員廣闊，所以核能發電較多
    (D) 這是以 1929 年為基準的各國經濟發展指數，俄國受不景氣的影響較小

表二

年度 國別	1931	1934	1937
英國	84	99	124
德國	72	83	116
法國	89	78	83
俄國	161	238	424

55. 一個首都中，有許多清眞寺，有基督教教堂，也有猶太人居住。
這裡經常發生宗教衝突，所以有人稱之爲「第二個耶路撒冷」。
這個首都最可能位於下列哪個地區？
(A) 馬來半島　　　　　　　(B) 印度半島
(C) 伊比利半島　　　　　　(D) 巴爾幹半島

56. 一位學者回憶自己的一生，記載著：我出生時，宗教法庭剛廢除，
小時候見到國內第一條鐵路通車，後來目睹各地工人的抗議及暴
動。我曾參與過幾次戰爭，親眼見到國家統一。我從事科學研究
時，結合物理與醫學，才會有生理光學的著作。這位學者應當是
下列何人？
(A) 德國科學家赫姆霍茲（1821–1894）
(B) 波蘭裔法國科學家居禮夫人（1867–1934）
(C) 義大利科學家馬可尼（1874–1937）
(D) 德裔科學家愛因斯坦（1879–1955）

57. 圖七中，甲、乙、丙是德國歷史上三個不同時期的地圖，地圖中
所列之國家均已翻譯成現在的名稱。這三份地圖所反映的時間先
後順序爲何？

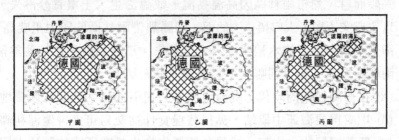

圖七

(A) 甲、乙、丙　　　　　　(B) 乙、丙、甲
(C) 乙、甲、丙　　　　　　(D) 丙、甲、乙

58. 一部小說中有下列的情節:「海港都市中,大蒸汽船帶來許多遠洋的新奇貨物,街上有許多新式建築,而城中商家販賣許多外國商品,有一種自鳴鐘,吸引了居民的注意。一家著名的藥材店新裝了電燈,許多客人感到非常驚喜。」下列哪一個項目最足以判斷這部小說寫作的確實時間?

(A) 電燈   (B) 新式建築

(C) 大蒸汽船   (D) 自鳴鐘

59. 老師上課時,介紹一個世界重要的乳酪產地,並出示當地的氣候圖(圖八)。該乳酪產地最有可能是下列何處?

(A) 丹麥的西蘭島

(B) 日本的北海道

(C) 紐西蘭的北島

(D) 阿根廷的彭巴草原

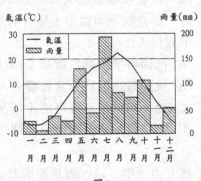

圖八

60. 一般而言,熱帶雨林區因高溫高濕,蚊蟲滋生,土壤養分淋失,以致農業不彰,人口稀少。然而,同屬熱帶雨林區的印尼爪哇島,卻是東南亞主要的水稻產地,人口密集。爪哇島農業比其他熱帶雨林區發達,和下列哪一項因素關係最密切?

(A) 在荷蘭殖民的時代,聯合東印度公司引進耕牛開闢許多農地

(B) 地處重要海運中繼站,島民藉糧食作物交易可獲得優渥利潤

(C) 覆蓋厚層的火山灰,成為各種農作物生長時所需的肥沃土壤

(D) 氣候終年高溫多雨,提供各種農作物生長所需的熱量與水量

61. 圖九是南半球某一國家 1990 年代主要輸出品的比例圖。該國最
可能是：
(A) 巴西
(B) 阿根廷
(C) 紐西蘭
(D) 澳大利亞

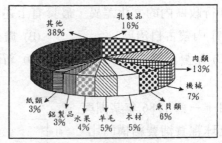

圖九

62. 圖十為歐、非二洲國家某種社
會發展指標的統計地圖，圖中
各國家的面積代表該項指標值
的大小。該項指標最有可能為
下列哪一項？
(A) 國民平均壽命
(B) 平均國民生產毛額
(C) 15歲以上人口識字率
(D) 平均每人水資源擁有量

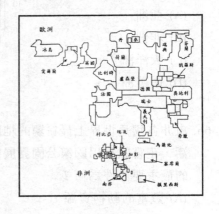

圖十

63. 加拿大東南部的聖羅倫斯河沿岸低地，位於北美五大湖工業區東
側不遠處。該地最可能面臨下列何種環境生態問題？
(A) 溫室效應，冰山溶解海水倒灌
(B) 地層下陷，夏季常遭洪水侵襲
(C) 熱島效應，森林林相快速改變
(D) 酸雨侵襲，土壤肥力明顯下降

64. 一位學者預測未來世界:「宗教強化認同,文化大斷層處處烽火」、「裂國與裂邦愈來愈多」。以下中國哪一個省級行政區,其行政區內的文化差異,最具有上述的文化衝突隱憂?
    (A) 內蒙古自治區　　　　　　　(B) 廣西壯族自治區
    (C) 寧夏回族自治區　　　　　　(D) 新疆維吾爾族自治區

65. 圖十一為 1986 年某洲與全球糧食消費結構的比較圖。該資料顯示的是哪一洲的糧食消費結構?
    (A) 亞洲
    (B) 非洲
    (C) 大洋洲
    (D) 南美洲

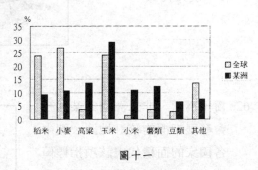

圖十一

66. 東非各國是世界上最貧窮的地區之一,近年來部分國家為改善生活,正嘗試利用國家公園發展觀光事業,這些國家公園吸引遊客的最主要條件為何?
    (A) 豐富的動物資源　　　　　　(B) 多樣的族群文化
    (C) 壯觀的風成地形　　　　　　(D) 遠古的人類遺址

67. 近年來,澳洲積極與亞洲國家建立民間或官方的友好關係。澳洲採取此一策略與下列哪一項因素的關係最密切?
    (A) 國際恐怖主義活動趨向於全球化
    (B) 南北半球經濟發展的嚴重不均衡
    (C) 國際經濟體系趨向區域經濟整合
    (D) 國際衝突轉變為區域性戰爭威脅

68. 臺灣每年的水資源總量約 641 億立方公尺,而利用到的總水量約
　　只有 207 億立方公尺,僅佔總水資源的三分之一。此現象和下列
　　臺灣河流的哪兩項特性關係最密切?
　　甲、流量變化大;乙、河床坡度大;丙、流域面積小;丁、泥沙
　　含量多。
　　(A) 甲、乙　　　(B) 甲、丁　　　(C) 乙、丙　　　(D) 丙、丁

題組題(第 69-70 題為題組)

◎ 表三是以世界各大洲為單位的聯合國會員數目統計圖。請問:

表三

年度 地區	1945	1955	1965
甲	22	22	24
乙	4	5	37
丙	9	21	26
丁	14	26	28

69. 甲區顯示的情況最可能屬於哪一洲?
　　(A) 美洲　　　(B) 非洲　　　(C) 歐洲　　　(D) 亞洲

70. 乙區會員數目增加的主要原因為何?
　　(A) 冷戰結束之後,許多共產國家紛紛加入聯合國
　　(B) 蘇聯為了鞏固其地位,鼓勵加盟國參與聯合國
　　(C) 非洲新興民族國家開始出現,並參與國際事務
　　(D) 亞洲共產主義退潮,東南亞出現許多新興國家

題組題（第 71-72 題為題組）

◎ 表四是甲、乙、丙、丁、戊五個國家 1991 年至 1993 年國民年金、
  健康保險等支出占國內生產毛額（GDP）的比率。請問：

表四　　　　　　　　　　　　　　　　　單位：%

國別 年度	甲	乙	丙	丁	戊
1991	10.8	12.0	25.0	27.1	19.6
1992	11.5	12.7	26.3	28.2	21.4
1993	11.7	13.6	27.6	29.6	22.3

71. 表四中的丁國，最可能位於下列哪一個地區？
    (A) 東亞　　　(B) 西歐　　　(C) 南非　　　(D) 北美

72. 從表四的資料判斷，丙、丁、戊三國在 1991 年至 1993 年間的經
    濟和社會發展情況，下列敘述何者最有可能？
    (A) 貧窮人口逐年增加
    (B) 經濟成長率穩定上升
    (C) 國內生產毛額逐年增加
    (D) 社會福利支出排擠其他支出

93年度學科能力測驗社會科試題詳解

第壹部分

1. **B**

   【解析】 考試權獨立，可防止政府濫用私人。並且社會上的每一個人都可憑著自己的努力，獲得相當的社會地位，形成社會之垂直流動。

2. **D**

   【解析】 我國憲法第二十三條明文規定，政府除為防止妨害他人自由、避免緊急危難、維持社會秩序、增進公共利益等條件外，不得以法律限制人民自由。因此個人隱私之權利符合憲法所保障之自由權之範圍。
   (A)(B)(C) 所主張之個人影響公共利益，不為憲法所保障。

3. **D**

   【解析】 民族主義在國內需做到各民族一律平等，故需保障各民族的權利。選項甲中各族並非為中國所殖民，故中山先生未主張其有獨立公投之權利。選項乙能保障弱勢族群的地位。選項丙是假平等。選項丁中通婚能促進族群的融合。選項戊與民族融合的理想背道而馳。故選乙丁。

4. **A**

   【解析】 此解釋在限制警察實施臨檢勤務的範圍，不得干涉人身自由之保障。

5. **B**

   【解析】 內閣如與國會在重大問題上意見衝突，國會可以對內閣表示不信任；內閣也可提請元首解散國會，重行改選。

　　(A) 非內閣制特徵，如日本、英國即爲君主立憲政體。

　　(C) 爲總統制或雙首長制國家的特徵。

　　(D) 內閣制國家之元首無實際政治決策權。

6. **B**

【解析】托拉斯是指同一產業內之生產者互相勾結，以壟斷市場的獨占型企業組織。而中山先生所主張的「節制私人資本」意在於使私有資本制度不能操縱國民生計，以防少數人壟斷社會財富，造成貧富不均的流弊，所以此主張與加州的反托拉斯法案最爲接近。

7. **C**

【解析】訓政程序之中心工作即爲訓練人民行使四權，實行地方自治，並推行建設，引導人民從君主專制過渡到民主共和。

8. **A**

【解析】民生主義主張「發達生產以致富，合理分配以求均」以達到均富的理想。

9. **C**

【解析】地方自治法規定直轄市、縣（市）、鄉（鎮、市）爲地方自治團體。

10. **D**

【解析】根據中華民國憲法增修條文，國民大會只於立法院提出憲法修正案、領土變更案，或提出總統、副總統彈劾案時，在三個月內採比例代表制選出之。

　　(A) 是以比例代表制選出。

　　(B) 國民大會屬任務型非常設型組織，無固定集會時間。

　　(C) 集會中只議決立法院之提案。

11. **C**

　　【解析】　由「白話通神」「古文討厭」可知這是指清末民初新文
　　　　　　　化運動時提倡的白話文，北京大學新青年雜誌是當時
　　　　　　　代表性的雜誌。

12. **A**

　　【解析】　學者主張「英日兩國皆以君主立憲而強，可資借鏡」
　　　　　　　可知他反對革命排滿、共和體制、民國建立，故只能
　　　　　　　選 (A)。

13. **C**

　　【解析】　(B) 外國人多的中國都市，鴉片戰爭後南京條約（1842
　　　　　　　　　年）規定五口通商，上海才崛起。
　　　　　　　(C) 茶商討論該地生產即將上市的春茶價格，可知是
　　　　　　　　　中英法天津條約（1858 年）後的台灣北部港口的
　　　　　　　　　情景。

14. **D**

　　【解析】　由「幕僚根據皇帝之意，寫成詔書，經皇帝確認無誤
　　　　　　　後，直接送至工部、戶部等單位執行」可知當時無宰
　　　　　　　相，是明清時的制度。

15. **A**

　　【解析】　由「房舍、陶器」可知是新石器時期的特色，故不可
　　　　　　　選 (C)、(D)；重點是殘缺不全的人體骨骸，反映此期
　　　　　　　可能是戰爭趨於頻繁的新石器中晚期。

16. **C**

　　【解析】　隋唐實行科舉考試制度，使許多士族逐漸遠離家鄉，
　　　　　　　居住在首都附近。

17. **A**

【解析】　戰國時期秦國商鞅變法爲了鼓勵耕織，極力生產，規定「一家有兩個男丁以上而不分居者加倍納粟」，用賦稅強制百姓分家，這制度延續到曹魏才廢除。

18. **C**

【解析】　日本統治台灣分三期，依序爲非同化政策、同化政策（第一次世界大戰後）、皇民化時期（七七盧溝橋事變後）；皇民化時期禁止演出布袋戲、歌仔戲，也不准進入寺廟，鼓勵人民更改姓氏，強迫改說「國語」。

19. **D**

【解析】　(A) 清朝中期族群衝突未見緩和，分類械鬥未歇，南北交流不可能密切。

(B) 臺灣開港通商（1860 年）之後，南部居民未轉向北部移動。

(C) 日據時期北部農業人口未南移。

20. **B**

【解析】　漢武帝爲「衆建諸侯，以分其力」，削弱地方諸侯勢力，春秋公羊傳強調大一統觀念，可作爲削弱諸侯王的依據。

21. **C**

【解析】　(A) 1895 年甲午戰爭清朝戰敗割台之初，臺灣中部地區有英勇的武裝抗日事蹟，如八卦山之役；日治台灣初期，到 1902 年林少貓失敗後，台灣抗日採密謀革命。

(B) 日俄戰爭 1904 年開戰，1905 年日軍破俄軍於瀋陽。

(D) 1895 年甲午戰爭清朝戰敗馬關議和時，日軍入侵朝
鮮時，朝鮮愛國人民即不斷的抵抗，可惜皆失敗。

22. **B**

【解析】中國西周時期自天子到庶人皆遵守禮儀規範，封建、
宗法、禮樂、井田四制度密切配合。

23. **D**

【解析】(A) 漢武帝實施的均輸平準法屬於國營事業，不是解
決農民借貸的需求。

(B) 隋唐時的租庸調制屬於稅制，與農民借貸無關。

(C) 明清時的族田制度是家族共有田產制，族田不賣，
家族中的婚喪喜慶、子弟參加科考或需要重大財
物支出時，皆由族田支付，與農民借貸無關。

24. **C**

【解析】日本統治台灣時期（1895－1945 年）設立保甲制度，
作為警察輔助工具，調查台灣人是否吸食鴉片等，以
改善台灣人的惡習。

25. **B**

【解析】荷蘭統治台灣 38 年（1624－1662），西班牙統治台灣
16 年（1626－1642），1640 年，荷蘭和西班牙軍在台
灣北部作戰，西班牙失敗退出台灣。

26. **A**

【解析】戰國秦漢出現「編戶齊民」和「上計」制度，地方政
府應確實統計人民或活動紀錄，在每年年底呈報給中
央政府。

27. **C**

【解析】　1. 台灣南部屬熱帶季風氣候，夏雨多乾，清代水利未
　　　　　　興，灌溉水源不足，除水田種稻外，旱田廣植甘蔗。

　　　　　2. 古籍記載：「旱田…蔗林…糖貨…」可判知爲台灣南
　　　　　　部的高屏溪流域農業景觀。

28. **C**

【解析】　1. 陸升或海降是形成海階的自然環境變遷：

　　　　　　海蝕洞 ⟶ 海崖 ⟶ 波蝕棚（海蝕平台）$\xrightarrow{\text{離水}}$ 海階

　　　　　2. 近萬年來西太平洋海面下降，形成日、台、菲的海
　　　　　　階地形。

29. **D**

【解析】　台灣夏季西南季風受阻於阿里山、玉山及中央山脈而
　　　　　抬升，多地形雨，故台灣西南地區受地形與季風影響，
　　　　　夏季的降雨日數較多。

30. **C**

【解析】　年雨量 400 公釐等雨線大約沿行長城附近，而長城約
　　　　　爲華北與塞北兩地理區的分界。

31. **B**

【解析】　台灣東岸屬斷層海岸，故海岸平直，缺乏天然港灣可
　　　　　供船泊或避風。

32. **D**

【解析】　夏至日（6 月 22 日或 23 日），陽光直射北回歸線，是
　　　　　北半球晝最長夜最短之日，此時北極區出現永晝現象，
　　　　　緯度愈高晝愈長。故選其中緯度最高的都市：台北。

33. **D**

【解析】　1. 化學風化：盛行於高溫多雨的氣候區，如「甲」區。
2. 物理風化：盛行區為：
① 溫度變化劇烈的乾燥區，如「丙」區。
② 凍融交替的高緯區，如「丁」區。

34. **A**

【解析】　依中地理論，愈高級的城鎮，提供商品種類愈多，商品等級愈高，服務區域愈大。故附圖中服飾業的移動距離較日用雜貨為遠。

35. **B 或 D**

【解析】　1. 地方生活圈主要依據克里司徒勒的「中地理論」建立，目標在：「均衡區域發展，縮短區域差距」，方法為：「強化中心都市的中地機能與腹地結合一起」。
2. 捷運系統與東西向快速道路均具促進生活圈內部整合的功能。

36. **B**

【解析】　甲、日本東部外海：黑潮、親潮。
乙、秘魯外海：秘魯涼流。
丙、南非西部外海：本吉拉洋流。
丁、澳洲西部外海：西澳涼流。
戊、加拿大東部外海：墨西哥暖流、拉布拉多寒流。

37. **A**

【解析】　1. 原油運輸較方便，副產品眾多，為主要工業原料及動力來源。
2. 與石油相關的煉油、石化工業需高度的技術與設備，工業區位多選接近消費市場及原油進口港。

38. **C**

　　【解析】 台灣開發歷史階段，先南而北再東，中央山地較晚，故
　　　　　　出現順序為：麻豆→公館→關山→信義。

39. **送分**

　　【解析】 由圖判知海南省第一級產業人口比例減少，第二級產業
　　　　　　人口比例較無變化，第三級產業人口比例增加。此圖只
　　　　　　能判讀出產業人口比例，無法解讀出人口數。

第 40-42 題為題組

40. **A**

　　【解析】 甲地由圖例判知為水田，乙丙丁區為旱園，故知甲地
　　　　　　勢最低。

41. **A 或 D**

　　【解析】 由圖例可判知附圖為農村景觀，故選農地上農業人口密
　　　　　　度較大的戊或辛。

42. **B**

　　【解析】 庚國人口密度 118 人/方公里，每一平方公里的農地，僅
　　　　　　有一個農民耕作，故知庚國農業高度機械化。

第貳部分

43. **C**

　　【解析】 (A) (D) 非積極使用參政權。
　　　　　　(B) 非正向之行為。

44. **B**

　　【解析】 從圖六中可得知該國近四十年的出生率及死亡率皆大幅

下降，因此該國社會福利政策應著重在如何提高出生率
以防未來的人力匱乏，並且給予人口日漸增加的老年族
群更完善的照顧，故選乙、丁。

45. **B**

【解析】 只有 (B) 選項符合題幹所提到的「貿易」。

46. **D**

【解析】 過去男人蓄長髮是偏差行為，而今日不再是了。可見偏
差行為會受主流文化轉變影響。

47. **A**

【解析】 房屋既為夫妻所共有，若出售自然需雙方的同意。

48. **A**

【解析】 題幹中的老師描述他從前居住之處，社區認同需因對居
住之處有感情而形成。故選 (A)。

49. **D**

【解析】 罷工確實為社會運動，藉由合法及正當理性的罷工運動
可使社會大眾注意到，進而思考該訴求之社會問題。

50. **B**

【解析】 設立博物館的宗旨應放在教育以及休閒的重點上。故只
有甲、戊符合此二需求。乙、丙、丁選項都含有商業思
維。

51. **D**

【解析】 科層制是指組織中成員分工之概念。故只有 (D) 有分工
的現象。

52. **B**

【解析】 南洋的摩鹿加群島（Moluccas）有「香料群島」之稱，
在十四世紀歐亞陸上交通被鄂圖曼帝國阻斷之時，其
所產的香料（荳蔻、丁香、肉桂、八角、胡椒等）一
度成為引發探索新航路的原因之一；直到十七世紀，
歐洲因為冬天嚴寒，牲畜經常凍餓而死；每到秋天，
歐洲人會宰殺大批牲畜，並保存肉類作為冬天食物，
歐洲人就用東方進口的香料，作醃藏肉類的防腐材料。

53. **B**

【解析】 「民族主義」在近代史上使印度再第二次大戰後脫離
英國統治而獨立，印尼脫離荷蘭而獨立，但也使日本
的軍國思想因此而起。

54. **D**

【解析】 俄國在史達林時期推動四次五年經建計劃，發展國防
重工業等，故俄國受世界不景氣的影響較小。

55. **D**

【解析】 巴爾幹半島位於歐、亞、非三洲交界處，種族複雜，
長期受回教鄂圖曼土耳其帝國控制，居民大多數信奉
希臘正教，故容易發生宗教衝突，是歐洲的火藥庫，
如最近的南斯拉夫等地區。

56. **A**

【解析】 十九世紀末義大利（1870 年）、德國（1871 年）先後統
一，且經過多次戰爭，故選 (A)，因赫姆霍茲（1821–
1894）時間吻合；馬可尼（1874–1937）出生時義大利
已統一。

57. **D**

【解析】 丙圖是俾斯麥時期的德國圖；甲圖是希特勒時期的德國圖；乙是現在的德國圖。

58. **A**

【解析】 大蒸汽船 1807 年出現；自鳴鐘十六世紀已有；新式建築是對舊建築物改變而成，題意不清；電燈 1879 年後才出現，故選電燈。

59. **B**

【解析】 由氣候圖可判別屬溫帶季風氣候，夏雨為主，冬雨較少，也有海洋性氣候特徵，故以日本北海道最有可能。

60. **C**

【解析】 東印度群島的瓜哇，位印澳板塊和太平洋板塊的接觸帶，屬環太平洋火環的一部分，地殼不穩定，多火山活動，火山灰土壤肥沃，故農業發達。

61. **C**

【解析】 圓餅圖示：輸出乳製品占 16%、肉類 13%、羊毛 5%、木材 5%、紙類 3%，故可判斷為畜牧業發達、林產豐富的紐西蘭。

62. **B**

【解析】 歐洲平均國民生產毛額較非洲高，故歐洲各國面積所代表的指標值較非洲大。

63. **D**

【解析】 1. 雨水的 pH 值小於 5 為酸雨。
2. 五大湖區工業發達，是形成酸雨的污染源，酸雨使土壤酸化，肥力下降。

64. **D**

　【解析】　新疆維吾爾族自治區主要居民有維、哈、漢、蒙、滿等
　　　　　　族。種族、宗教、文化複雜多元。

　　　　1. 漢族：多住都市，經營商業。

　　　　2. 哈薩克族、蒙族：多住準噶爾盆地北部，游牧為生。

　　　　3. 維吾爾族：多在準噶爾盆地南部及塔里木盆地的各大
　　　　　　綠洲，以農業為主，有重商傳統，信奉伊斯蘭教。

65. **B**

　【解析】　1. 非洲糧食消費結構與全球相比較：

　　　　　　⑴ 非洲稻、麥主糧之消費低於全球。

　　　　　　⑵ 高粱、小米、薯類等消費遠高於全球。

　　　　2. 非洲糧食作物自給為主，故由小米、薯類等之消費，
　　　　　　可判知為非洲。

66. **A**

　【解析】　1. 東非國家公園有豐富的動物資源，如：肯亞國家
　　　　　　公園。

　　　　2. 肯亞利用多變的景色與繁盛的野生動物資源，設立
　　　　　　國家公園，發展觀光業。

67. **C**

　【解析】　1. 澳洲早期羊毛、肉類、小麥產品以英國為主要市場。

　　　　2. 二次戰後，歐洲區域經濟整合成立歐盟（EC），對外
　　　　　　關稅同盟，抵制盟外國家產品傾銷，1970 年起英國加
　　　　　　盟後，澳洲農、牧產品在英國及歐洲市場萎縮，經濟
　　　　　　遭受打擊。

　　　　3. 此時東亞各國經濟快速成長，澳洲轉而加強與亞洲各
　　　　　　國經貿關係。

68. **A**

【解析】 台灣水資源無法有效利用主因：

1. 中央山地高峻,坡陡流急,河川短促,不易存留雨水。

2. 降雨季節分布以夏雨多乾爲主,且降雨常集中於梅雨期及颱風季,河川洪枯變化大,有「荒溪型」河川之稱。

第 69-70 題爲題組

69. **A**

【解析】 1945～1965 年表列國家是指二次大戰後國家數目,依據戰時、戰後比較,可判知:甲:美洲;乙:非洲;丙:亞洲;丁:歐洲。

70. **C**

【解析】 二次大戰剛結束時,非洲只有四個獨立國,1958 年爲十國,至 1965 年增至 37 國,今日非洲連同附近島嶼已達五十餘國,在國際政治及外交上,形成一股新興勢力。

第 71-72 題爲題組

71. **B**

【解析】 西歐諸國重視社會福利制度,故國民年金及健康保險等支出占 GDP 的比率最高。

72. **D**

【解析】 丙、丁、戊三國社會福利支出約占 GDP ¼ 的比例,因此可能排擠其他支出。

九十三年度學科能力測驗（社會考科）
大考中心公佈答案

題號	答案	題號	答案	題號	答案	題號	答案
1	B	21	C	41	D 或 A	61	C
2	D	22	B	42	B	62	B
3	D	23	D	43	C	63	D
4	A	24	C	44	B	64	D
5	B	25	B	45	B	65	B
6	B	26	A	46	D	66	A
7	C	27	C •	47	A	67	C
8	A	28	C	48	A	68	A
9	C	29	D	49	D	69	A
10	D	30	C	50	B	70	C
11	C	31	B	51	D	71	B
12	A	32	B	52	B	72	D
13	C	33	D	53	B		
14	D	34	A	54	D		
15	A	35	D 或 B	55	D		
16	C	36	B	56	A		
17	A	37	A	57	D		
18	C	38	C	58	A		
19	D	39	註	59	B		
20	B	40	A	60	C		

註：超出高一、高二課程範圍，全體到考生均給分

九十二年大學入學學科能力測驗試題
社會考科

第壹部分（佔 84 分）

說明：第 1 至 42 題皆計分。第 1 至 30 題為單一選擇題；第 31 至 42 題為題組，每組有 2-3 個子題。各題皆是單選題，請選出正確選項標示在「答案卡」上。每題答對得 2 分，答錯不倒扣。

1. 有些社會現象與行為表現往往會引發人們的民族主義聯想，下列何者在民族主義的立場上是合宜的？
   (A) 國會議員在本國問政，使用第三國的語言質詢政府官員
   (B) 舉辦國際比賽，本國裁判發揮愛國心，暗助選手爭取金牌
   (C) 社交名媛與外籍人士交往，讓對方痛失鉅金猶無法佔到便宜
   (D) 觀眾熱情地為本國選手加油，也會為他國選手的傑出表現喝采

2. 多數國家的民族分布，存在「大分散，小聚居」的現象，如果政府欲增進不同民族間的關係和諧，下列何種作法最為適當？
   (A) 經由政黨協商，自行劃定各民族的自治區
   (B) 鼓勵各民族的交流，理性對待彼此的文化差異
   (C) 開放不同民族間的競爭，創造最優秀的強勢民族
   (D) 將相同語言、文化的民族遷徙集中到同一生活棲息地

3. 一位美國人在公開示威活動中，焚燒美國國旗。警方將他逮捕並以毀損國旗罪名控告他，但美國最高法院駁回這項控訴，該男子以無罪開釋。請問在此一案例中，美國最高法院保障的是那一項權利？
   (A) 言論自由　　　　　　　(B) 宗教自由
   (C) 集會自由　　　　　　　(D) 參政自由

4. 自由主義的觀點是承認多元價值、寬容歧異、懷疑權威、限制權力濫用。下列引申論述中何者最符合自由主義觀點？
(A) 如果我們所信任的政黨執政，便不再有限制政府權力的必要
(B) 我可以不同意你的意見，但是我願意誓死維護你發言的權利
(C) 科學家貶斥宗教為迷信，學校教育則宣揚科學的懷疑精神
(D) 盡信書不如無書，古人撰述的歷史都是文過飾非的歷史

5. 衡量一國政治的民主化程度有許多指標，下列何者是最初步的判斷標準？
(A) 定期舉辦選舉　　　　　(B) 政黨輪替執政
(C) 媒體多元開放　　　　　(D) 選民溫和理性

6. 平等是民主的重要內涵之一，請問下列何者才真正體現平等的精神？
(A) 政府以公權力限制出版商對於教科書與參考書的定價上限
(B) 政府發放老人年金，不論當事人財產收入多寡，一律等額獲配
(C) 外籍配偶欲取得本國國籍，其歸化入籍年限依國別地區長短有別
(D) 國人依收入多寡，繳交不同的醫療保費，看病時接受同等的醫療照護

7. 香港在「九七」之前是東南亞的經貿中心之一，但「九七」之後，其地位逐漸被上海所取代，主要的原因為何？
(A) 區位優勢不再有吸引力
(B) 港人前往大陸置產
(C) 公務員的素質迅速下降
(D) 朝野政爭使外資撤出

8. 自 2001 年美國股市重跌以來，全球經濟跟著疲軟，各國央行接連
   調降利率；然而經濟表現依舊不振，學者擔心「通貨緊縮」的現象
   將來臨。下列現象中，何者屬於「通貨緊縮」的表徵？
   (A) 銀行逾期放款增加，呆帳居高不下
   (B) 廠商庫存增加，人民失業率提高
   (C) 銀行調降利率，人民貸款意願增加
   (D) 股市持續下跌，吸引長期性投資

9. 中山先生曾以「司機與乘客」來比喻政治上主政者與人民的關係，
   類似的比喻也見之於西方哲人如亞里士多德的「廚師與食客」，以
   及杜威的「鞋匠與穿鞋人」。請問這些比喻的用意與下列那一種說
   法最接近？
   (A) 政治是一種專業，應該交由專家處理
   (B) 政治家像醫生，人民則是接受治療的病人
   (C) 政治上的專業表現，要由一般人民評判才算數
   (D) 治國雖然是一種專業，但也要包容人民的聲音

10. 中山先生曾表示：「得有土地及資本之優勢者，悉成暴富，而無土
    地及資本之人，則轉因之謀食日艱，由是富者日富，貧者益貧，則
    貧富之階級日分。」為此，中山先生提出何種解決辦法？
    (A) 實施平均地權　　　　　(B) 土地收歸公有
    (C) 實施社會安全制度　　　(D) 發行土地實物債券

11. 台灣地區天然資源有限，因此政府在民國四十至七十年間，曾陸續
    推動經濟發展計畫，請問下述發展順序何者正確？
    (A) 畜牧業 → 輕工業 → 重工業 → 電子業
    (B) 農業 → 輕工業 → 重工業 → 服務業
    (C) 石化業 → 輕工業 → 重工業 → 電子業
    (D) 農業 → 畜牧業 → 輕工業 → 重工業

12. 依據我國憲法的現行規定,當行政院各部會首長出缺時,應循何種程序提名補實?

　　(A) 行政院長提名,立法院同意

　　(B) 行政院院會決議,執政黨核備

　　(C) 行政院長提名,總統任命

　　(D) 行政院長奉總統命令任命之

13. 1938 年,某國出版的一本書中,敘述 19 世紀末該國政府對某地進行鎮壓行動:「槍斃及斬首一千五百人,燒毀房屋一萬家,某地大半化為灰燼」。書中還主張將這種經驗應用到在中國的殖民活動。這部書最可能是以下的那一種?

　　(A) 英國出版的《東印度公司發展史》

　　(B) 日本出版的《台灣總督府警察沿革誌》

　　(C) 俄國出版的《西伯利亞鐵道開發史》

　　(D) 外蒙古出版的《蒙古秘史》

14. 北京有一座天主教教堂,在某次亂事中因為庇護信徒,遭到圍攻,死傷甚眾。事後中國政府必須出資修復。這最可能是在那一場亂事中發生的情況?

　　(A) 義和團事件　　　　　(B) 文化大革命

　　(C) 七七事變　　　　　　(D) 太平天國之亂

15. 1939 年 9 月 1 日德國進攻波蘭,當時德國宣傳部長如果要以最快的速度告知全國人民的話,他會採取那種方式?

　　(A) 電視　　　　　　　　(B) 報紙

　　(C) 街頭文宣隊　　　　　(D) 廣播

16. 有位史家評論戰國時期的學說：「戰國時代，諸子百家風行一時。各家中有順勢而活動的，想要因勢利導，借助權力來改造社會；也有逆勢而動的，知其不可而為，想依據理想來改造社會。」請問「逆勢而動的，知其不可而為，想依據理想來改造社會」的，最可能是那一家的想法？
    (A) 墨家　　　　(B) 縱橫家　　　(C) 法家　　　　(D) 農家

17. 如果我們檢視 1920 年青島海關的年度報告，會發現當時經由青島進入中國的貨物以那一國的產品為主？
    (A) 日本　　　　(B) 德國　　　　(C) 英國　　　　(D) 美國

18. 一群住在冀州（河北）的人們，為了躲避戰禍，移居到了南方揚州境內。政府特別在揚州境內設置一個也名為「冀州」的地方政府，這群人的戶籍不屬於揚州地方政府管轄，而屬於這個增置的冀州地方政府。請問這種現象最可能出現在那一個時代？
    (A) 漢魏　　　　(B) 南朝　　　　(C) 隋唐　　　　(D) 宋明

19. 1870 年後，阿根廷能夠大量外銷乳製品及肉品到歐美國家。這與下列那一項發展的關係最密切？
    (A) 冷凍技術　　(B) 鐵路建設　　(C) 開鑿運河　　(D) 輪船通航

20. 史書記載：漢景帝時，景帝的弟弟梁孝王入宮晉見，皇帝相當親熱，得知梁孝王有五位兒子，便賜給他們五人侯爵之位，並賞賜許多物品。梁孝王死後，景帝將梁孝王所遺之國分為五份，每位侯爵一份，又把他們的爵位通通提升為王。歷史學者讀到這段故事，最恰當的解釋是：
    (A) 皇帝友愛兄弟，也疼愛子姪，所以要提升他們爵位
    (B) 皇帝擔心外患，所以要加強位在邊境的梁國屏障功能
    (C) 皇帝擔心梁國成為帝國心腹之患，所以實施「眾建」
    (D) 皇帝推行開發邊疆政策，所以要邊境國梁國多發展

21. 有一段資料記載：道光十年以後，因為閩、浙地區連年豐收，一年之中，好幾個月沒有廈門商船到台灣收購稻米，「台人苦穀有餘而乏日用」。有關此一資料的解釋何者較為適當？
    (A) 台灣需從大陸進口日用品，大陸日用品價格上漲，台人無力負擔
    (B) 台灣與大陸的經濟分工關係，台灣出售糧食，從大陸購入日用品
    (C) 大陸引進新作物，糧食已可自給，此後不再需要由台灣進口糧食
    (D) 台地已無餘糧可供輸出，以致引起島內物價上漲，人民生活窮困

22. 一位大臣向皇帝建議降低賦稅，指出這項稅法實施之初，一匹絹合四千錢，所以，稅額萬錢的人家只要繳納絹二匹半；現在一匹絹合八百錢，這戶人家竟要繳納十二匹絹。根據該大臣的說法，這是關於哪個稅法的討論？
    (A) 唐代兩稅法　　　　　(B) 唐租庸調法
    (C) 明一條鞭法　　　　　(D) 宋代青苗法

23. 某人觀察他周邊事物的變化：過去北方人習慣吃麵食，南方人則偏好米食，但近幾年來，江浙地區的城市街坊上出現不少販賣麵食的店家，農民也普遍將小麥作為主要作物，與水稻連作，以牟取利潤。這種變化最早可能發生在那個時期？
    (A) 東晉　　　　　　　　(B) 中唐
    (C) 南宋　　　　　　　　(D) 明代

24. 有一本書表列了某地居民的職業結構，如表一：

表一

	自耕農・地主	佃農	工人	商人
佔總人口比例	24％	36％	30％	10％

這種職業結構最可能出現在何時何地？

(A) 漢代江南地區　　　　　　(B) 唐代關中地區

(C) 宋代關中地區　　　　　　(D) 明代江南地區

25. 一位政治人物說：「中國當然希望日本勝利。應當怎樣對日本進行協力，這是國民政府最苦心思慮的事情。」又說：「自從和平運動展開以來，英、美變本加厲，極盡挑撥之能事，使重慶方面執迷不悟，多方作梗。」所以主張向英、美進擊。這種言論最可能出現於何時？出於何人之口？

(A) 八國聯軍之時，張之洞等督撫主張聯合日本，以求自保

(B) 第一次世界大戰，孫中山主張聯合日本，對抗西方強權

(C) 抗戰初期，共產黨員主張與日本合作，共同對抗蔣中正

(D) 汪精衛建立偽政權之後，主張對日和平，共同對抗英美

26. 明太祖曾經想把孟子的牌位搬出孔廟。《孟子》一書中那一句話最可能招致明太祖對孟子的不滿？

(A) 「王何必曰利？亦有仁義而已矣。」

(B) 「君之視臣如土芥，則臣視君如寇讎。」

(C) 「非其君不事，非其民不使；治則進，亂則退，伯夷也。」

(D) 「長君之惡，其罪小；逢君之惡，其罪大。」

27. 一位老人敘述自己的家族歷史時，說道：「我的祖先來自唐山，到
    這開墾幾年後，沒有辦法回唐山娶親，只能就地與『番婆』結婚，
    可是家裡仍然說唐山話，讀漢文。在英國人統治時，日子過得還好。
    日本人一來，財產可就受到很多損失。後來日本人走了，我們也建
    立了一個獨立的國家，可是我總還想回唐山去掃墓祭祖。」這位老
    人應當身處何地？
    (A) 馬來西亞　　　　　　　(B) 菲律賓
    (C) 台灣　　　　　　　　　(D) 香港

28. 圖一是明清時期中國某地區的素描，圖中展現的景色在下列那一個
    地理區最為普遍？
    (A) 四川盆地
    (B) 松遼平原
    (C) 渭河盆地
    (D) 長江三角洲

    圖一

29. 第二次世界大戰後，美國在太平洋的島群中建構「四角防線」。四
    角防線中的那一個據點，和臺灣的距離最為接近？
    (A) 夏威夷群島的珍珠港　　(B) 阿留申群島的荷蘭港
    (C) 薩摩亞群島的薩摩亞　　(D) 馬里亞那群島的關島

30. 「河道上巨石累累，水流奔竄其間，流速湍急。」最可能描述下列
    那一種河流地形景觀？
    (A) 洪水期間的河流入海口　(B) 枯水期氾濫平原上的曲流
    (C) 雨季時河川的上游河道　(D) 乾季時分水嶺附近的小溪溝

<u>第 31-33 題為題組</u>

　圖二是某國家都市規模分布型態及農業土地利用集約度的示意
圖，圖中黑塊的面積表示都市規模的大小。請問：

31. 該圖展現的都市規模分布型態，在下列
　　那一地區最為普遍？
　　(A) 北歐　　　　(B) 西歐
　　(C) 北美　　　　(D) 中美

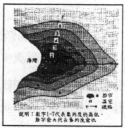

圖二

32. 那一個概念最適合用來解釋該國農業土
　　地利用集約度的地區差異？
　　(A) 商閾　　　　(B) 區位租
　　(C) 計劃經濟　　(D) 地方生活圈

33. 圖二顯示的國家，其全國的人口金字塔最可能呈現下列那一種型
　　態？
　　(A)　　　　　　(B)　　　　　　(C)　　　　　　(D)

<u>第 34-35 題為題組</u>

34. 圖三是臺灣某縣岩石海岸的景觀特寫，該種海岸
　　的形成，和某種內營力的作用有關。該海岸最可
　　能分佈在那一縣？
　　(A) 澎湖
　　(B) 臺北
　　(C) 屏東
　　(D) 花蓮

圖三

35. 下列大洋洲中那一個群島，其形成的內營力，和圖示的海岸相同？
    (A) 帛琉群島　　　　　　　(B) 社會群島
    (C) 馬紹爾群島　　　　　　(D) 夏威夷群島

第 36-37 題為題組

圖四是臺灣某地的等高線地形圖，
圖中每一網格的邊長代表實際距離
1 公里，等高線間距為 10 公尺，
河流是由東往西流。請問：

36. 從等高線地形圖判斷，圖中甲地
    最可能面臨的自然災害為何？
    (A) 洪水　　　　(B) 崩塌
    (C) 土石流　　　(D) 地層下陷

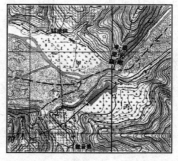

圖四

37. 圖中甲、乙、丙、丁四地，何者是位於河階上？
    (A) 甲　　　　　(B) 乙　　　　　(C) 丙　　　　　(D) 丁

第 38-39 題為題組

圖五是北美洲主要農業區分佈圖。請問：

38. 那一個農業帶的土壤，因受第四紀大陸冰河的影響，冰磧土的分
    布最為普遍？
    (A) 甲　　　　(B) 乙　　　　(C) 戊　　　　(D) 己

圖五

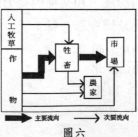

圖六

39. 圖六是某種農業活動形式的示意圖。該種農業活動最可能出現在
那一個農業帶？

    (A) 乙　　　　　(B) 丁　　　　　(C) 戊　　　　　(D) 庚

<u>第 40-42 題為題組</u>

　　黃河河水的淤沙濃度居世界之冠，所以具有易淤、易決、易徙的特
性，造成黃河流域內土壤侵蝕劇烈、水土流失嚴重。請問：

40. 下列黃河流域的地理區中，那一個的單位面積土壤侵蝕量最多？

    (A) 青藏高原　　　　　　　　(B) 隴西高原
    (C) 晉陝甘高原　　　　　　　(D) 山東丘陵

41. 目前大陸當局在黃河中上游地區，推行新的措施以保護生態環境。
下列那一項措施對減緩水土流失最為有效？

    (A) 將耕地退至防風林的背風側
    (B) 減少耕作土地的時間
    (C) 將耕地範圍縮小至都市周圍
    (D) 停止耕作陡峻的坡地

42. 黃淮平原鹽鹼土分布廣泛，其形成的主要原因為何？

    (A) 海水倒灌　　　　　　　　(B) 排水不良
    (C) 地下水位下降　　　　　　(D) 未實施灌溉

第貳部分（佔 48 分）

說明：第 43 至 72 題共 30 題，答對 24 題以上（含 24 題）則第貳部分
　　　即得滿分。第 43 至 69 題為單一選擇題；第 70 至 72 題為題組，
　　　有 3 個子題。各題皆是單選題，請選出正確選項標示在「答案
　　　卡」上。每題答對得 2 分，答錯不倒扣。

43. 下列那一種活動最足以表現台灣傳統社會的社區意識？
    (A) 清明掃墓　　　　　　　(B) 年節慶典
    (C) 婚喪喜慶　　　　　　　(D) 神明祭典

44. 中國儒家的傳統價值往往被視為是小農經濟社會的產物。隨著時代
    的演變，一個社會的主流價值觀常會發生傳承或改變。進入二十一
    世紀，下列那一項的儒家價值最有利於現代工商資訊社會的發展？
    (A) 忠孝　　　　　　　　　(B) 儉樸
    (C) 禮讓　　　　　　　　　(D) 誠信

45. 表二為五個國家的人口增長率、都市人口比率、總生育率、以及按
    購買力修正後之國內生產毛額（GDP）。請由表中資料作出正確的
    關係解讀。

表二

國家或地區	人口增長率 1995-2000 單位：千分比	都市人口率 1995 單位：百分比	總生育率 1995-2000 單位：千分比	平均每人 GDP 1998 單位：美元
德國	1	87	1.30	22,026
阿根廷	13	88	2.62	11,728
哥斯達黎加	25	50	2.83	5,812
瓜地馬拉	26	41	4.93	3,474
衣索匹亞	25	13	6.30	566

(A) 都市人口比例，與人口的增長率呈正相關
(B) 都市人口比例較高，平均每人 GDP 也會較高
(C) 總生育率愈低的國家，平均每人 GDP 則愈高
(D) 人口增長率相同的國家，平均每人 GDP 也會相同

46. 我們每日的對話中，常會出現性別的刻板印象而不自知，下列何者帶有性別刻板印象？
    (A) 老師對小學生說：「來兩個力氣大的同學，去隔壁教室幫老師搬桌子！」
    (B) 爸爸對女兒說：「後天你生日，想要什麼禮物？電腦遊戲還是圖畫書？」
    (C) 老闆對張小姐說：「不景氣，公司要裁員，王先生要養家，只好請妳離職！」
    (D) 班長對同學說：「星期天全班去烤肉，第一組負責生火，第二組負責洗菜。」

47. 在加入世界貿易組織（WTO）之後，下列那一項國內政策修訂時，必須先與其他會員國協商？
    (A) 調降米酒稅率　　　　　　　(B) 調整健保費率
    (C) 放寬入籍資格　　　　　　　(D) 調整外勞配額

48. 1994 年 5 月時代雜誌與 CNN 聯合舉辦民意調查，針對同樣的樣本群體問：「政府是否花太多錢幫助窮人？」有 23%的人回答「是」；當訪問員改變另一種問法：「政府是否花太多錢在社會福利？」回答「是」的人增為 53%。造成受訪者改變的最適當解釋為何？
    (A) 問卷調查民意不科學、不可信
    (B) 受訪者回答時態度輕率或虛偽
    (C) 問卷的設計可以影響調查結果
    (D) 訪員的客觀性與專業性不足

49. 下列有關家庭的敘述那一項是正確的？
    (A) 家庭一般是兒童社會化過程中最重要的地方
    (B) 家庭必須以血緣為組成基礎
    (C) 社會上性別角色的分工與家庭性別角色的分工正好相反
    (D) 社會中資源與權力的分配關係成正比，家庭中則相反

50. 各政黨的民意代表經常接見請願民眾，並接受陳情書，這種情況顯示出政黨在政治活動上具有何種功能？
    (A) 組織民眾，展現動員能力
    (B) 政黨輪替，得輪流處理事務
    (C) 匯集民意，反映與服務選民
    (D) 責任政治，向選民表示負責

51. 下列有關現代社會中多元價值的說法，何者較為恰當？
    (A) 提倡宗教信仰是導致現代社會穩定發展的基礎
    (B) 講求效率和科技運用是世界不同文化和文明的共通精神
    (C) 處理文化衝突時，應先建立能兼顧文化差異的公平程序
    (D) 面臨不同文化的價值衝突時，應該以主流文化為判斷依據

52. 公園管理處在公園大門外立有公告：「禁止踐踏草坪及帶狗進入」。今有一遊客帶猴子入園且挖走花木，經管理員發覺告發處罰，該遊客不服。請判斷下列說法何者正確？
    (A) 該遊客指稱公告牌擺設的位置不夠明顯，不知者不罰
    (B) 公告的內容太簡單，並未完全列舉禁止事項，所以該罰則無效
    (C) 該公告的規範在制訂時並未徵求遊客的意見，所以該公告無效
    (D) 該公告所限制的事項雖輕，但遊客應知更為嚴重的情況應在禁止之列

53. 臺灣東岸的太平洋海域，漁業資源豐富。最主要原因為何？
    (A) 大陸棚廣大　　　　　　　(B) 眾多溪流注入
    (C) 中國沿岸流經過　　　　　(D) 黑潮暖流經過

54. 下列那兩項環境因素，是花東縱谷沖積扇廣布的直接原因？
    (甲)河流流至縱谷時流幅變寬　(乙)河流流至縱谷平原時坡度變小
    (丙)河川水量終年豐沛　　　　(丁)河川上游森林密布
    (戊)上游流域位於變質岩區
    (A) 甲乙　　　　(B) 甲戊　　　　(C) 乙丙　　　　(D) 丙丁

55. 北歐地區的農業活動以牧業爲主，穀物生產不多，主要原因爲何？
    (A) 人口稀少　　　　　　　(B) 土壤貧瘠
    (C) 氣候濕冷　　　　　　　(D) 市場狹小

56. 獨立國協的那一個地理區因引河水灌漑過度，以致河川流量銳減、湖泊縮小而產生嚴重的土壤鹽化等生態環境問題？
    (A) 歐俄平原　　　　　　　(B) 中亞低地
    (C) 西伯利亞　　　　　　　(D) 高加索山地

57. 表三是南亞五個國家之主要宗教的信仰人口比例（％），表中丙、丁是指那兩個國家？

表三

國家	印度教	伊斯蘭	佛教	基督教	其他
甲	80	11	1	2	6
乙	2	95	-	2	1
丙	12	87	-	-	1
丁	-	8	70	8	14
戊	89	3	5	-	3

    (A) 孟加拉、斯里蘭卡　　　(B) 巴基斯坦、印度
    (C) 尼泊爾、斯里蘭卡　　　(D) 巴基斯坦、孟加拉

58. 下列那種人口數的比較，最適合用圓餅圖呈現？
    (A) 美國 50 州人口數的比較
    (B) 臺南市七個區人口數的比較
    (C) 臺北市與高雄市人口數的比較
    (D) 世界前十大人口國之人口數的比較

59. 中國東北地區開發較晚，其都市分布型態與下列何者關係最密切？
    (A) 距海遠近　　　　　　　(B) 水系分布
    (C) 鐵路網路　　　　　　　(D) 森林採伐

60. 圖七是某位學者對當前歐洲主要
商業區帶所做的劃分，圖中方格
代表國家或國家群，線條的粗細
則表示各國（或國家群）間貿易
比例的大小。德國應該是位於圖
中甲、乙、丙、丁那一方格的位
置？

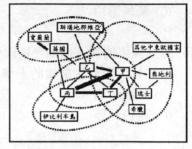

圖七

(A) 甲   (B) 乙
(C) 丙   (D) 丁

61. 南洋群島婆羅洲的原住民，傳統以「長屋」爲住宅。「長屋」的那
一項特徵和當地溼熱的氣候環境最有關係？
(A) 形狀成長方型   (B) 高腳屋形態
(C) 以木材搭建   (D) 屋頂覆蓋茅草

62. 圖八是北美洲某種商品輸往世界各地的比例示意圖。該種商品最可
能是什麼？

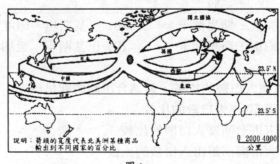

圖八

(A) 煤礦   (B) 汽車   (C) 電腦   (D) 小麥

63. 有人在教會中說：「我們的祖先是這片廣闊大地的主人；但是，你們的祖先看上了我們的家園。我們曾經給了他們很大的生存之地；可是，他們卻不滿足，他們竟想要得到我們整個的家園。現在，你們成了一個龐大的民族，而我們卻幾乎連容身之地都快沒有了。」這是誰對誰說的話？
    (A) 南非的原住民對白人統治階級演講
    (B) 北美洲印第安人對美洲的白人演講
    (C) 台灣原住民對日本殖民統治者演講
    (D) 被運到美洲的黑奴對奴隸主的演講

64. 哥倫布發現新大陸之後，中南美洲的原住民受到相當大的衝擊。下列那個敘述正確？
    (A) 西班牙人和原住民和平共處，引進歐洲的新技術和基督教，造福原住民
    (B) 西班牙人除強制原住民勞動外，又帶進各種疾病，造成其生命和財產的損失
    (C) 西班牙人為防止疾病傳播，故採取隔離政策，印加及馬雅文化得以保存
    (D) 西班牙與教廷不睦，故全力防止基督教傳播，當地人得以保有其信仰

65. 近幾世紀以來，長江從一條溫馴的河川變成一條「暴河」，每到夏天雨季來臨，動輒洪水為患，損傷人命，毀壞財物。對於此種現象的解釋，何者較為恰當？
    (A) 宋代在長江沿岸開發梯田，導致長江流域的水土保持遭受破壞
    (B) 蒙古人修築大運河，對長江水系破壞甚鉅，導致洪水無法排除
    (C) 明代中後期甘薯等新作物的引進，導致長江中游山地過度開發
    (D) 明清兩代開發雲南、貴州，導致長江上游的生態環境遭受破壞

66. 近代中國雖不斷遭受帝國主義侵略，但並沒有像印度一般，全國都變成了殖民地。這與下面何者最爲有關？
    (A) 俄國主張遠東政策，積極在亞洲從事政治活動
    (B) 美國主張門戶開放政策，讓所有國家公平參與
    (C) 美國提出十四點和平計劃，希望廢止秘密外交
    (D) 日本提倡「大東亞共榮圈」，帶領亞洲抵抗侵略

67. 二十世紀以前，大多數的「民主國家」中，只有男性公民享有選舉權，其選舉權也受到一定的條件限制。下列那項因素是獲得選舉權的主要條件？
    (A) 民族　　　　　　　　　(B) 政黨
    (C) 國家認同　　　　　　　(D) 財產

68. 參看以下資料，回答問題：
    資料一：「台灣鄉間的諺語：天下第一憨，種甘蔗給會社磅
    　　　　　（稱重量）。」
    資料二：「1905 年 6 月台灣總督府規定：爲制止各製糖工廠間
    　　　　　的原料爭奪，避免擾亂蔗價，各蔗作區劃定爲一定範
    　　　　　圍的區域。此區域內的甘蔗未經許可，不得運出區域
    　　　　　之外，或供作砂糖以外成品的製作原料。」
    根據以上資料，下列敘述何者適當？
    (A) 保障了台灣蔗業，使蔗農有固定買主與穩定的銷路
    (B) 保障了新式糖廠，使其降低收購甘蔗原料的價格
    (C) 政府照顧台人生活，引進製糖業，糖從此成爲重要輸出物資
    (D) 使台灣舊糖廠在政府補助下轉型爲新式糖廠，奠定工業的
    　　基礎

69. 一部諷刺小說描寫一個農莊之中，牛、馬等動物因不堪人類虐待，
　　憤而在豬的號召下，起義推翻了人類。但豬卻成了新的統治者，訓
　　練走狗去監視其他動物，被統治者受到的痛苦，更甚於從前。這是
　　諷刺下列那一場革命？
　　(A) 英國的光榮革命，豬指的是英國國教派信徒
　　(B) 法國大革命，豬指的是共和政府
　　(C) 美國的南北戰爭，豬指的是北方的工業主
　　(D) 俄國的十月革命，豬指的是共產黨員

第 70-72 題為題組

　　近代以來，許多國家因為國界糾紛，導致衝突不斷。所以有人主張
　　「自然邊界」，強調根據地理條件來劃定國家間的邊界，但往往有
　　例外情況。

70. 下列各地區中，那一個地方最容易見到不依「自然邊界」的法則，
　　而以經緯線作為劃分國家邊界主要的依據？
　　(A) 東歐地區　　　　　　(B) 東北亞地區
　　(C) 西非地區　　　　　　(D) 南美地區

71. 這種劃分疆界的方式，主要是受到什麼因素的影響？
　　(A) 受民族國家興起之影響
　　(B) 受宗教衝突之影響
　　(C) 受列強勢力入侵之影響
　　(D) 受民族自決理論的影響

72. 這類國家中，最常見到那一種問題？
　　(A) 族群容易發生互相傾軋，衝突
　　(B) 生產活動單調，經濟較為落後
　　(C) 文化缺乏外界刺激，不易進步
　　(D) 社會貧富差距過大，不易和諧

92年度學科能力測驗社會科試題詳解

第壹部分

1. **D**

【解析】 民族成員，在主觀上基於民族意識，會為本國選手之優異表現而加油，然亦應擴大民族精神，欣賞他國選手之表現，並吸收其優點。

(A) 國會議員問政，應使用國語。

(B) 有失運動（比賽）之公平性與精神。

(C) 「削凱子」，徒貽笑大方。

2. **B**

【解析】 各民族有其形成之背景，故存有一些文化上之差異，應本民族平等之精神，鼓勵各民族相互交流，並尊重其文化差異。

(A) 民族問題，不能經由政黨協商解決。

(B) 強凌弱手段，不足取。

(C) 產生「分離主義」。

3. **A**

【解析】 民主立憲國家，保障人民的權利。示威遊行、焚燒國旗，是表達對政治立場不同之顯現。屬言論自由之行為。

4. **B**

【解析】 不同意你的意見，是因為懷疑權威，而維護你的發言權，是寬容歧異與尊重多元價值的表現。

(A) 仍應限制其權力濫用。

(B) 宗教是否為迷信，仍有待深層研究，科學家的權威，亦未必是絕對的正確。

(C) 歷史並非全部都是文過飾非的。

5. **A**

【解析】定期舉辦選舉，是公民普遍參與政治的象徵，所以是判斷一國政治民主化程度最初步之指標。

6. **D**

【解析】依收入多寡，繳交醫療費，是互助精神，然接受同等的醫療照顧，是真正平等的體現。

(A)(B) 皆為假平等之現象。

(C) 是不平等。

7. **A**

【解析】「九七」之前香港所以是亞洲四小龍之一，乃以區域方式發展經濟，然「九七」之後，漸和大陸經濟連結成一體，上海是大陸財經中心，腹地廣大，遂逐漸取代香港成為全方位之樞紐。

8. **B**

【解析】「通貨緊縮」現象，是指貨幣流通量減少，購買力降低，商品供過於求，導致工廠生產減緩，進而提高失業率。

(A) 是表現經濟景氣低迷，持續疲軟的現象。

(C) 是指刺激經濟復甦的方法。

(D) 是指對經濟之前景抱樂觀的態度。

9. **C**

【解析】政治上的問題，根本上要以「權能區分」的道理來解決，司機、廚師、鞋匠是專家能力的表現，然其優劣相對的乘客、食客、穿鞋人有權去評判是否接受。

(A) 政治由專家處理，然亦應受人民之監督。

(C) 接受治療的病人，只是片面的配合，不符政治的道理。

(D) 治國應以民為主，不可主客互易。

10. **A**

【解析】要解決土地與資本問題，中山先生主張「平均地權」、「節制資本」，而「平均地權」是解決土地問題最根本的辦法。

(B) 是亨利‧佐治的主張。

(C) 社會安全制度是要讓每一國民的生活得到保障，從而建立幸福美滿的人間社會。

(D) 土地實物債券，是償付地主被徵收土地之補償用。

11. **B**

【解析】四十年代台灣的經濟發展，以農業為基礎，其後以農業培養工業，由勞力密集產業（輕工業）升級到資本密集、技術密集產業（重工業），進而發展金融等服務業。

(A) (C) 未提及起點農業。

(D) 台灣畜牧業之發展，附於農業之列（農牧業）。

12. **C**

【解析】行政院副院長、各部會首長及政務委員之任命，係依中華民國憲法第 56 條之規定，由行政院院長提請總統任命之。

13. **B**

　【解析】(B) 日治台灣時期，台灣人抗日事件層出不窮，日本曾採報復鎮壓手段，濫殺無辜。

14. **A**

　【解析】(A) 西元一九〇〇年庚子義和團事件，以「扶清滅洋」為號召，圍攻燒殺教堂和教士，後演變成八國聯軍之慘劇。

15. **D**

　【解析】(D) 二次大戰期間許多政治人物利用廣播來宣傳政令，如英首相邱吉爾以廣播鼓舞士氣；義大利墨索里尼、德國希特勒均以廣播團結人心，侵略他國。

16. **A**

　【解析】(A) 春秋戰國時期盛行軍國主義，富強政策，攻城掠地，殺人盈野，墨家主張兼愛、非攻、節用、非樂等，屬逆勢而動，知其不可為而為之。

17. **A**

　【解析】(A) 西元一九一四年一次大戰爆發後，日本乘機占領山東，到一九二一年華盛頓會議召開才解決山東懸案，故一九二〇年青島在日本統治時輸入以日本貨物為主。

18. **B**

　　【解析】(B) 永嘉之亂後，中原人士大量南移，其中冀州人移居揚州特多。

19. **A**

　　【解析】(A) 十九世紀電學相當進步，冷凍技術使阿根廷乳品及肉品可保存外銷到歐美國家。

20. **C**

　　【解析】(C) 西漢初行郡國並行制，後文景兩帝時，為防諸侯強大，故「眾建諸侯以少其力」。

21. **B**

　　【解析】(B) 清領台灣前期，台灣和大陸經濟區域分工，台灣的米糖交易大陸日常用品。

22. **A**

　　【解析】(A) 唐代兩稅法不徵收實物，每年夏、秋徵收二次，繳納錢幣為主，稅額不固定。

23. **C**

　　【解析】(C) 靖康之難後，宋室南渡，中國經濟文化重心南移完成，南北飲食風尚交流。

24. **D**

　　【解析】(D) 唐宋時期華北政治中心與東南經濟中心互為依存，由農民結構知為明代江南地區。

25. **D**

　　【解析】(D) 二次大戰期間汪精衛（兆銘）響應日本「東亞新秩序之建設」，在南京成立偽國民政府，與日本合作。

26. **B**

　　【解析】(B) 明太祖廢宰相，建立君主獨裁政體，故不滿孟子民本思想，不能容忍孟子「臣視君如寇讎」之話語。

27. **A**

　　【解析】(A) 馬來西亞：英國殖民地，二次大戰時曾被日軍佔領，二次戰後獨立建國。

　　　　　　(B) 菲律賓：西班牙殖民地→美國殖民地。

　　　　　　(C) 台灣：曾被荷蘭、西班牙、日本統治。

　　　　　　(D) 香港：英國殖民地→1997 年回歸中國。

28. **D**

　　【解析】長江三角洲利用縱橫交錯的河渠為聯絡通道，小舟、拱橋、民家宛如水上人家，呈現水鄉澤國的景觀。

29. **D**

　　【解析】美國四角防線：東－夏威夷群島的珍珠港。

　　　　　西－馬里亞那群島的關島（距台灣最近）。

　　　　　南－薩摩亞群島的薩摩亞。

　　　　　北－阿留申群島的關島。

30. **C**

　　【解析】雨季時河流上游坡陡流急，下蝕力特強，形成河谷兩岸谷壁陡峭，河道巨石累累，流速湍急的景觀。

第 31-33 題為題組

31. **D**

   【解析】 附圖中規模等級大的都市數目較少，規模等級小的都
   市數目較多，都市規模等級和數目均由海向內陸遞減，
   都市規模等級大者濱海為港埠型都市，中美洲此種分
   布型態較普遍。

32. **B**

   【解析】 1. 區位租：土地因距離的關係而獲得的利潤，此利潤
   隨距離增加而減少。
   2. 附圖顯示：愈接近都市，集約度愈高，符合區位租
   概念。

33. **D**

   【解析】 中美洲人口金字塔圖屬年輕型（增長型），金字塔底部
   寬、頂部窄，顯示死亡率開始減少，出生率仍高，人
   口快速成長。

第 34-35 題為題組

34. **A**

   【解析】 澎湖群島為鹽基性火山穩靜式噴發所形成的玄武岩方
   山，故附圖為澎湖海岸的玄武岩柱狀結晶。

35. **D**

   【解析】 (D) 夏威夷屬鹽基性火山島，黏性較小，氣體容易散失，
   多為寧靜式噴發，其形成與澎湖相似。
   (A) 帛琉、(B) 社會、(C) 馬紹爾群島多為珊瑚礁島。

第 36-37 題爲題組

36. **A**

　【解析】甲地洪患原因：

　　　　1. 臨近河川主要流路。

　　　　2. 甲區地勢低，其高度與河床相似。

　　　　3. 甲地後方等高線呈 V 形且尖端指向高處，判知爲河
　　　　　　谷所在，故有兩條小河流向甲區。

37. **C**

　【解析】河階：河流側蝕或堆積作用形成平坦河床，若因下蝕
　　　　　　力增強向下切割造成一新河床，昔日河床將高
　　　　　　出現河面成台階狀的河階。

　　　　(A) 甲地高度與 (D) 丁地（河床）高度相似，故判知非
　　　　　　河階。

　　　　(B) 乙地等高線密集顯示爲陡坡。

第 38-39 題爲題組

38. **C**

　【解析】1. 美國北部五大湖區附近，深受第四紀冰河作用影響，
　　　　　　　多貧瘠的冰磧土，不利農耕。

　　　　2. 五大湖南緣爲冰河外洗平原，地勢低平，土壤表層
　　　　　　爲風成黃土，沃度較高。

39. **B**

　【解析】1. 附圖爲「混合農業」示意圖。

　　　　2. 混合農業：

　　　　　⑴ 牲畜飼料主要來自栽培之作物，如玉米。

　　　　　⑵ 牲畜和作物是兩大收入來源。

第 40-42 題為題組

40. **C**

【解析】 晉陝甘高原每年約 1cm 表土流失原因：
1. 自然因素：土壤（黃土疏鬆）、地形（地表破碎）、氣候（夏雨集中多暴雨）、植被（森林、草地破壞）。
2. 人為因素：土地利用不當，破壞植被，是水土流失主因。

41. **D**

【解析】 中共推行「綠化工程」如：引水拉沙，草格固沙、造林、梯田耕種等，但以陡坡停止耕作對減緩水土流失最有效。

42. **B**

【解析】 黃淮平原長期排水不良，導致地下水位增高，再經蒸發後，鹽鹼物質聚集地表，造成土壤鹽鹼化，不利農作。

第貳部分

43. **D 或 C**

【解析】 社區意識是居民對社區有認同感與歸屬感，及特有情感。台灣傳統之社區意識表現如婚喪喜慶、廟會、祭典等皆是，然婚喪喜慶與社區之互動關係是最普遍及深入的。
(A) (B) 是全國性之習俗。

44. **D**

【解析】社會價值觀會隨社會的變遷，而有所改變，儒家的忠孝、儉樸、禮讓在農業社會尤顯示其價值性，然發展至二十一世紀現代「工商資訊社會」一切講究的是「品質保證」、「信用第一」。

45. **C**

【解析】從表列總生育率愈低的國家，其國民之平均每人 GDP 值反愈高。

(A)(B) 就德國、阿根廷之現象可知非絕對。

(D) 就哥斯達黎加與衣索匹亞之現象，可知未必。

46. **C**

【解析】傳統對性別之刻板印象，認為男人應營生，以養家活口，所以王「先生」留下，「妳」離職。

(A)(B)(D) 皆未說明性別之差異性。

47. **A**

【解析】台灣在加入世界貿易組織時，「菸酒」即列入入會之談判項目之一，故菸酒價格之調降，應按規定先與其他會員國協商。

48. **C**

【解析】「社會福利」的現象廣泛，包括照顧老人、兒童、貧戶…等，故就其範圍言，同意政府花較多錢在社會福利方面的比例，高於幫助單一項目之幫助窮人。所以問卷之設計可以影響調查之結果。

49. **A**

【解析】 家庭是社會的基本組織，是主要的社會化機構，所以一般言，家庭是兒童學習社會化過程中最重要的地方。

　　　(B) 家庭可由血緣、婚姻或領養關係組成。

　　　(C) 社會性別角色的分工與家庭往往相同。

　　　(D) 家庭中資源與權力的分配關係，往往成正比。

50. **C**

【解析】 民眾請願，是民意的表現，政黨接見民眾，接受請願書，就是將民意匯集，反映到政府部門，作施政的參考。

51. **C**

【解析】 文化由於價值觀和生活型態的不同，容易造成偏見與歧視，所以在處理文化衝突時，應先建立能兼顧文化差異性的公平程序。

　　　(A) 未見多元價值的說法，導致現代社會穩定發展的因素，法律與道德勸說亦是重要的方法。

　　　(B) 文化與文明的演進，並非本效率與科技為共通精神。

　　　(D) 文化具有多元性，不同的文化有其特色與價值，應相互尊重，並欣賞其優點，不可以己身文化否定其他文化。

52. **D**

【解析】 該遊客帶猴子入園與帶狗進入同樣會造成環境污染。而挖走公園花木，乃竊取公有物，行為已屬違法。

53. **D**

【解析】 1. 台灣東岸洋流：黑潮暖流。

　　　 2. 台灣西岸洋流：黑潮支流、中國沿岸涼流。

54. **A**
　　【解析】 山麓沖積扇形成原因：1.坡度變小。2.流幅變寬。

55. **C**
　　【解析】 北歐氣候濕冷，冬季漫長，夏季氣溫低，農業發展受限，
　　　　　　故以牧業爲主。

56. **B**
　　【解析】 中亞爲乾燥的沙漠，過度利用河水灌溉導致內陸湖泊因
　　　　　　注入水量減少而逐年縮小，造成生態危機。

57. **A**
　　【解析】 丙：孟加拉國信仰伊斯蘭教爲主。
　　　　　　丁：斯里蘭卡信奉佛教爲主。

58. **B**
　　【解析】 (A)(B)(C)以柱狀圖呈現較適合。

59. **C**
　　【解析】 鐵路對東北發展影響鉅大，凡鐵路所到之處發展隨至，
　　　　　　故東北的都市分布、工業區分布、礦產分布與鐵路網分
　　　　　　布有高度一致性。

60. **A**
　　【解析】 由地理位置及貿易比例可判斷，甲代表德國。

61. **B**
　　【解析】 許多高架屋接在一起稱「長屋」，建築材料是竹木，以
　　　　　　棕櫚葉爲頂，因氣候溼熱房屋高架，居民登梯入屋，
　　　　　　屋內通風涼爽。

62. **D**

【解析】 獨立國協為世界最大小麥進口國，英國、西歐大多牧重
於農，進口小麥。中國大陸人口眾多，亦為主要小麥進
口國。

63. **B**

【解析】 (B) 帝國主義入侵美洲時，不斷屠殺迫害印第安人，使
印第安人幾乎無容身之地。

64. **B**

【解析】 (B) 十七世紀西班牙、葡萄牙入侵中南美洲，迫害原住
民，毀滅馬雅和印加文化外，又帶進許多疾病。

65. **C 或 D**

【解析】 (C) 明代末期因中南美洲玉米、馬鈴薯、番薯和花生等
農作物傳入，導致長江中游過度開發，使長江水土
保持不良成「暴河」。

66. **B**

【解析】 (B) 西元一九〇〇年中國被列強瓜分兵剖時，美國國務
卿海約翰提出門戶開放政策，使中國免於被繼續瓜
分豆剖。

67. **D**

【解析】 (D) 十九世紀時，英、法等國選舉時都有財產限制，到
後來才取消財產限制，成為成年男人不管貧富都有
選舉權（成男普選權）。

68. **B**

【解析】(B) 日本統治台灣時，對台灣殖民地價格剝削，保障日本資本家的權利，爲了降低收購甘蔗價格，故有此規定。

69. **D**

【解析】(D) 列寧領導共產黨員在一九一七年發動十月革命，推翻原來俄國政府，建立世界上第一個共產黨國家，結果人民生活更苦。

第 70-72 題爲題組

70. **C**

【解析】西非各國之國界多半爲平直，且多由海岸延伸至內陸，原因是：歐人畫分殖民地勢力範圍時，對當地環境不了解，只是在地圖上以經緯線或任意直線分割瓜分。

71. **C**

【解析】十八、十九世紀西方列強殖民西非：

1.從事奴隸貿易，供應殖民帝國在美洲發展熱帶哉培業所需的勞力—黑奴。

2.列強獨占西非農、礦原料產地與市場。

72. **A**

【解析】在列強干預下，西非種族與國家界線複雜，在一國內有多個部族，同一部族散居於數國境內，導致獨立後各國內部衝突不斷。

九十二年度學科能力測驗（社會考科）
大考中心公佈答案

題號	答案	題號	答案	題號	答案	題號	答案
1	D	21	B	41	D	61	B
2	B	22	A	42	B	62	D
3	A	23	C	43	D 或 C	63	B
4	B	24	D	44	D	64	B
5	A	25	D	45	C	65	C 或 D
6	D	26	B	46	C	66	B
7	A	27	A	47	A	67	D
8	B	28	D	48	C	68	B
9	C	29	D	49	A	69	D
10	A	30	C	50	C	70	C
11	B	31	D	51	C	71	C
12	C	32	B	52	D	72	A
13	B	33	D	53	D		
14	A	34	A	54	A		
15	D	35	D	55	C		
16	A	36	A	56	B		
17	A	37	C	57	A		
18	B	38	C	58	B		
19	A	39	B	59	C		
20	C	40	C	60	A		

九十一年大學入學學科能力測驗試題
社會考科①

第壹部分（佔84分）

說明：第1至42題皆計分。第1至35題為單一選擇題；第36至42
　　　題為題組，每組有2-3個子題。各題皆是單選題，請選出正確
　　　選項標示在「答案卡」上。每題答對得2分，答錯不倒扣。

1. 近年來，台灣的土石流災害日益頻仍，下列哪兩項人類活動最可能
　 加劇土石流的災害？
　 （甲）山地開發農場　　　　（乙）河谷興建防砂壩
　 （丙）山區闢建道路　　　　（丁）平原農田轉種檳榔
　 (A) 甲丙　　　　　　　　　(B) 甲丁
　 (C) 乙丙　　　　　　　　　(D) 乙丁

2. 三百年前舊安平港與台南之間原隔著一個寬闊的潟湖，稱為台江內
　 海。如今內海消失殆盡，安平古堡也遠離海岸，造成此種環境變遷
　 的主要因素為何？
　 (A) 疏浚潟湖口　　　　　　(B) 海水面下降
　 (C) 興建防波堤　　　　　　(D) 河流沖積

3. 在機動船使用之前，中國沿海與南洋（東南亞）之間貿易的船隻必
　 須根據所謂的「舶棹風」來決定往返的時間。這種「舶棹風」是指
　 哪一種風？
　 (A) 信風　　　　　　　　　(B) 盛行西風
　 (C) 季風　　　　　　　　　(D) 海陸風

4. 「都市機能分區中商業最為集中的地區，土地利用強度最大，通常
　 也是都市中最繁忙的地方。」是對下列哪一概念的陳述？
　 (A) 中心商業區　　　　　　(B) 生活圈
　 (C) 市場　　　　　　　　　(D) 商品圈

5. 根據資料，1996 年 8 月黃河下游花園口發生 7,600 立方公尺/秒的洪水量，水位卻較 1958 年發生 22,300 立方公尺/秒的洪水量時還高 0.91 公尺。造成此種現象的主要原因為何？
   (A) 人工加高堤防　　　　　　(B) 河床嚴重淤積
   (C) 河道被截彎取直　　　　　(D) 農地佔用氾濫平原

6. 近年來，珠江三角洲農業土地利用的水塘與基堤比例，逐漸由「四水六基」，轉變為「七水三基」。下列何者為造成此種轉變的最主要因素？
   (A) 地層下陷加速
   (B) 洪水氾濫加劇
   (C) 土地價格上揚
   (D) 市場需求改變

7. 圖 1 為台灣年平均等雨量線分布圖。此分布圖顯示台灣島各地的雨量差異主要受到下列哪兩種自然條件的影響？
   (A) 緯度和地形
   (B) 地形和季風
   (C) 緯度和季風
   (D) 季風和距海遠近

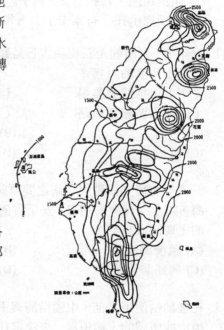

圖 1

8. 生物如果因為環境變遷，長期與外界同種生物隔絕，會因為適應環境與近親交配的結果而逐漸演化成特有種。台灣島豐富的動植物擁有極高比例的特有種，主要是導因於下列哪一種環境變遷事件？
   (A) 火山爆發　　　　　　　　(B) 劇烈地震
   (C) 海平面上升　　　　　　　(D) 局部地殼陷落

9. 地理學的研究有所謂的三大傳統或四大傳統,請選出最符合「空間傳統」(空間分析)範疇的敘述:

(A) 全球暖化是導致近期海平面上升的可能原因之一

(B) 興建水壩蓄水可供應都市日益增加的用水,但是也會改變河川生態

(C) 台灣城鄉經濟結構差異頗大,人口由鄉村移往都市的現象十分顯著

(D) 瑞士許多山村因為引進觀光業,造成產業結構明顯變化

10. 近一百多年來,美國加州人口與產業活動均急遽成長,為了解決用水問題,境內各河川多興建了水壩,並大規模抽取地下水,甚至還向鄰州借水,內華達山區一條提供孟洛湖(內陸湖)主要水源的河流,就曾經被大量引水。這些取水計畫可能會造成下列哪兩項環境問題?

甲、河流供給海岸的總輸沙量明顯減少,海岸被侵蝕的可能性提高

乙、大規模抽取地下水灌溉農田,使海岸地帶地震頻率增加

丙、引用內華達山脈冰河融化的水,使冰河前緣日益退縮

丁、孟洛湖水位顯著下降,鹽度提高,造成嚴重的湖泊生態問題

(A) 甲乙

(B) 乙丙

(C) 丙丁

(D) 甲丁

11. 今人研究中國古史，多有「傳說時代」的觀念，某學者說：「從現在的歷史來看，只有到殷墟時代，才能算作進入了狹義的歷史時代。」此處所謂「狹義的歷史」是指「信史」。這位學者的意見反映了二十世紀中國歷史學家的史學方法，請問這位學者以殷墟時代為「傳說時代」與「信史」間之分野的理由何在？

    (A) 因為中國文獻中沒有關於殷墟時代以前的記載，故只有憑藉殷墟甲骨文的出土，我們才能得知商以前的歷史

    (B) 因為中國文獻中有許多關於殷墟時代以前的記載，但學者認為必須配合地下文物的出土，才能被證明為信史

    (C) 中國的考古發現中最早文物出自殷墟，且歷史研究的唯一根據是地下出土的文物，故中國的信史始自殷墟

    (D) 中國文化淵源於殷商文化，在殷墟時代以前的歷史多非中國文化，故不是中國史的一部分

12. 一位先秦思想家的著作中有＜禮論＞一篇，說明「禮」的起源是因為人各有所欲求，故彼此爭奪，結果發生亂事，於是統治者才制定「禮義」，以確立每個人應遵行的分際。請問這本著作是：

    (A) 《荀子》　　　　　　(B) 《墨子》

    (C) 《韓非子》　　　　　(D) 《莊子》

13. 某一本歷史著作有如下的敘述：「在萬曆的祖父嘉靖皇帝以前，大學士為三至六人，皇帝可能對其中的一人諮詢較為頻繁，但從名義上說，他和另外的幾位大學士仍處於平等的地位。這以後的情況發生了變化，張居正名為首輔或稱元輔，其他大學士的任命則出於他的推薦，……」請問其所指的制度為何？

    (A) 漢代內外朝　　　　　(B) 唐代三省制

    (C) 明代內閣制　　　　　(D) 清代八旗制度

14. 有一項法令規定：禁止隴西李氏、太原王氏、滎陽鄭氏、范陽盧氏、
清河崔氏等當今政治上顯赫的家族之間彼此通婚。請問該法令頒布
的時代可能是：
(A) 漢代　　　　　　　　　(B) 唐代
(C) 元代　　　　　　　　　(D) 清代

15. 在一份與戶籍登錄有關的古文書記載：「戶主余善意，年二十二
歲，……擁有二十畝永業田，二十八畝已受，七畝口分田，總計
應受田一頃六十一畝，一畝居住園宅，一頃三十三畝未受……」
請問這份文書反映的制度為何？
(A) 王莽的王田制度　　　　(B) 唐代的均田制
(C) 北宋的青苗法　　　　　(D) 明代的一條鞭法

16. 張三編寫的歷史劇「七世紀商人李生傳奇」，被學者批評其史實錯
誤連連。劇中有以下幾段情節，請依據歷史知識判斷，哪一個選
項依據的是正確的史實？
(A) 李生到長安做生意，他選擇了位在長安城南，面對長安大街
的住家，並改裝為店面
(B) 接著李生來到蘇州，蘇州城內會館林立，李生在會館內認識
了許多同鄉
(C) 後來李生在廣州經營奇珍異寶的貿易，接觸的商人包括阿拉
伯人，聽到許多阿拉伯逸聞
(D) 最後，李生來到漳州，經營海外貿易，將中國的絲織品運往
呂宋島銷售

17. 以下記載是中國正史對外族的描述：

《史記》：「（匈奴）逆天理，……以盜竊爲務，……苟利所在，不知禮義。」

《漢書》：「夷狄之人，貪而好利，被髮左袵，人面獸心。」

《新唐書》：「（回紇）貪婪尤甚，以寇抄爲生。」

關於史料中所謂「盜竊」或「寇抄」的討論，以下選項何者適當？

(A) 因爲游牧民族生活貧困，嚮往農業民族的生活方式，常以劫掠的手段取得經濟利益，故外族入侵的確是盜賊的行爲

(B) 外族有盜賊的天性，道德有嚴重缺陷，在這種民族性的驅使下，不斷入侵農業民族，故外族入侵的確是盜賊的行爲

(C) 這些記載都出自中國統治階層，是農業民族對於游牧民族的刻板印象，並非實情，游牧民族根本不需要入侵農業民族

(D) 外族的確不斷入侵，正史的記載反映了農業民族的憤怒，只是傳統正史不考慮游牧民族的立場及游牧社會的經濟特性

18. 自鴉片戰爭以後，中國知識分子多主張「師夷長技」以改革中國，而不同時代的知識分子認識的西方「長技」卻有不同。中國欲效法的西方長處，依時間先後順序排列，下列何者適當？

(A) 器物 → 政治制度 → 西方思潮

(B) 器物 → 西方思潮 → 政治制度

(C) 宗教信仰 → 政治制度 → 西方思潮

(D) 政治制度 → 宗教信仰 → 器物

19. 表 1 資料顯示台灣人理解日語的人口比率。由該表可知，台灣人口中理解日語的比率漸增。1930 年起的大幅增加，是因為日本政府設立「國語講習所」，而自 1937 年起，理解日語的比率再次大幅增加。請問其最主要的原因為何？
    (A) 日本政府普設學校，使台灣人可以接受小學教育
    (B) 日本政府鼓勵台灣人接受高等教育，增加台灣人學習日語意願
    (C) 1935 年起日本在台灣實施有限度的地方自治選舉，增加台灣人學習日語的意願
    (D) 日本政府在二次大戰期間推行「皇民化」運動

表 1

時　　間	總　人　口	解理日語人數	比率（%）
1930 年	440 萬	365,427	8.3
1933 年	461 萬	1,127,509	24.5
1937 年	510 萬	1,934,000	37.9
1940 年	552 萬	2,885,373	52.3
1941 年	568 萬	3,239,962	57.0

20. 從十七世紀中葉一直到二十世紀初，中國人口從一億五千萬增加到四億以上，最主要的原因何在？
    (A) 沒有發生導致人口大量減少的戰亂
    (B) 人民生育能力提高
    (C) 農作物種類與產量增加
    (D) 領土大規模擴張

21. 國民政府遷台以後，台灣政治上的反對運動是經過哪一場事件後，形成跨縣市的結合，後來更成為打破黨禁的動力？
    (A) 霧社事件　　　　　　　(B) 二二八事件
    (C) 退出聯合國　　　　　　(D) 美麗島事件

22. 台灣光復後推行的「耕者有其田」政策奠定其後經濟發展的基礎。
　　下列敘述何者適當？
　　(A) 政府強制地主將土地以公告地價現值賣給實際耕作的佃農，
　　　　若農民沒有足夠的資金，可向政府貸款
　　(B) 政府沒收地主土地，強制發放給實際耕作的佃農，且政府不
　　　　補償地主的損失
　　(C) 政府強制徵收地主多餘的土地，發給地主公營企業的股票與
　　　　實物債券作為補償
　　(D) 凡是欲從事農業經營之人，若無土地，可以向政府申請開發
　　　　國有土地，若經營有成，該土地可轉為私有

23. 一位歷史學家在一篇研究近代中國史的論文中，描述某一事件：「最
　　重要的就是愛國主義運動 —— 反帝國主義運動。……爭回我國在
　　青島的主權；另一方面是促使青年人的自我覺醒。……《新青年》
　　發行以後，啟蒙的中心思想凝聚在強調青年人的重要性上……」
　　請問此事件是：
　　(A) 辛亥革命　　　　　　　(B) 五四運動
　　(C) 蘆溝橋事變　　　　　　(D) 文化大革命

24. 一群台灣的觀光客在承德前清避暑山莊中，熱烈地討論著清帝留下
　　的一幅書法：「戒急用忍」。請問近年我國政府仿此名句，在兩岸關
　　係上採行何種政策性作為？
　　(A) 兩岸政府加入世界貿易組織（WTO），必須先台灣後大陸，不
　　　　可躁進失序
　　(B) 兩岸政府在武器採購與軍事演習上要自我克制，以建立和平對
　　　　話與協商的機制
　　(C) 兩岸運動選手在競技場上要彼此迴避，以免兄弟鬩牆之爭
　　(D) 兩岸的經貿交流不可過熱，以免台灣因產業外移喪失競爭力

25. 近代民主政治源自西方，而不是根生於中國的儒家傳統，其主要原因在於儒家傳統缺乏何種思想？
    (A) 民有　　　　　　　　　(B) 民治
    (C) 民享　　　　　　　　　(D) 民本

26. 近代民族主義的傳佈與拿破崙四處征伐有密切的關係。請問下列哪一次革命與拿破崙的崛起密切相關，同時也是將「人民」（people）轉化為「民族」（nation）的革命運動？
    (A) 英國光榮革命　　　　　(B) 美國獨立革命
    (C) 俄國十月革命　　　　　(D) 法國大革命

27. 中山先生曾說：「歐美強矣，其民實困，觀大同盟罷工與無政府黨、社會黨日熾，社會革命其將不遠。」請問從這段話中，中山先生所關切的是：
    (A) 民族問題　　　　　　　(B) 民權問題
    (C) 民生問題　　　　　　　(D) 民本問題

28. 以下是落實一國之內各民族一律平等的具體主張，請問下列何種主張無法對弱勢民族的權利，提供真正有效的保障？
    (A) 法律之前人人平等，遇有爭議訴諸多數決
    (B) 對於弱勢民族給予較多的優惠與扶持
    (C) 各民族相互尊重，加強彼此的交流
    (D) 在憲法中對弱勢民族予以制度性保障

29. 為了修正馬克思將「一切價值歸功於勞動過程與勞動者」的觀點，英國費邊社會主義者反對將價值的創造獨歸功於特定階級，而在社會分配問題上，主張對不勞而獲的部分課徵重稅。下列哪些稅賦的課徵是符合此一學說的精神？
    (A) 遺產稅、薪資所得稅　　(B) 機會中獎稅、契稅
    (C) 營業稅、房屋稅　　　　(D) 贈與稅、土地增值稅

30. 有位學者曾對「科學的精神」作了界說:「凡立一說,須有證據,證據完備,才可以下判斷。對於一種事實,有一個精確的、公平的解析:不盲從他人的說話,不固守自己的意思,擇善而從。」在當前多元民主的社會裡,每遇一事即眾理紛陳,下列敘述中何者較符合科學的精神?

(A) 氣象預報應當完全準確,凡是預報有誤差就證明氣象觀測學非屬科學

(B) 市區淹水肇因於持續豪雨超過了防汛抽水設計,因此要重新檢討防汛標準

(C) 政府首長的名字帶水,影響風雨水患不絕,因此民意代表建請首長更名以避水患

(D) 颱風帶來豪雨成災,一定是民眾亂丟垃圾,政府疏於取締與疏濬水溝的結果

31. 某生撰寫研究報告,題目為:「憲政運作之總統制與內閣制初探」,以下是其論文中的部分觀點:

(甲) 總統制比內閣制來得民主,因為總統由公民直選,總理(首相)卻是由國會多數黨領袖擔任

(乙) 實行總統制的國家政局較為穩定,且可避免形成總統獨裁

(丙) 通常總統制的國家,國會無權倒閣,總統也不能解散國會

(丁) 法國自第五共和以來,總統有權解散國會,學者稱之為「半總統制」(semi-presidential system)

請選出正確論點的組合?

(A) 甲乙　　　(B) 乙丙　　　(C) 丙丁　　　(D) 甲丁

32. 立憲民主的國家，欲保障民權，鞏固國權，必賴發達的地方自治。依據中山先生的主張，以下有關地方自治的敘述哪兩項正確？

    (甲) 地方自治實施的範圍以縣為適中，若不得一縣，聯合數鄉村，亦可為一試辦區域

    (乙) 地方自治就是地方上的人民不受上級政府的監督，建立自主的自治政府

    (丙) 地方上的人民曾接受四權使用的訓練，履行國民的義務，應可參與地方公共事務

    (丁) 地方自治就是各省先行獨立制定省憲，然後再聯合各省代表制定國憲

    (A) 甲乙　　　　(B) 甲丙　　　　(C) 乙丁　　　　(D) 丙丁

33. 福建泉州人張大川於 1870 年渡海來台，在台灣娶妻生子，至第四代為張光明。1950 年，福建泉州張讓隨軍來台。在一次聚會中，張讓與張光明發現他們的曾祖父是兄弟。然而張光明是一般人所認為的閩南族群，而張讓則被認為是外省族群，請問他們被歸類為不同族群的原因為何？

    (A) 語言不同　　　　　　　　(B) 血緣不同

    (C) 來台時間不同　　　　　　(D) 風俗習慣不同

34. 美國 2001 年總統大選期間，候選人布希（George W. Bush）反對使用墮胎藥。總統大選辯論中，發問者詢問布希，當選後是否會變更已獲國會立法通過的 RU486 墮胎藥使用權？布希回答：「我在信仰上反對，但國會一旦通過，我只能勸導社會大眾不要使用墮胎藥。」請問，這段回答中，顯示布希認為身為總統，應以下列何者為重？

    (A) 法律程序　　　　　　　　(B) 選舉利益

    (C) 意識型態　　　　　　　　(D) 道德標準

35. 圖 2 為取材於 1990 年 4 月 11 日某報刊載的一幅四格連環漫畫，綜合由左至右的圖示，下列何項敘述是對自由較恰當的理解？

圖 2

    (A) 自由是以不侵犯他人的自由為前提

    (B) 自由是只要我喜歡有什麼不可以

    (C) 自由是解除一切外在的束縛

    (D) 自由是可以任意地高喊「救命」

第 36-38 題為題組

圖 3 為一張比例尺 1：10,000 的等高線地形圖。請回答下列問題：

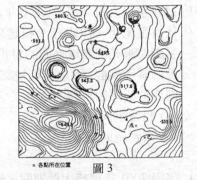

圖 3

36. 圖中甲點所在山坡的坡向為何？

    (A) 東北　　　　(B) 東南

    (C) 西北　　　　(D) 西南

37. 圖中哪兩點間直線路徑的坡度最小？

    (A) 甲乙　　　　(B) 丙丁

    (C) 戊己　　　　(D) 庚辛

38. 圖中所展示的地區最可能屬於下列哪一種地形？

    (A) 冰河地形　　(B) 風成地形

    (C) 火山地形　　(D) 石灰岩地形

第 39-40 題為題組

「加蚋仔」位於臺北市西南角、新店溪與淡水河匯流處的右岸，以往未興建堤防時，每逢颱風豪雨容易氾濫。根據考證，加蚋仔是「原住民」的社名。康熙年間「漢人」來此墾荒，種植甘蔗、花卉、蔬菜等作物。請回答下列問題：

39. 原住民常用附近自然環境的特徵來命社名，根據上文判斷「加蚋仔」最可能是指何種景觀？
    (A) 沙丘　　　　(B) 沼澤　　　(C) 沖積扇　　(D) 溫泉

40. 文中所提到的「原住民」與「漢人」依序是指何者？
    (A) 平埔族、閩南人　　　　(B) 泰雅族、客家人
    (C) 泰雅族、閩南人　　　　(D) 平埔族、客家人

第 41-42 題為題組

一部小說中有以下一段情節：

「太明開始對教育有了懷疑了。最少是對教育方式有所懷疑。想起來有很多不能了解的。比如小學校不用體罰，也能提高教育的效果；為甚麼公學校不能那樣？小學校按照學則辦理，為甚麼公學校把重點放在農業教育？」

請回答以下兩個問題：

41. 這部小說所說的是甚麼時代、甚麼地方的事？
    (A) 滿清時代，福建　　　　(B) 日據時代，台灣
    (C) 1945 年以後，台灣　　(D) 二十世紀初，香港

42. 在小學校與公學校接受教育的人各是誰？
    (A) 小學校是日本人；公學校是台灣人
    (B) 小學校是外省人；公學校是本省人
    (C) 小學校是英國人；公學校是香港人
    (D) 小學校是滿人；公學校是漢人

第貳部分 (佔 48 分)

說明：第 43 至 76 共 34 題，答對 24 題以上（含 24 題）則第貳部分
　　　即得滿分。第 43 至 69 題為單一選擇題；第 70 至 76 題為題
　　　組，每組有 2-3 個子題。各題皆是單選題，請選出正確選項
　　　標示在「答案卡」上。每子題答對得 2 分，答錯不倒扣。

43. 埃及尼羅河在興建亞斯文高壩之前，每年定期氾濫給河岸地區帶
　　來水源和淤泥，造就了沿河地區發達的農業。該河的定期氾濫與
　　其上游流經哪一種氣候區有密切關係？
　　(A) 熱帶莽原　　　　　　　　(B) 熱帶沙漠
　　(C) 溫帶季風　　　　　　　　(D) 地中海型

44. 南歐地形崎嶇，土壤大多貧瘠，夏乾熱、冬溫濕，陽光充足。古
　　希臘、羅馬人利用此種自然條件，生產下列哪些物品並成為主要
　　的輸出貨物？
　　(A) 魚乾和海鹽　　　　　　　(B) 木材和石材
　　(C) 羊毛和小麥　　　　　　　(D) 葡萄酒和橄欖油

45. 十六、十七世紀時，歐洲殖民國家在美洲發展熱帶栽培業，亟需人
　　力，乃由非洲引進黑人奴工。當時非洲黑奴的主要輸出地區為何？
　　(A) 東非　　　(B) 西非　　　(C) 南非　　　(D) 北非

46. 去年（2001 年）亞太經合會（APEC）在上海舉行，召開非正式
　　領袖高峰會議，討論議題之一為反恐怖活動，主辦者曾擔心有些
　　與會國可能會因宗教信仰，而無法達成共識。請問前述所指的與
　　會國是指：
　　(A) 澳洲、日本　　　　　　　(B) 新加坡、越南
　　(C) 馬來西亞、印尼　　　　　(D) 泰國、緬甸

47. 阿富汗位於中亞、西亞和南亞接壤之處，戰略地位重要，自古即為兵家必爭之地，但是傳統上被認為「侵入容易，活著出來很難」，此與下列哪一項地理條件最為有關？
    (A) 境內山勢崎嶇難行，反抗軍易於藏匿
    (B) 全年酷暑乾旱，入侵者難以忍受
    (C) 盛產石油，執政者得藉以擴充軍備
    (D) 國土形勢封閉，造成人民排外意識強烈

48. 請根據圖 4 所提供的訊息，判斷該地最可能是下列哪一國家海岸地區的典型景觀？
    (A) 挪威　　　(B) 紐西蘭　　(C) 日本　　　(D) 西班牙

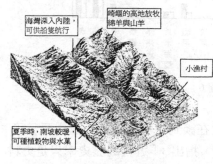
圖 4

圖 5

49. 圖 5 是王先生去年出外旅遊時所拍攝的某地風光。請判斷該圖所呈現的景觀最可能出現在哪一地區？
    (A) 美國東南岸
    (B) 西班牙庇里牛斯山區
    (C) 菲律賓呂宋島
    (D) 大洋洲社會群島

50. 圖 6 為 1990 年時日本對鄰近國家和世界主要地區的貿易額，請根據該圖判斷下列敘述中哪一項是正確的？
(A) 對歐洲共同體各國的總貿易順差量遠大於對美國的順差量
(B) 對「亞洲四小龍」都是出超
(C) 對「東南亞國協」各國都是入超
(D) 就單一國家而言，中國大陸是其最主要貿易對象

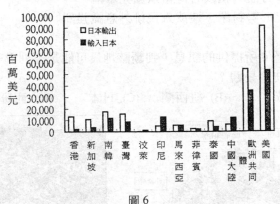

圖 6

51. 資料一：1928 年，傅斯年先生在談到中央研究院「歷史語言研
　　　　　究所工作之旨趣」時，指出：「近代的歷史學只是史料
　　　　　學。……我們只是要把材料整理好，則事實自然顯明了。」
　　資料二：二十世紀初，法國一位研究古代社會的學者，談到歷史
　　　　　家在歷史寫作中的角色時，說：「並不是我在說話，而是
　　　　　歷史透過我的口在說話。」
　　對於這兩段資料，我們應如何理解？
(A) 資料一對史學表現樂觀精神，資料二則透露悲觀心理
(B) 資料一的重點是史料，資料二的重點是史家，彼此並無關聯
(C) 兩段資料都否定歷史家在歷史研究中的作用
(D) 兩位學者都受到近代歐洲科學實證主義的影響

52. 十八世紀一位英國學者針對「圈地運動」前後的變化，指出：「過去小土地所有者和小租地農民，靠自己耕種土地的產品和公有地上放養的羊、家禽、豬等維持自己和家庭的生活，幾乎不必向市場購買。如果土地落到少數大租地農場主手中，他們就必須爲別人勞動才能維持生活，而且不得不到市場上去購買自己所需要的一切。因爲將有更多尋找職業的人被趕到城市裡去，城市和手工業工場將會擴大。」根據上述材料，應如何理解「圈地運動」及其影響？
    (A) 圈地運動使農民流離失所，爲英國社會帶來動亂，直接導致英國王權的解體
    (B) 圈地運動使英國農業支離破碎，成爲後來中產階級必須克服的難題，因而延緩工業革命的發生
    (C) 圈地運動迫使人們仰賴市場供應生活物資，反而提昇農業生產效率，爲後來工業革命打下基礎
    (D) 圈地運動使農村勞力移向城市，對後來英國工業革命的發生構成不利的影響

53. 一本歷史書討論某次戰爭爆發時，某國軍隊的組成狀況是：在每100個動員的士兵裡，約有25人講日爾曼語，22人講馬札兒語，12人講捷克語，9人講塞爾維亞-克羅埃西亞語，8人講波蘭語，7人講烏克蘭語，7人講羅馬尼亞語，5人講斯洛伐克語，3人講斯洛凡尼亞語，1人講義大利語。根據此一組成方式，這支軍隊應是：
    (A) 1812年遠征俄國的拿破崙大軍
    (B) 1914年參與世界大戰的奧匈帝國軍隊
    (C) 1939年入侵波蘭的納粹德軍
    (D) 1968年干預「布拉格之春」的華沙公約國軍隊

54. 某生到圖書館借了一本書，其章節包括「個人的發展」、「古典的復興」、「世界和人的發現」、「社會和節慶」等。由這些章節安排看來，此書最可能是下列何者？
    (A) 《路易十四時代》 　　　　(B) 《義大利文藝復興的文化》
    (C) 《論自由與代議政治》 　　(D) 《夢的解析》

55. 十九世紀末,有人說:「我國不可猶疑,與其坐等鄰邦之進步而與
    之共同復興東亞,不如脫離期行伍,而與西洋各文明國家共進退。
    對待鄰國之辦法,不必因其為鄰邦而稍有顧慮,只能按西洋人對待
    此類國家之辦法而對待之。」請問說這段話的人,他的國籍為何?
    (A) 日本　　　　　　　　　(B) 朝鮮
    (C) 俄國　　　　　　　　　(D) 中國

56. 以色列與阿拉伯國家之間的衝突,是影響當前中東地區穩定的關鍵
    因素。以阿衝突是從哪一場戰爭結束以後才開始的?
    (A) 第一次世界大戰　　　　(B) 第二次世界大戰
    (C) 六日戰爭　　　　　　　(D) 波斯灣戰爭

57. 以下是 1930 年代一位領袖的演講:「我國人民必須從既無希望又無
    秩序的國際主義中解放出來,接受一種有意識、有步驟的狂熱民族
    主義的教育……。其次,應該使我國人民擺脫荒謬的議會主義,
    教導他們與民主的瘋狂性鬥爭,並認識到權威與領導的必要性。第
    三,應該使人民擺脫對外援的可憐的信心,即所謂相信民族和解、
    世界和平、國際聯盟與國際團結,我們將摧毀這些思想。世界上只
    有一種法律,也就是自身力量的法律……。」請問這是一場甚麼
    樣的演講?
    (A) 史達林號召蘇聯人民反抗帝國主義
    (B) 邱吉爾呼籲英國人民反抗納粹德國的侵略
    (C) 毛澤東號召人民反抗南京國民政府
    (D) 希特勒鼓吹法西斯主義

58. 十九世紀後期,帝國主義發展到一個新的階段,下列有關這個階段
    的敘述,哪一項是不正確的?
    (A) 這是工業革命擴張促成的結果
    (B) 帝國主義者自以為把進步文明帶給被殖民者
    (C) 從事新帝國主義擴張的都是歐洲國家
    (D) 社會達爾文主義為其提供侵略的理論基礎

59. 圖 7 描繪一處刑場，請問畫中情景可能出現在哪一個時期？
   (A) 宗教改革時期，羅馬教廷迫害異端的情景
   (B) 法國大革命時期，恐怖統治的景象
   (C) 史達林統治時期，俄共處決反革命分子的一幕
   (D) 二次世界大戰期間，納粹德國屠殺猶太人的情況

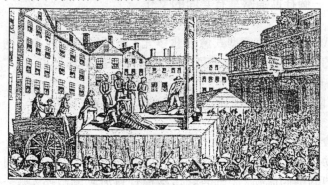

圖 7

60. 一位傳教士描寫他在一個殖民地上看到的現象：「這些魔鬼在廣大的土地上進行蹂躪、破壞、殺戮，那裏原先是一片安樂景象，有美麗的大省、寬廣的谷地、可愛的區域、很大的村莊，人口眾多、黃金豐富。他們對各個民族趕盡殺絕，不留下任何說別種語言的人，只有那些逃進山洞或地洞的人才逃脫這殘酷可憎的命運。他們採用種種奇異、極端殘忍、不公正與褻瀆宗教的手段，屠殺、毀滅了這些無辜的人民。」請問：這是指哪一個國家對哪一個殖民地的掠奪？
   (A) 西班牙對南美洲　　　　(B) 英國對阿富汗
   (C) 日本對台灣　　　　　　(D) 英國對印度

61. 傳統社會與現代社會雖然不能在某一個時間點截然二分，但可以從一些特徵來解釋這兩者的差別，下列哪一項不是現代社會的特徵？
   (A) 組織科層化　　　　　　(B) 經濟生活全球化
   (C) 學習、購物資訊化　　　(D) 價值觀念一元化

62. 現代社會中「社區」是一個很重要的概念，下列有關社區的描述，哪一個最不正確？
    (A) 社區是形容一群人居住空間的接近性
    (B) 社區可以用來形容一群人感情上的相互認同
    (C) 社區是一個自給自足的地方
    (D) 一個社區通常享有共同的文化

63. 現代社會中，家庭型式愈來愈多元，離婚後帶著前次婚姻子女再結婚的家庭，也愈來愈常見，請問這種家庭稱為什麼？
    (A) 重組家庭　　　　　　　　(B) 兩地家庭
    (C) 隔代家庭　　　　　　　　(D) 新三代家庭

64. 社會流動可分為「垂直社會流動」和「水平社會流動」，垂直社會流動是上、下社會階層間的縱向流動，水平社會流動是同一社會階層內的橫向流動，下列有關這兩種社會流動的敘述，哪一項是正確的？
    (A) 教育可促使個人有機會形成垂直社會流動
    (B) 居住地的變更是垂直社會流動
    (C) 婚配一定是一種水平社會流動
    (D) 教師工作地點調動是垂直社會流動

65. 個人學習成為「社會人」，使個人接受社會的價值觀和規範的過程，稱之為：
    (A) 理性化　　　　　　　　　(B) 公民化
    (C) 社會化　　　　　　　　　(D) 涵化

66. 初級團體與次級團體比較，前者成員較少，成員間的互動較為頻繁、親密，但通常缺乏條列式的規定，請問下列敘述何者正確？
    (A) 正式組織通常是初級團體
    (B) 初級團體內部通常施行科層制
    (C) 家庭是次級團體
    (D) 與次級團體比較，初級團體成員的歸屬感較強

67. 下列哪一項屬於大眾傳播獨有的傳播型式？
    (A) 候選人在台灣大學校門口發表演說，並散發政見傳單
    (B) 歌星在台北市中山足球場開演唱會，並於會後為歌迷簽名
    (C) 總統親自參加在總統府舉辦的跨年晚會，並公開演說
    (D) 奧薩瑪賓拉登透過卡達半島電視台，播出其預先錄好的錄影帶

68. 晚上六點以後，位於德國柏林的機場傳來一陣廣播聲，通知旅客可
    以開始登機，這個廣播服務是透過網路由美國加州的工作人員所提
    供，因為這個時段美國的人事成本比德國低很多。請根據上文，判
    斷下列何項敘述最為適當？
    (A) 德國經濟優於美國，所以能僱用美國勞工
    (B) 德國的平均工資高於美國
    (C) 美國加州失業問題嚴重，有賴其他國家協助
    (D) 跨國運作是企業提高經濟效益的方式之一

69. 根據 1970 年代我國政府因應石油危機的經驗，下列哪一項措施最
    能於景氣衰退時提振經濟？
    (A) 協助國內廠商赴外國設廠
    (B) 提高金融機構存款利率
    (C) 增加國內公共建設支出
    (D) 呼籲民間減少消費

第 70-71 題為題組

    人口議題日益受到全球重視，但是各國所面臨的情況不盡相同。請
    回答下列問題：

70. 目前北歐各國最主要的人口問題是：
    (A) 自然增加率居高不下　　　(B) 社會增加率大幅上升
    (C) 人口分佈不平均　　　　　(D) 高齡人口比例偏高

71. 表 2 是台閩地區最近幾年國民平均壽命之變動,根據表中資料,下
   列哪一項針對 1993 至 1999 年的敘述,係直接根據表 2 資料觀察而
   來?
   (A) 台灣省居民的死亡率比台北市高
   (B) 台閩地區女性比男性健康
   (C) 台閩地區國民平均壽命有增加的趨勢
   (D) 台北市生活條件比高雄市好

表 2

年別	台閩地區			台灣省		台北市		高雄市	
	平均	男性	女性	男性	女性	男性	女性	男性	女性
1993	74.28	71.61	77.52	71.16	77.14	75.99	80.83	71.81	77.03
1995	74.53	71.85	77.74	71.47	77.44	76.18	81.08	72.44	77.27
1997	74.58	71.93	77.81	71.16	77.63	76.51	80.96	72.33	77.37
1999	75.04	72.46	78.12	71.52	77.81	76.84	81.55	72.76	77.65

第 72-74 題為題組

   小說《白鯨記》是描述 1820 年「艾塞克斯號」捕鯨船在南太平洋
   遭到抹香鯨攻擊的始末。該船的航程大致如下:「從美國東北角的
   家鄉出發後,順(甲)洋流向東航行,後又順著加那利洋流與東北風
   南下,越過赤道後,沿著巴西暖流南下,經過南美最南端受到強勁
   西風的影響,費力地穿越(乙)海峽,之後才順著(丙)國家沿岸,到
   太平洋東南漁場找尋更多的鯨魚,不幸卻遭到鯨魚衝撞,二十餘人
   逃離被擊碎的船後,改乘小船,靠風帆漂流了四千五百浬,最後僅
   二人獲救。」請依上文,回答下列問題:

72. (甲)洋流是指:
   (A) 黑潮
   (B) 北大西洋暖流
   (C) 福克蘭洋流
   (D) 加利福尼亞涼流

73. (乙)海峽是指：
(A) 麥哲倫海峽   (B) 麻六甲海峽
(C) 直布羅陀海峽   (D) 巴士海峽

74. (丙)國家是指：
(A) 巴西   (B) 智利
(C) 阿根廷   (D) 玻利維亞

第 75-76 題為題組

有一本書上說：「每一個人都是他自己經濟事務的最佳裁判者，自由競爭和致富的慾望可以導致社會整體財富的增加。儘管每個人都是自私的、而且常常不顧及共同的利益，但是他們的共同活動，卻自然地趨於全體的共同經濟福祉。這種情況，就如同有一隻看不見的手在調節一切一樣。」請根據這段資料，回答下列問題：

75. 這種理論符合下列何者的主張或政策？
(A) 亞當斯密（Adam Smith）的「國富論」（The Wealth of Nations）
(B) 魏勃夫婦（Sidney and Beatrice Webb）的「費邊主義」
(C) 凱因斯（John Keynes）的經濟學說
(D) 美國總統羅斯福（Franklin Roosevelt）的「新政」（New Deal）

76. 文中所謂「一隻看不見的手」，指的是甚麼？
(A) 資本家的幕後操控
(B) 市場的自然運作
(C) 上帝的特別天祐
(D) 政府無所不在的影響力

91年度學科能力測驗社會科試題①詳解

第壹部分

1. A

【解析】(甲) 在山地開發農場，破壞坡地原始森林植被，農作物的根系抓地力遠不如原始植被，水土保持欠佳，易造成土石流。

(乙) 興建防砂壩可減少下游水庫淤積。

(丙) 道路屬於人工地面，坡地築路破壞水土，更易造成土石流。

(丁) 土石流易發生在山區陡坡，故坡地種植檳榔易引發土石流。

故選(A) 甲丙

2. D

【解析】(D) 台灣西南沿海屬於離水堆積進夷型海岸，因陸地上升及河流沖積，使海岸線不斷向外擴展。

3. C

【解析】(C) 昔日中國商旅利用冬季的東北季風至南洋貿易，夏季則利用西南季風順風而返。

4. A

【解析】(A) 中心商業區（CBD）：是都市的經濟心臟，也是易達性最大和商業最盛、地價最貴、建築樓層最高地帶。

5. **B**

【解析】 (B) 河床淤高使河道容水量減少，水位因而增高。

6. **D**

【解析】 (D) 珠江三角洲經濟快速發展，勞力轉移至二、三級產業，塘基作物逐漸廢耕，魚塘面積擴大，養殖高經濟價值的魚類，以因應市場需求。

7. **B**

【解析】 (B) 台灣地形多山，山脈呈南北縱走為主，冬季來自海上的東北季風受山脈地形的抬升而多雨，夏季西南季風受阻於山脈而升騰致雨。

8. **C**

【解析】 (C) 冰河時期台灣島與大陸相連，生物自大陸遷台，後因氣溫上升，冰河融化導致海平面上升，形成台灣海峽，族群被隔離而演化為特有種。

9. **C**

【解析】 1. 地理學三大傳統：①空間傳統（空間分析）②生態傳統（生態分析）③區域傳統（區域複合體分析）。

2. (C) 空間傳統：主要研究「現象」的分布變化。

10. **D**

【解析】 甲：興建水壩：使河流供給海岸的總輸沙量減少，海岸受蝕性增加。

丁：大規模抽取地下水及孟洛湖主要水源河川被大量引水：造成孟洛湖水位下降，鹽度提高，湖泊生態改變。

11. **B**

　　【解析】(A) 司馬遷的史記敘述起於黃帝，迄於西漢，中國古
　　　　　　　　文獻中早已有殷商以前的記載。

　　　　　　　(C) 中國考古發現早已有舊石器時期等文物，且歷史
　　　　　　　　研究須考古和文獻互相配合才可得出較理想結論。

　　　　　　　(D) 中國文化淵源多數學者早已認同多區發展說，非
　　　　　　　　淵源於殷商文化。

12. **A**

　　【解析】(A) 儒家思想特別強調禮治，故孔子要「道之以德，
　　　　　　　　齊之以禮，有恥且格」，荀子特別主張「尊君」「隆
　　　　　　　　禮」。

13. **C**

　　【解析】(C) 明代中央行內閣制，設內閣大學士，張居正是明
　　　　　　　　朝人，可知是明代內閣制。

14. **B**

　　【解析】(B) 隋唐承襲魏晉南北朝的門閥士族制度，勢族享有
　　　　　　　　特權，社會上不平等，唐代帝王如唐太宗有打破
　　　　　　　　士族政治的企圖，故找人寫氏族志等，影響到禁
　　　　　　　　止士家大族通婚等。

15. **B**

　　【解析】(B) 魏晉南北朝到唐代安史之亂前行均田制，政府授
　　　　　　　　田分口分田（露田）、永業田（桑田）。

16. **C**

【解析】 (A) 七世紀是唐朝，唐代坊市分離，住宅區內不可設店面。

(B) 明清商業發達，商幫出現，建立會館，做爲貿易據點，從而建構嚴密商業網。

(D) 唐代廣州和揚州是對外通商重要商港。

17. **D**

【解析】 (A)(B)(C) 游牧民族與農業民族和戰不定，有時農業民族征伐游牧民族，游牧民族被迫反擊，非全然是盜賊行爲，不能以農業民族立場來解釋。

18. **A**

【解析】 (A) 清末西化運動，依序有自強運動（器物改革）→戊戌變法、革命運動、庚子後新政、立憲運動（政治制度改變）→新文化運動（文化思想改造）。

19. **D**

【解析】 (A)(B) 日本治台教育持隔離政策、差別待遇，台灣人受不平等待遇，也不鼓勵台灣人受高等教育。

(C) 一九三五年，日本人在台灣實施有限度的地方自治選舉，未增加台灣人學習日語的意願。

20. **C**

【解析】 (A) 明末清初戰亂頻仍，太平天國十四年中國人減少二千多萬人。

(C) 明末清初地理大發現後傳入玉米、馬鈴薯和甘薯等，改善糧食供給，有助舒緩人口壓力。

(D) 清末領土不斷喪失。

21. **D**

【解析】 (D) 民國六十八年美麗島事件發生後，黨外精英大量被
捕，是黨外民主運動的轉機，從此民主力量蓬勃發
展，成為打破黨禁的動力。

22. **C**

【解析】 (C) 耕者有其田政策，使佃農有自己的耕種田地，而大
地主可擁有公營企業的股票或實物債券，向工商業
發展。

23. **B**

【解析】 (B) 民國八年巴黎和會召開，出賣中國山東（青島等地）
的權益，使北京等地青年人出現愛國主義運動—五
四運動。

24. **D**

【解析】 (D) 李登輝前總統受清雍正（世宗）戒急用忍的影響，
認為中共對台灣併吞野心太多，中國大陸是個大黑
洞，故提出兩岸經貿交流時台灣不可太熱，以免台
灣資金被中共吸住，而失去競爭力。

25. **B**

【解析】 儒家主張以民為本「民為邦本，本固邦寧」但國家由君
主統治實未有民治思想，故選 (B)。

26. **D**

【解析】 (A) 英國光榮革命奠定民主政治。

(B) 美國獨立戰爭掀起平等自由思潮。

(C) 俄國十月革命，共產黨獲得政權。

(D) 法國大革命激起民族意識。

27. **C**

【解析】 此話是因爲國父遊歐洲（英國）之後而說，並洞悉中國民生問題。

28. **A**

【解析】 (A) 弱勢族群多屬少數，無法和多數對抗。

29. **D**

【解析】 (A) 薪資所得稅　　　(B) 契稅

(C) 營業稅

皆不屬不勞而獲之財

30. **B**

【解析】 (A)(C)(D) 未有確切證據就先判斷不合科學精神。

31. **C**

【解析】 甲：總統制未必比內閣制民主，總統制國家一般沒有總理，如美國，即使有如法國是半總統制，總理由總統任命，非國會多數黨領袖擔任。

乙：總統制國家一般政局較不穩定，比較容易造成總統獨裁，如中南美洲國家（美國除外）。

32. **B**

【解析】 (乙) 還是受中央政府監督

(丁) 國家憲法是由國大代表制定、修改。

33. **C**

【解析】 張光明在清朝來台，屬本省人，張讓在國民政府遷台後來台，屬外省人，但原鄉皆爲閩南族群。

34. **A**

　　【解析】　布希總統個人反對使用墮胎藥，但國會若通過，基於法律程序，布希總統必須遵守國會意見，允許使用墮胎藥。

35. **A**

　　【解析】　約翰彌勒說：「不侵犯他人的自由才是真自由」。

第 36-38 題為題組

36. **A**

　　【解析】　「甲」坡地坡度由西南向東北低降，故為東北坡向。

37. **B**

　　【解析】　丙、丁兩地在同一等高線間距內。

38. **D**

　　【解析】　由石灰岩滲穴、石灰　地形可判讀。

第 39-40 題為題組

39. **B**

　　【解析】　「加蚋仔」位台北盆地盆底，地勢較低，若淡水河系氾濫，河水溢流易形成沼澤。

40. **A**

　　【解析】　1. 台北盆地的原住民漢人稱之為「平埔族」或「熟番」。
　　　　　　　2. 移墾台北盆地的漢人以閩南人為主。

第 41-42 題為題組

41. **B**

　　【解析】　(B) 日據時期，台灣敎育採差別待遇和隔離政策，台灣人只能讀師資設備較差的公學校。

42. **A**

　　【解析】 (A) 日本人讀的小學校師資設備待遇等皆比台灣人讀的公學校好。

第貳部分

43. **A**

　　【解析】 尼羅河上游流經「熱帶莽原氣候」，夏雨集中，乾濕季節明顯，形成定期季節性的氾濫。

44. **D**

　　【解析】 南歐的地形、土壤及地中海型夏乾冬雨氣候，適宜葡萄和橄欖的生長。

45. **B**

　　【解析】 歐洲殖民在美洲發展熱帶栽培業，西非成為勞力主要供應地，形成奴隸貿易。

46. **C**

　　【解析】 東南亞的印尼、馬來西亞、菲律賓南部多數居民主要信仰為伊斯蘭教。

47. **A**

　　【解析】 阿富汗位帕米爾高原山結附近，境內多新褶曲山脈，如興都庫什山、蘇里曼山等，山勢雄偉，地形崎嶇，不利行軍，卻有利反抗軍藏匿。

48. **A**

　　【解析】 由 1.峽灣地形：海灣深入，利於航運。2.冰蝕地形：山地崎嶇。3.漁業發達。4.位北半球：因夏季南坡較暖。可判讀出為挪威。

49. **C**

　　【解析】　可由梯田景觀及下方農作判別，故選 (C)。

50. **B**

　　【解析】　(A) 日本對美國的貿易順差大於對歐洲共同體的貿易
　　　　　　　　順差。
　　　　　　　(C) 對菲律賓、泰國爲出超。
　　　　　　　(D) 美國爲日本最主要貿易對象。

51. **D**

　　【解析】　(A) 資料二未透露悲觀心理。
　　　　　　　(B)(C) 這二段資料有關聯，皆強調史家的重要性。

52. **C**

　　【解析】　(C) 十八世紀初英國圈地運動使許多自耕農喪失土地，
　　　　　　　　爲工業革命注入充沛的勞力。

53. **B**

　　【解析】　(B) 第一次世界大戰（1914-1918 年）時的奧匈帝國是
　　　　　　　　雙元國，軍隊組成複雜。

54. **B**

　　【解析】　(B) 十四世紀義大利興起的文藝復興運動，強調人文
　　　　　　　　主義，重視「個人的發展」，古希臘羅馬文化的
　　　　　　　　復興等。

55. **A**

　　【解析】　(A) 一八六八年日本明治維新是促使日本進步的西化運
　　　　　　　　動，當時「求知識於世界，破除舊日陋習」。

56. **B**

　　【解析】 (B) 第二次世界大戰（1937-1945 年）後，民族主義盛
　　　　　　　行，以阿戰爭爆發。

57. **D**

　　【解析】 (D) 一次戰後希特勒以「重建日耳曼人的光榮，撕毀凡
　　　　　　　爾賽和約」為號召，鼓吹德國法西斯主義，向外侵
　　　　　　　略。

58. **C**

　　【解析】 (C) 日、俄、美等亞洲或美洲國家亦是新帝國主義國家。

59. **B**

　　【解析】 (B) 一七八九年法國大革命時法王路易十六被送上斷頭
　　　　　　　台處死。

60. **A**

　　【解析】 (A) 舊帝國主義（十六到十八世紀）時期西班牙是中南
　　　　　　　美洲最大殖民帝國，西班牙人毀滅馬雅和印加等古
　　　　　　　文明。

61. **D**

　　【解析】 (D) 現代社會因傳訊等進步，形成大眾文化，價值觀念
　　　　　　　多元化。

62. **C**

　　【解析】 社區沒有生產力。

63. **A**

　　【解析】 (C) 祖孫住在一起。
　　　　　　 (D) 離婚父母和外祖父母及子女住在一起。

64. **A**

　　【解析】 (B) 水平移動。　　(D) 水平移動。

65. **C**

　　【解析】 個人學習成為「社會人」，使個人接受社會的價值觀和
　　　　　　規範的過程，稱之為「社會化」。

66. **D**

　　【解析】 (A) 正式組織屬次級團體。
　　　　　　(B) 次級團體內部通常施行科層制。
　　　　　　(C) 家庭是初級團體。

67. **D**

　　【解析】 (A) (B) (C) 均非媒體特有。

68. **D**

　　【解析】 充分利用全球各地資源，跨國際分工合作，提高經濟
　　　　　　效益。

69. **C**

　　【解析】 (A) 應該積極發展國內工商，非對外設廠。
　　　　　　(C) 台灣在民國六十年代遭遇外交困境，便極力發展
　　　　　　　　　國內建設，充實國力。
　　　　　　(B) (D) 應該降低存款利率，刺激消費。

70. **D**

　　【解析】 北歐有完善的社會福利，出生率及死亡率均低，造成
　　　　　　人口高齡化。

71. **C**

　　【解析】(A) (B) (D) 無法由圖表直接判讀。(C) 因為 1993 年平均
　　　　　　年齡為 74.28，1995 年為 74.53 到 1999 年為 75.04，故
　　　　　　平均壽命增加。

72. **B**

　　【解析】美國東北沿海有墨西哥灣流北上受西風吹拂而折向東
　　　　　　流的北大西洋暖流。

73. **A**

　　【解析】(A) 麥哲倫海峽：位南美最南端與火地島之間，溝通太
　　　　　　　　平洋與大西洋。

　　　　　　(B) 麻六甲海峽：位於東南亞馬來半島與蘇門答臘島之
　　　　　　　　間，溝通印度洋與太平洋。

　　　　　　(C) 直布羅陀海峽：位西班牙與摩洛哥之間，地控地中
　　　　　　　　海出大西洋口。

　　　　　　(D) 巴士海峽：在台灣與菲律賓之間。

74. **B**

　　【解析】(A) 巴西在南美東部（大西洋西岸）

　　　　　　(B) 智利在南美西南部（太平洋東南岸）

　　　　　　(C) 阿根廷位南美東南（大西洋西南岸）

　　　　　　(D) 玻利維亞是南美內陸國

75. **A**

　　【解析】(A) 亞當斯密的「國富論」主張自由放任經濟政策，
　　　　　　　　與凱因斯主張政府適時干預不同。

76. **B**

　　【解析】(B) 亞當斯密認為自由經濟的市場運作受制於供需關
　　　　　　　　係。

九十一年大學入學學科能力測驗試題
社會考科②

第壹部分（佔84分）

說明：第1至42題皆計分。第1至34題為單一選擇題；第35至42
題為題組，每組有2個子題。各題皆是單選題，請選出正確
選項標示在「答案卡」上。每題答對得2分，答錯不倒扣。

1. 下列哪一種河流地形的成因與地形回春作用最有關係？
   (A) 曲流 　　　　　　　　　　(B) 壺穴
   (C) 河階 　　　　　　　　　　(D) 沖積扇

2. 海岸的變遷深受波浪作用和沿岸漂沙的影響。下列哪一種人類活
   動有助於減緩海岸侵蝕？
   (A) 河川抽沙 　　　　　　　　(B) 抽取地下水
   (C) 興建防砂壩 　　　　　　　(D) 海岸種植紅樹林

3. 「早穿皮襖午換紗，晚抱火爐吃西瓜」所描述的生活情境，最可
   能出現在下列哪一種氣候區的傳統村落？
   (A) 熱帶季風 　　　　　　　　(B) 熱帶莽原
   (C) 溫帶沙漠 　　　　　　　　(D) 地中海型

4. 長江中、下游洞庭湖和太湖周圍的圍墾，對河川水文的最主要影
   響為何？
   (A) 增加河川的淤沙量 　　　　(B) 提高洪水的水位
   (C) 加速河道的下切 　　　　　(D) 降低洪水的發生頻率

5. 由松花江、黑龍江和烏蘇里江所沖積而成的三江平原是中國最大
   的沼澤荒原，其特殊的環境孕育了下列哪一種東北名產？
   (A) 人蔘 　　　　　　　　　　(B) 貂皮
   (C) 鹿茸 　　　　　　　　　　(D) 烏拉草

6. 初春時，黃河某些河段的上游
先行融冰，而下游尚處於冰封
狀態，以致阻塞河水、造成氾
濫，稱為「凌汛」。根據圖1中
各河段的位置判斷，下列何者
最可能發生「凌汛」？

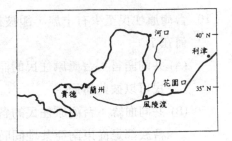

圖1

(A) 貴德 —— 蘭州　　(B) 河口 —— 風陵渡
(C) 風陵渡 —— 花園口　(D) 花園口 —— 利津

7. 多年來，政府曾陸續推動多項與環境有關的政策和工作，下列哪
一選項中的兩項工作相互衝突？
(A) 國土造林運動；國有林地放領
(B) 限制關渡平原開發；基隆河分洪計畫
(C) 開發九份二山崩塌地區的觀光；建立國家地震紀念地
(D) 重繪台灣活斷層分布圖；製作山坡地地質敏感地區分級圖

8. 沙漠的生成與其地理環境關係密切，全世界的沙漠以位於下列哪
一種區位的總面積最大？
(A) 深處內陸者　　　　(B) 位在盛行風背風側者
(C) 沿海有涼流通過者　(D) 位在副熱帶高壓帶者

9. 一般認為當今的中國大陸已經是一個區域強權，但還不算是一個
富裕的國家，主要是基於下列哪一項理由？
(A) 人口數雖為世界第一，但是男女人口數差異大
(B) 總體經濟規模大，但是平均每人收入仍低
(C) 古代科技昌明，但當今科技水準落後
(D) 國土面積雖大，但是自然資源種類和數量不夠豐富

10. 台灣原住民至少有十族，卻被視爲一個族群，其最主要的原因
    何在？
    (A) 共同語言：台灣原住民的語言多屬「南島語系」，其各族人
        民可以彼此溝通
    (B) 共同血緣：台灣原住民的各族皆可追溯自共同的祖先，因爲
        各族都是從東南亞某地同時渡海來台
    (C) 認同：在近代以前，台灣原住民雖分爲多族，但彼此認同，
        自認爲是同一個民族
    (D) 歷史因素：台灣原住民是近代漢人大量移民前的居民，漢人
        移民造成漢人與原住民的衝突，原住民漸被視爲一個群體

11. 從某個時期開始，確立選舉制度，地方士人可以期待經由正式的
    機構、確定的思想與定期的選拔方式進入政府，成爲官員。請問
    「某個時期」是指哪一個朝代？
    (A) 西漢　　　　　　　　(B) 曹魏
    (C) 唐　　　　　　　　　(D) 宋

12. 在首都舉行了冊封儀式後，受封者率領軍隊、人民前往東方的封
    地，結果受到封地上的土著軍隊攻擊，好不容易才將土著征服。
    接下來的首要工作是築城，以作爲未來統治這個封地的基地。請
    問這是哪一個時期的政治情勢？
    (A) 商朝初年　　　　　　(B) 周朝初年
    (C) 唐朝初年　　　　　　(D) 清朝初年

13. 清末原本主張立憲的士紳，在武昌起義後，他們對革命採取的態度及其後他們權勢的演變，以下敘述何者適當？
   (A) 他們普遍支持清朝政府以對抗革命勢力，民國成立後，他們喪失了政治權力
   (B) 他們普遍支持清朝政府以對抗革命勢力，民國成立後，他們仍擁有政治權力
   (C) 南方主張立憲的士紳，多支持革命以對抗清朝政府，民國成立後，政權歸革命黨人控制，他們喪失了政治權力
   (D) 南方主張立憲的士紳，多持觀望態度，其後轉而支持革命，民國成立後，他們仍擁有政治權力

14. 近代以來「民主」的內容可包含：（甲）制定憲法；（乙）民選國家元首；（丙）政黨政治；（丁）民意代表制度；（戊）基本人權等五項基本內容。清朝末年「八國聯軍」事件結束後，清朝政府決定「變法」，著手採行若干民主政治的原理，請問此民主政治的原理主要是指上述哪兩項？
   (A) 甲丁   (B) 乙丙
   (C) 甲戊   (D) 丁戊

15. 據報載，蘇州在中國大陸的工業園區中脫穎而出，將成為半導體重要中心之一。以下有關蘇州的描述，何者不正確？
   (A) 明清時期，蘇州是中國工商業的中心，係得利於長江與南北大運河的航運之便
   (B) 十九世紀後半期以來，因為海運興起，上海取代了蘇州的地位
   (C) 自清末開放五口通商以來，蘇州急速繁榮，故有「上有天堂，下有蘇杭」之美稱
   (D) 因為電子科技等輕工業的發展，蘇州已漸恢復其中國經濟重鎮的地位

16. 中國歷史上的戰爭,有車戰、步兵戰、騎兵戰等等。下面哪一個時代以車戰為主?
    (A) 春秋時代　　　　　　　(B) 戰國時代
    (C) 漢代　　　　　　　　　(D) 唐代

17. 一篇研究中國史的論文中,有以下敘述:「北人南來避難約略可分為二路線,一至長江上游,一至長江下游。避難人群中,其上層階級是皇室及洛陽之公卿士大夫,中層階級亦為北方士族,下層階級為長江以北地方低等士族及一般庶族。」請問北人南來避難是肇因於何事件?
    (A) 黃巾之亂　　　　　　　(B) 永嘉之亂
    (C) 靖康之難　　　　　　　(D) 太平天國

18. 唐代曾有「錢荒」現象,即銅錢欠缺,民間在進行商業交易時沒有銅幣可以使用。歷史老師說成因之一是人民將銅幣熔化後變成銅金屬。對於這個現象,我們應如何理解較為恰當?
    (A) 銀幣已取代銅幣,成為唐代的法定貨幣,故人民將銅幣熔鑄成其他器物以牟利
    (B) 紙鈔已取代銅幣,成為民間通行的貨幣,故人民將銅幣熔鑄成其他器物以牟利
    (C) 唐代發生銅幣面額低於其金屬價值的現象,故人民將銅幣熔鑄成其他器物以牟利
    (D) 「錢荒」的原因不可能是人民將銅幣熔鑄成他物,其原因如同現代人不可能將鈔票變成紙漿,是歷史學家誤信史料

19. 「海瑞罷官」為一有名的歷史故事,其主角海瑞在明嘉靖年間身
　　為戶部官員,上書給嘉靖皇帝,公開指責皇帝的施政與人格。請
　　問海瑞是基於何種理念而指責皇帝?
　　(A) 傳統儒學中的士大夫精神
　　(B) 當時西方傳入的民主思想
　　(C) 皇帝制度的分權與制衡原理
　　(D) 皇帝制度中的監察制度原理

20. 「他們將好端端的鐵絲網拿來,不計工本地剪成一小段一小段的,
　　投進爐子,燒成一塊塊的鐵疙瘩,然後紮上紅布條,畢恭畢敬地
　　捧到領導那裏去『報喜』」。請問這件事發生在何時何地?
　　(A) 英國工業革命時代發生的事
　　(B) 柏林圍牆倒塌時,德國愛好自由的人民做的事
　　(C) 毛澤東時代中國全民大煉鋼運動中的事
　　(D) 蘇聯史達林時代第一次五年計劃中發生的事

21. 一位西方人觀察中國的內戰,有如下的紀錄:「如果基督教國家
　　參與鎮壓這場運動將是很悲哀的,因為起義者抱著一種爭取進步
　　的激情和作全面改革的意向,而中國政府方面則從沒有顯出這種
　　意向。起義者自稱的基督教形式雖然大有疑問,但卻比迄今為止
　　中國人⋯⋯愚蠢的偶像崇拜要好得多。目前顯得較為可取的唯一
　　政策,是⋯⋯避免與內戰雙方發生任何政府層面的瓜葛。」這是
　　中國的哪一場內戰?
　　(A) 鄭成功反清復明的戰爭　　(B) 太平天國之役
　　(C) 義和團事件　　　　　　　(D) 國共內戰

22. 有一位台灣人到中國大陸去，因為時局敏感，擔心會被當作是日本的間諜，所以他只敢說自己是廣東梅縣人。請問，這最可能是哪一年發生的事？

    (A) 1872 年　　　　　　　　(B) 1896 年
    (C) 1943 年　　　　　　　　(D) 1972 年

23. 儒家思想曾提倡「華夷之辨」，但滿清入主中原，終能得到士大夫接納的主要原因是什麼？

    (A) 舜是東夷人，滿洲人也是東夷人；舜能治理中原，滿洲人也能治理中原
    (B) 滿清以禪讓得國，所以獲得士大夫等的支持
    (C) 滿人全面漢化，以示滿漢無別，因此得到士大夫的支持
    (D) 滿清以科舉懷柔士大夫，以高壓鎮服反抗

24. 中山先生領導的反清革命，曾持續受到海外華僑的捐輸義助，請問下列哪兩種解釋較為正確？

    (甲) 華僑習得民主自由風氣，不受清廷功名利祿所惑
    (乙) 華僑在海外多曾遭受歧視，企盼祖國富強可為庇蔭
    (丙) 清政府視海外僑民為「自棄王化」，不重視保僑、護僑
    (丁) 保皇派在海外形象與人緣不佳，僑心自然歸附中山先生
    (戊) 英、法民主政府同情革命，僑社贊助革命的捐款可扣抵稅賦

    (A) 甲丁　　　　　　　　　(B) 乙丙
    (C) 丙丁　　　　　　　　　(D) 乙戊

25. 在追求民主化的過程中,有些國家雖然定期舉辦選舉,政權也能依選舉結果和平轉移,可是其競選的活動中常充斥著謾罵、黑函、賄選、暴力等,而若干譁眾取寵、素行不佳的候選人也能獲得當選。為了改善這種情形,請問下列何種作法最為根本?
   (A) 提高候選人參選資格的限制
   (B) 修改憲法,恢復實施「訓政」
   (C) 加強公民教育,促使民眾自覺
   (D) 降低政黨不分區名額得票率的門檻

26. 中山先生的思想曾受到互助合作觀念的啟發,請問下列哪兩項可為例證?
   (甲) 實業計畫　　　　　　(乙) 分配社會化
   (丙) 耕者有其田　　　　　(丁) 直接徵稅
   (A) 甲乙　　　(B) 乙丙　　　(C) 丙丁　　　(D) 甲丁

27. 下列何者最可能是高齡化社會的現象?
   (A) 生產繳稅的人口增加
   (B) 三代同堂的家庭增加
   (C) 失業救濟的人口增加
   (D) 醫療照護的需求增加

28. 在資本主義運作下,全球單一市場逐漸成形,請問下列哪一選項不是資本主義所強調的?
   (A) 客觀仲裁的法律
   (B) 自由的競爭
   (C) 平等的福利
   (D) 企業經營的才能

29. 內閣制是近代立憲國家探行的一種政府體制,請問以下何者 <u>並非</u> 內閣制的特徵?
    (A) 元首代表國家,但不負責實際政務的推動與承擔成敗的責任
    (B) 元首公布法律或命令時,不需閣揆或閣員的副署
    (C) 閣揆由國會中多數黨的領袖出任,行政權與立法權實為一體
    (D) 國會為政治樞紐,多數黨的議員有機會兼任內閣閣員

30. 在民主化過程中,當政府的權力轉移之際,最大的挑戰在於如何 維持民主體制的穩定。請問下列何種作為最有助於民主的穩定發 展?
    (A) 執政黨為貫徹本身的理念,不用徵詢在野黨
    (B) 規避冗長的議事抗爭,直接訴諸民眾支持
    (C) 政府依憲政規範施政,朝野政黨相互尊重
    (D) 強化政令宣導,使執政黨的政策不受杯葛

31. 康熙五十六年,清政府下令禁止人民前往南洋貿易。一位學者曾 經指出:「沿海居民……深知水性、慣熟船務之舵工、水手不能 勝任擔負重物,以謀得一朝之食。或走險海中,為賊駕船,圖目 前餬口之計;其遊手無賴,更無所事事。」根據這段話,這位學 者認為海禁將造成:
    (A) 人民的國家認同混淆　　(B) 政府無法掌握國際變化
    (C) 科技的發展停滯　　　　(D) 人民就業機會縮減

32. 中央與地方分權向來是憲政規畫的重要課題,請問下列哪個國家 地方分權的色彩特別顯著?
    (A) 美國　　　　　　　　　(B) 法國
    (C) 英國　　　　　　　　　(D) 中華民國

33. 依我國現行憲法規定，立法委員在職權行使上除質詢行政官員外，還有何種法定職權？
    (A) 副總統缺位時行使補選權　(B) 帶領檢察官查緝犯罪
    (C) 依法彈劾政府官員　　　　(D) 提出中央政府年度預算案

34. 建立「社會安全」制度是民生主義的基本主張之一，我國近年來亦積極推行此類政策。請問下列何者屬於此一範疇？
    (A) 推廣行車使用免持聽筒電話
    (B) 推行全民健康保險
    (C) 推廣安全的性知識
    (D) 推動社區警民聯防

第 35-36 題爲題組

圖 2 爲中國四個水文測站的月降水量和月平均流量圖，請回答下列問題：

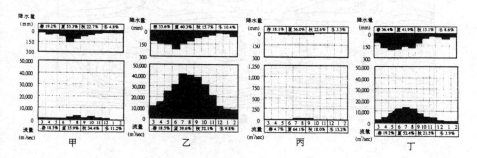

圖 2

35. 圖中各氣候水文資料，若依長江武漢站、黃河花園口站、塔里木河阿拉爾站、西江梧州站順序排列，下列何者正確？
    (A) 甲乙丙丁　　　　　　　　(B) 乙甲丙丁
    (C) 丙丁甲乙　　　　　　　　(D) 丁甲乙丙

36. 乙站的月平均流量顯著大於丁站，最主要的原因是乙站具有下列
    哪一項水文特性？
    (A) 乾季較不明顯　　　　　(B) 河寬變化較小
    (C) 測站上游流域面積較大　(D) 年降水量較多

第 37-38 題為題組

氣壓的分布受太陽輻射、地形和海陸分布等因素的影響，圖 3 為
全世界某月份的等壓線分布圖，圖中等壓線的氣壓單位為百帕，
根據該圖回答下列問題：

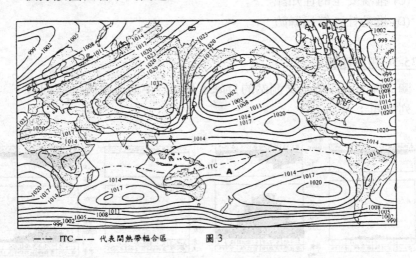

—·— ITC —·— 代表間帶熱帶輻合區　　　圖 3

37. 圖中澳洲東側的 A 等壓線之氣壓值應為何？
    (A) 1005　　(B) 1008　　(C) 1011　　(D) 1014

38. 圖 3 最可能是哪一個月份的氣壓分布圖？
    (A) 一月　　(B) 四月　　(C) 七月　　(D) 十月

第 39-40 題為題組

圖 4 是一幅等高線地形圖,圖中每一方格的邊長為 1 公里。請回答下列問題:

39. 從卓安橋到山風橋的小徑長約幾公里?
    (A) 1~2   (B) 4~5
    (C) 7~8   (D) 10~11

40. 從甲地到戊地沿途哪一段是下坡路?
    (A) 甲乙   (B) 乙丙
    (C) 丙丁   (D) 丁戊

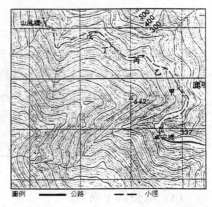

圖 4

第 41-42 題為題組

請閱讀以下的會議紀錄,甲、乙分別是兩國談判代表。

甲:我兩國比鄰,不必如此決裂,總須和好。

乙:賠款讓地猶債也。債還,兩國自然和好。

甲:牽債多狠,雖和不誠(白話是:你們要債要得太狠,雖然和好了,也不真誠)……我說話甚直,台灣實不易取,法國前次攻打,尚未得手,海浪湧大,台民強悍。

乙:我水師兵不論何苦,皆願承受。去歲北地奇冷,人皆以我兵不能吃苦,乃一多以來我兵未見吃虧,處處得手。

請回答下列問題:

41. 甲、乙分別代表的是哪一個國家?
    (A) 俄國、日本   (B) 中國、日本
    (C) 朝鮮、日本   (D) 中國、俄國

42. 這一場會議中，雙方簽訂了哪一個條約？
    (A) 樸茨茅斯和約   (B) 璦琿條約
    (C) 尼布楚條約   (D) 馬關條約

第貳部分（佔 48 分）

說明：第 43 至 76 題共 34 題，答對 24 題以上（含 24 題）則第貳部分
    即得滿分。第 43 至 71 題為單一選擇題；第 72 至 76 題為題
    組，每組有 2-3 個子題。各題皆是單選題，請選出正確選項
    標示在「答案卡」上。每子題答對得 2 分，答錯不倒扣。

43. 西、北歐是全球最顯著的冬溫正偏差區，此現象與該地區的哪一項
    事實關係最密切？
    (A) 地勢低平廣袤   (B) 河川水系發達
    (C) 沿海有強勁暖流經過   (D) 山脈多呈東西走向

44. 非洲中部和南美洲北部都有赤道通過，但非洲的熱帶雨林區位在
    其赤道區的西部，而南美洲的熱帶雨林區位在其赤道區的中、東
    部。形成雨林區這種分布差異的主要因素為何？
    (A) 地形分布   (B) 陸塊面積
    (C) 海岸形態   (D) 行星風系

45. 澳洲有多種大異於其他地區的珍稀原生動植物，是其發展觀光事
    業的基礎之一。該國能擁有此種特殊資源的主要原因為何？
    (A) 長期遠離其他陸塊，物種獨立演化
    (B) 中、西部沙漠廣大，阻隔物種接觸
    (C) 原住民不以採集狩獵為生
    (D) 地廣人稀，人類對自然界的干擾較少

46. 下列哪一個地區在海運上處於亞、澳航線和亞、非、歐航線的通過位置，素有「世界貿易路線的十字路口」之稱，致使其民族、文化、政治均頗為複雜？
    (A) 東亞
    (B) 東南亞
    (C) 南亞
    (D) 西亞

47. 俄羅斯有哪一條鐵路連貫莫斯科、烏拉山、庫斯巴次、貝加爾湖等四大工業區，使原料和成品的運輸甚為便利？
    (A) 土西鐵路
    (B) 中亞鐵路
    (C) 裏海鐵路
    (D) 西伯利亞鐵路

48. 下列圖片中的人物分別代表不同族群的面貌，哪一幅圖像的人物最能代表阿富汗的主要居民？
    (A)　　　　　(B)　　　　　(C)　　　　　(D)

49. 旅行社對某地的簡介如下：「……當地氣候四季分明，……。冬季時大地被白雪覆蓋，滑雪是流行的戶外活動；三、四月間大地逐漸重披綠衫，但是氣溫變化頗大；夏季時白天溫度多在攝氏 20 度以上，只有偶爾會受到颱風的影響，是很適合前往旅遊的季節……」。這段文字最可能是描寫下列哪一個地方？
    (A) 日本的北海道
    (B) 義大利的西西里島
    (C) 菲律賓的呂宋島
    (D) 紐西蘭的南島

50. 歐洲有一位著名作曲家,其前期創作呈現了優雅、勻稱與秩序的
    風格,而後期創作則放棄許多定規(形式),轉而著重情感的表
    現。這種作曲風格的變化正反映其所處時代精神的發展。請問:
    這位作曲家所處的時代應在何時?
    (A) 十七世紀後期至十八世紀前期
    (B) 十八世紀後期至十九世紀前期
    (C) 十九世紀後期至二十世紀前期
    (D) 1960 年代後期至 1970 年代前期

51. 有本歷史書描述某個時期的文化現象:「在大眾文化中,最受矚目的
    要屬一群來自英國利物浦的歌手了。他們具有煽惑性的、懶洋洋的熱
    情,配合專業的錄音技術與廣告手法,迅速成為家喻戶曉的人物。他們
    立意新穎的歌曲與電影,帶著一種淡淡的反權威、反戰和反社會階序的
    信息。他們揶揄惺惺作態的中產階級,贊成使用迷幻藥,大肆宣傳一種
    隨遇而安、好整以暇的享樂主義。」這段文字應如何理解最為恰當?
    (A) 這裡描述的是 1890 年代的文化現象,呈現的是歐洲「世紀末」
        的頹廢主義,反戰是指反對一次大戰前的列強衝突
    (B) 這裡描述的是 1930 年代的文化現象,呈現的是世界經濟蕭條
        下,人的不安與虛無,反戰是指反對西班牙內戰
    (C) 這裡描述的是 1960 年代的文化現象,年輕歌手指的是「披頭
        四」(The Beatles)合唱團,反戰是指反對越戰
    (D) 這裡描述的是 1990 年代的文化現象,年輕歌手指的是「辣妹
        合唱團」(Spice Girls),反戰是指反對南斯拉夫內戰

52. 二十世紀的前半期發生過兩次世界大戰,對時局的發展都造成鉅
    大的影響。以下有關這兩次世界大戰的比較,何者正確?
    (A) 戰勝國都對戰敗國要求懲罰性的戰爭賠償
    (B) 美國外交政策在戰後都走向「孤立主義」
    (C) 戰後世界都發生了影響深遠的經濟大恐慌
    (D) 戰後的世局都出現民主與極權的並立現象

53. 十九世紀後期，工業革命的進
程加速，各工業國的實力發生
變化。右圖是某兩個工業國家
粗鋼的產量圖。請問：圖中的
兩條線分別代表哪個國家？

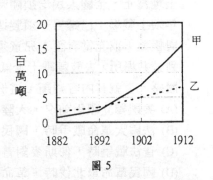

圖 5

(A) 甲：德國；乙：英國
(B) 甲：俄國；乙：日本
(C) 甲：英國；乙：美國
(D) 甲：法國；乙：德國

54. 在第二次世界大戰結束後，德國被分成東德與西德的原因是甚麼？
(A) 德國曾挑起兩次世界大戰，聯合國為避免德國再啓戰端，決
定加以瓜分
(B) 冷戰期間，美、英、法三國與蘇聯在德國領土對峙的結果
(C) 國內納粹陣營與反納粹陣營之間的內戰造成國家分裂
(D) 國內的兩大民族日耳曼民族與斯拉夫民族衝突，造成國家分裂

55. 甲與乙是兩個政治實體，兩者間的政經關係如下：甲為了自身的
利益而建立了乙，乙應依附於甲，受甲的監護，乙的貿易應由甲
來壟斷。請問：甲與乙指的各是甚麼？
(A) 甲：聯合國；乙：託管地
(B) 甲：宗主國；乙：殖民地
(C) 甲：十八世紀的中國；乙：十八世紀的琉球
(D) 甲：歐洲共同市場；乙：英國

56. 有一份文件，其中有兩段話：「從此刻起，至敵人被逐出共和的
土地為止，全國人民均須隨時待命，準備應徵入伍。」「未婚青
年須上戰場；已婚男子須製造武器、運送補給；婦女須縫製軍服
與帳蓬，或充當看護；兒童須將舊布變成繃帶；而老人則應主動
到公共場所，去鼓舞戰士士氣，散布對君主的仇恨，宣揚共和的一
體感。」就其內容判斷，這份文件應是：
(A) 美國獨立戰爭前夕，大陸會議發表的「獨立宣言」
(B) 法國大革命戰爭時，國民公會發布的「全民皆兵令」
(C) 普法戰爭時，俾斯麥對普魯士人民發布的總動員令
(D) 國民革命軍北伐時，革命軍向廣東紳民發布的告示

57. 有一位政治思想家主張：「政府應當被視為是生產的最高指導者，
並應被賦予很大的權力，俾完成其任務。」此一主張最接近以下
哪一種立場？
(A) 自由主義　　　　　　(B) 民族主義
(C) 社會達爾文主義　　　(D) 社會主義

58. 表1顯示的是：1920到
1968年之間，英國產業雇
用人力的變化狀況。從這
個統計表，我們可以看出
英國的哪一種社會經濟變
化趨勢？
(A) 從「世界工廠」到消費
　　社會
(B) 從自由放任到計畫經濟
(C) 從資本主義到福利國家
(D) 從資本密集產業到勞力
　　密集經濟

表1

單位：千人

產業別	1920 年	1968 年
工業、農業、林業、漁業	11,003	11,258
交通、運輸、商業、服務業	8,009	12,869
其它	1605	1698
就業總人數	20,617	25,825

59. 以下是一本書中的記載:「到處都可見到這樣的王公,他們把臣民
    當作自己的財產,而且無論是在征服還是繼承方面,都擁有至高
    權力。到處也可見到這樣的臣民,他們承認王公擁有這個權力,
    認為自己生來就應該服從王公,正像對父母盡孝一樣。」哪一個
    時代的社會符合上面的描述?
    (A) 西元前六世紀希臘社會
    (B) 十四世紀英國社會
    (C) 十八世紀美國社會
    (D) 十九世紀法國社會

60. 一本歷史書描寫某次戰爭的情景,說:「從某些方面看,它實是十
    九世紀的最後一場戰爭。軍官依然配戴長劍,騎兵則縱馬馳騁,國
    王和貴族在軍事上仍扮演重要角色。然而從技術觀之,它無疑是
    廿世紀的一場衝突。碉堡再也無法抵擋巨大的榴彈砲攻勢,步兵
    的衝鋒槍在機槍面前不過是自取滅亡。這時的戰山,士兵大多是
    坐在狹小的泥洞裡,任憑外面砲彈傾瀉而下。塹壕戰令人恐懼而
    絕望。…」這應是哪一場戰爭?
    (A) 1900 年爆發的八國聯軍之役
    (B) 1905 年爆發的日俄戰爭
    (C) 1914 年爆發的第一次世界大戰
    (D) 1939 年爆發的第二次世界大戰

61. 人類社會受到許多因素的影響,而產生不斷的變化,稱之為社會
    變遷。下列各因素中,何者最不容易造成急遽的社會變遷?
    (A) 新科技   (B) 戰爭
    (C) 教育   (D) 重大自然災害

62. 每一個社會都會出現一些與社會主文化或主要生活模式不太一樣的文化形式，如：台灣的男生戴耳環。這種文化形式稱之為什麼文化？
   (A) 次文化
   (B) 非正式文化
   (C) 庶民文化
   (D) 集體文化

63. 酸雨是由於人類使用煤、石油等燃料，燃燒後產生的化合物，在大氣中經過複雜的化學反應，形成硫酸或硝酸氣溶膠，為雲、雨、雪、霧捕捉吸附，降到地面而形成。根據上述說明，以下何種作法有助於減緩酸雨的形成？
   (A) 提升國內自產油料比例
   (B) 鼓勵民眾改乘大眾運輸工具
   (C) 提高工廠排放廢水標準
   (D) 鼓勵汽機車使用「高級汽油」

64. 性別平等是國人努力的目標，但是性別不平等的現象依然存在我們的社會中，下列哪一項敘述充分反映社會中的性別不平等？
   (A) 幼稚園教師中女性人數多於男性
   (B) 服務業中女性人數多於男性
   (C) 大學文科女學生多於男學生
   (D) 同一工作男性薪水高於女性

65. 多元文化論主張，不同文化各具獨特性，沒有高低優劣之別，因此我們應該尊重不同族群的文化。對台灣的原住民而言，下列何者最符合多元文化論的精神？
   (A) 訂定維護原住民母語的憲法條款
   (B) 鼓勵原住民學習國語以融救漢民族社會
   (C) 限制原住民從事傳統的狩獵活動
   (D) 設立一塊保護區將各族集中，讓他們共同管理自己的事務

66. 下列哪一項不屬於社會網絡的範圍？
    (A) 在學校利用公用電腦結交的網友
    (B) 有血緣或姻親關係的親人
    (C) 一起看某場電影的觀眾
    (D) 同一個學校畢業的校友

67. 現代人非常重視生活品質，且隨著週休二日制度的實施，國人對休閒生活愈發重視，以下對維護休閒權益的描述何者不正確？
    (A) 出國旅遊之前應與旅行社簽訂旅遊定型化契約
    (B) 若旅客與旅遊業者有任何爭議，應依《消費者保護法》處置
    (C) 參加旅遊前，旅客可以向觀光局查詢該旅行社是否合法
    (D) 出國旅遊之旅遊平安險，通常已由旅行社主動代辦，旅客可以不必操心

68. 非營利組織是非營利性的民間組織，下列有關非營利組織的敘述何者正確？
    (A) 公家機關也是一般所謂的非營利組織
    (B) 非營利組織的目的既非營利，因此無需注重效益
    (C) 非營利組織的興旺，可以提高民間社會對政治的影響力
    (D) 非營利組織舉辦活動不得收費

69. 1960 年以後，台灣人口結構產生明顯變化，下列有關台灣人口變化現象的敘述，哪一項是正確的？
    (A) 人口平均分布於都市及鄉村
    (B) 兒童及青少年人口、老年人口佔總人口之比例均增加
    (C) 被扶養人口比例下降
    (D) 人口自然增長率趨緩

70. 表 2 中四個選項 (A)(B)(C)(D) 為四個國家失業率的統計資料。根據近年來我國經濟發展的情形，何者最有可能代表我國失業率的變化趨勢？

表 2　　　　　　　　　　　單位：%

年 選項	1996 年	1997 年	1998 年	1999 年	2000 年	2001 年
(A)	5.4	4.9	4.5	4.2	4.0	4.8
(B)	2.6	2.7	2.7	2.9	3.0	4.6
(C)	7.1	5.4	4.6	4.2	3.7	3.1
(D)	2.0	2.6	6.8	6.3	4.1	3.7

71. 家庭暴力是現代家庭問題之一，但一般人對家庭暴力常持有一些不正確的觀念，下列哪一項對家庭暴力的敘述是正確的？
(A) 低社經地位的人才會用暴力解決問題
(B) 有偏差行為的家庭成員才會被施暴
(C) 偶而不給家庭成員吃飯，並不是家庭暴力
(D) 對家庭成員的心理傷害，也算是家庭暴力

第 72-73 題為題組

每隔數年，赤道附近的中太平洋東部就會發生「艾尼紐」（聖嬰）現象，導致該區海水異常增溫，秘魯西岸的涼流減弱，且沿海地區反常多雨，對許多產業造成不同程度的衝擊。有人認為，在十六世紀時，西方殖民者為獲取他們所需的資源，即在這種「濕年」征服了印加帝國。請根據以上敘述，回答下列問題：

72. 當「艾尼紐」現象發生時，下列哪一項秘魯的產業受到的衝擊最大？
(A) 漁業　　　(B) 林業　　　(C) 牧業　　　(D) 礦業

73. 十六世紀時，西方殖民者征服印加帝國，主要是為獲取下列哪一項資源？
(A) 毛皮　　　(B) 鳥糞　　　(C) 金、銀礦　　　(D) 天然橡膠

第 74-76 題為題組

撒赫耳（Sahel）是一片緩和起伏的
草原，寬約二百到四百公里，北邊
與撒哈拉沙漠為鄰，南邊雖與林地
接壤，是乾燥東北風與潮濕西南風
的交會區。當西南風無法深入內陸
時，嚴重乾旱常會造成撒赫耳地區
作物歉收。請回答下列問題：

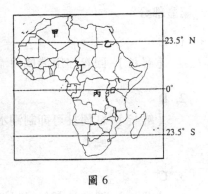

圖 6

74. 圖 6 哪一地區位在撒赫耳的範圍？
    (A) 甲　　　　　　　(B) 乙
    (C) 丙　　　　　　　(D) 丁

75. 影響撒赫耳地區乾燥東北風與潮濕西南風交替的主要原因為何？
    (A) 冷暖氣團的交會
    (B) 溫帶氣旋的移動
    (C) 艾尼紐（聖嬰）現象的發生
    (D) 間熱帶輻合區的南北移動

76. 下列哪一氣候圖最能表現撒赫耳的氣候特徵？

    (A)　　　　　(B)　　　　　(C)　　　　　(D)

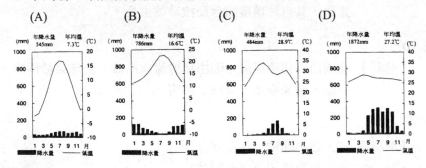

91年度學科能力測驗社會科試題②詳解

第壹部分

1. **C**

　　【解析】　回春作用造成河流侵蝕基準下移，易形成「河階」地形。

2. **D**

　　【解析】　紅樹林可抑制潮水，保護海岸，淤積泥砂，減緩海岸侵蝕。

3. **C**

　　【解析】　溫帶沙漠氣候日溫差大，故出現「早穿皮襖午換紗」的生活情境。

4. **B**

　　【解析】　圍墾使湖泊面積變小，蓄水量減少，調節功能降低，故提高洪水的水位。

5. **D**

　　【解析】　烏拉草是沼澤區的野生草，三江平原是中國最大的沼澤荒原，其自然環境適合烏拉草的生長。

6. **D**

　　【解析】　花園口→利津河段，因由低緯流向高緯，河床高於兩岸平原，最易發生「凌汛」災害。

7. **A**

　　【解析】　國土造林運動→促進環保 ⎫
　　　　　　　國有林地放領→促進開發 ⎭ 相互衝突

8. **D**

【解析】 世界的沙漠以位副熱帶高壓帶（馬緯度無風帶）者的總
面積最大，如：

1. 非洲：撒哈拉、那米比、喀拉哈里沙漠。

2. 亞洲：西亞沙漠、塔爾沙漠。

3. 美洲：墨西哥西北部沙漠、南美西岸沙漠。

4. 澳洲：中西部沙漠。

9. **B**

【解析】 中國大陸總體經濟規模大，國內生產毛額、國際貿易額
已位居世界前列，但因人口眾多，平均每人分配額仍低。

10. **D**

【解析】 1. 台灣「原住民」多屬「南島語系」，總人口約 33 萬，
佔全台人口 1.5％。

2. 原住民十族：①泰雅族 ②賽夏族 ③布農族 ④魯凱族
⑤鄒族 ⑥排灣族 ⑦卑南族 ⑧阿美族
⑨達悟族 ⑩邵族。

（現增噶瑪蘭族、太魯格族，共十二族。）

11. **A**

【解析】 (A) 西漢文帝時詔舉「賢良方正」、「直言極諫」之士，
漢武帝時採董仲舒等建議，令天下郡國每年舉孝子、
廉吏各一人，成為定制，確立選舉制度。

12. **B**

【解析】 (B) 西周初年成王即位，周公攝政，管蔡叛變，東方的
徐夷、淮夷等響應，周公東征平定管蔡之亂，後營
建雒邑（洛陽）為東都。

13. **D**

　　【解析】(D) 清末立憲派人物看到清廷根本無改革誠意，對清廷
　　　　　　　絕望多轉而支持革命，民國成立後仍擁有政治權
　　　　　　　力，才演變成民初官僚軍閥破壞革命成果的史實。

14. **A**

　　【解析】(A) 八國聯軍後，清廷行「庚子後新政」（慈禧變法），
　　　　　　　曾頒布憲法大綱，準備制定憲法；又設民選議政機
　　　　　　　關，如縣議事會、省諮議局等民意代表機關。

15. **C**

　　【解析】(C) 鴉片戰後，中英訂南京（江寧）條約，開放廣州、
　　　　　　　福州、廈門、寧波、上海五口通商，未含蘇州，故
　　　　　　　蘇州急速繁榮敘述錯誤；且宋代已有「上有天堂，
　　　　　　　下有蘇杭」之美稱。

16. **A**

　　【解析】(A) 春秋時代以車戰為主，到戰國時步卒、騎兵取代車
　　　　　　　戰。

17. **B**

　　【解析】(B) 西晉懷帝時永嘉之亂使中原人士紛紛南渡，形成僑
　　　　　　　姓地位高於吳姓之現象。

18. **C**

　　【解析】(C) 唐代以銅幣為主要貨幣，宋代才有紙鈔（交子、會
　　　　　　　子、關子等），且唐代有銅幣面額低於金屬價值的
　　　　　　　現象。

19. **A**

【解析】 (A) 明代士大夫受宋明理學影響，勇於批判政治現狀，表現士大夫關心時事的志節。

20. **C**

【解析】 (C) 中共在一九五八年起展開「大躍進」運動，工業方面，九千萬人投入「土法煉鋼」行列，弄得鐵器交光、樹木砍光、勞動力用光，燒出的是成堆廢鐵。

21. **B**

【解析】 (B) 清末太平天國洪秀全以上帝之子名義起事，成立「拜上帝會」，有基督教形式，外國人先中立觀望，後發現太平天國成事不足敗事有餘，轉而支持清廷。

22. **C**

【解析】 (C) 台灣在甲午戰後馬關條約中割給日本五十一年（1895–1945 年），第二次世界大戰（1937–1945 年）中日對抗，故一九四三年台灣人去中國大陸擔心會被當作日本間諜。

23. **D**

【解析】 (D) 清朝雖以異族入中原統治中國，但採「恩威並用」手段，終能得到士大夫的接納。

24. **B**

【解析】 (B) 清末華僑在海外希望祖國富強，能保護華僑在僑居地的權益，加上清廷漠視僑民，許多華僑幫助孫文革命，故華僑被稱為「革命之母」。

25. **C**

【解析】 民主化程度的高低，除了參與度提高，民眾知識水準提高才能真正培養判別是非，提高人民自主性的能力。

26. **A**

【解析】 實業計畫具有「國際合作」的觀念，而分配的社會化的「消費合作社」兩者具有互助合作精神。

27. **D**

28. **C**

【解析】 資本主義造成富者愈富，貧者愈貧，如同弱肉強食的原始社會，「福利」觀念係社會主義的特徵。

29. **B**

【解析】 「副署」為內閣制的重要特徵。

30. **C**

【解析】 穩定的民主有賴憲政法治的建立，依法行政不致形成獨裁者，不遵守法令易形成暴民政治。

31. **D**

32. **A**

【解析】 美國僅列舉中央的權限，未列者歸屬各州，故屬地方分權。

33. **A**

【解析】 經第六次修憲，將國大補選副總統的職權，改由立法院行使。

34. **B**

　【解析】 社會安全，即國家以公權力介入，對其國民提供各種措施如保險、救助、就業、福利等，全民健保屬社會保險。

第 35-36 題為題組

35. **B**

　【解析】 中國大陸年雨量分布大致由東南向西北遞減，故推斷四測站降水量：西江梧州>長江武漢>黃河花園口>塔里木河阿拉爾。

36. **C**

　【解析】 長江武漢測站上游流域面積>西江梧州（丁站）上游流域面積。

第 37-38 題為題組

37. **B**

　【解析】 亞洲大陸蒙古高原為高壓中心，此時，澳洲附近為低壓中心，故知 A 氣壓值為 1008 百帕。

38. **A**

　【解析】 判讀方法：

　　1. I.T.C.Z.間熱帶輻合區南移，可判知為一月等壓線分布圖。

　　2. 季風亞洲一月份時：

　　　① 高壓中心→蒙古高原。

　　　② 低壓中心→(1) 阿留申群島附近 (2) 澳洲附近

第 39-40 題爲題組

39. **B**

【解析】 以方格邊長 1km，可計算出小徑長約 4～5km。

40. **D**

【解析】 由附圖之等高線可判讀出丁地的高度＞戊地高度，故丁戊段爲下坡路。

第 41-42 題爲題組

41. **B**

【解析】 甲：中國處於列強瓜分之地，因此，割地、賠款以求和。
乙：日本是海島國家，自然有水軍師的訓練，而且兵有毅力，可耐得住寒日氣候。

42. **D**

【解析】 中日甲午戰爭（1894-1895 年）中國戰敗，雙方在日本馬關議和，中國代表李鴻章和日本代表伊藤博文曾爲台灣地有過談判爭議，中國代表希望不要割讓台灣不成，簽馬關條約。

第貳部分

43. **C**

【解析】 西北歐沿海有北大西洋暖流經過和西風的吹拂，成爲全球最顯著的多溫正偏差區。

44. **A**

【解析】 1. 非洲中部赤道通過：①赤道區的東部→東非高原

②赤道區的西部→熱帶雨林

2. 南美北部赤道通過：①赤道區的西部→安地斯山脈

②赤道區中、東部→熱帶雨林

45. **A**

【解析】 澳洲距各陸塊遙遠，位置孤立，許多物種仍保持兩億年前的樣態，宛如一個活化石博物館。

46. **B**

【解析】 東南亞位太平洋和印度洋交匯處，古代海上絲路必經之地，是東西航線輻輳的海上十字路口。

47. **D**

【解析】 西伯利亞鐵路連貫：1.莫斯科 2.窩瓦河流域 3.烏拉山 4.庫斯巴次 5.貝加爾湖工業區，可由符拉迪沃斯托克出太平洋，運輸便利。

48. **D**

【解析】 同學可由電視報導「美國紐約911事件」、「幕後主嫌賓拉登」、「轟炸阿富汗」中建立阿富汗人的形象。

49. **A**

【解析】 由四季分明、冬季降雪、夏季偶有颱風，可推知較可能為對日本北海道的描述。

50. **B**

【解析】(B) 貝多芬（L. Van Beethoven, 1770–1827）為銜接古典時代（優雅、勻稱與秩序的風格），與浪漫時代（著重情感表現）最重要的作曲家。

51. **C**

【解析】(C) 一九六○年代初期，來自英國的「披頭四」合唱團表現大眾文化的搖滾樂（Rock and Roll）特色。

52. **D**

【解析】(A) 一次戰後有對德凡爾賽和約懲罰性的賠償，二次戰後無。

(B) 二次戰後美國成為民主國家的代表，對抗共產集團的侵略。

(C) 二次戰後未出現經濟大恐慌。

(D) 一次戰後出現義、德、日等，獨裁集權國家，二次戰後成為民主與共產極權對立的現象。

53. **A**

【解析】(A) 英國開始工業革命，德國雖擁有豐富的煤鐵礦，但要到一八七一年統一後，才逐漸開採，朝向工業化國家邁進，到十九世紀末德國鋼鐵生產量已超過英國。

54. **B**

【解析】(B) 二次戰後，蘇聯占領東柏林，英、美、法占領西柏林，冷戰時期，英、美、法占領區成立德意志聯邦共和國（西德），同年（一九四九年）蘇聯占領區成立德意志民主共和國（東德），德國從此分裂。

55. **B**

【解析】 (B) 帝國主義下宗主國占領殖民地，壟斷殖民地的貿易，監督殖民地的事務，肥了自己，瘦了殖民地。

56. **B**

【解析】 (B) 法國大革命（一七八九年），反對法王路易十六通敵，故要散布對君主的仇恨，要把敵人逐出共和的土地。

57. **D**

【解析】 (D) 社會主義主張提高政府權力，個人僅是這組織中的一小部份，政府應被視為生產最高指導者。

58. **A**

【解析】 (A) 由交通、運輸、商業、服務業人口大量增加可知，英國由製造業走向消費社會。

59. **B**

【解析】 (B) 歐洲中古封建社會（五世紀到十四世紀），有階級畫分，貴族階級把臣民當作自己的財產，臣民絕對服從。

60. **C**

【解析】 因為榴彈炮、機關槍等新式兵器的出現，造成了一次世界大戰的死傷空前。戰壕亦在一次大戰期間，於法國與比利時的戰場上交錯縱橫 ⇒ 一次世界大戰。

61. **C**

【解析】 教育是慢且需終身的事。

62. **A**
　　【解析】　次文化指的是一個大社會中，因年齡、職業、環境等因
　　　　　　　素的不同，而形成許多小團體，這些小團體所發展出來
　　　　　　　的文化，即為次文化。

63. **B**
　　【解析】　(B) 使用大眾運輸工具，可減少自用小客車排氣量。
　　　　　　　(C) 提高工廠排放廢氣標準。

64. **D**
　　【解析】　(D) 薪水高低，顯示同一工作中，男女不平等的待遇。

65. **A**

66. **C**

67. **D**
　　【解析】　(D) 仍需了解其中細節，以維護自身權益。

68. **C**
　　【解析】　(A) 菸酒公賣亦是營利事業。
　　　　　　　(B) 仍需注意效益。
　　　　　　　(D) 可以收費。

69. **D**
　　【解析】　台灣近年幼年人口持續減少，老年人口比例達 8％，人
　　　　　　　口自然增長率趨緩，將步入高齡化社會階段。

70. **B**
　　【解析】　台灣近兩年因世界經濟不景氣，產業外移，造成失業人
　　　　　　　口增加。

71. **D**

第 72-73 題為題組

72. **A**

【解析】 「聖嬰」現象發生時,祕魯沿海水溫上升,鯷魚銳減,使許多海鳥餓死,漁獲量大減。

73. **C**

【解析】 西方殖民(西班牙)為尋找金、銀礦而進入南美洲。

第 74-76 題為題組

74. **D**

【解析】 撒赫耳介於年雨量 100～600 公釐之間,位於撒哈拉沙漠的南緣。

75. **D**

【解析】 一月間熱帶輻合區南移:由撒哈拉沙漠吹入乾燥的東北風,七月間熱帶輻合區北移:來自南半球的東南信風過赤道轉向成西南風,因經海面帶來濕潤。

76. **C**

【解析】 由上題可知,撒赫耳區夏雨多乾,以 C 氣候圖較適宜。

九十一年度學科能力測驗（社會考科）

大考中心公佈答案

題號	答案	題號	答案	題號	答案	題號	答案
1	A	21	D	41	B	61	D
2	D	22	C	42	A	62	C
3	C	23	B	43	A	63	A
4	A	24	D	44	D	64	A
5	B	25	B	45	B	65	C
6	D	26	D	46	C	66	D
7	B	27	C	47	A	67	D
8	C	28	A	48	A	68	D
9	C	29	D	49	C	69	C
10	D	30	B	50	B	70	D
11	B	31	C	51	D	71	C
12	A	32	B	52	C	72	B
13	C	33	C	53	B	73	A
14	B	34	A	54	B	74	B
15	B	35	A	55	A	75	A
16	C	36	A	56	B	76	B
17	D	37	B	57	D		
18	A	38	D	58	C		
19	D	39	B	59	B		
20	C	40	A	60	A		

九十一年度學科能力測驗（社會考科）
大考中心公佈答案（補考）

題號	答案	題號	答案	題號	答案	題號	答案
1	C	21	B	41	B	61	C
2	D	22	C	42	D	62	A
3	C	23	D	43	C	63	B
4	B	24	B	44	A	64	D
5	D	25	C	45	A	65	A
6	D	26	A	46	B	66	C
7	A	27	D	47	D	67	D
8	D	28	C	48	D	68	C
9	B	29	B	49	A	69	D
10	D	30	C	50	B	70	B
11	A	31	D	51	C	71	D
12	B	32	A	52	D	72	A
13	D	33	A	53	A	73	C
14	A	34	B	54	B	74	D
15	C	35	B	55	B	75	D
16	A	36	C	56	B	76	C
17	B	37	B	57	D		
18	C	38	A	58	A		
19	A	39	B	59	B		
20	C	40	D	60	C		

心得筆記欄

九十年大學入學學科能力測驗試題
社會考科

壹、單一選擇題

說明：第1至50題為單一選擇題，每題選出一個最適合的選項，標示
　　　在答案卡之「選擇題答案區」。每題答對2分，答錯不倒扣。

1. 在學習冰河地形的過程中，了解蛇丘、鼓丘、外洗扇等小地形的分
　布，有助於釐清下列那一項問題？
　　(A) 冰河冰的厚度　　(B) 冰河的壽命　　(C) 冰河冰的密度
　　(D) 冰河消融的方向　　(E) 冰河移動的速度

2. 民國88年九二一集集大地震時，橫跨大甲溪的石岡壩體左右兩側發
　生約達7公尺的垂直相對位移，使壩體嚴重損毀、水壩潰決。造成
　壩體嚴重損毀的主要因素是：
　　(A) 土壤液化　　　(B) 岩層變位　　　(C) 河床採砂
　　(D) 侵蝕基準下移　　(E) 壩基被河水沖刷

3. 近年來科學家研發太陽能電池，將太陽能轉為電能。不過，太陽能
　電池需要夠長的日照，才能持續發電，達到實用的目的。若祇單純
　考量年平均日照時數，下列何地比較適合開發太陽能發電？
　　(A) 蘭陽平原　　　(B) 台北盆地　　　(C) 桃園台地
　　(D) 埔里盆地　　　(E) 澎湖群島

4. 一般而言，台灣對外貿易依存度頗高。下列那一項民國86年的貿易
　資料，最足以支持此一論點？
　　(A) 貿易出超達76.6億美元
　　(B) 貿易總額達2365.1億美元
　　(C) 貿易總額佔國民生產毛額的82.6%
　　(D) 工業產品出口額，佔總出口額的97.9%
　　(E) 從日本的進口額，佔總進口額的25.4%

5 長久以來，人民在洞庭湖一帶圍湖造田，實在是因為此處的河川有
「不圍也生洲」的特性，請問造成此種河川水文特性的主要原因為
何？
(A) 河水滲漏增加　　　(B) 人工填土造田　　　(C) 侵蝕基準下移
(D) 河流流幅變寬　　　(E) 河床坡度增加

6. 「青康藏地區的居民，多採農牧並重的經營。農作物以玉米、小麥、
青稞為主，畜牧則有山牧季移和放牧二種形式。」該地區農業活動
的特色，最直接反映的地理意義是什麼？
(A) 宗教信仰單純　　　(B) 地勢高低懸殊　　　(C) 民族種類繁多
(D) 土壤肥瘠兩極　　　(E) 農業政策影響

7. 獨立國協全境有五大工業區，
即甲——頓巴次工業區、乙——
莫斯科工業區、丙——烏拉山工
業區、丁——庫斯巴次工業區、
戊——貝加爾湖工業區，其分
布如圖 1 所示。請問那些工業
區在俄羅斯境內？
(A) 甲乙丙丁
(B) 乙丙丁戊
(C) 甲丙丁戊
(D) 甲乙丁戊
(E) 甲乙丙戊

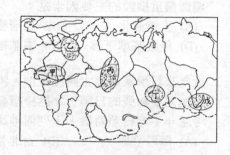

圖 1

8. 西歐的自然環境適合各種產業發展，唯獨對農業活動略有限制。就
穀類作物而言，西歐發展農業最不利的自然條件是什麼？
(A) 熱量不足　　　　　(B) 降水過多　　　　　(C) 西風強勁
(D) 排水不良　　　　　(E) 土壤貧瘠

9. 十九世紀中葉以前,世界各地的農業活動主要依賴人力與獸力種地收成,直到 1889 年第一具曳引機於甲地問世後,履帶式或輪子式的農耕工具才開始普及。以甲地的發展為例,1907 年僅有六百多輛曳引機,到了 1950 年則多達三百四十萬輛。請問甲地最可能出現在下列那一地區?
   (A) 北美大平原　　　(B) 阿根廷彭巴草原　　　(C) 中國松遼平原
   (D) 東歐平原　　　　(E) 澳洲西部低地

10. 中國大陸預計未來一、二十年內,在其西南邊境各河川建設一系列的水壩,完成後可能影響鄰國的水源。下列河川中,那一條河流的水源不會受到這些計畫的影響?
    (A) 湄公河　　　　(B) 昭披耶河　　　　(C) 薩爾溫江
    (D) 伊洛瓦底江　　(E) 布拉馬普特拉河

11. 「加拿大中部湖泊大平原和東部拉布拉多高原的地層,均為古老的結晶岩塊。」加拿大的那一項地理特性,和引文中所述的地質背景關係最密切?
    (A) 海岸曲折多港灣
    (B) 河川多成放射狀分布
    (C) 地表曾遭大陸冰河侵蝕
    (D) 金屬礦物資源蘊藏豐富
    (E) 農業多採大規模機械耕作

12. 圖 2 為某地區森林之樹種分布調查結果示意圖,各種符號代表不同的樹種。請問該地區最可能位於下列那一個國家?
    (A) 日本
    (B) 巴西
    (C) 芬蘭
    (D) 加拿大
    (E) 羅馬尼亞

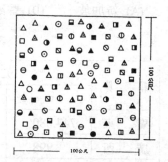

圖 2

13. 象棋是家喻戶曉的遊戲。先秦時期，象棋是以象牙製成，黑白各六，
　　以後逐漸演變。現在通行的象棋「車、馬、炮」，是指井陘車、戰
　　馬及襄陽砲。根據歷史知識判斷，這樣的演變，最早應在何時完成？
　　(A) 漢代　　　　(B) 唐代　　　　(C) 宋代　　　　(D) 明代

14. 某生暑假參觀某地的古蹟，導遊說此地曾經是太平天國的王府，後
　　來改建爲兩江總督衙門。這處古蹟應當座落於何處？
　　(A) 上海　　　　(B) 南京　　　　(C) 廣州　　　　(D) 揚州

15. 在先秦的九流十家中，那一種思想在結束戰國時代、開創統一帝國
　　的過程中，發揮了最大的作用？
　　(A) 儒家　　　　(B) 道家　　　　(C) 墨家　　　　(D) 法家

16. 一群群的中、小學生，起先在政府的號召下，把他們的老師、校長
　　抓起來審判；然後坐著免費的火車到全國各地去串連；最後卻被
　　政府送到農村去勞動。這種現象發生的背景爲何？
　　(A) 法國大革命　　　　　　　　(B) 俄國的十月革命
　　(C) 中國的五四運動　　　　　　(D) 中國的文化大革命

17. 表 1 是某地在 1921 年及 1931 年對居民祖籍的調查。根據你的歷史
　　知識，這應當是那一個地方？
　　(A) 新加坡　　　　(B) 香港　　　　(C) 台灣　　　　(D) 澳門

表 1　　　　　　　　　　某地華人人口的祖籍分布

籍　貫	1921		1931	
	人　口　數	比例（%）	人　口　數	比例（%）
廣　東	747,680	63.81	1,041,271	61.09
廣　西	998	0.09	46,095	2.70
福　建	398,566	34.01	586,061	34.38

18. 根據史書記載，南北朝初朝，某族的居地是：「東接中國，西通西域，長數千里，各有酋帥，部落分地，不相統攝。」這應當是指那一族？
    (A) 匈奴　　　　(B) 羯　　　　(C) 羌　　　　(D) 鮮卑

19. 一位知識分子給朋友寫信說：「光復之事，不可一日緩，而男子死於謀光復者，自唐才常以後，若沈藎、史堅如、吳樾諸君子，不乏其人。而女子則無聞焉，亦吾女界之羞也。」此處的「光復」是指：
    (A) 太平天國起事　　　　　　(B) 推翻滿清
    (C) 打倒軍閥　　　　　　　　(D) 台灣抗日

20. 詩人寫了一首〈詠牡丹詩〉，其中有一句：「奪朱非正色、異種也稱王。」他因此遭到誅戮。當時知識分子的處世態度也變成「從不以字跡與人交往，偶有無用稿紙，亦必焚毀」。這種情況應是發生在那一個時期？
    (A) 明朝中期　　　　　　　　(B) 清朝初期
    (C) 清朝末期　　　　　　　　(D) 日據時期

21. 自秦至清，歷代建都地點的變遷反映出歷史發展的趨勢。下列四種敘述中，何者最為適當？
    (A) 歷史重心從西向東移動　　(B) 歷史重心從北向南移動
    (C) 歷史外患從西北轉為西南　(D) 歷代外患從東北轉為西北

22. 歷史上有些時期，國家制度發生重大變化，可以稱為「大變局」。下列四個有關歷史發展的敘述中，那些可稱為國家制度發生重大變化的「大變局」？
    甲、商周之際，王國變為封建　　乙、周秦之際，封建變為郡縣
    丙、三國時代，統一變成分裂　　丁、清末民初，專制變為共和
    (A) 甲丁　　　　(B) 乙丁　　　　(C) 甲丙　　　　(D) 乙丙

23. 有一個時期，統治者下令組成「振興會」，奉行五大綱領，包括：
貫徹皇國精神，推展教育教化，改善並振興產業，融合民族，打破
陋習。希望能夠加強國民意識，以「翼扶皇運」。這應該是那一個
時期的作為？
(A) 太平軍建國期　　　　　　(B) 清末自強運動時期
(C) 對日抗戰初期　　　　　　(D) 太平洋戰爭爆發後

24. 史書上說：北周府兵先是從關隴地方上有財勢的人戶中召募，再從
均田制下的農民中召募，於是出現「夏（漢）人半為兵」的局面。
請問北周府兵的召募從「關隴豪右」轉變到「均田農民」的主要因
素是什麼？
(A) 擴大兵源，增強戰力　　(B) 豪右子弟，貪生畏死
(C) 農民樸質，便於操控　　(D) 漢人執政，不信胡族

25. 表2是清康熙時期的一個財政統計。請問這個表應當如何理解？
(A) 當時處於內憂外患，軍費不斷增加
(B) 當時對外貿易興盛，貿易總額增加
(C) 當時國家安定繁榮，庫存盈餘增加
(D) 當時由於外貿發達，關稅收入增加

表2　　　　　　　　　　　　　　　　　　單位：兩 / 白銀

康熙十年（西元 1671 年）	2,488,492
康熙十一年	18,096,850
康熙十二年	21,358,006
康熙二十六年	28,964,499
康熙三十年	31,849,719
康熙三十三年	41,007,790

26. 魏晉時期，吳郡、會稽等東南數郡（今寧波）的商業已經相當發達。唐初編修的《隋書·地理志》說該地：「川澤沃衍，有海陸之饒，珍異所聚，故商賈並湊（聚集），其人君子尚禮，故風俗澄清。」南宋王象之編撰《輿地紀勝》時，將《隋書·地理志》這段文字寫成「川澤沃衍，風俗澄清，海陸珍異所聚，蕃漢商賈並湊。」請比較這兩段文字，然後選出妥當的解釋。

   (A) 王象之的文章將《隋書·地理志》的記載加以整理，很能保持原文的含義，讀者不會發生誤會

   (B) 王象之的文字，雖說是引用《隋書·地理志》，但並非摘錄，內容亦不同，兩者沒有關係

   (C) 王象之用較爲簡要的文字，把隋代該地國際貿易港的景象，生動的描寫出來

   (D) 王象之把自己時代的情況，依附在隋代記載上，認爲該地在隋代就有國際貿易，並不正確

27. 《漢書·地理志》對各地的風俗有不少描述。這裡摘取三段與關中、巴蜀及魯地有關的記載，改成白話如下：

   甲：「此地離聖人之時已經久遠，人口不少，廣種桑麻，並沒有山林川澤。人民節儉愛錢，喜歡從事商業。好批評別人，並不老實，講究表面形式。但好學之心，勝過其他地區。」

   乙：「這裡五方雜處，風俗不純。世家講究禮節，富人經商賺錢，豪傑之士好打抱不平，有時也狼狽爲奸。」

   丙：「文翁作太守之時，教人們讀書學律，人們不能遵守良風美俗，反而巴結權勢；司馬相如以文學美妙享有盛名，人人都想效法。」

   這三段文字應如何配對？

   (A) 甲 —— 魯地、乙 —— 關中、丙 —— 巴蜀

   (B) 甲 —— 魯地、乙 —— 巴蜀、丙 —— 關中

   (C) 甲 —— 關中、乙 —— 魯地、丙 —— 巴蜀

   (D) 甲 —— 關中、乙 —— 巴蜀、丙 —— 魯地

28. 下列有關 16 世紀歐洲歷史的敘述，何者對 16 世紀的中國有直接影響？
    (A) 西班牙人在中美洲大量開採白銀，使白銀通行各地
    (B) 英國積極生產各種布料及羊毛，運往其他國銷售
    (C) 紐倫堡商人利用匈牙利的銅礦製成貨幣，銷往各地
    (D) 米蘭的銀行家靈活運用金錢，影響其他國家的政策

29. 唐末詩人韋莊有一首名爲〈金陵圖〉的詩：「江雨霏霏江草齊，六朝如夢鳥空啼，無情最是台城柳，依舊煙籠十里堤。」詩人所述的「六朝」，應該是一種怎樣的氣氛？
    (A) 宏偉的帝國，壯麗的宮殿，街道上市場裡各國使節與商人熙來攘往，整個都城熱鬧非凡
    (B) 世家大族的子弟們，言談妙美，崇佛信道，香車駿馬，錦衣玉食，身居高位卻不理政事
    (C) 粗獷慓悍的騎士們，奔馳在浩瀚無際的大草原上，每遇天災或貿易不順利，就南下牧馬
    (D) 城市裡工商業相當發達，成爲四周物產集散中心。市民看戲劇，聽說書，娛樂生活豐富

30. 西元 1910 年左右，陝西臨潼地方的農民挖井取水，不數日，井水竟然枯竭。農民查看究竟時，發現井壁有一個眞人大小的「怪物」，認爲就是此物作祟，以致水源枯竭。於是把它吊出井外，曝曬數日後打碎。這段敘述應如何理解最爲適當？
    (A) 中國社會一直流傳許多鬼怪故事，到 20 世紀初仍相當盛行，尤其是在華北一帶。這是其中的一例
    (B) 此故事反映 20 世紀初華北地區大旱，農民必須打井取水，但因技術落後，只有怪罪於「怪物」
    (C) 當時的農民已經發現了「秦俑」，但不知其來歷，又未探索其究竟，更不了解它的價值
    (D) 舉世矚目的「秦俑」在此時已正式發現，並公諸於世，開啓了 20 世紀最重要考古發現的序幕

31. 一位女士回憶某一事件說：「當時全家被困在政治孤島之中，物資極度缺乏，連牛奶、衛生紙及冬天取暖用的煤，都是美軍利用飛機，搭起空中橋樑運送進來。這種生活大概持續了一年，直到蘇聯軍隊解除封鎖，情況才得以改善。」這位女士所說的事件是：
   (A) 布拉格之春　　(B) 柏林危機　　(C) 韓戰　　(D) 越戰

32. 西元 1927 年 7 月 16 日，上海《字林西報》有一幅漫畫（圖 3），諷刺某方勢力的大手緊緊抓住上海、壓榨上海：對煙草課以百分之五十的稅、對煤炭課以百分之十的稅、奢侈品課以百分之二點五的稅、出口課以百分之二點五的稅等等。這幅漫畫的主題應該為何？

圖 3

   (A) 批評國民政府在上海增稅，籌措北伐軍費
   (B) 反對英國人在上海侵奪中國的關稅自主權
   (C) 攻擊日本軍部擅自在上海徵稅，壓榨市民
   (D) 指責中共在上海利用增稅來打擊資本家們

33. 有一本清代史書蒐集了一些資料。這些資料依序排列如下：
   「自洪武至弘治年間，朝廷風氣淳實，提出的建言大都很公正，較少偏激。」
   「萬曆中，張居正攬權，官員不敢提出批評；萬曆末，皇帝怠於政事，朝廷大臣言論激烈，形成朋黨，相互攻訐。」
   「末年宦官當權，某些言官與宦官勾結，風氣敗壞，以致滅亡。」
   綜合這些資料的敘述，應給予怎樣的標題最恰當？
   (A) 明代朝廷言論風氣前後不同
   (B) 明代士大夫對國家政事的關懷與表現
   (C) 明代朝廷官員對宦官亂政的激烈抗爭
   (D) 明代士大夫對於權臣與宦官的批判

34. 有一份由外國大使館轉給政府的陳情書說：「台灣此次民變，純為反對貪污官僚，要求政治改革，並無其他作用，請萬勿派兵來台，以免再激民心，並懇迅速派大員蒞台調處，則國家幸甚。」這封陳情書的時機為何？
    (A) 甲午戰爭　　　　　　　　(B) 五四運動
    (C) 日本戰敗投降　　　　　　(D) 二二八事變

35. 西元 1950 年，韓戰爆發。台灣一位歷史學者說：「韓戰是國民黨的西安事變。」他的意思是：「西安事變救了共產黨，而韓戰則救了當時撤退到台灣的國民黨政府。」我們應當如何理解這種說法？
    (A) 韓戰使得中共與蘇聯的關係破裂，爆發了武裝衝突，無暇再顧及台灣
    (B) 韓戰促使美國派遣艦隊協防台灣，使得台灣的局面穩定下來
    (C) 韓戰促使英國對台灣提供經濟援助，使得台灣不再風雨飄搖，轉趨繁榮
    (D) 韓戰使中共內部發生歧見，造成內鬥，因而沒有餘力對付台灣

36. 一位現代作家的傳記中寫到：「祖父那個時代，發生大動亂，阿拉伯人被驅逐，歐洲人大舉入侵。」「小時候，家裡的僕人經常帶我到老城區那些羅馬人遺留下來的廢墟中玩耍。」又說：「現在輪到歐洲人捲舖蓋走路，統治者來來去去，老百姓依舊過他們的日子。」根據你的歷史知識，這位作者提到的「家」，可能是在：
    (A) 埃及　　　(B) 剛果　　　(C) 印度　　　(D) 伊朗

37. 有一個女孩子，她的許多同胞因為種族的問題被處死，不得不與家人偷偷居住在一個小閣樓裏，依靠同情他們的房東代為張羅食物，才能苟延殘喘。雖然撐過幾年，但終究沒能逃過被殺害的命運。這個故事是發生在甚麼時空？
    (A) 1930 年左右的俄國　　　(B) 1940 年左右的荷蘭
    (C) 1970 年左右的智利　　　(D) 1980 年左右的伊朗

38. 圖 4 是一幅漫畫，描繪西方人眼中
1960 年代的世局。根據歷史知識，
這幅漫畫冠上怎樣的標題最恰當？
(A) 阿拉伯與以色列爭執，使德國
陷於兩難
(B) 石油危機爆發，西方工業發展
受到重挫
(C) 美國利用以阿衝突時機，謀取
自身利益
(D) 阿拉伯與以色列合作，來聯手
對抗英國

圖 4

39. 一本書提到這樣的情節：「十九世紀末，一位西藏喇嘛在錫金大吉
嶺的街頭行走，迎面走來了一位英國婦女，由一位英國青年護送。
按照西藏的倫理，婦女應該讓路給男人，尤其是喇嘛。所以這位
西藏喇嘛沒有讓開，倒反而把英國婦女擠下了大路。結果被那位
路見不平的英國青年揪住了脖子，當眾羞辱。」我們應當怎樣解
釋這樣的情況？
(A) 西藏人未受過現代文明的洗禮，是野蠻的
(B) 英國文明顯然優於西藏文明
(C) 任何一個文明人都應該讓路給婦女，否則就是野蠻的
(D) 英國人不理解西藏文明，西藏人也不理解英國文明

40. 兩位政治領袖討論戰爭可能的演變：

　　甲說：「不合作的方式用在印度也許是對的，但我只希望你能動
　　　　　員印度國民參戰，一起打敗日本、德國。在戰後的和會上，
　　　　　我可以提出讓印度出席，共同為爭取印度的獨立自由而努
　　　　　力。」

　　乙說：「我對中國在抗戰中的犧牲非常同情，貴國既然是英美的
　　　　　同盟，請問為什麼這次戰爭中最重要的決策機構（盟國參
　　　　　謀總長聯席會議）至今沒有貴國代表參加？戰時尚且如此，
　　　　　戰後我們將處於何種地位，可想而知。」

　　請問甲、乙分別為誰？

　　(A) 甲 —— 羅斯福　　乙 —— 邱吉爾
　　(B) 甲 —— 甘地　　　乙 —— 邱吉爾
　　(C) 甲 —— 蔣中正　　乙 —— 甘地
　　(D) 甲 —— 蔣中正　　乙 —— 羅斯福

41. 西方史家曾經稱文藝復興之前的「中古時代」為「黑暗時代」。幾
　　位同學針對這個概念提出看法，請你指出最恰當的說法：

　　(A) 東羅馬帝國的史家認為「蠻族」入侵歐洲後，世界文化淪喪，
　　　　所以有「黑暗時代」的說法

　　(B) 「蠻族」進入西歐地區，仍保存羅馬帝國文化，「黑暗」是因
　　　　「蠻族」皮膚黝黑，才有這種說法

　　(C) 「蠻族」就是現在歐洲人的祖先，一點也不黑，只是當時人認
　　　　為自己處於落後狀態，自稱為「黑暗」

　　(D) 16 世紀的史家自認為所處的時代進步到一個光明境界，才稱以
　　　　前為「黑暗時代」，這種說法並不客觀

42. 學習歷史應該對「歷史事實」與「歷史解釋」有所分辨。以下兩段
文字，選自高中歷史課本第二冊：

甲：「清代以異族入主中原，滿、漢間有種族歧視，並不平等。
政治上，朝廷官員雖是滿、漢並置，但首長非滿人莫屬；地
方督撫，也大多為滿人。在一般社會上，他們單獨成區居住，
不受州縣衙門的約束，不事工、商生產，不與漢人通婚（清
末始廢）。」

乙：「清初士大夫在高壓與懷柔雙重政策下，逐漸流於麻木消沈。
中葉以後，明代遺臣堅貞的風範大失。加上學風轉入餖飣考
證之學，以天下為己任之精神喪失益甚，士大夫為之腐化，
吏治也跟著敗壞，清朝國勢從此衰落。」

請問這兩段文字表述的性質相同嗎？

(A) 相同，兩段都屬於歷史事實的敘述

(B) 相同，兩段都屬於歷史解釋的敘述

(C) 不相同，甲偏於歷史事實，乙偏於歷史解釋

(D) 不相同，甲偏於歷史解釋，乙偏於歷史事實

43. 亨利·佐治（Henry George）的主張影響中山先生對下列那個問
題的思考？

(A) 五口通商後都市地價急遽上漲

(B) 因鉅額賠款而對佃農加稅

(C) 關稅協定阻礙中國民族工業的成長

(D) 領事裁判權破壞中國司法權獨立

44. 那一個國家曾是歷史上亡國的民族，卻因共同的宗教而終能復興
建國？

(A) 1870 年的義大利　　　　(B) 1871 年的德意志

(C) 1947 年的印度　　　　　(D) 1948 年的以色列

45. 中山先生認為中國人民族觀念薄弱的主因，在於中國人的什麼觀念太深？
   (A) 個人　　　　(B) 會黨　　　　(C) 宗族　　　　(D) 地域

46. 西方近代的民權思想，經過長時間的發展。下列那一個國家人民的權利最先獲得保障？
   (A) 獨立戰爭後的美國　　　(B) 光榮革命後的英國
   (C) 大革命後的法國　　　　(D) 社會主義革命後的俄國

47. 實行民主立憲的國家，當民意代表引用新聞媒體的報導質詢官員的私德時，政府官員選擇與媒體對簿公堂，而不對民意代表興訟的原因何在？
   (A) 媒體負有隱惡揚善的社會責任
   (B) 司法會與行政一體而懲處媒體
   (C) 民意代表依法享有言論免責權
   (D) 民意機關會報復官員拒審預算

48. 依據三權分立的原則，中央政府的行政機關應如何行政？
   (A) 依執政黨的黨綱行政　　　(B) 依民意調查的結果行政
   (C) 依執政黨黨魁的意志行政　(D) 依立法院通過的法律行政

49. 依民國 89 年第六次修憲增修條文，國民大會代表應由何種方式產生？
   (A) 職業團體推選　　　　(B) 委託總統遴選
   (C) 比例代表選舉　　　　(D) 區域代表普選

50. 政黨輪替後，許多部會首長易人。我國法律對於卸任部會首長有何規範？
   (A) 不得立即擔任新政府部長
   (B) 不得立即轉任大學教職
   (C) 不得立即擔任政黨專任職務
   (D) 不得立即轉任原主管業務之民間營利事業的職務

貳、多重選擇題

說明：第 51 至 60 題，每題的五個選項各自獨立，其中至少有一個是
正確的。選出正確選項，標示在答案卡之「選擇題答案區」。
每題答對得 2 分，答錯不倒扣，未答者不給分。只錯一個可得
1 分，錯兩個或兩個以上不給分。

51. 仔細閱讀下列關於同一個教案的三段文字，選出較為妥當的選項
資料一：教士馬雅各竟然用藥迷惑婦女，違反教人為善的宗旨。
……地方官的確應該保護安分無過的外國人士，但這位
教士收買壞人，為非作歹，不在保護之列。
資料二：官員允許百姓散播詆毀基督教的言論，使得整個台灣南
部都充滿這種成見，因而群情激動，搗毀教堂。
資料三：請中國儘速指示總督，簡派能事大員，前往台灣府，會
同我方領事，將此事查辦清結，以敦睦邦交。
(A) 資料一是台灣地方官的說法，資料二是傳教士的說法，資料
三是清廷的說法
(B) 資料一是台灣地方官的說法，資料二是傳教士的說法，資料
三是外國政府的說法
(C) 由資料三的說法可以看出此事件應當發生在 1840 年以前，
由於雙方並沒有條約關係，外國只能請求中國朝廷出面保護
傳教士
(D) 資料三中，外國要求中國朝廷出面干涉，顯示當時中國已與
外國訂立條約，有保護教士之義務，時間應該是在 1860 年
以後
(E) 此一教案由總督派員到台灣府處理，說明這件事情應該是發
生在台灣尚未建省以前

52. 下列幾段資料在討論日據時期台灣的學校教育。請仔細閱讀,然後選出適當的選項。
    資料一:甲生成績優異,即將自學校畢業,父親說:「你可以進入第二中學就讀。」他聽後嚇一跳,問父親:「為什麼不是進入第一中學?」
    資料二:某乙回憶他的童年時說:「公學校沒有日本學生,老師對我們一視同仁。進入二中之後,同學大部分是台灣人,但也有少部分日本人,他們的成績真的很差,差到無法進入一中,只好到二中。如果他們是台灣人,絕不可能入學。」
    (A) 資料一與資料二相證,可以判斷甲生因是台灣籍,所以無法進入一中就讀
    (B) 資料一可說明成績很差的日本學生,至少可以進入二中就讀
    (C) 資料二說明乙生是台灣學生,所以在通過升學測驗後,進入二中就讀
    (D) 資料二足以說明,日本學生小學畢業後,如有意願,都可升學
    (E) 兩段資料可以說明日據時期台灣人與日本人不平等的升學現象

53. 中山先生曾極力稱許美國、瑞士是心目中理想的國族,根據我們現在的理解,請問美國與瑞士具有下列那些特色?
    (A) 國內主體民族佔了 95 % 以上
    (B) 國內民族間相處未必和睦,但高度認同國家
    (C) 境內雖有分離運動,但採公民投票和平解決
    (D) 經多年努力,國內各民族已融合成一個單一民族
    (E) 維護本族文化傳統,但同時尊重憲政體制

54. 近代中國民權思想的要求起因於:
    (A) 朝廷無法因應外患,而引發變法改革
    (B) 不滿政權為少數統治階級控制
    (C) 實行封建制度,階級無法流動
    (D) 清末王權擴張,政府干預人民生活
    (E) 儒教思想專制,人民缺乏宗教選擇

55. 依據我國的憲法，人民享有罷免權，下列何者卻是依法<u>不能</u>罷免？
   (A) 鄉公所科長 　　　　(B) 國中校長 　　　　(C) 監察委員
   (D) 經濟部長 　　　　(E) 總統

56. 中國近代史上，那些舉動是以「獨立」爲手段，卻是行日後領土
   復合之準備？
   (A) 唐景崧成立台灣民主國
   (B) 武昌起義，黎元洪宣布獨立
   (C) 溥儀於東北成立滿州國
   (D) 唐繼堯組護國軍，宣布雲南獨立
   (E) 庫倫活佛宣布獨立，成立蒙古人民共和國

57. 張三身兼數職，然而依法他的身分與職務<u>不可能</u>出現下列那些
   組合？
   (A) 法官、立法委員 　　　　(B) 市長、立法委員
   (C) 市長、國大代表 　　　　(D) 立法委員、國大代表
   (E) 外交部長、國大代表

58. 政府依法向人民課稅，爲了節制私人財富在世代間過度累積，政
   府開徵何種稅收？
   (A) 地價稅 　　　　(B) 增值稅 　　　　(C) 遺產稅
   (D) 贈與稅 　　　　(E) 交易稅

59. 古希臘學者亞里士多德（Aristotle）曾將政府與人民的關係比喻
   成「房屋的建造者與住屋的人」、「餐廳的廚師與食用的客人」，
   這些比喻與下列那些政治主張有關？
   (A) 權能區分 　　　　(B) 間接民權 　　　　(C) 均權制度
   (D) 專家政治 　　　　(E) 地方自治

60. 清朝中葉以迄民國初年的中國知識分子，對於西方文化的挑戰，
各有不同的回應，請問下列那些立場與中山先生的理念相符？
(A) 以中學為體，西學為用
(B) 外國之長，率皆源自中國
(C) 徹底揚棄中國的陋習，全盤西化
(D) 先探究中西文化的得失，理解後再作取捨
(E) 整理國故，也要吸收西學；求兩者調和，也要有所創新

參、題組題

說明：第 61 至 80 題為題組，每組有 2-3 個子題，各子題皆是單一選
擇題。選出正確選項標示在答案卡之「選擇題答案區」。每一
子題答對得 2 分，答錯不倒扣。

第 61-63 題為題組

圖 5 是台灣某地海岸的素描圖。
請回答下列問題：

圖 5

61. 該素描所依據的視角方向是：
(A) 從南到北
(B) 從北向南
(C) 從東向西
(D) 從東南向西北
(E) 從西南向東北

62. 形成圖中右前方海岸類型的最基本地形營力是什麼？
(A) 差別侵蝕　　　　(B) 冰河挖掘　　　　(C) 火山噴發
(D) 岩層變位　　　　(E) 河川襲奪

63. 台灣從這種海岸出海的河川，最有可能出現下列那兩種河川地形？

(A) 河階、峽谷　　　(B) 河階、蛇丘　　　(C) 河階、牛軛湖

(D) 峽谷、牛軛湖　　(E) 蛇丘、牛軛湖

第 64-66 題為題組

清代台灣某地的地方志，曾對當地的氣候有如下的描述：「氣候大抵暑多於寒，春冬頻旱，夏秋頻潦。西南雲蒸則滂沱，東北密雲鮮潤澤，所以雲行雨施，必在南風盛發之時。四季之風，南颶居多，因風擊浪，摧檣傾楫。」請根據上文，回答下列問題：

64. 引文描述的氣候特色，最有可能出現在下列那一個縣市？

(A) 宜蘭縣　　　　(B) 花蓮縣　　　　(C) 桃園縣

(D) 南投縣　　　　(E) 高雄縣

65. 在該種氣候特色中，該地的平原地區，最可能出現的天然植被是什麼？

(A) 莽原　　　　　(B) 雨林　　　　　(C) 苔原

(D) 針葉林　　　　(E) 闊針葉混合林

66. 下列五段詩歌中，何者係在描述該地區的農村景觀？

(A) 家長供秬黍，生計問牛羊

(B) 平隴多栽稻，高崗半種茶

(C) 夜來南風起，小麥覆壟黃

(D) 蔗園萬頃碧萋萋，一望龍蔥路欲迷

(E) 三春雨足桑葉肥，家家飼蠶晝掩扉

第 67-69 題為題組

「該地區夏季由東南季風帶來的雨量，可達 400 公釐左右；地表原來覆蓋著稀疏的森林，林隙則為肥美的草原，早期是少數民族主要的牧場。二、三百年來，從事農業活動的漢人不斷移入，他們砍倒樹木，挖掉草皮，開闢田園。漢人改畜牧為農耕的結果，導致該地區在近年來，有面臨沙漠化的危機。」以上是中國某地區一則有關農業環境問題的報導，請問：

67. 就中國的十一個農業區而言，該地區最可能位於那一個農業區內？
    (A) 西南水稻區　　　　(B) 多麥高粱區　　　　(C) 多麥小米區
    (D) 夏作綠洲區　　　　(E) 夏作雜糧春麥區

68. 該地區稀疏的森林，其林相最可能是那一種？
    (A) 熱帶雨林　　　　(B) 季風雨林　　　　(C) 熱帶莽原
    (D) 溫帶混合林　　　(E) 寒帶針葉林

69. 早期在該地區從事畜牧活動的少數民族，最可能是那一族？
    (A) 壯族　　　　(B) 回族　　　　(C) 蒙族
    (D) 藏族　　　　(E) 彝族

第 70-72 題為題組

印尼是個由一萬三千多座島嶼所組成的國家，其中班達群島位於摩鹿加群島南側，從海上遠望，一座高約六百公尺的圓錐狀 ___(1)___ ，是該地最顯著特徵。該地的土壤與氣候，非常適合肉豆蔻樹的生長；居民將果實曬乾，以供外銷。此地在十七、八世紀時，是全球肉豆蔻的主要供應地，歐洲市場主要以 ___(2)___ 為轉口港，每年為其殖民母國帶來豐厚的財富。印尼人口眾多，族群、宗教和語言複雜，彼此屢有摩擦。如近兩年來，___(3)___ 兩大宗教團體連續發生衝突，影響經濟發展甚鉅。

70. 空格 (1) 的正確答案是：
    (A) 冰山　　　　　　　(B) 台地　　　　　　　(C) 火山
    (D) 珊瑚礁　　　　　　(E) 石灰岩殘丘

71. 空格 (2) 的正確答案是：
    (A) 漢堡　　　　　　　(B) 倫敦　　　　　　　(C) 馬賽
    (D) 里斯本　　　　　　(E) 阿姆斯特丹

72. 空格 (3) 的正確答案是：
    (A) 天主教與基督教　　(B) 印度教與佛教　　　(C) 基督教與回教
    (D) 印度教與回教　　　(E) 天主教與佛教

第 73-75 題為題組

北部非洲的農村景觀，因地區不同，可分為二類：

東邊地區：　在河流二側平地被闢成青翠的農田，栽種稻米、小麥、
　　　　　　玉米和棉花；離河較遠的坡地，是櫛比鱗次的農舍，
　　　　　　更遠的地方，則為荒涼的沙漠。

西邊地區：　在山麓谷口的沖積扇或海岸平原，農田中散落著稀疏
　　　　　　的橄欖、無花果等多年生喬木，沒有灌溉的耕地，冬
　　　　　　季栽種小麥、大麥；有灌溉設施的田園，則栽培葡萄、
　　　　　　柑橘、蔬菜、花卉等園藝作物。

請根據上述，回答下列問題：

73. 東邊地區河岸的農田景觀，主要分布於那一種氣候類型區？
    (A) 熱帶沙漠　　　　　(B) 熱帶莽原　　　　　(C) 熱帶季風
    (D) 溫帶海洋性　　　　(E) 溫帶地中海型

74. 西邊地區沒有灌溉的耕地，小麥栽培於冬季而不種於夏季，最主要
    的影響因素是：
    (A) 日照長短　　　　　(B) 雨季分布　　　　　(C) 市場需求
    (D) 糧食政策　　　　　(E) 季節性移民

75. 西邊地區農業景觀的形成和下列那一項因素的關係最密切？
    (A) 勞力供應的豐缺
    (B) 風速風向的變化
    (C) 殖民母國的影響
    (D) 土地面積的大小
    (E) 交通運輸的難易

第 76-78 題為題組

圖 6 為全球某月份的平均氣壓分布圖，請回答下列問題：

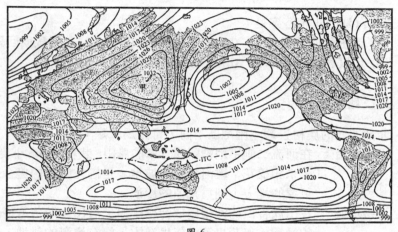

圖 6

76. 圖 6 最可能代表那一個月份的氣候狀況？
    (A) 1 月　　(B) 4 月　　(C) 6 月　　(D) 8 月　　(E) 10 月

77. 下列何者正確地描述了甲區附近主要的空氣流動特性？
    (A) 風繞著甲區成逆時鐘旋轉
    (B) 從太平洋吹來潮濕的空氣
    (C) 四周空氣快速向甲區集中
    (D) 甲區附近空氣不斷上升
    (E) 乾燥的空氣從甲區附近向外吹送

78. 除了緯度外，造成圖 6 此種氣壓分布最主要的因素是：
    (A) 植被差異
    (B) 洋流性質
    (C) 山脈走向
    (D) 地勢高度
    (E) 海陸分布

第 79-80 題為題組

　　圖 7 為濁水溪上游的地形圖，請依據該圖回答下列問題：

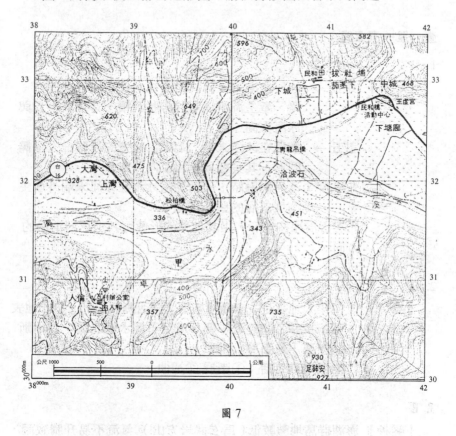

圖 7

79. 濁水溪中的「甲」(395312)是何種地形景觀？
　　(A) 三角洲　　(B) 潟湖　　(C) 沙洲　　(D) 壺穴　　(E) 池塘

80. 比較下列地點何者高度最高？
　　(A) 足鉾安 (408302)　　　　(B) 松柏橋 (394318)
　　(C) 民和國中 (409331)　　　(D) 村辦公室 (386308)
　　(E) 玉虛宮 (417328)

90年度學科能力測驗社會科試題詳解

壹、單一選擇題

1. D

【解析】　蛇丘→　冰河消融時，碎屑物隨冰水在冰河底部的流路，產生淘選成層的帶狀沉積。其帶狀小丘與冰河方向一致。

　　　　　鼓丘→　堆積在冰河末端「端磧」後方的冰磧丘，呈橢圓形，其長徑與冰河流向一致。

　　　　　外洗扇→　冰河消融時，碎屑物隨冰水在冰河末端外產生淘選成層的扇形沉積。

　　　　　三者皆為冰積地形，由其堆積的形態可判別冰河消融的方向。

2. B

【解析】　1. 集集大地震是「車籠埔斷層」向西劇烈抬升，造成地表從南投縣名間經台中縣草屯至石岡水壩北端，沿線斷裂。屬「逆斷層」地形。

　　　　　2. 岩層變位包括：①斷層 ②褶曲。

3. E

【解析】　澎湖群島地勢較低（為玄武岩方山），氣流不易升騰致雨，是全台最少雨區，年降雨日數少，晴日多，故較適太陽能發電。

4. C

【解析】　貿易依存度 = $\dfrac{\text{貿易額}}{\text{國民生產毛額}} \times 100\%$，故知台灣貿易依存度頗高。

5. **D**

【解析】 湘、資、沅、澧諸江挾帶泥沙注入洞庭湖，因由「江」入「湖」，流幅變寬，流速減慢，坡度變緩，故發生堆積現象。

6. **B**

【解析】 青康藏區地勢高低相差懸殊，有五、六千公尺的山峰，亦有一、二千公尺的谷地。如：青滇縱谷區和藏南縱谷區居民多採農牧並重經營。

7. **B**

【解析】 甲——頓巴次工業區位烏克蘭境內。其餘乙、丙、丁、戊皆在俄羅斯境。

8. **A**

【解析】 西歐臨大西洋和北海，受墨西哥灣暖濕洋流（北大西洋暖流）影響氣溫增高，為氣溫正偏差區。但西歐緯度已達 $50°N$，冬溫低涼，夏季月均溫僅 $17°～18°C$，熱量不足。

9. **A**

【解析】 北美大平原：位阿帕拉契山脈向西至落磯山之間，南迄墨西哥灣，是美國的穀倉，其農業經營多採大規模機械化且粗放的方式耕作。

10. **B**

【解析】 湄公河、薩爾溫江、伊洛瓦底江、布拉馬普特拉河均源於中國，僅昭披耶河源自泰國。

11. **D**

　　【解析】 古老結晶岩塊地層蘊藏豐富金屬礦。

12. **B**

　　【解析】 溫帶林樹種較單純，熱帶林樹種較複雜。巴西有赤道經
　　　　　　過，終年高溫多雨，有熱帶雨林與莽原氣候分布，樹類
　　　　　　繁多。

13. **C**

　　【解析】 (C) 襄陽砲為火藥的應用，而火藥用於軍事最早在五代
　　　　　　及北宋間，故選(C)。

14. **B**

　　【解析】 (C) 兩江總督駐南京，南京也是太平天國的天京王府所
　　　　　　在地。

15. **D**

　　【解析】 (D) 秦國力行法治，貫徹法家思想，故國勢強盛，進而
　　　　　　統一六國。

16. **D**

　　【解析】 (D) 中共文化大革命（民國 55 年～65 年），號召紅衛兵
　　　　　　串連鬥爭，「破四舊，立四新」，摧毀不少中國固有
　　　　　　文化，被稱為「十年大浩劫」。

17. **A**

　　【解析】 (A) 新加坡是華人移民海外最有名的地方，廣東人最多，
　　　　　　福建人次之，不像香港、澳門的廣東人特別多，台
　　　　　　灣的福建人較多。

18. **C**

　【解析】　匈奴位居於今山西境內；

　　　　　鮮卑在今遼東到河西塞外；

　　　　　羯在今山西東南境；

　　　　　氐在今隴南以及陝西西南；

　　　　　羌在今隴東及關中，位置西通西域。

19. **B**

　【解析】　(B) 唐才常、史堅如、吳樾等皆為清末反清志士，他們

　　　　　皆想推翻滿清，清末女權運動興起，有不少婦女如

　　　　　秋瑾等參加政治或革命。

20. **B**

　【解析】　(B) 清初大行文字獄，故詩中「異種也稱王」有反清嫌

　　　　　疑，故遭誅戮。

21. **A**

　【解析】　(A) 由秦的咸陽→漢唐的長安→宋的開封→明清的北京

　　　　　可知國都的遷移是由西向東。

22. **B**

　【解析】　甲、都是封建，沒有大變化。

　　　　　乙、周秦之際，秦楚等改變行之已久的封建制為郡縣

　　　　　　　制，是大變局。

　　　　　丙、三國之前（東漢末年）便已分裂。

　　　　　丁、清末民初的共和體制，打破中國自古以來專制的

　　　　　　　局面。

23. **D**

【解析】 (D) 太平洋戰爭後，日本在台灣推行「皇民化運動」，鼓吹台灣人民成爲眞正的日本人，貫徹皇國精神。

24. **A**

【解析】 (A) 北周中後期豪族子弟漸不能用，而胡化的漢人，可以替代，以擴大兵源，增強戰力。

25. **C**

【解析】 (A) 內憂外患於康熙 28 年尼布楚條約簽訂以後大致結束，故沒有可能。

(B) 初期實行海禁，無助貿易。

(D) 清中葉以後關稅才可能增加。

26. **D**

【解析】 (D) 隋書只記「商賈並湊」，形容商業發達，並未形容有國際貿易，王象之記載不正確。

27. **A**

【解析】 甲：「聖人」應指孔子，故爲魯地。

乙：五方雜處是指位居於中原的地方，故指關中。

丙：文翁爲蜀郡太守在成都設郡國學（西漢景帝時），故丙地爲巴蜀。

28. **A**

【解析】 (A) 西班牙人的白銀流入中國使明代貨幣流通，更演進爲銀銅雙本位制。

29. **B**

【解析】 (A) 指唐朝。

(B) 南朝的社會講究門第，世風奢靡，且人民普遍崇信佛道，故 (B) 適合。

(C) 指草原民族如蒙古人等。

(D) 指宋朝。

30. **C**

【解析】 (C) 此時中國的農民大多為文盲，故常將歷史文物當成怪物，未探索其究竟，使「秦兵馬俑」正式發現延後。

31. **B**

【解析】 (B) 文中主要敘述「柏林危機」，當時英法等國成立「西歐聯盟」，蘇聯憤而封鎖西柏林，西柏林民眾皆靠西方三國空援。

32. **A**

【解析】 (A) 民國 15～17 年北伐期間（1926～1928）國民政府北伐，故增稅籌措軍費。

33. **A**

【解析】 (A) 可知明初的朝官言論風氣溫和不偏激；而中葉以後朝官漸趨激烈；到末期時，已有朝臣與宦官勾結，風氣徹底敗壞。

34. **D**

【解析】 (D) 由本文可知為二二八事變，因當時接收台灣的國民政府軍政官員大多為貪污官僚，故台灣人民起而反抗，才爆發「二二八事變」。

35. **B**

【解析】 (B) 西安事變使國民政府剿共停頓，故中共得以坐大；韓戰爆發後，美國第七艦隊協防台灣，局勢得以穩固。

36. **A**

【解析】 (A) 埃及在北非地理位置特殊，上古時曾為波斯、亞歷山大、羅馬人統治過，後被阿拉伯大食帝國統治，近代歐洲人（英國等）入侵，統治者時常更換。

37. **B**

【解析】 (B) 主要是描述歐戰時，希特勒對猶太人採取種族歧視，大舉屠殺歐洲各地的猶太人，故只有(B)較為合適。

38. **A**

【解析】 (A) 漫畫中的人夾在以、阿之間，深陷兩難，當時以阿不可能合作，故選(A)。

(B) 1973 年才爆發石油危機。

39. **D**

【解析】 (D) 世界各地文化不同，不同的文化常會有衝突產生，故 (D) 較為合適。

40. **C**

【解析】 (C) 此乃蔣中正與「印度聖雄」甘地的對話，雙方對於對抗軸心國與讓印度獨立的事，彼此交換意見，故選 (C)。

41. **D**

【解析】 (D) 近代西方史家自認所處時代進步，中古黑暗這說
法並不客觀，因中古並不全然在黑暗中，如貿易
活動非完全停頓，且開墾西歐和中北歐荒地為農
田等，比古羅馬進步。

42. **C**

【解析】 (C) 甲文主要敘述清入關以後對漢人間的種族歧視，故
屬於歷史事實；乙文主要是解釋那時的士大夫風氣
為何會萎靡不振，故屬於歷史解釋。

43. **A**

【解析】 亨利・佐治的土地單一稅制事影響國父經濟問題思考的
主思想，故(A)中的都市地價會影響民生。

44. **D**

【解析】 (D) 以色列在巴勒斯坦復國，是因世界各地的猶太人皆
堅信猶太敎，故能流亡二千多後年復國，是人類史
上的奇蹟。

45. **C**

【解析】 國父主要認為中國人民族的觀念不強，主要是因為「宗
族」的觀念太深。

46. **B**

【解析】 (B) 英國光榮革命後，簽訂權利法案，英國人民的權利
獲得保障。

47. **C**

   【解析】 (D) 民意代表是有權揭發，而媒體卻不能在新聞自由外，採訪新聞。

48. **D**

   【解析】 依照三權分立的原則，立法院的決議，行政院應通過。

49. **C**

   【解析】 修憲後國民大會走入歷史，而其代表將由立委的比例代表形成。

50. **D**

貳、多重選擇題

51. **BDE**

   【解析】 (B) 資料三「請中國指示總督」，即知為外國政府說法，非清廷說法。
   (D) 1860 年英法聯軍後訂中英法天津條約，有保護傳教士的條款。
   (E) 台灣下令建省在光緒 11 年，正式建省在光緒 13 年。

52. **ACDE**

   【解析】 (B) 資料一並未如此寫出，資料二才可以得知成績很差的日本學生，至少可進入二中就讀，教育機會不均等。

53. **BE**

54. **AB**

55. **ABCD**

【解析】 皆為行政體系非人民賦予權利的政府官員。

56. **ABD**

【解析】 (A) 台灣民主國是甲午戰爭後，台灣割給日本後抗日組織，但是聲明事平之後仍歸中國，有復合準備。

(C) 溥儀的「偽滿州國」是日本扶植的偽政權，用來分裂中國的。

(E) 庫倫活佛宣布成立「蒙古人民共和國」是俄國人扶植的政權，不可能復合。

57. **ABD**

58. **CD**

59. **AD**

60. **DE**

【解析】 (A) 是張之洞的主張。

(B) 乃是王韜、鄭觀應的說法。

(C) 陳獨秀等人的主張。

(D) (E) 皆為國父所說。

61. **B**

【解析】 此圖素描台灣東岸的斷層崖海岸及沖積扇地形，而太平洋位海岸之東，故知其視角是從北向南。

62. **D**

【解析】　台灣東岸的斷層崖海岸係由斷層作用所形成，故其營力為岩層變位（內營力）。

63. **A**

【解析】　台灣東部海岸為上升的斷層崖海岸，由此出海的河川因侵蝕基準下移，流速增加，侵蝕增強，易產生河階、峽谷地形。

64. **E**

【解析】　1. 文中描述：① 暑多於寒。② 夏雨多乾。③ 夏季西南季風盛行形成雨季。冬季東北季風受雪山、中央山脈的阻隔不易降水，形成乾季。④ 夏秋之際有颱風（颶風）來襲。

　　　　2. 上述氣候特色與高雄縣最相似。

65. **A**

【解析】　高雄縣屬熱帶季風氣候，夏雨多乾，因年中出現乾季，故出現莽原景觀。

66. **D**

【解析】　嘉南平原昔日主要農產為稻米、甘蔗，故(D)項農村景觀描述最相近。

67. **E**

【解析】　由「夏季東南季風帶來雨量，可達 400 公釐」可判知該區位溫帶季風邊緣的溫帶草原氣候區，屬夏作雜糧春麥區。

68. **D**

【解析】　此區位於溫帶氣候區，故屬溫帶混合林。

69. **C**

【解析】　(A) 壯族分布→廣西壯族自治區。

(B) 回族→新疆維吾爾族自治區。

(C) 蒙族→蒙古人民共和國、漠南。

(D) 藏族→西藏自治區。

(E) 彝族→雲南。

70. **C**

【解析】　印尼位歐亞大陸板塊和印、澳板塊的接觸帶，地殼不穩定，多火山、地震，是環太平洋「火環」的一部份。

71. **E**

【解析】　17 世紀荷蘭東印度公司開始對印尼近 300 年的殖民統治，故歐洲市場以荷京阿姆斯特丹為轉口港。

72. **C**

【解析】　1. 擅長海上貿易的阿拉伯商人帶來伊斯蘭信仰（回教）。

2. 殖民母國荷蘭引入基督教。

73. **A**

【解析】　1. 北部非洲東邊地區：以熱帶沙漠氣候為主。

2. 尼羅河谷地的氣候由南向北分三類型：熱帶莽原→熱帶沙漠→地中海型。

74. **B**

【解析】 北部非洲西邊地區屬地中海型夏乾多雨氣候，故小麥栽培於冬季以配合雨季的來臨。

75. **C**

【解析】 1. 北非西邊的亞特拉斯山區昔爲法國殖民地（稱法屬北非）。

2. 法人實施農田水利，推廣經濟作物，建法式農莊，本區充滿法國色彩。

76. **A**

【解析】 冬季（一月）高氣壓籠罩蒙古高原，低氣壓中心在：

① 阿留申群島

② 澳洲。

可判讀本圖爲一月平均氣壓分布圖。

77. **E**

【解析】 1. 氣流的流動：高氣壓中心→低氣壓中心。

2. 蒙古高壓空氣中心輻散的氣流向低氣壓中心輻合。

78. **E**

【解析】 受大範圍海陸分布的差異影響，因海、陸比熱不同，造成海、陸的高低氣壓分布也不同。

79. **C**

【解析】 「甲」位濁水溪河床，較易出現「沙洲」地形。

80. **A**

【解析】1. 足鉾安（408320）標高 930，高度最大。

2. 使用圖網方法。

　(1) 判定位置：先找出該地點所在的網格，讀出交會
　　　在該網格西南角的座標值。

　(2) 讀法：

　　① 先橫座標再縱座標，兩者合成的四位數字，即爲
　　　該網格的座標值。

　　② 若要更明確指地點的位置，即可將網格邊長，再
　　　仔細分成十等分，讀出其 6 位數字的座標值。

3. 實例：

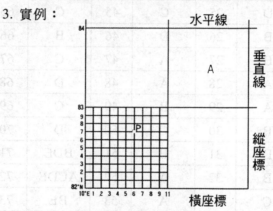

4 位數字座標代表一網格，6 位數字座標代表一點（例如，
1183 指示的 A 網格；P 點位於 1082 的網格內，該點座標
爲 106827）

九十年度學科能力測驗（社會考科）
大考中心公佈答案

題號	答案	題號	答案	題號	答案	題號	答案
1	D	21	A	41	D	61	B
2	B	22	B	42	C	62	D
3	E	23	D	43	A	63	A
4	C	24	A	44	D	64	E
5	D	25	C	45	C	65	A
6	B	26	D	46	B	66	D
7	B	27	A	47	C	67	E
8	A	28	A	48	D	68	D
9	A	29	B	49	C	69	C
10	B	30	C	50	D	70	C
11	D	31	B	51	BDE	71	E
12	B	32	A	52	ACDE	72	C
13	C	33	A	53	BE	73	A
14	B	34	D	54	AB	74	B
15	D	35	B	55	ABCD	75	C
16	D	36	A	56	ABD	76	A
17	A	37	B	57	ABD	77	E
18	C	38	A	58	CD	78	E
19	B	39	D	59	AD	79	C
20	B	40	C	60	DE	80	A

八十九年大學入學學科能力測驗試題
社會考科

壹、單一選擇題

說明：第 1 至 44 題，每題選出一個最適當的選項，標示在答案卡之
「選擇題答案區」。每題答對得 2 分，答錯不倒扣。

1. 國父認為民權最好的基礎訓練是：
   (A) 學習選罷創複　　　　　　(B) 學習交際應酬
   (C) 學習會議規範　　　　　　(D) 學習國家憲法

2. 我國當前的國家處境仍然相當艱困，最根本的原因在於：
   (A) 遭受強權外交壓迫，無法進入聯合國
   (B) 遭受強權政治壓迫，被迫放棄南海領土
   (C) 遭受外國金融風暴波及，造成我國經濟衰退
   (D) 國家處於分裂狀態，中共對我仍懷有敵意

3. 有關法律與自由的關係，孟德斯鳩曾表示：「法律所不禁止的行為，
   人人有權利去做，便叫自由」。當網路傳播中，出現人身攻擊的言論
   時，下列引申何者為是？
   (A) 網路傳播是一項新興的科技與行為，在尚無專門的法律予以規
       範前，其行為並不受法律的約束
   (B) 網路傳播雖屬新興的科技運用，但言論表達卻是人類既有的行
       為，仍應受現行的法律規範
   (C) 網路上的言論雖涉及人身攻擊，只要有事實作根據，其行為即
       可免除法律責任
   (D) 網路上的言論多屬匿名行為，攻訐者只要不承認，法律就無法
       對其行為加以制裁

4. 一國之憲法制定後，因爲社會情勢變遷，可能出現憲法條文與社會現實的差距。爲求憲政能有效運作，憲政常態的解決方法應以何者爲是？
   (A) 由司法機關進行釋憲　　　　(B) 由民意代表重新制憲
   (C) 派官員出國考察憲政　　　　(D) 各黨派進行政治協商

5 複合民族國家爲求民族關係的發展能夠長治久安，而設立少數民族自治區，下列作法何者爲是？
   (A) 自治區內的自治機關幹部，儘量以國內主體民族擔任
   (B) 維護自治區內少數民族的語言文字，同時推行官方語文
   (C) 政府應提供自治區經濟發展的資源，但無權過問其經濟事務
   (D) 鼓勵不同民族相互通婚，俟民族融合後取消民族自治區

6. 人民的政治態度影響政治體制的運作，以下何種態度有助於憲政民主的穩定發展？
   (A) 一切的爭議、衝突皆訴諸多數來裁決
   (B) 政府的任何政策，都可交由人民來決定
   (C) 人民願意在對立中，尋求相互理解的共識
   (D) 爲了滿足支持群衆的期待，政治人物可經常修改制度規章

7. 我國農耕和畜牧區的分野，主要是根據下列那一項氣候要素決定的？
   (A) 氣溫　　(B) 雨量　　(C) 氣壓　　(D) 風向　　(E) 日照

8. 美國畜牧業的分布，和下列那一個農業帶的分布最爲相關？
   (A) 小麥　　(B) 玉米　　(C) 稻米　　(D) 乳酪　　(E) 棉花

9. 東南亞的民族、文化複雜，目前也是政治不穩定地區。導致東南亞政治不穩定的最主要因素爲何？
   (A) 地形崎嶇　　　　(B) 資源缺乏　　　　(C) 土壤貧瘠
   (D) 多元民族　　　　(E) 技術落後

10. 重慶、成都兩地冬季比同緯度的長江中下游地區來得溫暖,其主要
　　原因是:
　　(A) 空氣比較乾燥　　　　(B) 都市人口密集
　　(C) 寒流被山脈阻擋　　　(D) 晴天日數比較多
　　(E) 印度洋暖空氣入侵

11. 「河口濕地因為處於水陸接觸地帶,其生物多樣性高」;「夏威夷
　　群島位於太平洋中,具有海洋性氣候的特色」;「蘭嶼距離菲律賓
　　很近,島上原住民使用的語言有些可以和菲律賓方言相通」。這
　　些論述主要以什麼樣的觀點探討地理現象?
　　(A) 空間分布　　　　(B) 生態系統　　　　(C) 景域特色
　　(D) 人地關係　　　　(E) 自然地理

12. 科學家最近在中國大陸某地區發現人類已知的最早<u>頭索動物</u>化石,
　　重寫了動物演化史。由於該地理區地層是在溫暖的淺海環境下堆
　　積而成,因此經常可以發現其他古老的生物化石,是中國大陸研
　　究古生物學的寶地之一。根據前述資料,你認為下列那一個地理
　　區最可能是這些化石的發現地?
　　(A) 大興安嶺　　　　(B) 長江三角洲　　　　(C) 雲貴高原
　　(D) 黃土高原　　　　(E) 山東丘陵

13. 青康藏高原由於地勢高聳而呈現特殊的氣候特徵,其夏季氣候特
　　徵包括下列那兩項?
　　甲、白天氣溫低於零度　　乙、東北季風強盛
　　丙、夜間常有霜降　　　　丁、氣壓非常低
　　(A) 甲乙　　(B) 甲丙　　(C) 乙丙　　　(D) 乙丁　　(E) 丙丁

14. 中南半島許多大河的下游都是農業精華區,如果河流中上游經過
　　不同的國家,可能會有水權、污染治理等問題。請問下列河川,
　　何者因為流經最多的國家而容易有此種問題?
　　(A) 紅河　(B) 湄公河　(C) 昭披耶河
　　(D) 薩爾溫江　　　　(E) 伊洛瓦底江

15. 「十七世紀起，先後成為西歐各國的殖民地，歐人利用引進外僑工人，發展熱帶栽培業，成為世界經濟作物的供應地。」這段話主要是在敘述那一個地理區的開發？
    (A) 中美地峽　　　　(B) 印度半島　　　　(C) 南洋群島
    (D) 赤道非洲　　　　(E) 亞馬孫河流域

16. 多官方語文是歐洲許多國家的特色，下列那一個國家同時具有二種以上的官方語文？
    (A) 瑞典　　　　　　(B) 荷蘭　　　　　　(C) 比利時
    (D) 西班牙　　　　　(E) 奧地利

17. 多年來，裏海的油氣開發公司一直希望興建一條從裏海到地中海岸的輸油管線。在避開伊朗領土和減少油管長度的考慮下，這條輸油管線最適合經過那一個地區？
    (A) 烏拉山區　　　　(B) 高加索地區　　　(C) 哈薩克高地
    (D) 中亞內陸盆地　　(E) 俄羅斯大平原

18. 獨立國家國協的氣候寒冷乾燥，其主要的水氣來自於下列何者？
    (A) 大西洋　　　　　(B) 北極海　　　　　(C) 太平洋
    (D) 黑海　　　　　　(E) 裏海

19. 在北半球某地區分布著一種強酸性的土壤，由於其在 A 層 (表土層) 的底部有一灰白色層，而被稱為灰壤 (或灰化土)。此種土壤分布地區的主要產物是什麼？
    (A) 穀類　　　　　　(B) 蔬果　　　　　　(C) 乳酪
    (D) 肉品　　　　　　(E) 木材

20. 游耕為非洲的傳統農業活動之一。此類型農耕主要分布於那一個氣候區？
    (A) 沙漠氣候　　　　(B) 半乾燥氣候　　　(C) 地中海型氣候
    (D) 熱帶莽原氣候　　(E) 熱帶雨林氣候

21. 下列出現在大西洋上的洋流，何者對南北美洲氣候的影響<u>最不顯著</u>？
    (A) 本吉拉　　　　　(B) 福克蘭　　　　　(C) 巴西
    (D) 墨西哥　　　　　(E) 拉布拉多

22. 發生重大自然環境災變時，地理圖像常被用來作為災情分析和決策支援的依據。下列那一種圖像可以涵蓋廣大區域，並具有即時性，提供類似九二一大地震的地理變遷分析？
    (A) 地質圖　　　　　(B) 等高線圖　　　　(C) 斷層分布圖
    (D) 立體透視圖　　　(E) 衛星影像圖

23. 一張比例尺 1:1,000 的地圖，經影印放大後，直線距離成為原圖的 1.25 倍。該影印圖上一段長度為 10 公分的橋樑，在地面上的實際長度為多少公尺？
    (A) 75 公尺　　　　　(B) 80 公尺　　　　　(C) 100 公尺
    (D) 120 公尺　　　　(E) 125 公尺

24. 圖 1 是利用麥卡托投影所繪製的經緯線網格。圖中的五個斜線區域，何者在地表上的實際面積最大？
    (A) 甲　　(B) 乙　　(C) 丙
    (D) 丁　　(E) 戊

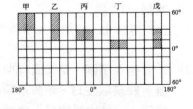

圖 1

25. 有一位著名的學者徵求一位女子結婚，開出下列條件：必須不纏足；必須識字；如相處不睦，可以離婚。條件提出後，引起時人討論，有人認為傷風敗俗，也有人認為開風氣之先。根據你對歷史的了解，這個事件最可能發生在什麼時候？
    (A) 1870 年代，清政府受到外力壓迫提倡自強運動之時
    (B) 1900 年代，清末推行新政，希望進行全面改革之際
    (C) 1930 年代，平民教育運動興起，女子開始識字後
    (D) 1970 年代，大陸文革破舊立新，推動家庭革命之際

26. 歷史課中，幾位學生討論到商代與周代的一些問題。

甲生說：「商與周在王位繼承上很不相同，商是哥哥死了，由弟弟繼位；周是嫡長子不在，則由庶長子繼位。」

乙生說：「商代屢次遷都，表示他們還是游牧社會；周代貿易發達，已進入商業社會。」

丙生說：「甲骨文提供我們對商代的認識，詩經提供我們對周人生活的認識。」

丁生說：「商人迷信鬼神，又喜歡喝酒；周人則勤勞樸實，遵守禮法。」

上述那些學生的意見比較妥當？

(A) 甲生、乙生　　　　　　(B) 乙生、丙生
(C) 甲生、丙生　　　　　　(D) 丙生、丁生

27. 清康熙年間，陝西有位地方官王穆，在任內遇見一位西洋人，這位西洋人向他講述了一些他聞所未聞之事。王穆因而寫了一首「贈大西洋進士」的長詩。就其時代背景而論，這位「大西洋進士」很可能是一位：

(A) 傳教士　　(B) 大學教授　　(C) 商人　　(D) 外交官

28. 「愛國女子團」是某個時期臺灣常見的地方組織，其活動包括：籌辦有關皇后生日、陸海軍節等慶典，清掃神社，慰問戰爭遺族及傷殘軍人，參加愛國婦人會活動等。根據歷史知識判斷，這個組織活躍的時間應在何時？

(A) 劉銘傳來台建省初期　　(B) 臺灣割讓給日本之初
(C) 太平洋戰爭爆發前後　　(D) 臺灣光復後二十年間

29. 中國歷史上有種賦稅制度，農民繳納的賦稅與他擁有的財產沒有必然關係，而是有一定的數額。原先，農民是分到多少田，繳多少賦稅，後來他們已經分不到田，或分田很少，但仍要繳同樣的賦稅。如此一來，這個制度就很難再實施下去，而必須改變。請你想一想，當時的政府進行了什麼樣的改革？

(A) 恢復封建體制，實施井田制度
(B) 鼓勵開墾荒地，實施均田制度
(C) 改變徵稅方法，依據資產計算
(D) 簡化農民賦役，併為一條徵收

30. 有一個時期，許多地方志都提及「民務農賈」、「民務耕商」、「民多商賈」、「富者皆棄本(農)逐末(商)」之類的記述。當時的學者在著作中也有「富室之稱雄者，江南則推新安，江北則推山右」，和「新都勤儉甲天下，故富亦甲天下」之類的文字。我們應該怎樣理解這些資料？
(A) 由於經濟繁榮，人們的觀念改變，棄農從商，又因受到理學影響，致富之後仍生活勤儉。這應是對宋代的描述
(B) 棄本逐末的觀念，古已有之，富室稱雄者之中，已有江南商人，表示南方繁榮富庶。這應是對宋代的描述
(C) 人民從事商業活動是由於居住沿海地區，地狹人稠，只有向海外發展，並出現一些新的都市。這是關於明代的描述
(D) 商業興盛，人們觀念改變，從商致富的人很多，某些地方的商人聞名全國。這是關於明代的描述

31. 民國三十八年，政府播遷臺北。遷台的頭十年，政局並不安定，有許多重大事件發生，影響到臺灣的生存，如：
甲、八二三炮戰發生，國軍予敵人以嚴重的打擊
乙、韓戰爆發，美國為了太平洋安全，派艦隊協防臺灣
丙、蔣中正重新行使總統職權，領導中心得以鞏固
丁、臺灣與美國簽定「中美共同防禦條約」
這些事件發生的先後次序應為
(A) 乙丁丙甲
(B) 丙丁甲乙
(C) 丁甲丙乙
(D) 丙乙丁甲

32. 一位歷史學者指出，某一時期中原地區的社會風氣是：「既無傳統的無形拘束，亦無法律的明文制裁，許多人對天下，對自己都感到絕望，對未來也失去了信心，已經形成一種擺脫名教，而自名為通達的風氣。」這應該是指那一個時期？
    (A) 戰國時期　　(B) 魏晉時期　　(C) 唐朝中葉　　(D) 晚清時期

33. 有一種學說，認為人類不但沒有深厚的情感，更缺乏遠大的見識，像孔子這樣的聖人只能感化七十二人，但魯哀公一般的庸君卻能號令一國。所以，尊君專制是唯一治民的方法。這一說法應怎樣解讀？
    (A) 其理論的根據在於反對人性本善，主張人性本惡，應屬於荀子所倡學說
    (B) 其重點在於認為國君統治臣民不能依賴仁義，而是要用威勢，屬韓非所倡學說
    (C) 其論點在於絕聖棄智，反璞歸真，回到小國寡民狀態，屬老子所倡學說
    (D) 其要點在辨別聖人與國君的不同，屬於名實同異問題，是惠施、公孫龍的學說

34. 以下四句文字討論到中國五代至宋初軍事武力發展的狀況：
    甲、國君整頓禁軍，汰弱留強，消除驕氣，打敗北方外族
    乙、招募全國精壯充任禁兵，駐守京師，並輪戍地方
    丙、原來是一個節度使的武力，控有開封，取得魏博，建立朝廷
    丁、朝廷收掌禁軍兵權，利用酒宴機會，讓禁軍將領自請解職
    請依照文內所述史實發生的先後，選出其正確的排列順序：
    (A) 甲丁乙丙　　(B) 甲乙丙丁　　(C) 丙甲丁乙　　(D) 丙乙甲丁

35. 二十世紀末，中國收回了兩塊先後為外國統治的土地，這兩塊土地被占領的時間大約相距多少年？
    (A) 80 多年　　(B) 180 多年　　(C) 280 多年　　(D) 380 多年

36. 圖2是一幅有關日俄海戰的漫畫，請仔細閱讀後，選出正確的選項：
    (A) 表現出戰前俄國志在必得的決心
    (B) 顯示日本人在戰前有相當的把握
    (C) 顯示戰後俄國人決定議和的態度
    (D) 說明戰後日本人接受議和的無奈

圖2

37. 請閱讀下列兩段用白話文改寫過的資料，選出正確的解釋：
    資料一：這位國君在位時建造了好些宮室，供自己居住，又到處興建離宮別館，供自己遊玩，百姓們不勝負擔，鋌而走險，成了盜賊。到了他的末年，連一尺土、一個人都不能擁有。這些都是我親眼所見，因此深以為誡，不敢任意使喚人民。
    資料二：動亂尚未發生的時候，自信不會亂，國家尚未滅亡時，自信不會亡。加在百姓身上的賦役很重，對外征討不停，等到動亂即將發生，朝廷即將滅亡，還不覺悟。這樣的事例可以做為我們的借鏡，希望你能從中得到教訓。
    (A) 漢初以秦末為鑒，一為漢高祖所言，一為叔孫通上疏
    (B) 漢初以秦末為鑒，兩段資料應皆出於叔孫通的上疏
    (C) 唐初以隋末為鑒，一為唐太宗所言，一為大臣的上疏
    (D) 唐初以隋末為鑒，兩段資料皆出自大臣的上疏，可能是魏徵

38. 下列兩段資料，一段已用白話改寫，一段由外文譯成中文。

    資料一：絲縷布帛這些，我們生產得不少，販賣到路途頗遠，又
    　　　　有點危險的呂宋，就是為了換取佛郎銀、佛郎錢。呂宋
    　　　　一帶地方，與我們的商民往來貿易，彼此頗為熟悉，相
    　　　　處融洽。

    資料二：中國有的是過剩的貨物，他們從不向我們購買任何物
    　　　　品，只把物品賣給我們，並專門索取錢幣為代價。為
    　　　　獲得銀幣，他們的貨物價格非常便宜，故我們向他們
    　　　　買的東西特別多。

    這兩段資料描述的情景，應該屬於何時？

    (A) 南宋時期　　　　　　　　(B) 明朝後期
    (C) 五口通商之時　　　　　　(D) 天津條約簽訂後

39. 人口的成長與糧食供應增加、衛生條件改善、政治環境安定等因素
    有密切關係。表一是 1850 年到 1950 年間幾個地區人口總數及所
    占全球比率。請你指出丁是那一個地區？

    (A) 亞洲　　　　(B) 非洲　　　　(C) 歐洲　　　　(D) 美洲

表一　　　　　　　　　　　單位：百萬人

地區＼時間	1850	1900	1950
甲	266 (22.7 %)	401 (24.9 %)	548 (22.7 %)
乙	749 (63.9 %)	937 (58.3 %)	1326 (55.0 %)
丙	95 (8.1 %)	120 (7.4 %)	198 (8.2 %)
丁	59 (5.1 %)	144 (9.0 %)	329 (13.6 %)

40. 有一個地區，因為封建制度的影響，一直無法建立中央集權的近代
    政府，長期受到鄰近強權的支配。19 世紀初期，列強召開維也納
    會議，建立新的勢力平衡，曾重建其境內的政治秩序，但其統治者
    仍多為外人，因此有人譏之為「地理名詞」而非國家。這個「地理
    名詞」應指何地？

    (A) 日耳曼　　(B) 義大利　　(C) 西班牙　　(D) 土耳其

41. 西歐地區的經濟發展與國際政治的變化關係密切。根據你的判斷，從 1780 到 1840 年間，英國的經濟發展應當呈現那一種趨勢？
    (A) 1780 年先成長，1800 年後衰退，1820 年以後成長
    (B) 1780 年先衰退，1800 年後成長，1820 年後停滯
    (C) 1780 年到 1820 年均呈成長趨勢，1820 年以後則出現衰退現象
    (D) 1780 年到 1820 年均呈成長的趨勢，1820 年以後更是快速成長

42. 老師發給學生三段有關某次戰爭的資料：
    資料一：「兩個月之內，八個國家在其國內及殖民地動員了大批軍隊，各國都預計這是一場速戰速決的戰爭。」
    資料二：「由於武器的巨大殺傷力，短短幾個星期就有數十萬人喪生。將領們瞭解，在空曠地形上作戰，無異自取滅亡，於是每支軍隊都修築一道又一道的塹壕。」
    資料三：「儘管命令只准轟炸軍事目標，但 55 次轟炸中，仍有 700 人死傷，大部分為百姓。炸彈是綁在機身的架子上，飛行員必須用力拉扯繩子，以完成投彈工作。」
    請問這應是那一場戰爭？
    (A) 資料一提到八個國家及其殖民地，應是指八國聯軍。這也是飛機剛出現之時
    (B) 根據壕溝戰及轟炸方式，可以判斷這是關於第一次世界大戰的敘述
    (C) 壕溝戰在任何戰爭都會發生，資料說武器殺傷力大，應是指第二次世界大戰
    (D) 我們根本無法從上面提供的資料，來判斷這是那一場戰爭

43. 圖 3 顯示的是美國在某地駐軍的人數。根據歷史知識判斷，這個駐地是那一個地區？
    (A) 日本
    (B) 韓國
    (C) 西德
    (D) 越南

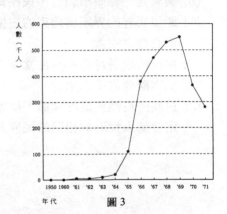

圖 3

44. 有一個國家,其地曾是古代腓尼基人、迦太基人的商業據點,後來先後被羅馬帝國與阿拉伯人佔領,16 世紀以後,又接受回教帝國的統治。19 世紀帝國主義興起,此地再淪爲法國的殖民地,到 20 世紀中期以後,才獲得獨立。根據你對歷史的瞭解,這個國家應當位於何處?

(A) 非洲北部　　　　　(B) 亞州西部

(C) 非洲東部　　　　　(D) 巴爾幹半島

貳、多重選擇題

說明:第 45 至 60 題,每題的五個選項各自獨立,其中至少有一個是正確的。選出正確選項,標示在答案卡之「選擇題答案區」。每題答對得 2 分,答錯不倒扣,未答者不給分。只錯一個可得 1 分,錯兩個或兩個以上不給分。

45. 幾個學生在一起討論「民族」的界定。學生甲認爲:「說相同語言的人就構成了一個民族」;學生乙表示不同意,他說:「以最近剛獲得獨立地位的東帝汶而言,獨立之後的官方語言是葡萄牙語,可是我們並不能將東帝汶人民與葡萄牙人視爲同一民族」;學生丙說:「民族與國家其實是兩件事,請不要因爲英文皆爲 nation 一辭,而產生混淆」。請參考上述學生的討論,判斷下列何者爲是?

(A) 語言是溝通的媒介,通常被視爲構成民族的首要因素

(B) 國家是一種政治組合,民族是文化的主體

(C) 即使民族的界限與國家的主權範圍不一致,也是自然的事,不必強求一致

(D) 民族的成員身份不應由當事人主觀自我認定,而必須由外人依客觀要素予以承認

(E) 民族是自然形成的團體,國家可以決定共同的語言,卻不一定會使人民形成相同的民族意識

46. 世界上很多國家都是「複合民族國家」，多元文化是此類國家的共同特徵。可是有的國家文化多元且繁榮，有的國家卻因文化多元而衝突爭戰。下列那些國家可做為多元而繁榮的例證？
    (A) 瑞士
    (B) 南斯拉夫
    (C) 俄羅斯
    (D) 新加坡
    (E) 日本

47. 根據國父均權制度的精神，中央政府與地方政府的權力劃分，依事務的性質，有因地制宜者，則交給地方去治理或由中央與地方共同治理。下列那些事權屬於上述範疇？
    (A) 海關檢疫
    (B) 交通建設
    (C) 災難救助
    (D) 國防外交
    (E) 教育文化

48. 我國一旦加入「世界貿易組織」（WTO），進一步開放外國農產品進口後，政府應採取那些措施，以保障農民的權益？
    (A) 堅持特殊的兩國關係，臺灣農產品單向直銷大陸
    (B) 保障農產品合理的價格，發展健全農產品運銷制度
    (C) 積極培育高經濟價值作物，強化本國農產品競爭力
    (D) 繼續加強各項進口糧食的檢疫，避免病毒污染國內農產品
    (E) 依據各會員國對我友好程度，施以差別的關稅稅率

49. 民主政治是目前較好的一種政治制度，但在現實的政治中，卻曾被扭曲，例如有人提倡「人民民主專政」，有人主張「民主集中制」。如果要避免統治者假民主之名行專制之實，則下列那些制度設計是絕對必要的？
    (A) 責任政治
    (B) 立憲政治
    (C) 菁英政治
    (D) 法治政治
    (E) 民粹政治

50. 依據民權主義的平等主張，在面對天生的不平等時，我們應採取何種態度？

(A) 以革命手段打破天生不平等

(B) 物競天擇弱者淘汰，乃天然之理

(C) 以政策保障弱者，促進實質平等

(D) 發揮服務的道德心，彌補不平等

(E) 只要立足點平等，結果不妨有異

51. 解嚴後，我國加速推展民主憲政，擴大人民的政治參與。下列那些法律有助於擴大政治參與？

(A) 人民團體法　　(B) 國家安全法　　(C) 集會遊行法

(D) 直轄市自治法　(E) 公職人員選舉罷免法

52. 幾位同學在討論一些地名起源問題，提出不同的看法，下列那些說法正確？

(A) 移民喜歡用故鄉地名為新居所命名，淡水的興化莊就源於福建興化，美國的劍橋也與英國的劍橋同名

(B) 美國有紐約、紐澤西，紐就是新的意思，說明兩地移民與英國約克及澤西有關，紐西蘭的情況也類似

(C) 臺灣的「新店」、「新營」或「新莊」等，也應是紀念大陸某些地方的「店」、「營」或「莊」而來

(D) 新店、新莊的「店」或「莊」是指新的人民聚集之地，新營的「營」與軍隊有關，與大陸地名應無關聯

(E) 地名的另一個來源是原住民的語言，「葛瑪蘭」或「凱達格蘭」都是源自臺灣原住民部落的語言

53. 以下是討論湘軍與太平軍爭奪安慶的三段資料：

資料一：長江就像一條蛇，湖北是頭部，安慶是中段，江南是尾巴。今天沒能攻下湖北，若再失去安徽，蛇的中間就斷了，就是長出尾巴，也維持不了多久。

資料二：自古平定江南，必須先有控制上游的優勢，才能成功。想要收復金陵，則北岸要先攻下安慶、和州，南岸需先攻下池州、蕪湖，這樣才能取得控制下游的優勢。

資料三：這座城實際上是天京的鎖鑰，且有保障東南安全的作
　　　　用，一但落入妖人之手，就會成爲進攻我們的基地。

請仔細閱讀，然後判斷下列何者正確？

(A) 當時安慶在湘軍控制下，遭到太平軍攻擊

(B) 當時安慶在太平軍控制之下，遭到湘軍攻擊

(C) 資料一、二爲湘軍將領之語，資料三爲太平軍將領的想法

(D) 資料一、三爲太平軍將領之語，資料二爲湘軍將領的想法

(E) 資料一、二爲太平軍將領之語，資料三爲湘軍將領的想法

54. 某個時期，有一些人以說故事爲業，居住在城市中。他們說故事的
技巧高明，講述事情的經過曲折生動，描述人物的感情感人肺腑，
受到聽衆的喜愛，他們說故事用的腳本稱爲「話本」，對後來的文
學發展有一定的影響。下列有關敘述，何者正確？

(A) 說書的出現，應與生產發達、城市繁榮、市民需要娛樂活動
等有關

(B) 說書的行業，以唐代的長安與洛陽兩大城市最爲興盛

(C) 說書至緊要關頭，會說「且聽下回分解」，成了章回小說的源
頭

(D) 明代的三言、二拍就是從話本採輯整理而成的

(E) 清代的紅樓夢、聊齋志異也是從話本整理而成

55. 現代歷史學者瞭解的元代，有黑暗的一面，也有光明的一面，並非
一味的腐敗殘暴，一無可取。下列有關元代的敘述，何者正確？

(A) 元代始終以蒙古傳統治理漢地，影響到漢蒙間的調和

(B) 漢人當官不能擔任正職，科舉也較難錄取，法律上又受到歧視

(C) 在戶計制度上，元代將人民分爲「蒙古戶」、「色目戶」、「漢
人戶」、「南人戶」，待遇懸殊

(D) 元代郵驛制度完善，爲商賈、教士和旅行者提供良好的保障
與服務

(E) 阿拉伯文化如天文、數學、曆學、醫學等傳入中國，中國的
藝術也對回教文化產生影響

56. 一位著名的歷史學家在一本書中寫道：「通觀歷代，凡能控有今陝
西中北部及甘肅地帶的朝代，總能居於強勢；凡不能控有這一地區
的，總是居於弱勢；其故就在於騎兵。因為騎兵在古代戰爭上猶如
第二次世界大戰前的坦克機械化部隊，與第二次世界大戰後的原子
武器，以步兵對抗騎兵，總是失敗的。」我們應該如何看待這段話？
   (A) 這段話中，「其故在於騎兵」之前的部分是「歷史事實」，之
       後的部分是「歷史解釋」
   (B) 這兩個部分的敘述都是「歷史解釋」，不是「歷史事實」
   (C) 著名歷史學家提出的看法自然是精確的，毋需懷疑
   (D) 「以步兵對抗騎兵，總是失敗的」只是這位歷史學家的看法，
       未必正確，我們可以找到相反的例證
   (E) 把歷史上的騎兵比做第二次世界大戰後的原子武器，並不恰當

57. 東晉與南宋都偏安江南，兩者的情形有相似之處，也有不同之處。
請比較兩個朝代的異同，選出正確的敘述：
   (A) 兩個朝廷都是由於中原人士大量南來，得到南方士族的支持，
       建立起來的
   (B) 兩次中原人口的南移，對南方生產事業的發展，都很有幫助
   (C) 江南建立的朝廷，面對的都是強悍的外族政權，東晉時是北
       魏，南宋時是金
   (D) 東晉為光復失土，一再北伐；南宋人們安於逸樂，未有北伐
       之舉
   (E) 兩個朝廷的結局不同，東晉為權臣所篡，南宋為外族所滅

58. 宋代的主要外患是遼、西夏、金與蒙古，他們之間存在怎樣的相互
關係？
   (A) 北宋末年同時受到遼、西夏與金的侵擾，宋廷無法應付，以
       致覆亡
   (B) 遼為宋與金聯手所滅
   (C) 西夏為遼所併吞，故未能與金有所接觸
   (D) 金為宋與蒙古聯手所滅
   (E) 宋曾出兵助金抗蒙古，但仍為蒙古所敗

59. 在 1970 年代，考古工作者在湖南挖掘到一座深埋地底的漢代古墓，墓主是一位諸侯夫人，棺槨製作宏偉，隨葬品豐富，除了錦衣、棉袍、絲絹外，還有各種飾品、用具乃至食物與酒等。根據研究，這位夫人去世時年紀約 50 歲。研究人員甚至進行解剖，找出她的死因。幾位同學看過相關資料後，發表不同看法，何者正確？
    (A) 從這個墓葬主人的衣飾及質料，我們可以推斷漢代一般人民的衣著
    (B) 從墓的建築及棺槨結構，我們可以看到漢代的喪葬習俗及工藝技術
    (C) 墓中陪葬的物品如酒瓶、盤盞等，可幫助我們了解漢代的飲食方式
    (D) 墓主身體保存甚完整，可以使醫學界了解當時人的生理及疾病狀況
    (E) 古墓顯示當時貴族階級的生活，對於了解漢代平民文化的幫助有限

60. 研究歷史時，從推理到結論，需要經過縝密的思考，並作合理的判斷。下列有關十九世紀工業生產的論斷，那些是合理的？
    (A) 工業生產要有科學研究的支持，因此，科學發達的國家，工業通常也都發達
    (B) 工業發展需要許多新人才，故政府必須重視教育，以培育人才
    (C) 工業生產靠工人，工業發達地區必然有工人聚居，很快形成人口眾多的市鎮
    (D) 工業發達後，需要市場來購買產品，所以工業地區一定注重對外貿易
    (E) 十九世紀的經濟學家都主張對外擴張的經濟理論，也都支持帝國主義政策

參、題組題

說明：第 61 至 79 題為題組，每組有 2-3 個子題，各子題皆是單一選擇題。選出正確選項標示在答案卡之「選擇題答案區」。每一子題答對得 2 分，答錯不倒扣。

61-62 題為題組

表二是行政院主計處於民國八十七年針對我國近十年來經濟成長與所得分配所做的統計。表中「家庭所得五等分位比」是指依五等分位法，把全國家庭依其所得的高低分為五等分，其中最高所得家庭組之所得為最低所得家庭組之倍數。

表二

年份	國民生產毛額		家庭所得五等分位比
	金　額 (依 80 年價格計算) (新臺幣億元)	年 增 率 %	
77 年	39,211	7.84	4.85
78 年	42,439	8.23	4.94
79 年	44,728	5.39	5.18
80 年	48,107	7.55	4.97
81 年	51,360	6.76	5.24
82 年	54,605	6.32	5.42
83 年	58,174	6.54	5.38
84 年	61,681	6.03	5.34
85 年	65,176	5.67	5.38
86 年	69,586	6.77	5.41

請根據表二的資料，回答下列問題：

61. 如依民生主義「均富」的精神來看，下列年份中何者的經濟表現最好？
    (A) 七十八年　　(B) 八十年　　(C) 八十二年　　(D) 八十六年

62. 國家經濟成長與所得分配往往難以兼顧，民國八十年到八十二年
出現何種經濟現象？
(A) 經濟成長增加，所得分配惡化
(B) 經濟成長降低，所得分配惡化
(C) 經濟成長降低，所得分配改善
(D) 經濟成長增加，所得分配改善

63-65 題為題組

民國八十八年九月二十一日，臺灣地區因車籠埔斷層活動引發大地
震，受創慘重。請回答下列問題：

63. 九二一大地震時大安溪河床上的地層發生錯動，在河道上形成小
瀑布，該段河道因而最可能出現那一種現象？
(A) 側蝕加劇　　　　　　　(B) 加速堆積
(C) 河水被襲奪　　　　　　(D) 趨近均夷
(E) 發生回春作用

64. 九二一大地震之後，總統發布緊急命令，以應付財政經濟上的重
大變故。請問依據憲法，緊急命令之發布，還要經過那些程序？
(A) 總統決定，行政院追認
(B) 行政院院會決議，國民大會追認
(C) 立法院決議，國民大會追認
(D) 行政院院會決議，立法院追認

65. 在中國歷史上，地震經常發生，歷代對地震的研究相當重視，除
了史書不斷記載外，也早發明了偵測地震的儀器。這種儀器最早
在何時出現？
(A) 周　　　　　(B) 秦　　　　　(C) 漢　　　　　(D) 唐

66-67 題為題組

地理位置往往是影響一個地區自然環境與歷史發展的重要原因。在距今大約二百萬年至一萬年前，地球曾出現幾次冰河期，其中第四冰河期約在距今一萬八千年至一萬年前方告結束。臺灣因位於最大陸與最大洋之間，在冰河期間曾與東亞大陸連結。請回答下列問題：

66. 此海陸接觸位置，豐富了臺灣那一項自然環境資源？
    (A) 地形　　(B) 生物　　(C) 氣候　　(D) 土壤　　(E) 水文

67. 根據以上資料，請在下列敘述中選出妥適者：
    (A) 臺灣的舊石器時代文化與新石器時代文化，都是從東亞大陸經由相連的陸路傳了進來
    (B) 冰河時期東亞大陸雖與臺灣相連，但當時大陸並無人類活動，臺灣也不可能有人類活動
    (C) 臺灣舊石器時代文化應該來自東亞大陸，但新石器時代文化則不一定
    (D) 在最早期，臺灣只有來自東亞大陸的動物與植物在島上活動，直到三國時代，臺灣與大陸才有文化上的聯繫

68-79 題為題組

中國大陸重工業以華北和東北地區為主要分布區，又據環保署委託研究發現，臺灣酸雨有二成五到五成的污染物係源自於上述重工業區以及上海、南京等大都會區，再經由季風和鋒面流到臺灣。請根據以上說明，回答下列問題：

68. 中國大陸的重工業分布，主要由那一項工業區位要素所決定？
    (A) 原料　　(B) 勞工　　(C) 政策　　(D) 資本　　(E) 市場

69. 臺灣的空氣品質在那兩個季節深受大陸的影響：
    (A) 春季和夏季　　　　(B) 夏季和秋季　　　　(C) 秋季和冬季
    (D) 冬季和春季　　　　(E) 夏季和冬季

70-72 題為題組

乘從飛機，橫越中國大陸，若俯視地面會發現河谷、山脈、海岸等，
風采不一，使人印象深刻。其實不同的地貌地形，即使呈現在平面的
等高線地圖上，也是截然不同的，圖4即為一例。請回答下列問題：

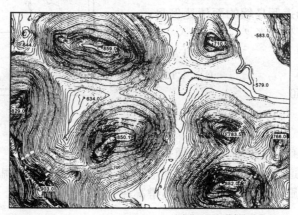

比例尺1:10,000　等高距5公尺

圖 4

70. 請問圖中可看見下列何種地形景觀？
　　(A) 伏流　　　　　　(B) 火山口　　　　　(C) 蜂窩岩
　　(D) 冰斗　　　　　　(E) 風蝕窪地

71. 圖中地形景觀最可能出現在那一個地理區？
　　(A) 青康藏高原　　　(B) 蒙古高原　　　　(C) 黃土高原
　　(D) 廣西盆地　　　　(E) 柴達木盆地

72. 本區對於土壤侵蝕的防範與維護，最可能採取何種方法？
　　(A) 深耕　　　　　　(B) 施肥　　　　　　(C) 輪種
　　(D) 廣植防風林　　　(E) 開闢梯田

73-75 題為題組

圖 5 是某一個島嶼的簡圖。請根據這張圖回答下列問題：

73. 臺灣面積約 36,000 平方公里。
    根據該島的長度和寬度換算，
    臺灣和這個島嶼的面積比例最
    接近下列何者？
    (A) 3:1　　　　　(B) 1:1
    (C) 1:5　　　　　(D) 1:15
    (E) 1:60

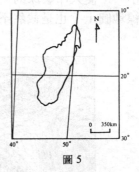

圖 5

74.該島的風系應該屬於那一種行星風帶？
    (A) 赤道無風帶　　(B) 東南信風帶　　(C) 東北信風帶
    (D) 西風帶　　　　(E) 副熱帶高壓帶

75. 根據經緯度判斷，該島的位置應該在下列那個區域？
    (A) 印度洋　　　　(B) 南太平洋　　　(C) 北大西洋
    (D) 北太平洋　　　(E) 大洋洲

76-77 題為題組

圖 6 是某一個山區的地形圖。請根據這張圖回答下列問題：

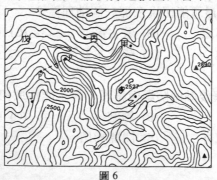

圖 6

76. 圖中 P-P' 兩點之間有一座橋樑，這座橋和其下溪谷的高差最接近下列何者？
    (A) 120 公尺　　　　(B) 160 公尺　　　　(C) 200 公尺
    (D) 400 公尺　　　　(E) 800 公尺

77. 環保局派員在橋樑下採樣檢測水質，發現有高度的農藥殘餘。這些農藥最有可能來自於下列那一個地區？
    (A) 甲　　　(B) 乙　　　(C) 丙　　　(D) 丁　　　(E) 戊

78-79 題為題組

圖 7 為清康熙時臺灣府的古地圖。請根據該圖回答下列問題：

78. 圖中的「台江內海」一帶是
    指下列那一種地理景觀？
    (A) 溺谷　　　(B) 緣海
    (C) 潟湖　　　(D) 河口灘地
    (E) 人工港灣

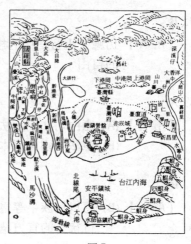

79. 圖中沿海一帶的「鯤身」是
    指下列那一種地理景觀？
    (A) 沙洲　　　(B) 紅樹林
    (C) 陸連島　　(D) 防波堤
    (E) 碼頭

圖 7

89年度學科能力測驗社會科試題詳解

壹、單一選擇題

1. **C**

【解析】 民權初步亦即會議規範,是政治建設穩固的基礎。

2. **D**

【解析】 統一是中國全體國民的希望,而統一首先要使全國沒有任何分裂割據的局面。

3. **B**

【解析】 仍應受現行法律的規範;在法律範圍內的自由才是合理的自由。

4. **A**

【解析】 (A) 應由司法院大法官會議解釋之
(B) 憲法為國家根本大法,重新制憲非常態。

5. **B**

【解析】 (B) 應以民族平等為原則,維護少數民族的母語,並推行統一的官方語言。

6. **C**

【解析】 (B)透過合理的協商管道,取得雙方相互理解的共識。

7. **B**

【解析】 季風氣候區即是我國農業分布區,乾燥及高地氣候是牧業分布區,分界的指標是雨量,大約與 400 公釐等雨線相符。

8. **B**
【解析】 玉米帶內 75%玉米用爲飼料，將作物轉換成畜產品，其他地區飼養的牲畜送至本區加肥，爲混合農業之典型，故關係甚大。

9. **D**
【解析】 東南亞爲人種的過渡地帶，種族差異甚大，易造成政治不穩定。

10. **C**
【解析】 四川盆地北有大巴山、秦嶺的雙重屏障，使冬季北方的寒冷氣流不易進入。

11. **A**
【解析】 著重描述空間分布情形。

12. **C**
【解析】 雲貴高原本爲溫暖的淺海，在形成石灰岩層後，又堆積了砂岩、頁岩等沈積岩層，故有許多古生物化石。

13. **E**
【解析】 青康藏高原屬高地氣候，故夜間有霜降，氣壓非常低。

14. **B**
【解析】 湄公河上游是瀾滄江，源於中國，流經緬、泰、寮、柬埔寨、越南，注入南海。

15. **C**
【解析】 17 世紀起，南洋群島先後淪爲西歐各國殖民地，雇用外僑工人（主要爲華人）從事開發，使本區成爲世界經濟及工業原料的重要供應地。

16. **C**

【解析】 因為歷史背景及地理位置的分布，故比國北部為法語，南部為荷語。

17. **B**

【解析】 地中海及裏海間即高加索地區。

18. **A**

【解析】 東南兩方有高山阻隔，大洋水氣不易進入，北極海又因過冷，水氣有限，故水氣主要來自大西洋的盛行西風。

19. **E**

【解析】 本區主要資源為寒帶針葉林，為大規模森林工業的原料。

20. **E**

【解析】 熱帶雨林氣候的農業活動是游耕。

21. **A**

【解析】 本吉拉涼流在非洲西南岸。其餘洋流均流經美洲大陸沿岸。

22. **E**

【解析】 具即時性，故選衛星影像圖。

23. **B**

【解析】 影印圖的的比例尺 1.25：1000 即 1：800，

∵ 圖上 1 $\xrightarrow{\text{代表}}$ 實際 800

∴ 圖上 10 公分 $\xrightarrow{\text{代表}}$ 實際 8000 公分

8000 公分＝80 公尺

24. **D**

【解析】麥卡托圓柱投影所繪地圖，因經緯線間距在高緯區有顯著放寬，因此面積放大而失實甚多，故圖上愈低緯實際面積愈大。

25. **B**

【解析】維新變法前後，國人已提倡廢纏足、興女學，隨之女子自己亦起而鼓吹男女平等、婚姻自由，為開此風氣之先。

26. **D**

【解析】甲生：周代封建-嫡長子繼承制

　　　　　　　嫡長子→嫡次子→庶長子

　　　　乙生：商、周都屬於農業社會，並有商業發展。

27. **A**

【解析】明末清初，天主教耶穌會教士來華傳教，並傳述許多西方的新知。

28. **C**

【解析】由題意判斷應為日本統治的第三期「皇民化運動時期」，積極從精神層面消滅台胞的民族意識，成為真正的「日本人」。

29. **C**

【解析】北魏以來的均田制和賦稅制度到了唐代漸遭破壞，故改採用依民戶的貧富等級課稅的兩稅法。

30. **D**

【解析】 明清時代商業觀念開放，商人地位提高，以山西商人最有名

(C) 明代因國內長期統一，人口增加，農工進步，漕運便利，白銀輸入，商業相當發達，商業城市興起，尤以長江三角洲及太湖流域一帶成長最快。

31. **D**

【解析】 甲、民國 47 年　　　乙、民國 39 年 6 月
丙、民國 39 年 3 月　　丁、民國 43 年。

32. **B**

【解析】 魏晉南北朝時代盛行清談、玄學之風，講求個性解放，崇尚自然。

33. **B**

【解析】 「尊君專制」是韓非的思想，集法家之大成，人君治理國家，法、術、勢三者不可偏廢，對臣民的統治不能依賴仁義，而是威勢。

34. **C**

【解析】 甲、指後周世宗
乙、指宋太祖改革兵制-兵不爲將有
丙、梁太祖，後唐莊宗的建國(五代初期)
丁、宋太祖杯酒釋兵權
故爲丙甲丁乙

35. **C**

【解析】 香港-清道光 22 年（1842 年）
澳門-明嘉靖 36 年（1557）

36. **A**

　【解析】 圖左太陽旗爲日本人；圖右俄國人表現出囂張跋扈貌，
　　　　　有志在必得的決心。

37. **C**

　【解析】 資料內容爲隋末煬帝好大喜功、奢迷狂暴，終至國敝
　　　　　民怨而覆亡。

38. **B**

　【解析】 明代海外貿易發達，自國外大量輸入白銀。

39. **D**

　【解析】 (1) 依人口數排：亞-歐-非-美(乙-甲-丙-丁)
　　　　　 (2) 又美洲因 19 世紀歐洲移民風潮，增長最明顯。

40. **B**

　【解析】 義大利長期分崩離析，拿破崙曾征服義大利半島，但
　　　　　他失敗後，維也納會議根據正統和補償的原則，重將
　　　　　義大利造成四分五裂的局面。

41. **A**

　【解析】 1780 年起因民主政治漸成規模，工業革命有初步成果，
　　　　　故開始成長，1800 年後因拿破崙席卷歐洲而受影響，
　　　　　1820 年後拿破崙之威脅不再，貿易又重新開始。

42. **B**

　【解析】 資料一得知爲大規模的動員
　　　　　資料二指壕溝戰
　　　　　資料三得知武器不甚精良
　　　　　綜合以上資料判斷爲第一次世界大戰。

43. **D**

　　【解析】 為阻止赤禍蔓延，自 1962 年起，美國派兵參加越南
　　　　　　 剿共戰爭。

44. **A**

　　【解析】 即北非突尼西亞、摩洛哥一帶。

貳、多重選擇題

45. **BCE**

　　【解析】 (A)「血統」為首要因素
　　　　　　 (D) 主觀要素即民族意識，有了民族意識的覺醒，就可
　　　　　　 　　確信其為民族力量的形成。

46. **AD**

　　【解析】 祇要各民族以平等為基礎，聯合組成國家後，隨著時
　　　　　　 間演進而自然融和，使民族愈形擴大，愈形強盛。

47. **BCE**

　　【解析】 權之分配以其性質為對象，劃分至地方或中央
　　　　　　 (A)(D) 選項皆具有全國一致之性質，宜劃歸中央。

48. **BCD**

　　【解析】 (A)(E)和保障人民權益無關。

49. **ABD**

　　【解析】 (C)(E) 不含於民主政治。

50. **CDE**

　　【解析】 (A) 革命手段僅能打破人為的不平等。
　　　　　　 (B) 物競天擇弱者淘汰乃物種進化之原則，人類應本互
　　　　　　 　　助之美德以有餘補不足。

51. **AC (D) E**

   【解析】(B) 在解嚴之前。(制定於七十六年六月)

52. **ABDE**

   【解析】(C) 錯誤，見(D)之敘述。

53. **BD**

   【解析】咸豐六年，湘軍胡林翼克復武漢，從資料一：太平軍
   已失湖北，必須鞏固安慶；而金陵(南京)早為太平軍
   所占，故資料二「收復金陵」應為湘軍之想法；資料
   三稱「天京」，必為太平軍。

54. **AC (D)**

   【解析】(B) 宋代的城市；長安、洛陽當時已沒落

   (D) 是模擬話本的作品；可選可不選

   (E) 曹雪芹的紅樓夢為言情小說，蒲松齡的聊齋誌異是
   短篇小說，並非從話本中整理出來的。

55. **BDE**

   【解析】(A) 元代實施二元政治，以蒙古傳統處理蒙事，以漢法
   治理漢地，影響漢蒙間的調和

   (C) 戶計制度是元代的中間階層依職業分類所定的戶口
   例如：匠戶、軍戶。

56. **BDE**

   【解析】是歷史解釋，不一定為歷史事實。內容也不一定正確。

57. **BE**

   【解析】(A) 晉有士族的支持，但南宋並沒有所謂「世族」

   (C) 與東晉成南北對峙之勢的是後趙

   (D) 南宋有岳飛、韓世忠等人的北伐

58. **BD**
   【解析】(A) 北宋末因靖康之難，金兵破汴京而滅亡
   (C) 西夏為蒙古所滅
   (E) 南宋聯蒙古滅金。

59. **BCDE**
   【解析】(A) 是貴族的衣著
   即長沙馬王堆。

60. **ABCD**
   【解析】(E) 有自由主義、民族主義、社會主義等經濟學說，
   看法不盡相同。

參、題組題

61. **A**
   【解析】數值最小，代表貧富差距最小。

62. **B**
   【解析】年增率遞減→經濟成長降低
   五等分位比上升→所得分配惡化。

63. **E**
   【解析】回春作用，小瀑布以上河道侵蝕力增強。

64. **D**
   略

65. **C**
   【解析】東漢張衡侯風地動儀。

66. **B**

　　【解析】 冰河時期台灣與大陸相連，移入了多種生物。

67. **C**

　　【解析】 一萬多年前的舊石器時代，台灣與大陸相連，文化相傳，新石器時代，台灣與大陸分離，產生太平洋「南島文化」。

68. **A**

　　【解析】 由原料分布決定工業的分布。如華北、東北盛產煤、鐵、石油等原料，即為重工業分布區。

69. **D**

　　【解析】 台灣冬季和春季盛行東北季風，季風源於蒙古高壓中心。
1. 季風將蒙古戈壁沙漠的沙塵吹送至台灣，形成沙塵暴，空氣品質惡化。
2. 季風將中國華北、東北工業區排放廢氣吹送至台灣，形成酸雨。

70. **A**

　　【解析】 閉口等高線圖的頂端即為峰林，∨形等高線指向高處即為伏流。

71. **D**

　　【解析】 廣西盆地桂江流域有石灰岩地形。

72. **E**

　　【解析】 廣西盆地多丘陵，開闢梯田有助於水土保持。

73. **D**

【解析】 概略估計該島面積 1400×350(平方公里)
比例最接近 1：15。

74. **B**

【解析】 位南緯 10~25 度附近，是東南信風帶。

75. **A**

【解析】 1. 180° 換日線位太平洋中央附近。
2. 大西洋：約位 0°～60°W 之間。
3. 印度洋：約位 50°E～110°E 之間。

76. **D**

【解析】 橋樑 P-P′位於 2000 公尺，溪谷高度在 1600 公尺～1700
公尺間，故高度差在 300 公尺～400 公尺間。

77. **B**

【解析】 河川如附圖較粗之線，
依高度及流向判斷。乙
地的農藥殘餘會出現在
橋樑下。

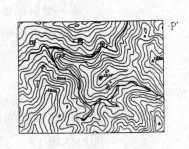

78. **C**

【解析】 此為台南安平古堡附近的地圖。此地為離水堆積進夷
海岸；圖為潟湖地形。

79. **A**

【解析】 「鯤身」是濱外沙洲，乃因形狀似魚身而名之。

八十八年大學入學學科能力測驗試題
社會考科

壹、單一選擇題

說明：第 1 至 40 題，每題選出一個最適當的選項，標示在答案卡之
　　　「選擇題答案區」。每題答對得 2 分，答錯不倒扣。

1. 下列台灣各種形式的降雨中，那一種和「地形抬升氣流」的關係最
　　為密切？
　　(A) 挾帶冰雹的暴雨　　　　　(B) 五、六月間的梅雨
　　(C) 夏季午後的雷陣雨　　　　(D) 夏、秋之際的颱風雨
　　(E) 基隆、宜蘭地區的多雨。

2. 台灣的主要港口中，那兩個港口係利用谷灣地形改建而成？
　　(A) 高雄港、台中港　　　　　(B) 高雄港、花蓮港
　　(C) 花蓮港、蘇澳港　　　　　(D) 花蓮港、基隆港
　　(E) 基隆港、蘇澳港。

3. 雲貴高原的區域特色有：甲、可耕地面積狹小；乙、局部地區地形
　　崎嶇；丙、礦物資源種類繁多；丁、都市多居陸運要衝；戊、河川
　　無航運之利。以上那些特色和該高原發達的石灰岩地形有關？
　　(A) 甲乙丙丁　　　　　　　　(B) 甲乙丙戊
　　(C) 甲乙丁戊　　　　　　　　(D) 甲丙丁戊
　　(E) 乙丙丁戊。

4. 長江主流沿岸地區一月的月均溫，呈現由西向東遞減的趨勢，導致
　　此種趨勢的主要因素是：
　　(A) 距海遠近　　　　　　　　(B) 山脈走向
　　(C) 降雨多寡　　　　　　　　(D) 植被種類
　　(E) 緯度高低。

5. 美國的新英格蘭地區在工業革命後,農業土地利用方式由傳統的雜耕農作,轉變為以酪農業和園藝性農業為主的專業化農業,造成這種轉變主要因素是:
(A) 市場需求增加 　(B) 交通改善 　(C) 新品種傳入
(D) 耕作機械化 　(E) 大量使用化肥。

6. 「年雨量約 1500 公釐,降雨集中在夏季,乾、濕季節分明,天然植物以粗大高茂的草原為主。」這個敘述最可能是在描寫下列那一個地理區的氣候與植物特徵?
(A) 雲貴高原 　(B) 伊朗高原 　(C) 巴西高原
(D) 青康藏高原 　(E) 科羅拉多高原。

7. 目前台灣東部那一條河川的水力開發量最大?
(A) 和平溪 　(B) 木瓜溪 　(C) 卑南溪
(D) 立霧溪 　(E) 秀姑巒溪。

8. 「東江崖欲接,漱石水成漩」的河川景觀,最常出現在下列那一個地理區?
(A) 巢蕪盆地 　(B) 河西走廊 　(C) 滇西縱谷
(D) 熱河高原 　(E) 大小興安嶺。

9. 德國的工業主要集中於魯爾、薩爾和薩克森三大工業區;這三個工業區都是因為擁有那一種天然資源而逐漸發展起來的?
(A) 石油 　(B) 鐵礦 　(C) 煤礦
(D) 森林 　(E) 水力。

10. 尼羅河谷地之所以能發展成為非洲農業活動最集約、人口最密集地區,與尼羅河的那一項水文特性最有關係?
(A) 亞斯文以下的河道,富航運之利
(B) 全長 6690 公里,為世界最長的河流
(C) 中、上游多急流瀑布,水力蘊藏豐富
(D) 開羅以下的河道作扇形分流,支流眾多
(E) 亞斯文水壩完成前,每年夏季定期氾濫。

11. 「台灣西部北港溪至高屏溪之間的海岸，是標準的離水海岸。」
    此論述的依據是：
    (A) 濱外多沙洲　　　　　　(B) 沿海有海階
    (C) 沿海多波蝕棚　　　　　(D) 河口多呈溺谷
    (E) 河流坡度平緩。

12. 「農業活動特別重視灌溉，糧食作物以小麥、大麥為主，果樹則
    有橄欖、無花果、柑橘、葡萄、檸檬等。」是那一種氣候區的農
    業特色？
    (A) 溫帶草原氣候　　　　　(B) 溫帶沙漠氣候
    (C) 溫帶季風氣候　　　　　(D) 溫帶大陸性氣候
    (E) 溫帶地中海型氣候。

13. 「國際貿易可謂台灣地區經濟成長的引擎。」台灣的那一項貿易
    特色，是此論點的最主要依據？
    (A) 貿易總額全世界排名第十四
    (B) 貿易依存高達 84.96%
    (C) 出口貨物以工業製品為主
    (D) 進口貨物以農工原料為主體
    (E) 對外貿易已由入超轉為巨額出超。

14. 大陸冰河在融冰過程中，碎屑物常隨著冰河底部的冰水流動和堆
    積；其中部分碎屑物在端磧前方形成外洗扇或外洗平原的主要原
    因是：
    (A) 冰水的下滲增加
    (B) 冰水挾帶的冰磧增多
    (C) 冰水的流量減少
    (D) 冰水流路的流幅變寬
    (E) 冰水流路的坡度減緩。

15. 下表為長江、黃河、珠江及松花江的水文資料。

河流	流域面積 (平方公里)	河口平均流量 (立方公尺/秒)	平均含沙量 (公斤/立方公尺)
甲	1,808,500	31,060	0.6
乙	545,000	2,530	0.2
丙	442,580	11,070	0.3
丁	752,443	1,820	37.7

甲、乙、丙、丁由南向北的正確排列順序是：
(A) 甲乙丁丙 　　(B) 甲丙丁乙 　　(C) 乙丙丁甲
(D) 丙甲丁乙 　　(E) 乙甲丁丙。

16. 去年夏天，小華前往歐洲遊學，途中認識一位同行者。在閒聊中，小華得知這位同行者的祖籍福建，曾祖父因家鄉飢荒而移民海外，並被迫取了西班牙姓名；他的父親在求學期間，適逢政治變遷，學習了新統治者使用的英文，同時也學會了當地住民的語言；他們因為注重傳統根本，所以幾代以來還會說華語，並保留中文姓氏。這位同行者應來自何處？
(A) 菲律賓 　　(B) 新加坡 　　(C) 馬來西亞 　　(D) 印尼。

17. 太湖流域的南潯鎮以絲織業聞名，鎮上有專業的絲織工廠，稱作「車坊」，紡織機稱作「繰車」。附近農民將生產的繭送到鎮上的車坊，由繰車加工成絲織品。這一類工商業市鎮在何時最普遍？
(A) 三國時代 　　(B) 唐代 　　(C) 明代 　　(D) 清末民初。

18. 在中國歷史上的一次社會動亂中，有人作《無向遼東浪死歌》，內容是呼籲人民不要平白無故赴遼東而死。這首歌反映了人民痛恨統治者為了戰爭而強徵民力的虐政。試問這次動亂發生於何時？
(A) 秦末 　　(B) 隋末 　　(C) 唐末 　　(D) 元末。

19. 秋當、周赳二人曾任中書舍人。在當時,此一職位多由皇帝的親信
　　出任,權力極大。有一次,秋當、周赳一同去拜訪同事中書郎張敷。
　　張敷自認出身尊貴,看不起秋當等人的社會地位,不願意與他們坐
　　得太近,就命令隨從:「移我遠客。」根據這種階級觀念判斷,這
　　件事發生在什麼時代?
　　(A) 西漢　　　　(B) 南朝　　　　(C) 北宋　　　　(D) 明代。

20. 張三在構思一部電影劇本,故事是描寫近代以來中國工業遭洋人控
　　制的情況。劇中,一位鄉下青年到大城市謀生,看到洋人的工廠林
　　立,中國人的工廠日減,最後,他進入一家洋人開設的工廠工作。
　　這個故事的場景應該安排在何時何地?
　　(A) 1850 年的廣州　　　　　　(B) 1865 年的天津
　　(C) 1890 年的福州　　　　　　(D) 1905 年的上海。

21. 西漢中央政府推行的「推恩眾建」政策,其主要內容為何?
　　(A) 朝廷為優待諸侯子孫而設,凡諸侯之眾子皆可承襲爵位,朝
　　　　廷並予更多的封地
　　(B) 中央政府為削弱諸侯國,允許諸侯眾子承襲爵位,分得土地,
　　　　使諸侯國土縮小
　　(C) 中央政府為加強中央集權,封皇室成員為諸侯王,以便在地
　　　　方上壓制反叛勢力
　　(D) 皇帝為削弱其他皇室成員,令皇室成員離開中央政府,使之
　　　　轉為地方上的諸侯。

22. 西漢元帝時,有一年發生強烈地震,山崩地裂,人民死傷無數。
　　元帝因此下詔,承認他的統治出現嚴重問題,應為此事負責。漢
　　元帝主要是基於何種政治思想而下詔認錯?
　　(A) 黃老治術　　　　　　　　(B) 經世致用
　　(C) 陰陽五行　　　　　　　　(D) 循名責實。

23. 曾任江西督軍的李烈鈞發一電報，指責某人說：「父仇未報，更釀內亂，何以為子？以怨報德，威劫主帥，何以為將？」這封電報的收件人是：
    (A) 袁世凱　　(B) 馮玉祥　　(C) 張學良　　(D) 毛澤東。

24. 有關中國歷史上賦役制度的演變，下列敘述何者正確？
    (A) 從繳納實物為主，轉變為繳納錢幣為主：力役逐漸折價為錢，最後併入田賦中，田賦逐漸成為人民主要的賦稅負擔
    (B) 從繳納錢幣為主，轉變為繳納實物為主：力役逐漸折價為錢，最後併入田賦中，田賦逐漸成為人民主要的賦稅負擔
    (C) 從繳納錢幣為主，轉變為繳納實物為主：田賦逐漸轉換為力役，力役逐漸成為人民主要的賦稅負擔
    (D) 從繳納實物為主，轉變為繳納錢幣為主：田賦逐漸轉換為力役，力役逐漸成為人民主要的賦稅負擔。

25. 自隋代行科舉以來，考試成為中國讀書人入仕的主要途徑。下列是四段有關科舉制度的資料：
    甲、在考試的內容方面，朱子的《四書集注》開始受到重視。
    乙、一位皇帝說：「有不少參加考試的人，對把考卷上的姓名籍貫密封起來感到害怕，但是真正有才學的人會喜歡這種公平的做法。」
    丙、考生作文章應分成破題、承題、起講、提比、虛比、中比、後比及大結。
    丁、一位出身士族的宰相以進士浮薄，請求罷進士科，皇帝不答應，說：「用進士科選取人才已有二百年，不可廢。」
    請排出它們的先後次序：
    (A)丙丁甲乙　　　　　　(B) 丙甲乙丁
    (C) 丁丙甲乙　　　　　　(D) 丁乙甲丙。

26. 「周鄭交質」、齊桓公「尊王攘夷」、魯國「三桓」、晉國「三家分晉」，這些都是春秋時期發生的歷史事件。這些事件反映何種歷史變化？
    (A) 諸侯的權力上升，權力凌駕周天子，並在國內鎮壓卿、大夫等貴族
    (B) 諸侯的權力上升，權力凌駕周天子，在國內卻受制於某些強大貴族
    (C) 諸侯的權力下降，諸侯受制於周天子，在國內也受制於強大的貴族
    (D) 周天子權力上升，諸侯必須依賴周天子，且各國貴族也支持周天子。

27. 有一則寓言描述一棟古厝及其居民的情況。這棟古厝屋頂毀壞、樑木腐朽，一旦風雨猝集，必然要傾倒。古厝居民有的毫無知覺，仍然整天嬉戲，有的雖然知道危急，卻只有痛哭流涕，束手待斃。有人雖知道修修補補，卻只求解決眼前的問題，苟且偷安。寓言的作者認為，較好的做法是找來工匠，把壞的部分拆掉，重新建造；這種做法剛開始時也許代價較高，但只有這樣才能高枕無憂。這個寓言是那一個人說的？
    (A) 曾國藩　　(B) 張之洞　　(C) 孫中山　　(D) 梁啓超。

28. 照相術已經有一百多年的歷史，透過相片可以讓人看到前人的真實生活。有一張相片顯示彰化公學校週會時，一群學生彎腰鞠躬，向「神社」敬禮。另一張則是學生運動會「相撲」比賽的情況，希望培養學生的「皇國精神」。這相片應該是在何時拍攝的？
    (A) 台灣開放為通商口岸之際
    (B) 日本佔領台灣之初
    (C) 第一次世界大戰結束之後
    (D) 盧溝橋事變爆發後。

29. 幾位同學在一起討論豆腐的起源，意見紛云。那一種說法比較可信？
    (A) 明代李時珍認為豆腐始於西漢。雖然他沒有提出證據。但他是一位科學家，又生於古代，所以他的說法應該可信
    (B) 如果要講古代，宋代朱熹已說「世傳豆腐本為淮南王術」，就可以說明豆腐起源於西漢，朱熹是理學家，說法更可信
    (C) 他們都沒有提出豆腐起源的證明，不足為信。宋代陶穀寫的《清異錄》首次提到豆腐的做法，說明到宋代才發明豆腐
    (D) 不要忘記文獻資料外還有考古證據。河南密縣出土的東漢墓葬中有「豆腐作坊石刻」圖，說明豆腐最晚在東漢已出現。

30. 魏源曾應林則徐之請，編纂《海國圖志》，是一部關於世界地理、歷史及西方政教國情的總集。魏源在書中最嚮往某國政治制度，提及這個國家「二十七部(州)公舉一大酋總攝之，匪惟不世及，且不四載即受代，一變古今官家(皇帝)之局，而人心翕然。」魏源最嚮往的是那一國的制度？他一段文字有何影響？
    (A)美國；引起當時人們的激烈討論，遂有清末的變法
    (B)英國；人們頗有同感，認為應該「師夷長技以制夷」
    (C)美國；少有人理解，也少有人談及，幾乎沒有影響
    (D)英國；當時人們對此理論多不理解，只重視船堅砲利。

31. 鴉片戰爭並非中英第一次外交衝突。歷史學家記載英國商人在明朝末年來華貿易的經過：「威得爾上尉率領四大船二小船來華，直向虎門駛進，對中國官吏的反對，置之不理，雙方於是備戰。」戰爭結果是：「兵丁儘逃，英兵上岸，佔了砲台。」但是英兵忽然不再前來，根據這位史家的說法，是因為其國內發生重大事件。直到二十多年以後(清朝康熙初年)，英國商船才又來華，並與台灣的鄭經訂了通商協定。英國當時發生什麼事件，使其中斷來華的活動？
    (A) 通過權利法案，禁止國王與民爭利

(B)國內爆發了內戰，國王被判處死刑

(C)英國與蘇格蘭合併，暫停對外戰爭

(D)改往南太平洋發展，並佔領殖民地。

32.在近世歐洲，音樂家經常需要貴族的支持，才能安心創作。樂聖貝
多芬(Beethoven,1770-1827)就經常得到魯道夫(Rudolf)公爵的資
助，因建立起友誼。他創作鋼琴奏鳴曲「告別」，就是爲了懷念這
位因戰禍而逃離維也納的好友。這位公爵是因那一場戰爭而離開維
也納？：

(A) 奧地利王位繼承戰爭　　　　(B) 拿破崙戰爭

(C) 普奧戰爭　　　　　　　　　(D) 奧薩戰爭。

33. 上課時，老師提到 1878 年德意志帝國在首都柏林召集列強會議，
對後來數十年的歐洲安全，有重大影響。幾位同學討論這個會議召
開的原因時，各人有不同的見解，何者正確？

(A) 這是因爲俾斯麥打算仿效拿破崙，對英國進行圍堵和封鎖，
以免其日益強大

(B) 其實俾斯麥計劃離間英國與俄國，以避免兩國聯合，不利於
德意志帝國發展

(C) 這個會議與中國古代的諸侯會盟意義類似，象徵德意志帝國
爲歐洲大陸霸主

(D) 以當時環境而言，德意志並無稱霸的條件，這是俾斯麥防堵
法國的重要步驟。

34. 小明在倫敦旅遊時，看到一座「納爾遜記功碑 (Nelson's Pillar) 」，
附近還有一個「特拉法加 (Trafalgar) 」廣場，據說是爲了紀念 1805
年的一場海戰而命名的。小明查出納爾遜是英國海軍上將，在此次
戰役中殉國，特拉法加則是伊比利半島的一個岬角。但小明並不清
楚這是英國與那一個國家進行的戰爭，請你幫他指出來：

(A) 法國　　(B) 俄羅斯　　　(C) 西班牙　　　(D) 普魯士。

35. 洛克 (John Locke) 是一位政治理論家，主張「天賦人權」，認為政府的目的在保障人民身家財產，如果不能達成這個目標，人民有權以革命的手段來改變政府。他積極參與政治，幾度被迫逃往國外，但終於看到篤信國君權力來自上帝的國王被推翻。洛克曾經參與那一個重大事件？
    (A) 英國光榮革命　　　　　　(B) 美洲獨立戰爭
    (C) 美國制憲運動　　　　　　(D) 法國大革命。

36. 複合民族國家欲增進群體意識，泯除彼此界線，下列何者最有效而較少後遺症？
    (A) 統一語言文字　　　　　　(B) 實踐民族平等
    (C) 強化宗族鄉社組織　　　　(D) 激發敵愾同仇心理。

37. 海峽兩岸的中國人都希望過自由、富庶、有尊嚴的生活方式，但是比較起各自的政治活動卻又有不一樣的感受，當辜振甫先生與江澤民先生於 1998 年在北京會晤，談到各自對民主政治的表述時，讓我們發現兩岸民主表現最主要的差別是：
    (A) 台灣開放選舉，大陸沒有選舉
    (B) 台灣允許自由組黨，大陸只有一個政黨
    (C) 台灣已實行政黨政治，大陸仍是共產黨一黨專政
    (D) 台灣衣食有餘，人民熱衷政治；大陸溫飽不足，人民無心過問政治。

38. 九〇年代初期北歐國家的社會民主政黨，隨著東歐共產政權的崩潰而紛紛在選舉中落敗，有學者因此認為資本主義已備受肯定，並且強調一個國家要在世界經濟體系中保持競爭能力，必須摒棄重視財富再分配的福利政策以提高生產力，於是國營企業的效率普受質疑，企業私營和私有化的主張漸受重視。曾幾何時，一些東歐國家追求徹底資本主義化，卻在轉型後遭到通貨膨脹和高失業率的打擊，其新興的資本市場面對境外的金融投機者恣意掠奪，

國民的總資產急速縮水，東歐國家的選民轉而支持接受市場經濟與採取漸進改革，並揚棄一黨專政的左翼政黨執政。最近北歐的挪威與瑞典，主張「福利社會主義的政黨」重新獲得選民的青睞，英國的工黨、法國的社會黨、德國的社會民主黨這些具左翼色彩的政黨亦陸續取得執政。這說明了意識型態的擺盪之間存在何種事理？

(A) 徹底的資本主義與徹底的共產主義皆不可取，人們期待的乃是第三條折衷路線

(B) 經濟自由是政治平等的先決條件，採資本主義自由競爭是立憲民主必經階段

(C) 經濟平等是一切自由的基礎，與其擁有虛幻不實的政治自由，寧可接受國家的計畫分配

(D) 政治自由的國家允許人們作不同的選擇，通常工商業界追求經濟平等，平民大眾則嚮往經濟自由。

39. 某位學者對某國制憲會議的評述如下：「這部憲法不是一些素昧平生的半神式的人物制定出來的；參與制定憲法的人，才華超群，受過良好教育，博覽群書，是一些當時的『名流』。他們是一批需要滿足支持者要求的政治家，他們有理想，也會有欲望，同時也講究實際，了解所代表地區的民意，了解他們的理想是什麼，利益何在。因此能夠妥協不同利益而採取相應的行動。」這段敘述是針對下列何者而發的？

(A) 1787 年美國聯邦憲法

(B) 1889 年日本明治天皇憲法

(C) 1908 年清王朝憲法大綱

(D) 1931 年中華民國訓政時期約法。

40. 依據國父民族主義有關王道文化的解釋，下列那一項符合此一精神？

(A) 日本因為有民族主義的精神，變成強盛的國家，對外主張建立「大東亞共榮圈」

(B) 第二次世界大戰前，義大利的法西斯主義與德國的納粹主義，協助鄰國對抗共產主義

(C) 鼓勵複合民族國家中的少數民族，脫離母國而獨立建國

(D) 1998 年中南美洲友邦國家遭到颶風侵襲，我國政府捐款協助這些國家進行經濟重建。

貳、多重選擇題

說明：第 41 至 58 題，每題的五個選項各自獨立，其中至少有一個是正確的。選出正確選項，標示在答案卡之「選擇題答案區」。每題答對得 2 分，答錯不倒扣，未答者不給分。只錯一個可獲 1 分，錯兩個或兩個以上不給分。

41. 由於人類對電的知識增加，許多與電有關的說明豐富了人們的生活。真空管的發明更可將聲音藉由電波傳送到遠方。下面這些文字描述的是 1890 年歐洲某城市居民的生活情況，請將當時可能發生的情況挑出來：

(A) 約翰被電話鈴聲吵醒之後，起床盥洗，開始繁忙的一天

(B) 打開收音機，聽聽天氣預報，才好決定穿什麼衣服出門

(C) 他本想安步當車，但因時間倉促，決定還是搭電車到公司

(D) 今天特別忙，不斷湧入的電報讓他頭疼，希望趕快下班

(E) 今天晚上電視臺轉播足球比賽，這正是他最喜歡的節目。

42. 歷史知識中，「事實」和「解釋」並不相同。學習歷史就要知道如何分辨兩者的區別。以下關於春秋戰國的敘述中，請將屬於「解釋」者選出來。

(A) 齊桓公以管仲為相，大原諸侯，相約尊王

(B) 孔子說：「微管仲，吾其被髮左衽矣。」

(C) 春秋時代，各國大體仍屬封建國家，戰國時代，才各自為獨立的國家

(D) 戰國時代，各國多以富國強兵為務，紛紛走上軍國主義之路

(E) 商鞅提倡軍功，規定爵位為二十級，有軍功者，依等級授爵。

43. 下列是唐人論及同一事的三段資料
    資料一：盡道隋亡爲此河，至今千里賴通波。若無水龍舟事，共
    　　　　禹論功不較多。
    資料二：公家運漕，私行商旅，舳艫相繼。隋氏作之雖勞，後代
    　　　　實受其利焉。
    資料三：在隋之民，不勝其害也；在唐之民，不勝其利也。
    請根據這些資料，選出正確的敘述：
    (A) 此河指黃河。黃河時常決口、改道，淹沒田宅，隋文帝整治之
    　　後，有利航運
    (B) 此河指運河。隋煬帝修運河，耗費民力，卻有助於此後經濟的
    　　繁榮
    (C) 三段資料含義相同，都指出前代人民的辛勞痛苦，後代人民卻
    　　可以享受成果
    (D) 資料二、三的含義是「有害於一時，而利於千百載」，但資料一
    　　無此含義
    (E) 有人認爲此河千里通波，方便統治者搜刮各地貨物，造成人民
    　　的負擔。這三段資料也可以說明這點。

44. 沈括《夢溪筆談》說：北宋中期，政府收入是漢時的十倍，唐時的
    五倍。他又說：唐代鹽專賣收入最多時只有六百萬緡，宋代往往
    達到二千萬緡；茶的專賣收入，唐代最多八十萬緡，宋代則超過
    二百萬緡。這些資料提供怎樣的歷史認識？
    (A) 宋代的社會經濟較前代有突出的發展
    (B) 漢唐是盛世，宋貧弱不振。資料中這些話是宋人的自我吹噓，
    　　不可信
    (C) 這些資料可以視爲是財富集中於朝廷，社會殘破、民生困苦
    　　的說明
    (D) 這些資料可以印證宋代人口激增，農業工業生產增加的說法
    (E) 這些資料有力的反駁了「漢唐是富裕的盛世，宋代出現停滯」
    　　的說法。

45. 蒙古帝國的發展方向困擾著蒙古貴族。繼續過草原游牧生活，蒙古人才能維持共同的生活方式和固有的價值觀念；但是對統治者階層而言，定居社會的舒適生活及滾滾的財稅，卻是莫大的誘惑。蒙古帝國內部因而發生了維持游牧傳統與改變生活方式以求舒適的爭論。關於這一爭論，下列敘述那些正確？

    (A) 忽必烈與阿里不哥之爭可以說是適應漢地派與維持傳統派之爭

    (B) 阿里不哥失敗，爭論已告止息，忽必烈有效的統治蒙古帝國

    (C) 阿里不哥失敗，維持傳統派仍與忽必烈不和，忽必烈乃遷都燕京

    (D) 阿里不哥失敗，維持傳統在成吉思汗時代已發生，而且相當激烈

    (E) 蒙古帝國發展方向的爭論持續存在，是元朝滅亡的主要原因。

46. 對日抗戰初期，有位重要人物說：「抵抗侵略與不拒和平，並非矛盾，和平條件如無害於中國獨立生存，何必拒絕。」又說：「侵略國家破壞和平，被侵略國家保障和平。」這些話語出自何人之口？反映怎樣的情勢？

    (A) 出自汪兆銘之口，顯示他對抗戰無信心，廣州、武漢淪陷，認為非和不可

    (B) 出自毛澤東之口，反映共產黨一再向政府輸誠，表面服從，暗中擴張實力

    (C) 這些話與日本「繼續作戰，最終目的在建設能保東亞久安長治新秩序」的聲明相呼應

    (D) 這些話代表的觀念受到普遍歡迎，反映人們厭棄戰爭，渴望和平的心理

    (E) 這些話代表的觀念，遭到大部分國人的唾棄。

47. 資料一：一本台灣歷史的新著中寫道：「一八九五年六月三日，日軍攻陷基隆。四日唐景崧倉皇內渡。⋯七日，近衛師團兵臨台北城下，不戰而進駐臺北城。六月十七日，樺山資紀在原巡撫衙門

廣場舉行『始政式』，台灣於焉正式改朝換代。」資料二：同一本書中的附圖文(圖1)字記載：「廈門各商號來信云及，倭督樺山氏，被劉大將軍擒獲…」請在下列有關解釋中，選出比較妥當的敘述：

圖1

(A) 該圖爲當時人所繪，是可信的史料。今人寫書應參考此一史料寫出樺山的下場

(B) 該圖並不可信。只依「來信云及」，並非可靠資料，不能視爲事實的依據

(C) 該圖不可信，凡不可信者，皆無史料價值，故不應印在書上

(D) 該圖儘管敘述錯誤，但反映當時人的想法，也有史料價值

(E) 資料一與資料二是無關的兩件事，分別都屬於歷史事實。

48. 歷史課時，老師用投影機打出圖2及圖3，顯示十九世紀西歐國家的出生率及人口增加狀況。老師希望同學們根據歷史知識及這兩張圖表，解釋這個時期西歐的人口現象。同學們發言踴躍，他們意見那些可以成立？

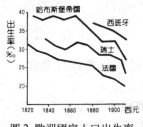

圖2 歐洲國家人口出生率

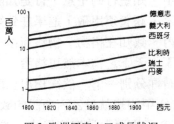

圖3 歐洲國家人口成長狀況

(A) 人口增加一定是源自死亡率降低或外來人口移入。但這個時期歐洲的死亡率還是高，人口應該是東歐移民進入西歐所致

(B) 這個時期西歐在醫學方面進步迅速，霍亂、傷寒等疾病已經受到控制，所以死亡率明顯降低，人口就會增加

(C) 這個圖表可能有問題。當時西歐許多地區人口移到美洲，英國及愛爾蘭尤其顯著，所以人口應該減少才對

(D) 各國政府爲了抽稅或計算選舉人口，進行人口普查。增加的人口數應是原本逃稅而隱匿者，並非實際上有何增減

(E) 這個時期歐洲戰爭減少，科學進步，農產增加，人類壽命延長，人口自然增加。不只歐洲，其他各地也都如此。

49. 圖 4 是一幅有關台灣漢人移民的地圖。請在下列敘述中，選出符合事實者：

圖 4

(A) 漢人移民來台最多是在清代，且以閩粵兩者爲主

(B) 漢人移民主要來自福建，圖中十個府/州皆屬福建省

(C) 箭頭上的數字表示清代漢人移民在台灣的分布狀況

(D) 箭頭上的百分比表示清代泉、漳、客三類移民比率

(E) 箭頭代表移民地點，顯示嘉南地區多潮州移民居住。

50. 這裏有四句宋明理學家的話，分別代表兩種學派：

甲、知是行的主意，行是知的功夫

乙、涵養須用敬，進學在致知

丙、致知在格物，物格而後知致

丁、天下之物本無可格者，其格物之功，只在身心上做

請你分別一下，然後指出正確的選項：

(A) 甲的知就是乙丙所說的致知，皆屬程朱學派之言

(B) 乙與丙對致知的看法一致，也是屬程朱學派之言

(C) 丙與丁皆論致知，而且主張相同，應屬陸王學派

(D) 丙與丁對致知的看法不同，不屬於同一學派之言

(E) 甲丁對於知行與格物的看法應屬於陸王學派之言。

51. 國父主義思想淵源有因襲我國固有思想，有規撫歐美學說事蹟，也有自己所獨見而創獲的部分。請問下列敘述那些是正確的？

(A) 國父的思想基礎是繼承堯、舜、禹、湯、文、武、周公、孔子相繼不絕的道統

(B) 在　國父因襲我國固有正統思想中最根本的是政治哲學與倫理哲學

(C) 國父參考歐美學說，最重要的是民主制度與自然科學

(D) 在民族主義方面，　國父採納了威爾遜的民族自決主張

(E) 在　國父遺教中，三民主義、五權憲法、知難行易和實業計畫都是　國父獨有的創見。

52. 下列那些政治思潮企圖同時解決自由與平等的問題？

(A) 資本主義　　　　　　　　(B) 三民主義

(C) 民主政治　　　　　　　　(D) 社會達爾文主義

(E) 法國大革命的人權宣言。

53. 近年來我國憲法為因應社會變遷作了局部修改，修憲後我國的政治制度運作上有若干變化，下列敘述那些是正確的？

(A) 人民可以直接選舉總統，總統任期四年，連選得連任一次

(B) 人民直接選舉省長及院轄市長，省、市長任期四年，連選得連任一次

(C) 總統提名行政院長，經立法院同意後就任，行政院長對立法院負責

(D) 立法院中僑選立委與全國不分區立委，是依據政黨得票比例分配席次

(E) 監察院設監察委員會二十九人，由總統提名並經立法院同意任命之。

54. 關於民族、國家、民族國家三者關係之敘述，下列那些是正確的？
    (A) 一個民族建立一個國家是民族自決的理想
    (B) 國家是民族構成單位，民族是國家征伐後的產物
    (C) 有的民族是先有民族意識然後再獨立建國，如猶太人建立以色列
    (D) 有的國家是先有獨立主權然後再發展民族意識，如新加坡共和國
    (E) 惟有建立完全的單一民族國家，以避免異族同化與種族分化，使國家的發展愈形擴大且強盛。

55. 當代社會崇尚個人自由，認為在個人自利心的驅使下，尊重個人的自主意志選擇，政府對於重大事業的興辦與經濟活動的規畫，應當儘量開放給民間及市場自由運作。可是，對於大規模整治山林、疏浚防洪之類的工作卻又非得政府積極承擔起來不可，這是因為上述治山防洪問題具有那些性質？
    (A) 規模過大私人無法獨力承擔
    (B) 具有壟斷性質且為資源獨占的事業
    (C) 私人無利可圖卻是民生的基本需要
    (D) 治山防洪涉及私人土地之運用，唯有政府有權予以徵用
    (E) 私人不具備技術能力，必須政府加入國際組織才能引進外資外才。

56. 自有人類社會以來，追求「平等」的呼聲即不斷被人提出，也一再遭人曲解。有的社會將平等理解為「相等」，因此任何事物皆要相等的對待才算是平等；有的社會則將平等理解為「平均」，一切事物皆要均分，否則就會「不平則鳴」。其實，天生萬物，除了水面以外，沒有一物是平的，自然界也很難找到兩樣完全相同的生物，因而用相等來理解平等，這是一種強求。同理，凡事要求均分，儘管技術上可以做到，但心理層面終究難以滿足，因為人們往往要求均分、相等，卻又希望自己能多分一些、高人一等。所以理

論上的平等，落實到眞實社會中，恆成爲爭辯不休的議題。下列
敘述，那些才是「眞平等」？
(A) 使社會中不存在任何階級的區分
(B) 使聰明才智不同者待遇完全一致
(C) 使社會的弱勢者獲得較善自我的機會
(D) 使富者強者與貧者弱者的生活條件實質平等
(E) 使強弱貧富原有的待遇條件完全反轉過來。

57. 國父認爲中國古代強盛的時候盛行那些思想？
(A) 軍國主義　　　(B) 天下主義　　　(C) 國家主義
(D) 世界主義　　　(E) 社會主義。

58. 國父對理想中的民主政治曾提出一些重要主張，下列那些主張是
正確的？
(A) 理想的民主政治，人民除了擁有選舉權外，還必須擁有罷免、
創制、複決等權
(B) 人民直接行使民權要以全國爲單位，人民對國家各項大小事務
都必須熟知，並有決策權，才是眞正的民主
(C) 政府能力越強越好，才能爲民眾謀福利，因此政府施政民眾
不必事事關切，只要在定期選舉中，選出好的人選就可以
(D) 爲了立一個強有力的政府，最好是採取五權分立，使政府不
會流於專制，又可相互聯繫不致孤立
(E) 建立良好的考試及文官制度以補救選舉制度的缺點，並實現
專家政治。

參、題組題

說明：第58至80題爲題組，每組有2~3個子題，其中有些子題是多
　　　重選擇題，題後會以(多選)方式註明；有些子題是單一選擇題。
　　　選出正確選項，標示在答案卡之「選擇題答案區」。每一子題答
　　　對得2分，答錯不倒扣，未答者不給分。多重選擇題只錯一個
　　　可獲1分，錯兩個或兩個以上不給分。

59-61 題為題組

圖 5 為部分西亞國界簡圖,斜線區為某一民族的分布區,該民族曾於 1988 年遭到伊拉克的化學武器攻擊,導致十萬族人被迫進入土耳其避難,另一萬多人逃入伊朗。請問:

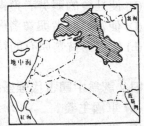

圖 5

59. 分布在圖中斜線區域的民族是:
    (A) 柏柏人(Ber-bers)
    (B) 庫德族(Kurds)
    (C) 匹美人(Pygmites)
    (D) 毛利人(Maori)
    (E) 喀菲拉人(Kafila)。

60. 該民族的主要畜牧方式是:
    (A) 游牧　　(B) 飼牧　　　(C) 圈牧　　(D) 酪農業　　(E) 山牧季移。

61. 下列那一種天然資源在圖 5 所涵蓋的區域中,最具重要性?
    (A) 煤礦　　　(B) 鐵礦　　　(C) 石油　　(D) 銅礦　　　(E) 森林。

62-64 題為題組

某地區農業經營的方式是:「土地利用呈垂直變化,在 2000 公尺以下的坡地和低地,作物以咖啡、可可、甘蔗、香蕉為主;2000 公尺以上的高地,多種植玉米、小麥、大麥和馬鈴薯等;高度更大的山區,則用以畜牧。」請問:

62. 引文所述的農業經營方式,最可能出現在那一種氣候區?
    (A) 高地氣候　　　　　　(B) 熱帶雨林氣候
    (C) 熱帶莽原氣候　　　　(D) 溫帶季風氣候
    (E) 溫帶大陸性氣候。

63. 下列那一個地區最可能出現該種農業經營方式？
(A) 落磯山脈南段　　　　　(B) 高加索山脈西部
(C) 青康藏高原北部　　　　(D) 安地斯山北部
(E) 阿爾卑斯山東段。

64. 根據引文中的作物組合，在 2000 公尺以下的坡地和低地，應該屬
於那一種農業經營類型？
(A) 游耕　　　　　　　　　(B) 混合農業
(C) 自給性農業　　　　　　(D) 熱帶栽培業
(E) 商業性穀物農業。

65-67 題為題組

圖六為中國某地的村落和渠道分佈圖。請問：

65. 該地最可能位於下列那一個
農業區內？
(A) 冬麥高粱區
(B) 四川水稻區
(C) 夏作雜糧區
(D) 夏作雜糧春麥區
(E) 長江水稻小麥區。

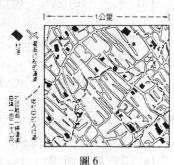

圖6

66. 該地區降雨量最多的月份是：
(A) 二、三月　　　(B) 四、五月　　　(C) 六、七月
(D) 八、九月　　　(E) 十一、十二。

67. 月該地最可能的兩種經濟作物是：
(A) 棉花、蠶絲　　(B) 蠶絲、甘蔗　　(C) 甘蔗、茶
(D) 煙草、茶　　　(E) 煙草、棉花。

68-70 題為題組

圖 7 是台灣北部某段海岸比例尺為 1:50000 地形圖的轉繪圖;原圖中每一方格的邊長為 2 公分。請問:

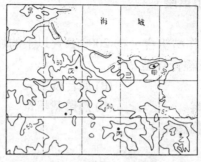

圖 7

68. 圖中甲、乙、丙、丁、戊五點,何者的海拔高度最低?
　　(A) 甲　　　(B) 乙　　　(C) 丙　　　(D) 丁　　　(E) 戊。

69. 若將圖中 (甲) 所在小山頭,沿 50 公尺等高線剷平,得一高台,所得高台面積約為多少平方公里?
　　(A) 0.1　　(B) 0.3　　(C) 1　　　(D) 2　　　(E) 4。

70. 圖中漁港 (己) 的設置區位,在下列那一項環境因素的考量上,與本段岸線其他區位相比,最具優勢?
　　(A) 盛行風的向背　　(B) 腹地大小　　　(C) 交通便利
　　(D) 泥沙多寡　　　　(E) 地勢陡緩。

71-73 題為題組

圖 8 是某種河谷地形的示意圖。請問:

71. 該種河谷地形最可能是由那一種作用所形成?
　　(A) 溶蝕作用　　　(B) 冰河作用
　　(C) 火山作用　　　(D) 斷層作用　　　(E) 褶曲作用。

圖 8

72. 那一種天然資源的蘊藏和該種河谷的形成最具直接關係？
    (A) 石油　　(B) 森林　　(C) 鐵礦　　(D) 煤礦　　(E) 水力。

73. 下列那一個地區最可能出現該種河谷地形？
    (A) 雲貴高原　　　　　　　　(B) 亞特拉斯山
    (C) 德干高原　　　　　　　　(D) 阿爾卑斯山
    (E) 安那托利亞高原。

74-75 題為題組

立陶宛於 1990 年三月戈巴契夫就任總書記的五週年紀念日正式宣布獨立。二十天後愛沙尼亞宣佈獨立，不久拉脫維亞宣布獨立。從該年六月到十月之間，白俄羅斯、烏克蘭、哈薩克等相繼通過「共和國主權宣言」或「獨立宣言」。1991 年，這個曾經是世界最大的「聯盟」國不復存在。從聯盟分裂出來的國家，除烏茲別克、土庫等曼等位於亞洲的國家，仍維持一黨專政的社會主義經濟制度外，其他多數位於歐陸的國家及波羅的海三小國則採行自由經濟制度。請問：

74. 上文中所稱的「聯盟」國家是指 1991 年以前存在的那一個國家？
    (A) 俄羅斯聯邦　　　　　　　(B) 蘇維埃社會主義共和國聯邦
    (C) 獨立國家國協　　　　　　(D) 俄羅斯帝國。

75. 此一「聯盟」瓦解後，現在面積最大、人口最多的國家是下列那一個？
    (A) 白俄羅斯　　(B) 哈薩克　　(C) 烏克蘭　　(D) 俄羅斯。

88年度學科能力測驗社會科試題詳解

第一部分：選擇題

壹、單一選擇題

1. **E**

   【解析】(A) 對流雨
   　　　　(B) 氣旋雨
   　　　　(C) 對流雨
   　　　　(E) 地形雨，冬季東北季風經過洋面挾帶水氣，遇基隆
   　　　　　　宜蘭地形抬升而降雨。

2. **E**

   【解析】台灣的谷灣地形分布在北部的宜蘭蘇澳至淡水河口，基隆
   　　　　港、蘇澳港皆為谷灣改建而成。高雄港：潟湖改建的人
   　　　　工港，台中港：人工港；花蓮港：港灣狹小，腹地不大。

3. **C**

   【解析】雲貴高原多石灰岩地形，因此可耕地狹小(甲)、土壤貧瘠，
   　　　　黔中桂西高原區地形崎嶇(乙)，河川在本區受地形影響，
   　　　　無航運之利(丁)，交通全賴陸運都市多居陸運要衝(戊)。

4. **B**

   【解析】長江沿岸地區北部山勢由西至東級級下降，阻擋冬季北方
   　　　　寒冷氣流的作用遞減。

5. **A**

   【解析】工業革命後工業興起，都市隨之勃興，本區農業為供應市
   　　　　民需要，酪農業日盛，花果、蔬菜以及特殊作物的栽培日
   　　　　廣，農牧經營趨向專業化。

6. **C**

　【解析】　巴西高原爲熱帶莽原氣候。

7. **B**

　【解析】　花蓮溪支流木瓜溪有瀧澗、銅門、初英等發電廠。

8. **C**

　【解析】　滇西縱谷山高谷深。

9. **C**

　【解析】　德國工業起源於煤田，魯爾河流域，薩爾河流域及薩克森一帶皆盛產煤。

10. **E**

　【解析】　尼羅河每年夏季的定期氾濫，爲兩側農田帶來肥沃的表土和充足的水量。

11. **A**

　【解析】　台灣西部沿海具有典型潟湖地形，濱外多沙洲，爲離水海岸。

12. **E**

　【解析】　溫帶地中海型氣候夏乾冬雨，生長季和雨季無法配合，故農業倚賴灌溉。雨季作物：大麥、小麥；耐旱作物：橄欖、無花果；灌溉作物：柑橘、葡萄、檸檬。

13. **B**

　【解析】　貿易依存度高表示進出口貿易額占國民生產毛額的比例愈大，即國際貿易帶動台灣的經濟成長。

14. **D**
　　【解析】 冰河流路在端磧前方開展、流幅變寬，碎屑物在前方形成外洗扇或外洗平原。

15. **D**
　　【解析】 流域面積最大：甲⇒長江；次大：丁⇒黃河；再次大：乙⇒ 松花江；平均含沙量最大：丁⇒黃河。由南至北：珠江→長江→黃河→松花江⇒丙甲丁乙。

16. **A**
　　【解析】 菲律賓在 16 世紀曾被<u>西班牙</u>占領爲殖民地，後於 1989 年美西戰爭後復爲<u>美國</u>奪去。又閩粵地區移民多至南洋。

17. **C**
　　【解析】 明清的手工業特色爲機織業與原料生產分離。

18. **B**
　　【解析】 隋煬帝好大喜功，奢靡狂暴，不惜民力；爲征高麗，廣徵兵糧，海內騷然，終至國敝民怨而覆亡。

19. **B**
　　【解析】 魏晉南北朝的門閥階級觀念最深。

20. **D**
　　【解析】 1895 年(光緒 21 年)甲午戰敗簽訂馬關條約，此後外人得在我國各通商口岸設廠製造。

21. **B**
　　【解析】 董仲舒建議漢武帝「推恩眾建」，內容爲大封諸侯諸子，使諸侯國力減弱，土地縮小，促使漢代成爲中央集權的國家。

22. **C**
　　【解析】漢武帝之後雖獨尊儒術，但實際上已融入陰陽五行思想，流行讖諱之說，假託經義以推究災異祥瑞，天人感應等。

23. **C**
　　【解析】所指的是民國 25 年張學良，楊虎城發動西安事變，劫持蔣委員長。又張學良之父張作霖於民國十七年遭日軍炸死於瀋陽附近的皇姑屯。

24. **A**
　　【解析】賦役制度直至唐初皆以徵收實物為主，安史之亂後，唐德宗行兩稅法，轉變為繳納錢幣。明代張居正「一條鞭法」將力役折價併於田賦徵收，達到解放人力。

25. **D**
　　【解析】甲：元 ；乙：宋；丙：清；丁：唐。

26. **B**
　　【解析】「周鄭交質」「尊王攘夷」表示天子威嚴喪失，且諸侯權力上升，如齊桓公團結諸夏共尊周天子、抵抗異族，維持中原秩序。
　　　　　　「三桓」、「三家分晉」表示諸侯國內大權受制於某些強勢的貴族。

27. **D**
　　【解析】所指即清末主張維新變法的立憲派，如康有為，梁啟超。

28. **D**
　　【解析】由「皇國精神」知為日本統治台灣的皇民化時期，約為抗戰初期。

29. **D**

【解析】 因爲 D 的資料最詳盡。

30. **C**

【解析】 由題幹中「二十七部」、「不四載即受代」知爲美國,但當時魏源「師夷長技以制夷」的呼籲並不受當局重視。

31. **B**

【解析】 十七世紀中葉正值英國發生清教徒革命,查理一世被處死刑。

32. **B**

【解析】 (A) 1744-1748
(B) 1797-1814
(C) 1866
(D) 1859

33. **D**

【解析】 普法戰後,俾斯麥爲防止法國報復,以靈活的外交手腕,西與英敦睦,東與俄修好,南與奧、意交歡,欲使法國陷入孤立,尤在柏林會議中,協助奧國插足巴爾幹半島,德、奧從此爲俄仇視,也促成了 1882 年德、奧、義的三國同盟。

34. **A**

【解析】 拿破崙進佔西班牙後,西班牙人群起反抗,英國又派兵支援,形成長期的「半島戰爭」

35. **A**

【解析】 洛克是英國人,英國光榮革命推翻篤信君權神授的詹姆士二世。

36. **B**

　　【解析】 各民族以「平等」爲基礎，聯合組成一個國家，就不違反「民族國家」的原則。

37. **C**

　　【解析】 台灣實行政黨政治，大陸則是共產黨一黨專政。

38. **A**

　　【解析】 東歐國家失敗的例子說明徹底的資本主義及共產主義不可取。

39. **A**

　　【解析】 美國聯邦憲法由各州派代表訂定，妥協不同利益而採取行動。

40. **D**

　　【解析】 王道文化以仁爲中心，濟弱扶傾，以德服人，(D)最符合。

二、多重選擇題

41. **ACD**

　　【解析】 (B)(E) 爲 20 世紀的產物

42. **BCD**

　　【解析】 (A)(E) 僅敘述

43. **BC**

　　【解析】 題幹爲隋代所築運河，其對國計民主及後世影響十分深遠。

44. **ADE**

　　【解析】此資料說明宋代社會經濟十分繁榮發達，更甚前代。

45. AC

【解析】 (B) 蒙古本位主義派仍與世祖不和。

(D) 在成吉思汗死後，一連串的汗位爭奪破壞了帝國精神的一統性

(E) 元朝滅亡之因：

1、帝位爭奪　2、貪暴　3、歧視漢族；

4、蒙軍驕奢腐化　5、順帝荒淫；

6、連年歉收，民不聊生。

46. ACE

【解析】 汪偽政權無自主權，只是日本以華制華的工具，受到國人唾棄，作用不大。

47. BD

【解析】 圖 1，資料二只提到「來信云及」，並不可靠，但仍有參考價值。

48. BE

【解析】 (A) 人口應為移出，1875-1914 是歐洲移民潮，多數前往美國。

(C) 人口仍為正向成長。

49. AD

【解析】 (B) 分屬閩粵

(C) 表示泉、漳、潮州移民人口比率

50. BDE

【解析】 甲、丁：陸王學派

乙、丙：程朱學派。

51. ABDE

【解析】 (C) 社會科學、政治制度。

52. **BCE**

　【解析】(A)(D) 不能解決

53. **AD**

　【解析】(B) 台灣省長選舉經 86 年第三屆國大代表第四次修憲中
　　　　　決議停止辦理。
　　　　(C) 行政院長直接由總統任命。
　　　　(E) 經由「國民大會」同意認命之

54. **ACD**

　【解析】(B) 民族是天然力造成的
　　　　(E) 複合民族國家之中至包括兩個以上的民族，只要各
　　　　　民族以平等為基礎，就不違反民族國家的原則，隨
　　　　　時間演進而自然融合，使民族愈形擴大，國家愈形
　　　　　強盛

55. **ACD**

　【解析】國父認為壟斷獨佔，規模過大，私人無法承擔之事業應
　　　　由國家經營。
　　　　(B) 非資源獨佔
　　　　(E) 無關

56. **CD**

　【解析】真平等是指講求立足點上的平等，各人站在同一水平線
　　　　上，根據各自天賦的聰明才力充分去發展，故(A)(B)(E)
　　　　不合。

57. **BD**

　【解析】中國從前是世界上最文明的民族，最強盛的國家，講求
　　　　「中國便是天下，天下便是中國」的世界主義。

58. ADE

【解析】 (B) 直接民權當以縣爲自治單位

(C) 用人民的四個政權來管理政府的五個治權，才算是一個完全的民權政治機關

59. B

【解析】 分佈於圖中高加索山區應有庫德族。庫德族分布於土耳其、敘利亞、伊拉克、伊朗、亞美尼亞等國之間，企圖獨立建國。

60. E

【解析】 西亞各地牧人放牧採山牧季移。

61. C

【解析】 石油是西亞最重要的的礦產。

62. A

【解析】 高地氣候農業土地利用呈垂直變化。

63. D

【解析】 (1)地處熱帶；(2)馬鈴薯產地。

64. D

【解析】 咖啡、可可、香蕉等爲熱帶栽培業的現金作物。

三、題組題

65. E

【解析】 灌溉渠道縱橫錯縱可知爲太湖流域，屬「長江水稻小麥區」。

66. C

【解析】 副熱帶季風氣候華中型，六、七月爲梅雨季。

67. **A**

　　【解析】 最重要的經濟作物是棉花、蠶絲。

68. **D**

　　【解析】 1. 甲、乙、丙、戊高度：位 100～150 之間。

　　　　　　 2. 丁高度：位 50～100 之間。

69. **D**

　　【解析】 每一小方格：$(2 \times 2) \times (50000)^2 = 1 \times 10^{10}(cm^2) = 1(km^2)$

　　　　　　 甲山頭約占 1/3 小格，故面積約 $0.3km^2$。

70. **A**

　　【解析】 有甲高地隔擋冬季東北季風。

71. **B**

　　【解析】 U 形谷是冰河中的冰蝕作用造成的冰河槽。

72. **E**

　　【解析】 主冰河的 U 形谷較深廣，支冰河的 U 形谷較淺，故支流注入主流處形成懸谷，產生瀑布，富水力。

73. **D**

　　【解析】 阿爾卑斯山高達 4000 公尺，有山岳冰河分布。

74. **B**

　　【解析】 即 1991 年解體的「蘇聯」。

75. **D**

　　【解析】 獨立國協十二成員國之三大國：

　　　　　　 1. 俄羅斯。　2. 哈薩克。　3. 烏克蘭。

心得筆記欄

八十七年大學入學學科能力測驗試題
社會考科

壹、單一選擇題

說明：第 1 至 43 題，每題選出一個最適當的選項，標示在答案卡之
「選擇題答案區」。每題答對得 2 分，答錯不倒扣。

1. 民國八十六年召開的第三屆國民大會第二次會議，對我國憲法做了
   第四次的增修。請問在這一次的增修條文中對總統職權做了那項重
   要的調整？
   (A) 總統任命行政院長不須經過立法院之同意
   (B) 總統不得解散立法院
   (C) 總統得設國家安全會議及國家安全局
   (D) 總統主管國防、外交與大陸事務

2. 曾有一篇文章對某一地區的社會價值觀做過如下之描述：
   「在這個最講究現實的社會中，金錢幾乎像空氣和水一樣，缺少它
   就無法生存。…以賺錢的多少來評價一個人的本領高低、才能大小，
   幾乎是眾口一辭。這種價值觀在一些傳播媒介，特別是電視節目上
   也反映出來。」
   根據上文，這個地區最可能反映了以下那種社會型態的表象？
   (A) 社會主義社會　　　　　　　　(B) 資本主義社會
   (C) 共產主義社會　　　　　　　　(D) 具有中國特色的社會主義社會

3. 孫中山先生以「國族」一辭表示民族與國家之結合關係，並說民族
   主義就是國族主義，但是當今世上許多國家都是複合民族國家。請
   問在民主社會中，當國家利益與民族利益產生衝突時，下列做法何
   者比較合理？
   (A) 國家的利益高於民族的利益，為了貫徹國家的主權，必要時可
   　　以犧牲部份民族的利益
   (B) 國家的利益包含民族的利益，政府應不惜一切鞏固民族的團結，
   　　禁止分離主義

(C) 民族利益高於國家利益，政府應完全尊重國內各民族之自決權

(D) 國家利益與民族利益有時難以兼顧，政府首長與民族領袖必須相互妥協，以尋求彼此利益的平衡

4. 下列何種作為對於增進台灣內部的族群和諧有實質的意義？

(A) 尊重原住民的地位並保障其政治參與

(B) 消弭所謂閩南、客家、外省與原住民的文化差異

(C) 明訂各族群語言與國語併列為官方語言

(D) 反對與中共接觸，以免被其分化

5. 十九世紀的歐洲社會，受到資本主義政策的影響，社會貧富差距拉大，勞工失業嚴重，生活困難，因此興起各種社會主義思潮。其中馬列共產主義，與其他社會主義最大不同之處，在於它主張：

(A) 道德淨化救贖人心　　　　　(B) 平均地權節制資本

(C) 階級鬥爭階級專政　　　　　(D) 財產公有強調平均

6. 下列四位西方學者對於平等的主張，何者與孫中山先生所說的「真平等」、「平等的精義」觀念最為相近？

(A) 孟德斯鳩認為法律所不禁止的行為，人人有權去做，就是真平等

(B) 盧梭認為自由與平等是人類與生俱來的權利，因此放棄自由與平等，就是放棄做人，更是放棄做人的權利與義務

(C) 羅爾斯主張人人享有平等的基本自由權，且各個職位在公平機會下對所有人開放，並要使社會中處境最不利的成員獲最多的照顧

(D) 馬克斯強調徹底廢除私有財產制才可以建立平等的社會

7. 臺灣山高谷深，雨量多，坡陡流急，水力蘊藏豐富。下列那一條河川的水力開發量最多？

(A) 大甲溪　　　　　　(B) 濁水溪　　　　　　(C) 曾文溪

(D) 木瓜溪　　　　　　(E) 立霧溪

8. 中國的森林，以東北林區的材積最富。該林區的林相，以何者的
分布最廣？
(A) 季風雨林　　　　　(B) 常綠針葉林　　　　(C) 落葉闊葉林
(D) 常綠闊葉林　　　　(E) 闊葉針葉混合林

9. 東南亞地跨赤道兩側，全年高溫，年、日溫差均小，但各地降雨
量的分布卻不平均，有些地區年雨量不足 1000mm，有些地區則
多達 3000mm 以上。導致降雨量出現明顯地區差異的二項因素是
什麼？
(A) 洋流與風向　　　　(B) 風向與地形　　　　(C) 地形與植被
(D) 植被與距海遠近　　(E) 距海遠近與洋流

10. 非洲大部分的國家，經濟活動均以農牧業爲主體。其中農業土地
利用最集約的地區，出現在那一部分？
(A) 南非　　　(B) 西非　　　(C) 中非　　　(D) 東非　　　(E) 北非

11. 歐洲居民依語言，可區分爲條頓、拉丁和斯拉夫三大語系。其中
拉丁語系居民的分布，以那一個地區最爲普遍？
(A) 西歐　　　(B) 東歐　　　(C) 北歐　　　(D) 中歐　　　(E) 南歐

12. 中國大陸重要的地理分界線有：(甲) 秦嶺；(乙) 長城；(丙) 隴山；
(丁) 大興安嶺；(戊) 淮河等。其中那些是春麥區和冬麥區的分界？
(A) 甲丙　　　(B) 甲戊　　　(C) 乙丙　　　(D) 乙丁　　　(E) 丙丁

13. 熱帶莽原區雖然有高大繁茂的草原，但卻不甚利於畜牧，主要原
因是：
(A) 雨量不足　　　　　(B) 日照強烈　　　　(C) 風力強勁
(D) 溫差太大　　　　　(E) 乾溼分明

14. 「八山一水一分田」的諺語，係描述某地區的山地、水體與水田
面積，分占該地區總面積的大致比例。該諺語最適合用來指陳中
國那一個地理區的景觀？
(A) 海南島　　　　　　(B) 黃土高原　　　　(C) 雲貴高原
(D) 山東丘陵　　　　　(E) 長白山地

15. 臺灣西部沿海冬季的烏魚捕撈活動，與那一股洋流的來臨有關？
    (A) 黑潮   (B) 臺灣洋流   (C) 日本洋流
    (D) 北赤道洋流   (E) 中國沿岸流

16. 地名是一民族在地表活動過程中，對地表所烙印的文化表徵。下
    列何者係以回語命名的地名？
    (A) 呼倫池   (B) 塔克拉馬干   (C) 迪化
    (D) 札賚諾爾   (E) 烏蘭巴托

17.「在該緯度帶內，大陸西岸的氣溫日變化與年變化均較東岸為小，
    雨量則較東岸為多。」就行星風系而言，該緯度帶最可能位於那
    一個風帶上？
    (A) 信風帶   (B) 西風帶   (C) 赤道無風帶
    (D) 極圈氣旋帶   (E) 副熱帶無風帶

18. 民國八十三年的統計資料顯示，臺灣的國際貿易特性之一是，出
    口依存度高於進口依存度。此一事實與何種產業的快速發展最有
    關聯？
    (A) 煉油工業   (B) 水泥工業   (C) 紡織工業
    (D) 電子工業   (E) 製糖工業

19. 由西歐飛往東亞，或由東亞飛往北美的民航機，其航線多以通過
    北極區上空的路線為主。主要原因是：
    (A) 加油最為方便   (B) 天氣較為穩定   (C) 經過國家最少
    (D) 航線的里程最短   (E) 避開國際換日線

20. 在秦嶺、淮河一線以北，土壤的化學反應大多呈鹼性；反之，以
    南的土壤，則多呈酸性。下列那一項作用的強弱，是導致這種差
    異的主要因素？
    (A) 淋溶作用   (B) 溶蝕作用   (C) 增添作用
    (D) 洗入作用   (E) 侵蝕作用

21. 在中央氣象局所設立的氣象觀測站中，就長年平均而言，下列那一個地點所測得的年雨量最多？
    (A) 馬公市　　(B) 臺南市　　(C) 嘉義市　　(D) 阿里山　　(E) 玉山

22.「某一地區的一月均溫在 0℃ 以上，夏季有三個月的月均溫在 22℃ 以上；年雨量在 800mm 左右，六到九月是主要雨季。夏季作物以水稻為主，冬季作物則以小麥為重。此外，玉米、大豆、蠶絲、茶葉、漆、桐油及木耳等物產，均有相當產量。」就中國的十一個農業區而言，該地區應屬那一個農業區？
    (A) 四川水稻區　　　　　　　(B) 西南水稻區
    (C) 長江水稻小麥區　　　　　(D) 長江南側稻茶區
    (E) 夏作雜糧春麥區

23. 民國八十六年八月，位於台北盆地東緣的「林肯大郡」社區後方山坡地發生山崩，造成重大傷亡，為近年來台灣地區極為嚴重的一次環境災害。此一事件除因颱風、豪雨以及山坡地開發不當等因素外，該山坡地附近有一些廢棄礦坑，據稱也可能是造成地質不穩、引發山崩的原因之一。請問該地區過去最可能開採的礦產是：
    (A) 天然氣　　(B) 金　　(C) 硫磺　　(D) 煤　　(E) 石灰岩

24. 一位明代的地方官為了處理一樁訴訟案件，調出《魚鱗圖冊》作為辦案的依據。請問他處理的是那一類案件？
    (A) 土地糾紛　　　　　　　　(B) 債務糾紛
    (C) 逃漏商稅　　　　　　　　(D) 漏報丁口

25. 在文字記載出現之前，人類已經歷漫長的文化演進過程。考古學者觀察其間的變化，運用那類發掘到的資料，作為分期的標準？
    (A) 發掘出的人類遺骸　　　　(B) 人類使用的工具
    (C) 遺址中動植物殘留　　　　(D) 遺址周邊的環境

26. 國家動亂時，軍隊往往擴張。戰事結束後，政府必須裁軍，使青年投入生產及建設，並節省國防開支。有一份政府公報提到：「縮編全國現有陸軍，至多不得超過六十五師，兵額約八十萬人」；「縮減軍費至國家總收入百分之四十爲止」；復員之士兵則要輔導就學或就業，以免造成社會問題。這樣的辦法應是在何時提出的？
    (A) 辛亥革命成功時　　　　　(B) 北伐大業完成時
    (C) 對日戰爭結束時　　　　　(D) 政府宣佈解嚴時

27. 甲生在一部史書裡讀到這樣的文字：這兩位國君在位期間，政事荒蕪，國家命脈委寄於宦官之手，士人羞與爲伍；所以匹夫抗憤，處士橫議，知識份子彼此激揚名聲，互相褒美，品評公卿，衡論執政，社會流行一股剛直的風氣。請問他讀的是那一部書？
    (A)《左傳》　　(B)《漢書》　　(C)《後漢書》　　(D)《新唐書》

28. 一個時代裡，官府爲求增加稅收，鼓勵平民從事工商活動，商人可以自行生產、販賣貨品，不少人因此成爲鉅富。其中，鐵器是市場上的重要商品。這種情況最早出現在那一個時代？
    (A) 西周　　　　(B) 戰國　　　　(C) 西漢　　　　(D) 新莽

29. 上歷史課時，老師比較兩漢到魏晉南北朝的史學：「魏晉南北朝的史書在體例上雖然沿襲兩漢，在數量上卻比兩漢時期多出許多。此一變化與一項工藝技術的發達有關。」老師所說的「工藝技術」是指什麼？
    (A) 簡帛的使用　　　　　　　(B) 毛筆的改良
    (C) 紙張的通行　　　　　　　(D) 雕版印刷的推廣

30. 有一篇描述社會風氣的作品提到：「那段時間，人們無分貴賤，都愛穿胡人的服裝，婦女化妝也效法胡人，衣服的樣式一改傳統，襟袖窄小，有識之士對戎俗的流行深不以爲然。」請問：作者是在那一個時期描述那一個時代的社會風氣？
    (A) 在北魏遷都洛陽後描述遷都前的風氣

(B) 在北魏遷都洛陽以後描寫當時的風氣
(C) 在唐代安史之亂以前描述當時的風氣
(D) 在安史之亂以後追溯安史亂前的風氣

31. 有一位文人記載了從海商那裡聽到的見聞：「在大海上行船，如何辨識地理方位非常重要。水手們辨識方位，白天靠太陽，晚上靠星星，在看不到星辰的陰天則可以利用指南針。」這位文人最早應是那個時代的人？
(A) 唐代　　　　　　　　　(B) 五代十國
(C) 宋代　　　　　　　　　(D) 元代

32. 科舉制度對中國的影響深遠，也經常引起討論。某位學者推崇科舉，認為這是「我先民千年前之大發明」，其優點是使「我國民不待勸而競於學」。時人對科舉有許多詬病，但他認為「科舉非惡制」，只是「所試之科不足致用」，因此主張把考試科目改為國家學、行政學、商律、民刑律等。這位學者是：
(A) 章炳麟　　　　　　　　(B) 李鴻章
(C) 孫中山　　　　　　　　(D) 梁啓超

33. 在一場戰役中，南方謀略運用成功，憑藉一支召募來的勁旅，以寡擊眾，取得決定性的勝利。南北對立局勢因而得以維持，北方卻因此陷於分裂。請問這是那一場戰役？
(A) 春秋的鄢之戰　　　　　(B) 漢末的赤壁之戰
(C) 東晉的淝水之戰　　　　(D) 南宋的采石之戰

34. 西元 1911 年時，義大利自土耳其手中占領了一個省分；二次大戰期間，盟國軍隊與軸心國軍隊在此發生激戰；戰後，該地由國際託管，稍後成立君主國；1961 年發生革命，改建共和。這個地方是：
(A) 利比亞　　　　　　　　(B) 埃及
(C) 科威特　　　　　　　　(D) 摩洛哥

35. 有一本傳記這樣評論某位政治人物：「他為求國家轉弱為強，推動很多項新政策，以增加政府財政收入為重要目標，而裁抑富豪兼併是手段之一。但他忽略了人事因素，使新政的實施與原意有很大的距離，並且引起持續數十年的黨爭，朝政因而敗壞。」請問這位人物是誰？
    (A) 張居正　　　(B) 王安石　　　(C) 范仲淹　　　(D) 王莽

36. 一本討論明初政治的書裡，談到某項制度的改變，認定：「明代政府經過這樣的改變，一切大權就集中到皇帝手中。」這裡所謂「制度的改變」是指什麼？
    (A) 皇帝廢除中書省，可以直接指揮政務
    (B) 皇帝凍結門下省，詔令不需臣下審議
    (C) 設置行中書省，中央的權力凌駕地方
    (D) 任命掌軍事的總督或巡撫為行省長官

37. 遼金兩朝都是邊疆民族建立的王朝，也都曾採用中國制度，可是金朝女真人漢化的程度遠超過遼朝的契丹人。這種現象與下列那項因素有關？
    (A) 契丹人創造了自己的文字，女真人則只借用漢字，沒有自己的文字
    (B) 女真人喜好研讀中國典籍，而契丹人則對中國典籍頗為排斥
    (C) 女真人在中原大量與漢人雜居，契丹人則實施分治，維持原有傳統
    (D) 漢人在遼朝受到嚴密控制，而金朝則平等對待女真人及漢人

38. 「這一段盛世長達一百三十多年，在平定封建諸侯的叛亂後，內部的統治愈見鞏固；對西北諸部多次用兵，將今日的蒙古、新疆、西藏納入版圖。君主的權力達於極盛。但在輝煌的表象下，有一股嚴厲的政風。政府雖然表面上大力支持學術事業，不少讀書人卻因文字觸犯忌諱慘遭迫害，許多書籍也因為同樣的原因遭到刪改或焚毀。」這段文字描述的是何時的景況？
    (A) 漢代　　　(B) 唐代　　　(C) 明代　　　(D) 清代

39. 某份國際條約規定：「一、中華民國及日本國爲永久維持兩國間善鄰友好之關係，應互相尊重其主權及領土，並於各方面講求互相敦睦之方法。二、中華民國及日本國爲建設大東亞，並確保其安定起見，應互相緊密協力，盡量援助。三、中華民國及日本國應以互惠爲基調，實行兩國間緊密之經濟提攜。」根據你的歷史知識，這份文件應是何人簽署的？
    (A) 袁世凱　　　(B) 段祺瑞　　　(C) 蔣介石　　　(D) 汪精衛

40. 一個國家外債過多，財政結構不健全時，常會有貨幣貶值的危機，最近南韓就面臨這樣的風暴。表一是1914年到1923年之間，某一銀行對其本國貨幣與某外國貨幣的匯率所做的統計。請問：這是那兩種貨幣的匯率？
    (A) 馬克兌美元
    (B) 英鎊兌法郎
    (C) 日幣兌美元
    (D) 港幣兌英鎊

表一

1914 年 7 月	4.2：1
1919 年 1 月	8.9：1
1919 年 7 月	14：1
1920 年 1 月	64.8：1
1920 年 7 月	39.5：1
1921 年 1 月	64.9：1
1921 年 7 月	76.7：1
1922 年 1 月	191.8：1
1922 年 7 月	493.2：1
1923 年 1 月	17972：1
1923 年 7 月	353412：1

41. 在討論清代台灣的對外貿易時，老師指出：「英國幾家貿易公司對台灣的米、茶及糖等產品有很大的興趣，先是透過郊商（中國資本的商社）購買，到1860年以後，開始在台灣設立代表，進行直接貿易。」對這種轉變，下列那一種看法正確？
    (A) 英國的蔗糖與茶原本來自美國，但因南北戰爭來源中斷，故加強在台灣採購
    (B) 普魯士在北德地區組關稅同盟，影響商務，英國欲獨佔台灣貿易，以爲對抗
    (C) 法國在非洲及印度等地與英國進行激烈競爭，英國欲獨霸遠東，乃先發制人
    (D) 因英、法聯合對中國施壓，要求開放台灣，中國被迫同意，英國才來台貿易

42. 一位農家出身的政治人物，因工作努力，獲得拔擢，逐漸主導政治發展。他主張改革與開放，對內推行民主，對外主張和平。但因國內經濟惡化，人民對他產生懷疑，保守派乘機發動政變，迫使他去職。這位政治人物是誰？
(A) 何內克　　(B) 華勒沙　　(C) 戈巴契夫　　(D) 葉爾辛

43. 一位關心時事的作者描述某個國家：「彈丸雖號蕞爾國，問鼎猶傳七百年」；但因遭外國侵略，「一國從茲臣二主，兩姑未覺難為婦」；後來，侵略國政治發生變化，「一旦維新時事異，二百餘藩齊改制」，這個國家終難逃被併吞的命運。這個國家是：
(A) 琉球　　(B) 朝鮮　　(C) 越南　　(D) 瑞士

貳、多重選擇題

說明：第 44 至 57 題，每題的五個選項各自獨立，其中至少有一個是正確的。選出正確選項，標示在答案卡之「選擇題答案區」。每題答對得 2 分，答錯不倒扣，未答者不給分。只錯一個可獲 1 分，錯兩個或兩個以上不給分。

44. 五權憲法中將監察權與考試權獨立設計，與當代西方民主發展的趨勢相近，以下敘述那些是正確的？
(A) 美國在國務院下另設文官委員會
(B) 法國第五共和也有獨立的監察機制
(C) 英國的文官委員會獨立於國會之外
(D) 西方監察長制度首創於瑞典，芬蘭也設有此一制度
(E) 大英國協國家在一九六〇年後，採行獨立的監察長制度

45. 以下事例中那些真正符合民主政治中「法治」的真諦？
(A) 政府所訂的法律愈周詳，使人民能有所依循，即表示法治的程度愈高
(B) 高級官員、立法委員、檢察官，甚至法官，如果有犯罪嫌疑，也應該被偵查、起訴

(C) 司法人員偵辦刑案，不因當事人身分之不同，而有差別待遇
(D) 政府只要依法行政，即使因而侵害人民權利，人民也不應請求補償或賠償
(E) 人民如認為某項法律是不合時宜的，即可不必遵守

46. 自民國八十年迄今，國民大會曾進行了四次修憲工作，在現行的增修條文中，那些民眾的權益增加了保障？
(A) 兒童　　(B) 婦女　　(C) 老人　　(D) 原住民　　(E) 身心障礙者

47. 我國憲法對於「社會安全」有明文之保障，下列敘述那些符合憲法所定義的「社會安全」的旨意？
(A) 奠定社區安寧與維持環境整潔
(B) 檢肅流氓盜匪增進社會治安
(C) 以國家的力量保障人民最低的生活需求
(D) 以社會保險適度扶貧救急
(E) 普遍推行醫療保健衛生制度

48. 最近政府將中鋼、三商銀等公營事業逐步轉向民營化，請問把這些企業交給民間經營的理由為何？
(A) 民間已有能力經營　　　　(B) 開放民營符合世界潮流
(C) 政府不宜與民爭利　　　　(D) 民營較公營更有效率
(E) 鼓勵民間大型企業的出現

49. 民國初年，中國產業不發達，社會上只有大貧與小貧，政府要開發實業，資金籌措不易，孫中山先生於是發表《實業計畫》，提出數項開發原則。近年來，政府在推動某些重大建設時，也發生籌措財源不易的窘境，而採取新的 BOT 模式（Build, Operate, Transfer；由民間集資興建，特許經營一定期限，再移轉公營）。這兩種不同的開發模式，其實存在著某些相同的原則，這些原則是：
(A) 必須順應民意減少抗爭
(B) 必須以解決大眾生活需求為要務
(C) 必須用於生利、具自償能力的事業
(D) 必須用於國防科技、具機密性的產業
(E) 必須因地制宜，兼顧經濟開放與環境生態的保護

50. 南宋時期，許多江浙商人到福建泉州做生意。他們可能從事那些
貿易？
(A) 將江浙的食米運銷到泉州米行
(B) 將江浙的棉布銷售給泉州布商
(C) 將江浙的綢絹賣給泉州的海商
(D) 將福建生產的瓷器運銷到江浙
(E) 將福建的甘藷運回到江浙銷售

51. 「共和」通常是指一種沒有君主的政治體制。關於「共和」，下
列敘述何者正確？
(A) 英國的光榮革命推翻了舊王朝，其建立的新政權，就是一種共和
(B) 光榮革命並未建立共和，克倫威爾推翻國王，建立的政權才是
共和
(C) 法國大革命後，國民會議取得了政權，制定憲法，也是一種共和
(D) 國民公會將路易十六處死，不再設立國王，才正式改國體為共和
(E) 法國的共和政體被拿破崙破壞，但一八三○年革命後，又重建
共和

52. 春秋時期是一個動盪不安的時代，當時歷史發展的主要趨向為何？
(A) 各國平民崛起，向貴族爭權力
(B) 封建制度崩潰，列國各自獨立
(C) 諸夏戎狄相爭，中原文化面臨危機
(D) 穩定中原秩序成為若干霸者的號召
(E) 居於中原周邊的國家無法角逐霸業

53. 漢武帝與王莽都曾擴大政府對經濟事務的控制，但其時代環境、
實施動機和政策內容各有異同。下列比較何者正確？
(A) 兩個時期的社會都出現了貧富不均的現象
(B) 漢武帝復古思想較深，王莽財政動機較強
(C) 漢武帝偏重商業管制，王莽注重土地分配
(D) 王莽的商業政策承自漢武帝，沒有新內容
(E) 兩個時期的政府都對人口的買賣實施管制

54. 在西方歷史上，議會往往扮演監督的角色，政府開徵稅收，必須
先獲得議會的同意，否則會遭到人民的反抗。下列議會的召開，
那些與徵稅有直接關聯？
(A) 1215 年英王約翰召開的貴族會議
(B) 1640 年英王查理一世召開的國會
(C) 1776 年在費城所召開的大陸會議
(D) 1789 年法國國王召開的三級會議
(E) 1848 年日耳曼各邦召開的國民會議

55. 十九世紀以後，中南美洲各殖民地紛紛獨立建國。有關中南美洲
獨立運動的背景，下列分析那些正確？
(A) 殖民活動將西歐文明帶入中南美洲，有利文化的發展，深受土
著的歡迎
(B) 殖民主義者實施高壓統治，人民沒有機會反抗，只能期待各國
伸張正義
(C) 美國革命後，歐洲民主思潮傳入，中南美洲人民開始起來爭取
政治自由
(D) 中南美是西班牙殖民地，英國為削弱西班牙力量，乃鼓動其殖
民地反抗
(E) 拿破崙打敗西班牙後，英國怕法國控制中南美，故鼓動中南美
殖民地獨立

56. 傳統中國為一農業社會，人民依賴土地生活，與土地關係密切。
在中國歷史上，土地所有權與土地利用經歷多次變化，對各時代
的農民生活影響甚大。下列敘述那些正確？
(A) 西周時代土地為貴族所有，農民耕種所得交給貴族，再由貴族
分配糧食
(B) 戰國到秦漢時期，私人可以擁有土地，農民之間經常有土地買
賣的行為
(C) 三國時代，曹魏在中原屯田，耕種國有荒田是農民維持生活的
方式之一
(D) 從北魏到唐代中葉，均田制實施，原則上須由政府授田，才能
經營土地

(E) 均田制破壞以後,農民擁有土地的數量直接影響到他們稅賦負
擔的多寡

57. 博物館的解說員對一群參觀商朝文物的遊客說:「這些是殷墟出
土的龜甲,我們可自其中獲得許多有關商代歷史的知識。」他指
的知識包括那些?
(A) 商人當時使用的文字已經發展成熟
(B) 史書中有關商代世系記載大體可信
(C) 鬼神在商人的思想中佔有重要地位
(D) 商人交通的範圍不侷限於中原一隅
(E) 商業運輸已是當時的主要經濟活動

參、題組題

說明:第 58 至 80 題為題組,每組有 2-3 個子題,其中有些子題是多
重選擇題,題後會以(多選)方式註明;有些子題是單一選擇
題。選出正確選項,標示在答案卡之「選擇題答案區」。每一
子題答對得 2 分,答錯不倒扣,未答者不給分。多重選擇題只
錯一個可獲 1 分,錯兩個或兩個以上不給分。

58-59 題為題組

一九九〇年代當蘇聯及東歐共產政權紛紛瓦解,導致冷戰結束時,
有些人開始樂觀地相信意識形態已經不再具有吸引力,但是不旋
踵卻爆發波斯灣危機。美國學者杭亭頓乃提出了「文明衝突論」
的觀點,認為冷戰結束後,代之而起的,將是伊斯蘭文明與儒家
文明聯合起來,與西方世界的基督教文明相抗衡的新衝突。
杭氏的論述指出西方世界的文化價值隨著其國力的興盛而傳遍世
界,但是非西方國家在本身經濟發展與引進民主選舉制度後,本
土意識卻逐漸昇高,並對西方世界將一己的價值強加於其他地區
的做法,產生高度的排斥心理。因此,杭氏呼籲北美與歐洲的政
治領袖要努力保存及更新西方文明的獨特價值,不必將其他文明
重塑成西方的形象,凡事要以歐美文明本身的利益為重。

58. 根據以上短文所述，杭氏的主要觀點爲何？
   (A) 冷戰結束之後，人類已不存在意識形態的對抗
   (B) 歐洲文明正受到伊斯蘭與儒家文明的打壓，已面臨存亡絕續的關頭
   (C) 歐洲文明已被世人所肯定，各國本土意識的興起只是一種反潮流現象
   (D) 歐美文明要繼續維持優越地位，才不會遭到最嚴厲的挑戰

59. 杭氏眼中的儒家文明，似乎會跟歐美文明相對抗，但如依孫中山先生的觀念來看，應不致如此。下列何者是孫先生對東西文明的觀點：（多選）
   (A) 儒家文明已經過時，自然無可對抗
   (B) 儒家提倡大同之治，所以不會對抗
   (C) 儒家注重王道文化，所以不致對抗
   (D) 中國要學習歐美長處，所以不必對抗
   (E) 儒家文明與歐美文明將合爲一體，所以不會對抗

60-61 題爲題組

圖1表示國內近年來多次選舉中主要政黨的得票率分布情形。根據圖中的資料，中國國民黨與民主進步黨的得票率有時會呈現拉鋸狀態，即某一次選舉國民黨的得票率超過民進黨，下一次選舉則民進黨超過國民黨，有人稱此種現象爲「鐘擺效應」。請問：

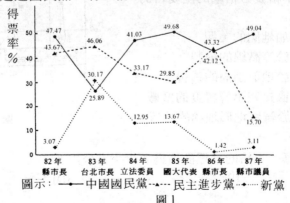

圖1

60. 民進黨在圖中有兩次選舉之得票率超過國民黨。這兩次選舉是：
（多選）
(A) 82 年縣市長選舉　　　　　(B) 83 年台北市長選舉
(C) 84 年立法委員選舉　　　　(D) 85 年國大代表選舉
(E) 86 年縣市長選舉

61. 國民黨與民進黨的「鐘擺效應」出現於圖中那些年度的選舉之間：
（多選）
(A) 82－83 年　　　　(B) 83－84 年　　　　(C) 84－85 年
(D) 85－86 年　　　　(E) 86－87 年

62-64 題為題組

聯勤總部測量署出版的臺灣地形圖都繪有方格網。圖 2 是該單位某年出版的地形圖的一部分，請問：

62. 圖中 (甲) 所代表的水域，稱為：
(A) 槽湖　　　　(B) 溺谷
(C) 潟湖　　　　(D) 峽灣
(E) 牛軛湖

63. 地圖中繪製方格網的主要目的是：
(A) 增加地圖的美觀
(B) 利於等高線的繪製
(C) 便於地形剖面的透視
(D) 可直接判讀經緯度的度數
(E) 利於辨別地形地物的位置

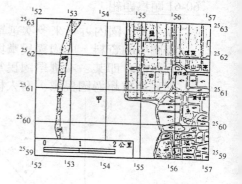

圖 2

64. 圖中每一方格的實際面積為多少平方公里？
(A) 1　　　　(B) 2　　　　(C) 4　　　　(D) 5　　　　(E) 10

65-67 題為題組

　　亞洲輻員廣大,在氣候上可區分為四大氣候區;在地形上,則可區分為五大地形區,如表二。

表二

氣　候　分　區	地　形　分　區
甲、季風氣候區	子、東亞島弧區
乙、高地氣候區	丑、沿海半島區
丙、乾燥氣候區	寅、東亞平原高原山地區
丁、寒冷氣候區	卯、亞洲西南部高山高原區
	辰、亞洲北部平原山地區

　　請問:

65. 回教發祥地位於那一氣候區和地形區?
　　(A) 甲子　　　(B) 乙寅　　　(C) 丙丑　　　(D) 丙卯　　　(E) 丁辰

66. 亞洲工業最發達,經濟最繁榮的國家,位於那一氣候區和那一地形區?
　　(A) 甲子　　　(B) 甲丑　　　(C) 乙寅　　　(D) 丙辰　　　(E) 丁卯

67. 亞洲「殖民地式經濟」色彩最濃厚的地區,位在那一氣候區和那二地形區?
　　(A) 甲子丑　　(B) 甲丑寅　　(C) 乙丑卯　　(D) 乙寅卯　　(E) 丙丑寅

68-70 題為題組

　　圖 3 是大甲溪中游某種河流地形透視圖。請問:

68. 圖中所展示的河流地形,稱為什麼?
　　(A) 河階　　　　(B) 沖積扇
　　(C) 氾濫原　　　(D) 基蝕坡
　　(E) 搶水灣

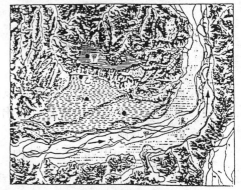

圖 3

69. 圖中所展示的河流地形是那兩種營力交互作用的結果？
(A) 崩壞與風化　　　　　　(B) 風化與堆積
(C) 堆積與侵蝕　　　　　　(D) 侵蝕與溶蝕
(E) 溶蝕與崩壞

70. 圖中甲、乙、丙、丁、戊五地點中，何者最可能有湧泉出現？
(A) 甲　　　(B) 乙　　　(C) 丙　　　(D) 丁　　　(E) 戊

71-73 題為題組

獨立國家國協全域可分成(甲) 俄羅斯大平原；(乙) 西部西伯利亞平原；(丙) 中部西伯利亞高原；(丁) 東部西伯利亞山地；(戊) 中亞內陸盆地等五大地形區。由於各地形區環境不同，區域特性也不一致。請問：

71. 那一地形區曾在第四紀時為大陸冰河所盤據，留下大量冰河地形？
(A) 甲　　　(B) 乙　　　(C) 丙
(D) 丁　　　(E) 戊

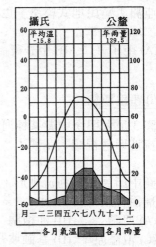

72. 棉花為獨立國家國協重要的經濟作物之一。獨立國家國協的棉田主要分布在那一個地形區？
(A) 甲　　　(B) 乙　　　(C) 丙
(D) 丁　　　(E) 戊

73. 圖 4 為某一氣候類型的典型氣溫雨量圖。該種氣候類型最可能出現在那一地形區？
(A) 甲　　　(B) 乙　　　(C) 丙
(D) 丁　　　(E) 戊

圖4

74-76 題為題組

圖 5 為二次大戰前，歐洲各地農業集約度的示意圖。圖中的數值係農業集約度指數，指數愈高，表示集約度愈大；反之則愈小。請問：

74. 圖中 (甲) 所在的海域是那個海？
(A) 北海
(B) 白海
(C) 地中海
(D) 波羅的海
(E) 亞得里亞海

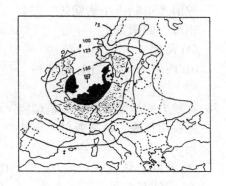

圖 5

75. 酪農業最可能出現在多少集約度指數的地區？
(A) 75 以下
(B) 75 到 100 之間
(C) 100 到 125 之間
(D) 125 到 150 之間
(E) 150 以上

76. 圖中集約度指數分布的空間差異與下列那一項因素關係最密切？
(A) 降雨日數　　　　　　(B) 水利設施
(C) 土壤沃度　　　　　　(D) 工業分布
(E) 地勢起伏

77-78 題為題組

漫畫的出現甚早，許多政府曾拿它做宣傳的工具，這一張出現在 1790 年代末期的漫畫就是明證。請問：

77. 圖6右下方一位自稱為「小約翰牛(Little Johnny Bull)」的人物，企圖阻止這位在義大利戰場獲勝的將軍繼續對外擴張，雙方發生衝突，持續相當久。根據你對歷史的瞭解，這個「小約翰牛」是指那一個國家？
    (A) 荷蘭　　　　　(B) 英國
    (C) 西班牙　　　　(D) 奧地利

A STOPPAGE to & STRIDE over the GLOBE

圖6

78. 在雙方的長期衝突中，這位將領採用什麼方法來對付「小約翰牛」？
    (A) 發動半島戰爭　　　(B) 採用經濟封鎖
    (C) 迫使割讓領土　　　(D) 冊立他人為王

79-80 題為題組

　　西元1921年，列強為了調整第一次世界大戰後太平洋地區的國際秩序，特別邀請相關國家會商。一位近代史學者在回憶錄中談到這個會議：「會議原意在裁減海軍，這和中國幾乎沒有關係，中國事實上等於沒有海軍，列強間對海軍的限制對中國是沒有影響的。但會議中也要討論一些有關中國的問題……」請問：

79. 下列那些國家參加了限制海軍發展的會議？（多選）
    (A) 法國　　(B) 德國　　(C) 俄國　　(D) 義大利　　(E) 日本

80. 這個會議談論到那些與中國有關的問題？（多選）
    (A) 租界及租借地　　　(B) 山東的鐵路
    (C) 青島的權益　　　　(D) 承認孫中山政府
    (E) 撤退外蒙紅軍

87年度學科能力測驗社會科試題詳解

壹、單一選擇題

1. A

【解析】　*1.* 本題依總統府公報（民國 86 年 7 月 21 日發行）。

　　　　　2. 本題依中華民國憲法增修條文第二條。

2. B

【解析】　*1.* 資本主義是以賺錢為目的。

　　　　　2. (A)(C)(D) 三者皆強調分配。

3. D

【解析】　複合民族國家之形成，應以民族平等為基礎，才不違反民族國家之原則，故多數民族組成一個國家時，國家與民族之利益應該兼顧。

4. A

【解析】　(B)(C) 不選，乃因為要尊重國內各民族的文化，並非消弭方言，但要統一語言，推行國語運動以利溝通。

5. C

【解析】　馬克斯共產主義與其他社會主義最大不同之處，乃在強調階級鬥爭。

6. C

【解析】　*1.* 真平等是強調立足點相同，人人機會相等而聰明才智較大者，應服務聰明才力較小者，如此人人發揮服務道德心，必定可使之成為平等了。

　　　　　2. (A)(B)(D) 的見解皆近於「假平等」。

7. **B**

【解析】 濁水溪開發量達 100 萬千瓦，大甲溪次之，約 91 萬千瓦。

8. **E**

【解析】 東北林區的林相除大興安嶺北段為針葉林外，以闊葉針葉混合林分布最廣。

9. **B**

【解析】 東南亞全區降雨頗豐，但因受地形、迎風、背風等因素的影響，各地雨量的分布並不平均。

10. **E**

【解析】 非洲大部分國家以農牧業為主要經濟活動，最集約的地區是北非的尼羅河谷地。

11. **E**

【解析】 歐洲拉丁語系居民分布在法、比、義、羅、西、葡等國，以南歐為主。

三大語系分布概圖如右：

條頓語系（基督教）	斯拉夫語系（東方正教）
拉丁語系（天主教）	

12. **C**

【解析】 春麥與冬麥兩者的分布，約以 1 月$-6°C$ 等溫線為界，大致以長城、隴山為界，長城以北，隴山以西為春麥。

13. **E**

【解析】 熱帶莽原氣候區的乾、濕季節分明，野草高大繁茂，草葉堅硬，莖長而粗，不利於畜牧。

14. **C**
   【解析】　雲貴高原大部分爲石灰岩分布地區，石灰岩地形發達，
   地勢崎嶇不平，河流貫穿其間，夾雜盆地及狹長沖積小
   平原，可耕地面積狹小。(另指東南丘陵亦可)

15. **E**
   【解析】　冬季臺灣西、北部沿海，有中國沿岸涼流南下，帶來大
   量的漁獲，烏魚即爲其中之一。

16. **B**
   【解析】　大戈壁，回語稱「塔克拉馬干」，即「沙丘」之意。

17. **B**
   【解析】　西風帶的大陸西側迎西風且多面臨廣闊的海洋，溫和濕
   潤，漸向東行。因比較深入內陸，年溫差增大，年雨量
   漸少。

18. **D**
   【解析】　臺灣於八〇年代，電子工業快速發展，使我國對外貿易
   發展迅速，對外貿易依存度高達 72.37 %，且出口依存
   度高於進口依存度，此乃因台灣發展技術資本密集的電
   子產業所造成。

19. **D**
   【解析】　西歐飛東亞，或東亞飛北美的民航機，其航線多以經北
   極區上空爲主，因其弧線乃爲球面上的大圓，其航程最
   短。

20. **A**
   【解析】　我國秦嶺、淮河以南地區，夏溫高、雨水多，土壤的氧
   化和淋溶作用強烈，使土壤中的鈣、鉀物質淋溶而去，
   氧化鐵及氧化鋁累積多，化學反應呈酸性。而以北地區，
   因雨水較少，淋溶作用小，呈鹼性反應。

21. **D**

【解析】(A) 約 1000 mm　　　(B) 約 1500 mm
　　　　(C) 約 1500 mm　　　(D) 約 4000 mm
　　　　(E) 約 3000 mm　　　　（西南季風受阻於阿里山）

22. **A**

【解析】由題中的作物可知爲夏稻冬麥區，且南北作物交雜耕
　　　　作，冬溫 $>0°C$，位於秦嶺、淮河以南，推知該地區
　　　　係指四川盆地，其農業區屬四川水稻區。

23. **D**

【解析】(A) 天然氣產地以苗栗爲主。
　　　　(B) 金分布於中央山脈及海岸山脈。
　　　　(C) 硫礦集中在北部大屯山區。
　　　　(D) 煤在大肚溪以北地區。
　　　　(E) 大理石多產在東部花蓮中央山脈一帶。
　　　　林肯大郡附近山坡爲廢棄的舊煤礦坑。

24. **A**

【解析】(A) 明代造魚鱗圖冊，量度田畝繪成一圖，分區爲冊，
　　　　　　　狀如魚鱗，作爲官廳判決田賦、產權爭執的依據；
　　　　　　　另有黃冊備載丁與田，做爲定賦役的標準，以消除
　　　　　　　人民產去稅存之患。

25. **B**

【解析】(B) 人類史前文明經過漫長的石器時代，石器時代由於
　　　　　　　石器製作的精粗不同，考古學家分爲「舊石器時代」
　　　　　　　和「新石器時代」。

26. **B**

【解析】 (B) 北伐後全國兵額龐大，非國家財力所能負擔，且編制複雜，素質不齊，為求軍政軍令之統一，消除割據積弊，故民國十八年在南京召開國軍編遣會議做成取消集團軍總司令總指揮編制、全國陸軍縮編為八十萬人，軍費以國家總收入百分之四十為上限等決定。

27. **C**

【解析】 (C) 東漢桓靈二帝時宦官取代外戚專政為害更烈，崇尚氣節的名士與儒生發出清議，批評朝政，宦官施以報復，終於釀成兩次黨錮之禍。

28. **B**

【解析】 (B) 春秋戰國工商業極為發達，從事工商業可獲利致富，不僅個人樂於追逐，國君也往往加以提倡，尤其戰國時代產生大企業家更多，鐵器使用愈來愈普遍，如邯鄲郭縱冶鐵成業，擁有財富如同王侯。

29. **C**

【解析】 (A) 古代中國即有簡帛的使用，縑貴而簡重不便流通。
(B) 殷商時代已發明毛筆，後經秦代等改良。
(C) 東漢和帝時宦官蔡倫造紙，對學術進步與知識傳布貢獻重大。
(D) 隋代始有雕版印刷術。

30. **D**

【解析】 (D) 隋唐時期社會甚開放，種族歧見甚淺，胡風甚盛，華人多染胡人風習，尤以飲食、衣著和樂舞最顯著，但安史亂後，對武人與胡人深懷顧忌，華夷之防轉嚴，胡風漸衰退，故有識之士對戎俗深不以為然。

31. **C**

【解析】(C) 北宋人利用磁石製成水羅盤，至南宋又進一步改造成旱羅盤，即習稱的指南針。

32. **D**

【解析】(D) 康有爲、梁啓超等推動的戊戌變法（百日維新）中關於教育及登進人才中，不主張廢科舉，要求廢八股，'試策論，更改考試科目等。

33. **C**

【解析】(C) 東晉與前秦苻堅的淝水之戰，東晉謝玄以召募來的北府兵以寡擊衆大敗前秦部隊，使東晉得以偏安江南，但北方又陷於分裂。

34. **A**

【解析】(A) 十九世紀鄂圖曼土耳其帝國衰落，後來義大利趁機占領北非利比亞；第二次大戰後，經聯合國協助獲得獨立。

35. **B**

【解析】(B) 北宋神宗王安石熙寧變法以富國強兵爲目標，規制堪稱宏遠，但因傳統官僚體制、重立法輕人事、重開源輕節流等失敗，使黨爭加劇，影響北宋衰亡。

36. **A**

【解析】(A) 明太祖藉丞相胡惟庸勾結海盜謀反事，罷去中書省，廢除丞相，集大權於一身，達到君主專制的目的，是中國政治制度的一大變革。

37. **C**

【解析】(C) 遼、夏、金都能模仿漢字造字，且喜讀中國典籍，但遼分南面官、北面官採二元政治；金人在熙宗時曾大批移徙族人至中原與漢人雜居，有助於種族融合，故漢化程度超過遼人。

38. **D**

　【解析】(D) 清代盛世從康熙經雍正到乾隆共一百三十四年，正好
　　　　　占清代一半，先在康熙時平三藩之亂，後對外開疆拓
　　　　　土，但對內採高壓懷柔並用政策，一面獎勵學術編纂
　　　　　群書，另一面大興文字獄。

39. **D**

　【解析】(D) 抗戰期間日本提出「東亞新秩序之建設」，要求中日
　　　　　等友善建設大東亞，蔣公駁斥，汪精衛接受，後在南
　　　　　京成為偽「國民政府」。

40. **A**

　【解析】(A) 一次大戰前德國約四元馬克可換美金一元，到一九二
　　　　　三年因戰敗，通貨膨脹，漲了幾十萬倍，到同年十一
　　　　　月間竟慘跌到四萬億馬克才值美金一元。

41. **D**

　【解析】(D) 咸豐七年（一八五七年）英法聯軍清慘敗後，先於一
　　　　　八五八年訂英法天津條約開放台灣（台南）、淡水等
　　　　　為通商口岸，後台灣正式開港通商，列強勢力進入。

42. **C**

　【解析】(C) 戈巴契夫領導蘇聯改革，使保守派發動政變，迫他去
　　　　　職，也使俄羅斯總統葉爾辛聲威凌駕他，後使蘇聯改
　　　　　為「獨立國家國協」。

43. **A**

　【解析】(A) 琉球自明時為中國藩屬，迄光緒五年被日本吞併，改
　　　　　為沖繩縣，期間分別要向中國、日本朝貢，故稱「一
　　　　　國從茲臣二主」，從開國到被吞併傳國約七百年。

貳、多重選擇題

44. **BCDE**
    【解析】 美國文官委員會係獨立於三權之外，不隸屬於國務院。

45. **BC**
    【解析】 1. 人民應守法，政府亦應守法，並遵守憲政規範，才是「法治」。
    2. 憲法規定，全國國民不分階級…在法律之前一律平等。
    3. 政府行政若侵害人民權利，人民可求補償（如國家賠償法之制定）。

46. **BDE**
    【解析】 1. 本題依總統府公報（民國 86 年 7 月 21 日版）。
    2. 根據中華民國憲法增修條文第十條。

47. **CDE**
    【解析】 1. (C) 見憲法第十五條規定「人民之生存權…應予保障」。
    2. (D)(E) 見憲法第十三章「基本國策」。

48. **ABCD**
    【解析】 凡事物之可以委諸個人，或較國家經營為適宜者，應任個人為之。

49. **ABCE**
    【解析】 (A) 與必期抵抗之至少相似。
    (B) 與必應國民之所需要相似。
    (C) 與必用於生利之事業相似。
    (E) 與必擇地位之適宜相似。

50. **AC**

【解析】(B) 南宋初期棉的種植只在閩、粵地區推廣，後來才逐漸推展到江東。

(D) 宋代瓷器生產中心在江西景德鎮，不在福建。

(E) 明代後甘藷、玉米和馬鈴薯等才自美洲傳入中國。

51. **BD**

【解析】(A) 光榮革命後英王威廉三世即位，簽署權利法案，採君主立憲政體。

(C) 國民會議制定的憲法規定採取君主立憲政體。

(E) 一八三〇年法國七月革命後路易腓力被擁為國王，仍採君主政體，一八四八年二月革命後路易拿破崙被選為總統，才是法國第二共和的開始。

52. **CD**

【解析】(A) 春秋時期貴族沒落，各國競爭激烈，國君用人惟才，遂開「布衣卿相」之局，加上經濟情況變動，從事工商致富的人往往受到國君的禮遇或重用，這是平民崛起的另一原因，不是向貴族爭權力。

(B) 夏商周封建時代諸侯國即各自獨立，到秦始皇滅六國，始第一次出現統一大帝國。

(E) 春秋五霸中齊、楚、秦、晉都位於邊陲，具有優越的地理位置。

53. **AC**

【解析】(B) 漢武帝罷黜百家、獨尊儒術，建年號，改正朔，財政改革等積極作為，不是復古思想。

(D) 王莽將漢武帝的專賣與國營政策加以擴大，除鹽、鐵、酒外，增加名山大澤，錢布冶銅，五均賒貸，全歸國營，名曰「六筦」（管）。

(E) 王莽禁販奴婢，漢武帝則無。

54. ABD

【解析】(C) 一七七六年大陸會議召開是爲了討論北美脫離英國
　　　　　而獨立的問題，除推華盛頓爲民兵總司令外，並在
　　　　　七月四日發表獨立宣言，正式以「美利堅合衆國」
　　　　　（United States of America）爲國號宣布獨立。

　　　　(E) 一八四八年日耳曼各邦召開的國民會議，議決建立
　　　　　統一的國家，訂立憲法，並推普魯士國王爲皇帝。

55. CE

【解析】(A) 十五世紀後中南美洲絕大多數地方都成爲西班牙殖
　　　　　民地，但西班牙專制統治，原有土著政治上無地位，
　　　　　土著對西班牙及專制政體均無好感。

　　　　(B) 一八〇八年拿破崙派兵進占西班牙，將原有國王囚
　　　　　禁，中南美洲人民就乘機反抗西班牙的統治。

　　　　(D) 英國恐中南美洲落入拿破崙手中，故鼓勵中南美洲
　　　　　獨立。

56. BCDE

【解析】(A) 西周井田制中間爲公田，四周爲私田，全爲貴族所
　　　　　有，私田由農民自種，收獲屬自己，公田由八家共
　　　　　同義務耕種，收穫全歸公家。

57. BCD（或 ABCD）

【解析】(A) 商代後期文字甲骨文多作方形、方向不固定，筆畫
　　　　　不固定，顯示未成熟。

　　　　(E) 商代人已知到遠地貿易，但未很發達，故商業運輸
　　　　　不是主要經濟活動。

58.（不計分）

59. **BCD** 本題依上冊第 4 課 P.52 與 P.53 跨第 5 課 P.71 作答

參、題組題

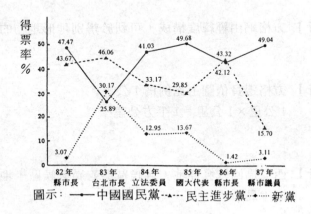

得票率 %

| 82年 | 83年 | 84年 | 85年 | 86年 | 87年 |

47.47、43.67、46.06、30.17、25.89、41.03、33.17、49.68、29.85、12.95、13.67、43.32、42.12、1.42、49.04、15.70、3.11、3.07

82年　縣市長　83年　台北市長　84年　立法委員　85年　國大代表　86年　縣市長　87年　縣市議員

圖示：—●— 中國國民黨　--▲-- 民主進步黨　⋯◆⋯ 新黨

圖 1

60. **BE**
　【解析】 *1.* (B) 陳水扁先生（民進黨）當選台北市市長。
　　　　　 (E) 86 年縣市長選舉民進黨之當選席位與得票率皆
　　　　　　　　 超過國民黨甚多。
　　　　 2. (A)(C)(D) 皆為國民黨佔多數。

61. **ABDE**
　【解析】 (A) 82 年（國）→ 83 年（民）
　　　　　 (B) 83 年（民）→ 84 年（國）
　　　　　 (C) 84 年（國）→ 85 年（國）
　　　　　 (D) 85 年（國）→ 86 年（民）
　　　　　 (E) 86 年（民）→ 87 年（國）
　　　　　 故 (C) 不是「鐘擺效應」。

62. **C**

【解析】(甲) 所代表的水域，爲沙洲與陸地間受潮流影響的海域，
稱爲潟湖。

63. **E**

【解析】方格網由經緯度構成，可利於辨別地形地物的位置。

64. **A**

【解析】方格邊長依圖上比例爲 1 公里。
1 公里×1 公里＝1 平方公里

65. **C**

【解析】西亞爲回教發祥地，氣候區爲乾燥氣候區，地形區爲沿
海半島區。

66. **A**

【解析】亞洲經濟大國爲日本，屬季風氣候區，且位於沿海半島
區。

67. **A**

【解析】亞洲「殖民地式經濟」色彩最濃厚的地區爲東南亞，爲
季風氣候區，屬東亞島弧區（南洋群島）和沿海半島區
（中南半島）。

68. **A**

【解析】圖中河流凸岸（滑走坡）有平坦、地勢高於河谷的階狀
地形，係爲河階。

69. **C**

【解析】河流的河階地形，是經由侵蝕和堆積作用而成的。

70. **B**

【解析】 乙位陡坡下和平坦地面的交會處，最有可能使地下水面和地面交切，地下水湧出成泉。

71. **A**

【解析】 俄羅斯大平原，昔日受大陸冰河作用，可見冰磧地形。

72. **E**

【解析】 獨立國協於乾燥的中亞內陸盆地區，引用阿母河、錫爾河的河水發展灌漑，植棉。

73. **D**

【解析】 圖所示的氣候爲副北極氣候（維科揚斯克），位於 (丁) 東部西伯利亞山地區。

	俄羅斯大平原	西部西伯利亞平原	中部西伯利亞高原	東部西伯利亞山地	中亞內陸盆地
一月月均溫	$-10°\sim-15°C$	$-15°\sim-25°C$		$-30°\sim-40°C$	
七月月均溫					$40°C$
年　雨　量	$400\sim600$	$200\sim400$			

74. **A**

【解析】 圖中甲區爲西歐沿海，爲北海海域。

75. **E**

【解析】 西歐爲工業化、都市化最發達之區，故集約度指數於 150 以上者，最可能爲酪農業分布區。

76. **D**

【解析】 承上題，工業化、都市化最發達之區，土地集約度愈高，距離此中心愈遠，集約度隨之下降。

77. **B**

【解析】 (B) 一七九六年法國督政政府任命拿破崙為遠征義大利總司令，連續獲勝，占領義大利北部各地，後來拿破崙獨霸歐洲，只有英國不肯屈服。

78. **B**

【解析】 (B) 拿破崙與英國長期衝突中，英國不肯屈服，拿破崙下令抵制英貨，用經濟封鎖做為報復。

79. **ADE**

【解析】 *1.* 一九二一年為解決第一次大戰後太平洋地區的國際秩序，美國邀約各國舉行華盛頓會議。

2. 美、英、日、法、義五國簽訂五國海軍條約，限制海軍主力艦的發展。

80. **ABC**

【解析】 *1.* 華盛頓會議中簽訂解決山東懸案條約及九國公約，與中國有直接關係。

2. 解決山東懸案條約中，日本應允將膠州灣租借地等交回中國，中國備款贖回膠濟鐵路等，民國三年以來的山東問題解決。

八十六年大學入學學科能力測驗試題
社會考科

壹、單一選擇題

說明：第 1 至 39 題，每題選出一個最適當的選項，標示在答案卡之
「選擇題答案區」。每題答對得 2 分，答錯不倒扣。

1. 臺灣北部海岸，常可見到如圖 1 所示的
   小地形。這種小地形的生成和下列那一
   項因素的關係最密切？
   (A) 岩層排列有序　　(B) 冬夏乾濕分明
   (C) 岩層軟硬不一　　(D) 風向變化規則
   (E) 岩層變位頻仍

圖 1

2. 某生於 3 月 21 日在台北以時錶法定方位，他將
   時針方向朝向太陽，所得時針與太陽相對位置
   如圖 2 所示。請問，北方應在錶面字盤上那一
   個數字所指的方向？
   (A) 2　　　　　(B) 5　　　　　(C) 8
   (D) 10　　　　(E) 12

火柴棒

火柴棒影

圖 2

3. 影響土壤鹽化的因素很多，包括：乾濕季節分明、地處低窪、海水
   倒灌等。下列地區的沿海地帶，何者的土壤鹽化情形最為嚴重？
   (A) 宜蘭　　　(B) 桃竹　　　(C) 花東　　　(D) 高屏　　　(E) 澎湖

4. 台灣冬季雨量的分布有明顯的空間差異，因東北季風受山脈阻隔而
   造成西部平原地區雨水較少。這種阻隔主要由下列那二座山脈所造
   成？
   (A) 中央山脈和海岸山脈　　　　　(B) 中央山脈和雪山山脈
   (C) 海岸山脈和雪山山脈　　　　　(D) 海岸山脈和阿里山山脈
   (E) 雪山山脈和阿里山山脈

5 根據學者的研究，農業土地利
　用的集約度，常呈現由市場向
　外隨距離增加而遞減的情形。
　圖3是阿根廷彭巴地區的土地
　利用圖，根據前述的論點推測，
　作為本區農業主要市場的首要
　都市應該位於圖中的那一區？
　(A) 甲　　 (B) 乙　　 (C) 丙
　(D) 丁　　 (E) 戊

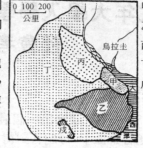

甲:酪農蔬菜果區
乙:畜牧區
丙:玉米區
丁:小麥牧草區
戊:畜牧區

烏拉圭

圖3

6. 非洲的熱帶雨林氣候區和熱帶莽原氣候區的植被型態不同。形成這
　種差異的最主要因素是：
　(A) 氣溫的高低　　 (B) 雨季的長短　　 (C) 風力的強弱
　(D) 降雨量的多寡　　 (E) 降雨強度的大小

7. 在各種農業活動類型中，那一種農業因雨季和生長季的時間不符，
　而特別重視灌溉設施？
　這個瓷偶人應是誰？
　(A) 混合農業　　 (B) 自給式農業　　 (C) 商業性農業
　(D) 熱帶栽培業　　 (E) 地中海式農業

8. 中國東部的沿海地區，冬季多霧，降水減少。造成這種現象的主
　要因素是：
　(A) 緯度高低　　 (B) 地形起伏　　 (C) 洋流冷暖
　(D) 氣壓高低　　 (E) 海岸類型

9. 中國的溫帶季風氣候，可區分為華北型和東北型。這兩種氣候類
　型區大致是以那一條線為界？
　(A) 一月 0℃ 等溫線　　　　 (B) 七月 10℃ 等溫線
　(C) 年均溫 10℃ 等溫線　　　(D) 年雨量 400mm 等雨量線
　(E) 年雨量 750mm 等雨量線

10. 「在這片沖積平原上，土壤肥沃，河道紛歧，灌溉便利；糧食作物以稻米爲主，經濟作物則以桑蠶和甘蔗居多。」以上敘述是那一個地區的區域特色？
    (A) 成都平原 　　　 (B) 江漢平原 　　　 (C) 巢蕪盆地
    (D) 長江三角洲 　 (E) 珠江三角洲

11. 就地形和地理位置而言，下列那一地區位於青康滇縱谷高原和中南半島的銜接帶上？
    (A) 藏南縱谷 　　　 (B) 滇西縱谷 　　　 (C) 嶺南兵陵
    (D) 松潘高原 　　　 (E) 四川盆地

12. 黃淮平原煤產豐富，煤田主要分布於太行山和燕山山麓。此一分布特徵的形成，和下列那一項因素關係最爲密切？
    (A) 人口分布 　　　 (B) 市場大小 　　　 (C) 河川侵蝕
    (D) 地質構造 　　　 (E) 黃土厚度

13. 河西走廊「綠洲」之形成，與下列那一座山的關係最密切？
    (A) 祁連山 　 (B) 馬鬃山 　 (C) 合黎山 　 (D) 龍首山 　 (E) 烏鞘嶺

14. 熱河高原的土地利用，由南至北呈農—農牧—純牧的變化。導致這種地區差異的主要因素是：
    (A) 土壤瘠沃 　　　 (B) 勞力豐缺 　　　 (C) 降水多寡
    (D) 種族差異 　　　 (E) 無霜期長短

15. 美國東北角的新英格蘭地區，農業活動由早期的雜耕自給性農作，轉變爲現代的專業化農牧經營。造成這種轉變的主要原因是：
    (A) 土壤貧瘠 　　　 (B) 都市興起 　　　 (C) 勞力不足
    (D) 地勢崎嶇 　　　 (E) 氣候冷濕

16. 中美洲地峽東岸多雨，爲濕熱的雨林區：西岸氣候乾熱，多熱帶莽原。造成這種氣候差異的最主要原因是甚麼？
    (A) 兩岸洋流性質有別 　　　 (B) 大範圍海陸性質的差異
    (C) 熱帶氣旋呈抛物線移動 　 (D) 行星風系的盛行方向
    (E) 大西洋和太平洋水域面積不同

17. 澳洲東北的昆士蘭省大部分屬於半乾燥氣候，牧民為解決牲口的飲水問題，所採取的方法為何？
  (A) 引湖水加以淡化　　　　　(B) 以坎井自附近山脈引水
  (C) 利用渠道直接自河道引水　(D) 在牧場內的低窪處挖水塘蓄水
  (E) 鑿深井至受壓地下水層取水

18. 獨立國家國協的自然環境特徵包括：(甲) 地形平坦單調 (乙) 冬寒而長夏短而熱 (丙) 針葉林廣布林業資源豐富 (丁) 富藏各類金屬礦物。以上特徵中，那二項與該國協位於名為「俄羅斯—西伯利亞地臺」的古地塊上關係較為密切？
  (A) 甲乙　　　(B) 甲丙　　　(C) 甲丁　　　(D) 乙丙　　　(E) 丙丁

19. 瑞士南部、德國南部、奧地利西部等阿爾卑斯山北坡地區，牧人常以山牧季移的方式從事畜牧活動。下列那一項特徵是該地盛行山牧季移的主因？
  (A) 降水量較多　　　(B) 坡度較平緩　　　(C) 日照時間較短
  (D) 初春常有焚風吹襲　(E) 為歐洲主要大河發源地

20. 非洲年雨量空間分布的最明顯特徵是：
  (A) 自東向西遞減　　(B) 自北向南遞減　　(C) 自南向北遞減
  (D) 東西對稱分布　　(E) 南北對稱分布

21. 「法國地中海沿岸和隆河谷地南部地區，夏季炎熱少雨，陽光充足，冬季溫暖多雨，是西歐氣候最優良的地區。」文中所謂「氣候最優良」的條件，最有利於下列那一項活動？
  (A) 農業生產　　　(B) 旅遊發展　　　(C) 工業發展
  (D) 畜牧活動　　　(E) 海上交通

22. 中國經常以「天朝」或「上國」自居，與外族並非平等對待。但當外族之力量強大時，中國迫於形勢，也會採取對等策略。歷史上那個時代，中國曾與外族簽定平等的條約？
  (A) 東漢與日本　　　　　(B) 唐代與天竺
  (C) 北宋與遼國　　　　　(D) 明代與朝鮮

23. 某個朝代的京城中，西域來華使節甚多。他們因強權興起，歸路斷絕，只能滯留京中，有長達四十餘年者。政府發給公費，他們就用其購買田宅，或放高利貸，並都娶妻生子，安居不欲歸，造成政府的重大負擔。政府希望他們繞道回國，但因無人願意，只好將其編入軍中，以節省開支。這個京城應是：
(A) 唐代的長安　(B) 宋代的臨安　(C) 元代的大都　(D) 清代的北京

24. 在北京附近的長城上，一群遊客在討論當地長城的修築年代，各人說法不同。你認為那種說法是正確的？
(A) 秦始皇發民伕修長城，還有孟姜女的故事，這長城當然是秦代的古蹟
(B) 「秦時明月漢時關」，秦始皇未及修長城就死了，這長城是漢代建的
(C) 秦漢的長城早已毀於戰火，這長城是隋煬帝為防禦外族入侵才重修的
(D) 明成祖為了加強邊防，一面建軍，一面修「邊牆」，才有今日的長城

25. 圖 4 這幅漫畫中，某位政治人物被比喻為麵包師傅，烘焙出許多「國王」。根據你對歷史的了解，這幅畫是指那個歷史事件？
(A) 十一世紀時，教皇號召歐洲諸侯攻打回教徒，並以榮譽做為獎勵
(B) 十八世紀初，布蘭登堡選侯自稱普魯士國王，他國紛紛起而仿效
(C) 十九世紀初，拿破崙橫掃歐陸，趕走原有君主並大封其親戚為王
(D) 維也納會議以後，許多被黜的國王在梅特涅扶助下，重登王座

圖 4

26. 十八世紀時，有一個機構曾經下令廢除封建特權，並宣布所有公民不論出身均可平等從事公職。這個機構是：
(A) 英國的下議院 　　　　　　(B) 法國的國民會議
(C) 美洲的大陸會議 　　　　　　(D) 日耳曼的帝國會議

27. 十三世紀時中國有個港口，商業發達，某位外國旅行者譽之為「世界上最大的港口之一」，許多阿拉伯人聚居於此，甚至興建了回教寺廟。馬可波羅離華返歐時，就在此出航。這個港口是：
(A) 杭州 　　　(B) 上海 　　　(C) 溫州 　　　(D) 泉州

28. 有位歷史人物對禮法的看法是：「湯武不循古而王，夏殷不易禮而亡，反古者不可非，而循禮者不足多（讚美）」。他曾擔任官職，獲得實行理念的機會。史家記載他的政績：「為田開阡陌封疆，而賦稅平，平斗桶、權衡、丈尺。行之四年，公子虔犯約，劓之。」這位人物是：
(A) 子貢 　　　(B) 商鞅 　　　(C) 楊炎 　　　(D) 王安石

29. 資料一：「許開互市，英、美、法、德相繼而來，派領事，劃租界，設商行，建棧房，輪船出入，次第漸興，而交涉愈繁，……設通商總局於道署，由道辦之。」
資料二：「洋商貿易，照例征稅，設釐金局，以阿（鴉）片為大宗。」
以上資料顯示的情況是那個時期的事？
(A) 鴉片戰爭之前 　　　　　　(B) 英法聯軍以後
(C) 八國聯軍之際 　　　　　　(D) 二次大戰前夕

30. 幾位同學討論英法等國要求開放「臺灣」及淡水兩口岸的原因，各持不同看法。請指出什麼人的理由最可信？
(A) 兩地分處臺灣島南北，軍事位置重要，英法兩國均希望建鐵路貫穿
(B) 荷蘭人與西班牙人曾經在這兩地殖民，基礎穩固，英、法統治較易
(C) 兩個地方的人口密集，有許多教友活動，開放通商對傳教較為便利
(D) 「臺灣」在嘉南平原糖產區，而淡水為樟腦集散地，有重大商業利益

31. 「山外青山樓外樓，西湖歌聲幾時休，暖風吹得游人醉，直把杭州當汴州。」請問這首詩描述的是那個朝代的現象？
    (A) 東晉　　　　　　　　　　　(B) 南朝
    (C) 十國　　　　　　　　　　　(D) 南宋

32. 有一位作家描述他的親身經歷：「我到一家咖啡店，看了窗前的價目表，點一客咖啡。一個小時之後，當我要付帳時，價錢竟然漲了一倍。……許多專業人士包括律師在內，都比較喜歡接受食物做為酬勞。理髮要兩個雞蛋，修手錶要一條麵包等。……我認識的一個學生把一張戲票賣給觀光客，換得一星期的生活必需品。」
    這位作者應是生活在：
    (A) 一七八九年的巴黎　　　　　(B) 一八一五年的維也納
    (C) 一九一五年的倫敦　　　　　(D) 一九二三年的慕尼黑

33. 我們習稱的「英國」，其正式國名是「聯合王國（the United Kingdom）」，係由英格蘭、蘇格蘭、北愛爾蘭與威爾斯等漸次聯合而成。請問：英格蘭與蘇格蘭何時起「正式合併」？
    (A) 十三世紀初，英格蘭諸侯聯合起來強迫國王約翰簽訂大憲章之時
    (B) 十七世紀初，都鐸王室斷絕，蘇格蘭王詹姆士繼任英格蘭國王時
    (C) 十八世紀初，蘇格蘭與英格蘭兩國國會通過法律，宣布合為一國
    (D) 十九世紀中，蘇格蘭與英格蘭為了加強海外擴張，合併以謀團結

34. 有位政治人物自小對其本國事物陌生，也不了解共和體制。他利用時機參與政治，當選總統後，修改憲法，變更國體為帝制。接著發動對外戰爭，造成國家的莫大災難。這位政治人物是：
    (A) 袁世凱　　　　　　　　　　(B) 拿破崙三世
    (C) 史達林　　　　　　　　　　(D) 西奧塞斯古

35. 清末外交局勢緊張，朝臣上奏表達對時局的看法。有人認為：「倭（日本）之強，非俄所願，倭之擾我東三省，尤為俄所忌。」也有人建議：「平日預訂密約，有戰爭時，凡兵餉軍火可以互相援助。」這種想法具體實行後，有那點直接的影響？
    (A) 俄國在中國境內修築鐵路，勢力達到海參崴
    (B) 日本先發制人，與俄國訂立秘密協定及條約
    (C) 美國總統提出和平計畫，主張廢除秘密外交
    (D) 中國為求免禍，開放東北，引進美、英勢力

36. 中國歷史上開國之君多屬雄才大略，即位後往往也氣象一新。但亦有例外情況，有位開國君主後世認為才具平庸，政風也頹靡不堪。他是：
    (A) 晉武帝司馬炎　　　　　(B) 隋文帝楊堅
    (C) 宋太祖趙匡胤　　　　　(D) 明太祖朱元璋

37. 一位詩人說：「和議知非策，瀛東棄可傷，墜天憂不細，籌海患難防。」又說：「初傳烽火照遼陽，忽見干戈滿故鄉。」這位詩人是對何事感到憤悶？
    (A) 宋金紹興和議　　　　　(B) 明末滿清入關
    (C) 清末割讓臺灣　　　　　(D) 國民政府遷台

38. 孫中山先生曾引述一則外國故事，大意是某戶人家的水管壞了，屋主僱工匠予以修理，此工匠不過舉手之勞便修復妥當，而後索取費用五十元零四角，屋主嫌其索價過高並質疑為何帶有零頭？工匠乃從容回答：「五十元者，我知識之值也，四角者，我勞力之值也。如君今欲自為之，我可取消我勞力之值，而只索知識之值耳。」請問孫先生引用這則故事的用意為何？
    (A) 說明勞力的報酬少於知識的報酬
    (B) 批評現在的人太偷懶，連修理水管都要找工匠
    (C) 批評現在的工匠太貪心，不過舉手之勞也要收費昂貴
    (D) 指出現在的工匠不能夠得罪，即使收費貴了也不要和他計較
    (E) 指出勞力與知識皆有價值，可是比較起來，真知為難，實行則易

39. 爲了避免地方政府與中央政府的對立,並能收中央統一協調之效,
下列那一種憲政主張或措施符合孫中山先生民權主義的主張?
(A) 增強中央集權　　　　　　(B) 廢省或省虛級化
(C) 落實均權制度　　　　　　(D) 中央委派鄉鎮長
(E) 行使縣市直接民權

貳、多重選擇題

說明:第40至65題,每題的五個選項各自獨立,其中至少有一個是
正確的。選出正確選項,標示在答案卡之「選擇題答案區」。
每題答對得2分,答錯不倒扣,未答者不給分。只錯一個可獲
1分,錯兩個或兩個以上不給分。

40. 西元一八七一年德意志帝國成立。下列何者對德意志帝國的成立
有重要影響?
(A) 拿破崙入侵後,將神聖羅馬帝國改組爲日耳曼邦聯,建立統一
的德國
(B) 日耳曼的歷史學者主張愛國情操,希望建立團結統一的德意志
民族
(C) 普魯士提倡「關稅同盟」,納入許多邦國,奠定國家統一的經
濟基礎
(D) 青年學生組織「少年同志會」,宣揚國家意識,朝統一的目標
前進
(E) 日耳曼各邦代表議決建立統一國家,頒布憲法,一舉建立德意
志帝國

41. 近代以來,許多弱勢的民族要求建國,其過程備極艱辛,有時甚
至要以非常手段如恐怖活動、暗殺等來達成目的。下列那些人曾
採取這種手段?
(A) 義大利的馬志尼　　　　　(B) 韓國的金九
(C) 印度的甘地　　　　　　　(D) 菲律賓的奎松
(E) 美國的傑佛遜

42. 某班上歷史課時，同學們決定以劉邦為主題，演一齣歷史劇。在安排劇情時，各人絞盡腦汁，但仍有些錯誤。請你指出那些地方與歷史事實<u>不符</u>？
    (A) 劉邦聽從張良的建議，安排一名武士，準備在博浪沙刺殺秦始皇
    (B) 因實力尚不足與項羽抗衡，鴻門宴時，劉邦聽從建議，表現謙卑
    (C) 劉邦定都長安之後，總覺得不甚安全，乃下令將首都遷到洛陽去
    (D) 劉邦出身草莽，與群臣並不拘禮，登基之後制定朝儀，情況改變
    (E) 自呂后逝世後，劉邦終日悶悶不樂，許多老臣紛紛前來安慰致意

43. 五胡亂華的局面，自匈奴劉氏起兵稱帝後全面擴大。下列有關劉氏的活動，那些是正確的？
    (A) 居住在今山西境內，是南匈奴的後裔
    (B) 早在起兵以前，就已成為西晉的困擾
    (C) 惠帝時有人主張將之遷徙，以免生變
    (D) 由於地處邊區，未受到漢文化之影響
    (E) 對漢人和其他胡族，採取排拒的態度

44. 歷史上異族入侵時，有時因其自身無法有效統治，就以成立傀儡政權為過渡方式，企圖達到統治的目的。下列那些屬於此類？
    (A) 劉豫稱帝國號「齊」　　　　(B) 尤赤受封「欽察汗國」
    (C) 吳三桂稱帝國號「周」　　　　(D) 溥儀任「滿州國皇帝」
    (E) 汪精衛組「國民政府」

45. 明清時期，中國人口迅速增加，十八世紀末時已達三億左右。原因是：
    (A) 戰亂減少，也沒有大規模瘟疫，所以人口穩定成長
    (B) 重新開墾荒地，擴大耕種面積，糧食生產因而增加
    (C) 醫學進步克服許多疾病，平均壽命增長，人口大增
    (D) 自美洲引進新的作物品種，增加許多新的糧食來源
    (E) 政府設立義倉，賑老卹貧，使許多人因而可以存活

46. 「分裂國家」形成的原因甚多，其中一種模式是：戰後為主要戰勝國分區佔領，但這些戰勝國家對佔領區的處理態度不一，最後才分別成立政權，造成「分裂國家」。下列選項中，那些符合上述模式？
(A) 南北越　　　　　(B) 南北韓　　　　　(C) 東西德
(D) 大陸與臺灣　　　(E) 捷克與斯洛伐克

47. 十八世紀中葉以降，歐洲發生工業革命，社會經濟結構改變，產生許多新的社會問題。下列那些人主張用社會主義的手段來解決這些問題？
(A) 李士特　　　　　(B) 聖西門　　　　　(C) 李嘉圖
(D) 歐文　　　　　　(E) 白朗

48. 美國建國以來，在國際政治上許多人主張不要涉入外國爭端，以免引起國際糾紛，可稱為孤立主義。下列那些人就有這種主張？
(A) 華盛頓　　　　　(B) 傑佛遜　　　　　(C) 門羅
(D) 威爾遜　　　　　(E) 哈定

49. 漢武帝採董仲舒的建議，罷黜百家，獨尊儒術，儒學成為中國學術的正統，但儒家以外的學說並未消失。西漢一代，儒學以外，統治者採行的學說還有那幾家？
(A) 黃老　　(B) 墨家　　(C) 法家　　(D) 名家　　(E) 陰陽家

50. 要了解歷史上某一種制度，可以查相關時期的正史或討論典章制度的書籍。如果我們要研究均田制，可以查看下列那些書籍？
(A) 晉書　　(B) 魏書　　(C) 唐書　　(D) 史通　　(E) 文獻通考

51. 中國歷史上，皇帝往往將土地封給宗室或子弟，賜與王號，實施局部的封建制度。各封王在其國內可以享有稅收、建軍的特權，形成對中央政府的挑戰。這種措施有時也可能挑起衝突，引發亂事。下列那些亂事與上述情形有關？
(A) 七國之亂　　　　(B) 八王之亂　　　　(C) 安史之亂
(D) 靖難之變　　　　(E) 三藩之亂

52. 孫中山先生曾說:「從前歐洲在民權初萌芽的時代,便主張爭自由;到了目的已達,各人都擴充自己的自由,於是由於自由太過,便發生了許多流弊。」(民權主義第二講)故有「合理自由」的提倡。請問下列對於自由的敘述,那些符合課本上「合理自由」的概念?
    (A) 法律所不禁止的行為,人人有權利去做
    (B) 為了維護個人的自由,團體不得予以限制
    (C) 一個人的自由以不侵犯他人的自由為範圍
    (D) 自由就是放蕩不羈,人民的自由愈多愈好
    (E) 要發揮理性的作用,個人不但要發展自我亦要服務人群

53. 自古以來,即有許多吸引世人參與各種活動的主張或力量。請問當代社會中,以下那些主張或力量,其訴求之對象並不以單一國家為限:
    (A) 宗教　　　　(B) 主權　　　　　　(C) 人權
    (D) 環保　　　　(E) 經濟生產投資

54. 依據孫中山先生的主張,世界各民族一律平等的涵義為何?
    (A) 強盛的民族應做為落後民族的管理者
    (B) 各民族都有平等的地位和同等的生存權利
    (C) 世界上任何民族都不受其他民族的控制和壓迫
    (D) 任何民族不得主張民族優越論,以歧視或侵略他族
    (E) 為了加速人類的進化,可以淘汰弱小民族以節省有限的資源

55. 孫中山先生警惕國人說:「中國如果強盛起來,我們不但要恢復民族的地位,還要對於世界負一個大責任;如果中國不能夠負這個責任,那麼中國強盛了,對於世界便有大害,沒有大利。」(民族主義第六講)近年來,國際社會有「中國威脅論」的出現,中國如欲避免強盛之後造成大害,至少應有那些做法?
    (A) 實施濟弱扶傾　　　　(B) 加強民族團結
    (C) 堅持民族平等　　　　(D) 學習歐美科技
    (E) 實施民主憲政

56. 近年來，台灣民間社會愈益珍惜鄉土人情，發掘鄉土歷史文化，連帶也學習尊重其他族群的歷史和文化傳承。請問從三民主義的觀點來看，這是那些精神的表現？
(A) 倫理　　(B) 科學　　(C) 平等　　(D) 自由　　(E) 民享

57. 民族與國家雖有顯著的區別，但是兩者關係密切。就世界各國之情況而言，有「單一民族國家」如日本、韓國、波蘭等，有「複合民族國家」如美國、瑞士等。下列關於民族與國家關係的敘述，那些是正確的？
(A) 所謂民族國家，最初是指單一民族國家，這種國家，民族與國家的關係最為密切
(B) 各民族雖能站在平等的基礎上，聯合形成複合民族國家，但卻違反了民族國家的原則
(C) 單一民族國家因血統與文化一致，民族意識與愛國心相結合，容易形成巨大力量抵抗外侮
(D) 各民族皆須有自願在同一國家之下合作生活的意識，且對結合情形均感滿意，才能維持複合民族國家的安定
(E) 近年來發生血腥內戰的複合民族國家，其分裂動盪的主因乃在主體民族不能以民族平等的原則對待少數民族所致

58. 民國成立以來，中國力爭廢除不平等條約，目的之一是要爭回關稅自主。近年來，政府一面致力於加入世界貿易組織（WTO），另一方面卻要降低關稅、開放進口。對於此種決策的轉變，其主要的立論依據為何？
(A) 以出口為導向的經濟體必須加入國際組織而不能自我孤立
(B) 加入世界貿易組織可以避免我國遭受外國不當的貿易制裁
(C) 民族主義是狹隘的，只要加入了國際組織就可以捨棄民族主義
(D) 國營事業是壟斷與無效率的，完全開放外資、移轉民營才是進步的經濟潮流
(E) 美、蘇冷戰結束後，國際間已無對抗衝突，所以經濟上的關稅保護政策已無實行的必要

59. 下列關於平等意義的敘述，那些符合民權主義所主張的平等眞義？
   (A) 人民可因才智及身分的不同，享有不同教育及工作的權利
   (B) 天生人類本來是平等的，但專制帝王創造了人爲的不平等
   (C) 人民政治地位的平等主要是指選舉與被選舉權的法律平等
   (D) 要發揮互助和服務的道德力量，以彌補人類天生的自然缺陷
   (E) 要使法律之前的平等不致流於形式，必須做到基本生活條件的實質平等

60. 下列那些主張或訴求是人民向君主抗爭時所提出來的？
   (A) 革命民權   (B) 權能區分   (C) 天賦人權
   (D) 均權制度   (E) 主權在民

61. 今天的立法院議事效率不彰，待審之法案堆積如山。若依孫中山先生的主張，在非選舉期間人民可用下列那兩種權利予以抗衡或補救？
   (A) 選舉權   (B) 罷免權   (C) 創制權
   (D) 複決權   (E) 監察權

62. 近數百年來人類在爭取民權的過程中，發現了平等與自由才是民權的重要內涵，所以如何建立穩定的制度來保障衆人的平等與自由，便成爲人民與政府需要不斷努力的課題。下列有關平等與自由的敘述，那些是比較合理的？
   (A) 人民擁有自由權是政府的德政
   (B) 平等是追求相同，自由則是追求不受約束
   (C) 求生存是人類普遍的需要與民權演進的動力
   (D) 眞正的平等必須是立足點與發展結果的完全平等
   (E) 追求極端平等自由的結果常會導致暴民政治或無政府狀態

63. 民主傳統悠久的國家是以何種規章制度來保障本國人民的自由權利？
   (A) 推行地方自治   (B) 行政權不受立法權的牽制
   (C) 軍事權不受立法權的約束   (D) 人民的權利以憲法明文規定
   (E) 司法權獨立於行政和立法權之外

64. 下列那些敘述可用來解釋「民生主義的本質是科學」的判斷？
   (A) 民生主義是國家強盛的根基
   (B) 民生主義是消弭貧富不均的主義
   (C) 民生主義的理論優於馬克思的共產主義
   (D) 民生主義的建設，要以事實爲基礎，才能定出方法解決問題
   (E) 民生主義的實業計畫只是規劃的藍圖，其實踐仍須仰賴各方面
       的專家實際考查測量

65. 近代資本主義的發展，社會資源和財富往往過度集中，造成貧富
   不均，低層民眾甚至無法安定生活，潛藏社會動亂的危機。請問
   下列那些主張或作法有助於改善這些不合理的現象？
   (A) 節制私人資本　　　　　(B) 落實平均地權
   (C) 課徵加值型營業稅　　　(D) 實施社會安全制度
   (E) 實行無產階級專政

參、題組題

說明：第 66 至 80 題爲題組，每組有 2-3 個子題，各子題皆是單一選
　　　擇題。選出正確選項標示在答案卡之「選擇題答案區」。每一
　　　子題答對得 2 分，答錯不倒扣。

66-67 題爲題組

　　圖 5 是某種海岸地形的示意圖。
　　請根據此圖回答下列問題。

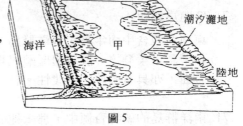

圖 5

66. 圖 5 中（甲）所代表的水域，
   稱爲甚麼？
   (A) 谷灣　　(B) 潟湖
   (C) 峽灣　　(D) 溺谷
   (E) 海峽

67. 下列那一個海港，係利用圖中（甲）所代表的水域關建而成？
   (A) 基隆　　(B) 臺中　　(C) 花蓮　　(D) 馬公　　(E) 高雄

68-70 題為題組

這是有關一個台灣離島的報導：「初冬季節，踏上這個島，爬上一段陡坡後，遠處田間交錯的短牆圍籬映入眼裡。強勁的北風在耳際呼呼地響，工作婦女頭裏圍巾，露出兩眼。這個島沒有固定的交通船與其他地方聯絡，必須自己僱漁船前往。世居本島的陳先生，祖先在明朝時就由福建泉州遷來，老先生雖高齡 86，卻每天早上四點就起床到海裡捕魚。他先在身上綁一大塊岸邊撿來的黑色玄武岩，讓自己沉到水裡捕魚，隔一段時間再解開石頭讓自己浮上來。他們一家四口，種菜捕魚，多餘的魚跟菜分送給島上其他的阿公阿媽。」。請根據以上敘述回答下列問題。

68. 該離島最可能位於下列那一縣？
(A) 澎湖縣　(B) 高雄縣　(C) 屏東縣　(D) 台東縣　(E) 宜蘭縣

69. 如將該島的地形畫成剖面圖，則應與下列何者最接近？
(A)　　　　(B)　　　　(C)　　　　(D)　　　　(E)

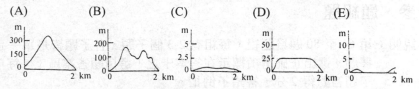

70. 下列何種作物最適合在該地種植？
(A) 花生　　(B) 水稻　　(C) 小麥　　(D) 茶葉　　(E) 大豆

71-73 題為題組

東南亞包含中南半島和南洋群島。本區農、林、礦物資源豐富，熱帶栽培業發達，展現濃厚殖民地式經濟的色彩；在居民與文化方面，亦具有濃厚的過渡性。請問：

71. 南洋群島的礦物資源中，那兩種的儲量和產量最豐富？
(A) 鎢、鋅　　　(B) 無煙煤、錫　　　(C) 石油、寶石
(D) 錫、石油　　(E) 無煙煤、石油

72. 中南半島的居民和文化，均具有濃厚的過渡性。主要是受到那一項因素的影響？
    (A) 位置　　(B) 地形　　(C) 氣候　　(D) 土壤　　(E) 植被

73. 世界那一個地區的經濟與東南亞一樣，熱帶栽培業發達，具有濃厚殖民地式經濟的色彩？
    (A) 肥沃月灣　　　　(B) 西印度群島　　　　(C) 澳洲東南部
    (D) 玻里尼西亞　　　(E) 亞特拉斯山地三國

74-76 題為題組

圖 6 是一個假想大陸的氣候模式圖。
請根據此圖回答下列問題。

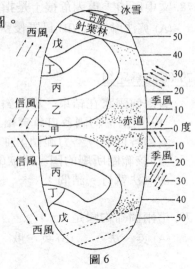

圖 6

74. 雨量較少的氣候帶是：
    (A) 甲　　　　　(B) 乙
    (C) 丙　　　　　(D) 丁
    (E) 戊

75. 那兩帶的氣候特徵之形成，與沿海有涼流經過密切相關？
    (A) 甲乙　　　　(B) 甲戊
    (C) 乙丙　　　　(D) 丙丁
    (E) 丁戊

76. 由丙區沿著海岸往北經過丁區至戊區，這三帶的降雨特徵將呈何種變化趨勢？
    (A) 雨量越來越多且雨季越來越長
    (B) 雨量越來越多但雨季越來越短
    (C) 雨量越來越少但雨季越來越長
    (D) 雨量越來越少且雨季越來越短
    (E) 雨量增多後再減少，雨季增長後又變短

77-78 題為題組

有位在福州任職的官員,奉派來臺處理某件重大危機的善後工作。他認為臺灣急需開墾,先「疏請弛舊禁以廣招徠」,又「奏設臺北府,隸縣三」,更因臺北產煤,「請購外洋開煤機器,以興長利」。他還為鄭成功請諡、建祠,以「(振)作臺民忠義之氣」。請問:

77. 這位官員是誰?
    (A) 沈葆楨　　　(B) 林則徐　　　(C) 丁日昌　　　(D) 劉銘傳

78. 文中所指「重大危機」是指?
    (A) 英法聯軍　　(B) 日軍侵臺　　(C) 法軍攻台　　(D) 甲午戰爭

79-80 題為題組

有兩個國家在結束一場敵對戰爭之後,旋即簽定秘密協定,希望「……兩締約國各自負責相互注意其在上述範圍內之特殊利益。」兩國各自劃分勢力範圍,並聯手排斥他國在此範圍內的投資與開發。該範圍所屬的國家雖欲改變當地制度,將其開放給外國投資,卻無法執行。請問:

79. 這兩個締約國是:
    (A) 英、法　　　(B) 英、俄　　　(C) 日、俄　　　(D) 美、西

80. 文中所提「上述範圍」是指何地?
    (A) 波斯　　　　(B) 埃及　　　　(C) 墨西哥　　　(D) 中國東北

86年度學科能力測驗社會科試題詳解

壹、單一選擇題

1. C

【解析】　圖 1 係北部的海蝕地形，其成因爲岩層的軟硬不一，差別侵蝕而形成的地形。

2. C

【解析】
1. 3 月 21 日：春分日，太陽於赤道上。
2. 地點：台北，北半球，適用時錶法
3. 時針與「12」較小夾角的角平分線方向爲南方：「2」。
4. 反方向「8」即爲北方。

3. D

【解析】　台南西南沿海因養殖漁業超抽地下水，造成地盤下陷，海水倒灌等問題；故選 (D) 高屏區。

4. B

【解析】　台灣北部位在雪山山脈和中央山脈的迎風坡，冬季東北季風期間多地形雨；中南部位於背風側，冬季雨水甚少，因此造成了冬季台灣降雨的空間差異。

5. A

【解析】　大都市外圍的土地利用方式應爲較集約的酪農蔬果區，布宜諾應於 (A) 甲區。

6. **B**

【解析】 1. 雨林區內，終年高溫多雨，陸上林木繁雜，到處可見濃密高大的天然林。

2. 莽原區內，乾雨季分明，因乾季長，熱帶林木已不易在本區生存，植物以粗大高茂的草原爲主是爲莽原。

綜合上述天然植被的差異，當知乃因 (B) 雨季長短的差異而造成。

7. **E**

【解析】 夏乾冬雨是地中海型氣候的特徵之一，因而多雨期（冬季）和生長季（夏季）不能配合，故本型農業最重視灌溉。

8. **C**

【解析】 中國沿海地區，冬季隨著季風沿渤海，黃海南下的中國沿岸流，因屬寒流性質，使地面空氣穩定，故沿海多霧，降水減少。選 (C)。

9. **C**

【解析】 溫帶季風華北型與東北型氣候係以長城爲界，長城約爲年均溫 10℃ 等溫線，或一月均溫 −6℃ 等溫線。

10. **E**

【解析】 位於北回歸線以南，由東、北、西三江共同沖積而成的珠江三角洲，全年皆爲生長季，且河道紛歧，灌溉便利，土壤肥沃，糧食以生產稻米爲主，經濟作物則以桑蠶和甘蔗等居多。

11. **B**

【解析】青康滇縱谷高原向南延伸的部分為滇西縱谷區，此區位
居我國西南邊境，地當中南半島各大河川的上游，南接
寮國和越南。

故 (B)，滇西縱谷係位於青康滇縱谷高原和中南半島的銜
接帶上。

12. **D**

【解析】礦產的分布與 (D) 地質構造密切相關，秦嶺以北的我國煤
田，多古生代石炭紀及二疊紀煤層，故煤產豐富。

13. **A**

【解析】(A) 祈連山係高大褶曲山脈，高山地區的積雪，春夏間雪
融，河水下注，於山北的山麓沖積扇地區形成多處綠
洲。

14. **C**

【解析】熱河高原因 (C) 雨量東南向西北遞減，造成境內有三種氣
候，且土地利用亦隨之發生變化。南至北依序為季風（農）
→ 草原（農牧）→ 沙漠（純牧）

15. **B**

【解析】美國東北新英格蘭地區，由於工業革命後工業興起 (B) 都
市隨之發展，本區農業為供市民的需要「酪農業」日盛，
花果，蔬菜及特殊作物栽培日廣，農牧經營乃趨於專業
化。

16. **D**

【解析】中美洲為位 (D) 行星風系的東北信風帶，終年多東北風，
地峽東岸迎風多雨為雨林氣候，地峽西岸背風少雨為莽原
氣候，故選 (D)。

17. **E**

【解析】澳洲半乾燥區的昆士蘭省，爲廣大的畜牧區，牧民爲解決
牲口的缺水問題，於牧場內設飲水池，鑿深井至受壓地下
水層取水，以自流井供應水源。故選 (E)。

18. **C**

【解析】「俄羅斯—西伯利亞地台」爲一古老地層，地層穩定而
堅實，使 (甲) 地表得以保持平坦，且經長期侵蝕後，(丁)
各類金屬礦物容易露頭。

19. **D**

【解析】每年初春，暖風自地中海北吹，越過高大的阿爾卑斯山，
在背風的各地形成焚風。如德國南部，瑞士南部，奧地
利西部等區的均有乾熱的焚風，此使得山頭積雪提早消
融，坡地牧草早發，利於牧人實施山牧季移。故選 (E)。

20. **E**

【解析】非洲赤道橫貫其中，氣候與雨量呈南北對稱。

21. **B**

【解析】地中海型氣候，終年陽光充足，藍天綠水，景色宜人，
極適戶外活動的著名遊憩地區，故選 (B)。

22. **C**

【解析】(C) 唐澶淵之盟，北宋與遼約爲兄弟，是我國拋開傳統的
大中華意識，與周邊部族國家建立對等關係的條約。

23. **A**

【解析】(A) 唐代安史之亂前胡風甚盛，夷夏觀念淡薄，種族歧見
甚淺，外族人士歸化中國甚多，在華夷一家的思想下
享受平等待遇，他們不但自由經營財貨，獲取巨利，
並且可出任官職，與漢士比肩於朝。

24. **D**

　【解析】(D) 明成祖爲抵抗塞北民族的入侵，修葺山海關到晉北的
　　　　　　「邊牆」（長城別稱），明中期後延伸並再築「重牆」
　　　　　　以屏衛北京，這就是現今東起山海關，西至嘉峪關的
　　　　　　長城。

25. **C**

　【解析】(C) 拿破崙獨霸歐洲後，自己兼任義大利王，西班牙、荷
　　　　　　蘭、以及義大利各邦皆由其兄弟及親戚統治，並在今
　　　　　　德國境內建立西發里亞王國及萊因邦聯，前者由其弟
　　　　　　出任國王，後者由他自兼「護國主」，並建華沙大公
　　　　　　國爲其附庸。

26. **B**

　【解析】(B) 一七八九年國民會議，決定廢除封建制度，取消貴族
　　　　　　的封號和特權，並通過人權宣言，保障人民自由、平
　　　　　　等諸權利。

27. **D**

　【解析】(D) 十三世紀（元初），對外貿易以泉州最發達，許多阿
　　　　　　拉伯人在泉州建造寺廟，傳入阿拉伯建築風格。

28. **B**

　【解析】(B) 出身法家的商鞅，在執政期間推行新政，包括廢封
　　　　　　建、開阡陌、畫一度量衡等等，使秦國國勢蒸蒸日上。

29. **B**

　【解析】(B) 英法聯軍後，中英議訂通商稅則善後條約，鴉片得以
　　　　　　上稅而成合法商品。

30. **D**

【解析】(D) 英法等國要求開放口岸,仍以商業利益為優先考量,
　　　　欲獲得在華利益。

31. **D**

【解析】(D) 南宋偏安江南,定都臨安(杭州),過著紙醉金迷的
　　　　生活,不圖振作,忘了身處何地,故把杭州當汴州。

32. **D**

【解析】(D) 德國於第一次世界大戰中戰敗,背負龐大的賠款,導
　　　　致幣值跌落,物價飛漲,貨幣難通行。

33. **C**

【解析】(C) 一七〇七年,英格蘭合併蘇格蘭,改稱「大不列顛王
　　　　國」。

34. **B**

【解析】(B) 拿破崙三世(路易拿破崙)當選總統後,改共和為帝
　　　　制,並參與克里米亞戰爭、薩奧戰爭、英法聯軍之役,
　　　　最後於普法戰爭色當之役中,兵敗被俘,給法國帶來
　　　　莫大災難。

35. **A**

【解析】(A) 光緒二十二年,李鴻章與俄簽中俄密約,允俄築中東
　　　　鐵路經黑龍江、吉林以達海參崴,此無異開門揖盜,
　　　　遺下以後無窮禍患。

36. **A**

【解析】(A) 晉武帝司馬炎才具平庸,能成為一代開國君主,完全
　　　　憑藉其父司馬昭、其祖司馬懿所奠定之基礎,天下統
　　　　一後,荒怠縱恣,政治腐敗,社會風氣侈靡。

37. **C**

【解析】(C) 中日甲午戰爭在東北的失利，清廷被迫於日本馬關
（下關）議和，割讓台灣，使清廷海防盡失。丘逢甲
有「宰相有權可割地，孤臣無力可回天」等的感慨。

38. **E**

【解析】此故事說明 國父「知難行易」學說，使國人知「知」之
難而努力求知，「行」之易而篤行主義。

39. **C**

【解析】均權制度可使中央與地方權限的劃分能有一合理的標
準，各得其宜；同時具有適合國情，賦有彈性，避免極
端等優點。

二、多重選擇題

40. **BCD**

【解析】(A) 拿破崙將神聖羅馬帝國改組爲萊因邦聯等，把日耳曼
三百多邦合併爲三十多邦，爲德意志統一運動奠定初基。
(E) 後因奧國的反對，這種民間的統一運動成泡影。

41. **AB**

【解析】(A) 馬志尼原是燒炭黨人，他們常採暴動或暗殺手段，引
起不少人反感，馬志尼後脫離燒炭黨，另組青年義大
利黨。
(B) 第一次世界大戰後金九領導的愛國團，曾於一九三二
年在上海炸死日軍總司令白川義則。
(C) 甘地倡導非暴力的不合作運動。
(D) 菲律賓是以和平談判的方式獲得獨立。
(E) 傑佛遜擬美國的獨立宣言。

42. **ACE**

【解析】(A) 博浪沙刺殺秦始皇，乃張良之作，與劉邦無關。

(C) 劉邦定都長安之後，西漢一直以長安爲都城，不曾東遷洛陽。

(E) 劉邦死於呂后之前，劉邦死後，呂后掌權。

43. **ABC**

【解析】(D) 匈奴居於今山西境內，與漢人雜處，受漢文化某種程度影響。

(E) 不排拒其它胡族，曾接納羯人石勒、漢人王彌的來降。

44. **ADE**

【解析】(A) 南宋立國後，金人立劉豫爲「齊」帝。

(B) 尤赤之受封爲「欽察汗國」乃是成吉思汗對所得土地分封賜予長子的。

(C) 吳三桂起兵於雲南，自建國號爲周，性質上爲權臣謀叛。

(D) 九一八事變後，日本人在長春立僞「滿洲國」，迎立溥儀爲皇帝。

(E) 抗戰期間（民國二十九年），汪精衛在南京組僞「國民政府」，成爲日本的傀儡。

45. **ABD**

【解析】明清人口大量增加農業進步，主要原因有三：

1. 開墾荒地：明代洞庭湖闢田極爲成功。

2. 移民邊區：明清二代人民大量移民西南、東北、四川、台灣、南洋。

3. 推廣新作物：明代中葉以後自美洲傳入玉米、甘薯與馬鈴薯等作物。

46. **BC**

　【解析】(B) 二次大戰末期蘇俄占領朝鮮半島三十八度以北各地
　　　　　　　後，建立朝鮮人民共和國（北韓），與大韓民國（南
　　　　　　　韓）分裂。

　　　　　(C) 二次大戰期間，雅爾達會議決定德奧分區占領，東部
　　　　　　　由俄軍占領，西部則由英、美、法三國分占，成爲後
　　　　　　　來東西德分裂的由來。

47. **BDE**

　【解析】(A) 李士特主張民族主義經濟學說。

　　　　　(C) 亞當斯密、李嘉圖主張自由放任的經濟政策。

48. **ABCE**

　【解析】(D) 威爾遜提出「十四點和平計畫」，主張成立國際聯盟，
　　　　　　　來維持世界和平安全，非孤立主義。

49. **ACE**

　【解析】西漢初年，崇尚黃老道家治術，但已雜有法家和陰陽五
　　　　　行思想；武帝之後，雖以儒家思想爲主，但漢儒講經，
　　　　　都喜歡附會陰陽五行和法家之說。

50. **BCE**

　【解析】(B)(C) 施行均田制的朝代，有北魏、北齊、北周、隋代、
　　　　　　　　　唐朝等。

　　　　　(E) 元馬端臨文獻通考是一部歷代典制通史，曾提及均田
　　　　　　　制；唐劉知幾史通只詳論前代史書，提出自己的主張，
　　　　　　　爲史學方法論。

51. **ABD**

　【解析】(C)(E) 非宗室之亂，乃係權臣之亂。

52. **ACE**

【解析】(A) 孟德斯鳩：法律所不禁止的行為，人人有權利去做，便叫自由。

(C) 彌勒氏：一個人的自由以不侵犯他人的自由為範圍，才是真自由。

(E) 蔣公：三民主義的自由，卻是積極的服務人群，而發展自我的意思。

53. **ACDE**

【解析】(B) 主權是構成一個國家的基本要素。

54. **BCD**

【解析】國父所謂的世界各民族一律平等，是主張世界上任何民族不受其他民族的控制和壓迫各民族都有平等的地位和同等的生存權利。同時，任何民族均不得對其他民族主張「優越感」，或予以歧視待遇，甚至進而侵略攘奪。

55. **ACE**

【解析】(B) 是對內而非對外。

(C) 國父堅持以「民族平等」為原則，故三民主義的民族主義不會像西方的民族主義變成帝國主義。

(D) 是恢復民族地位的方法，然本題是問地位恢復後不會威脅他國。

56. **AC**

【解析】(A) 倫理——要以倫理出發，啟發父子之親，兄弟之情，鄉土之愛。

(B) 國內各族平等，對他族之歷史文化應予以尊重。

57. **ACDE**

【解析】(B) 袛要各民族能以平等為基礎，聯合組成一個國家，就不違反「民族國家」的原則。

58. **AB**

【解析】台灣是貿易導向國家，欲發展經濟必須擴展貿易，以避免被國際孤立。

59. **CDE**

【解析】(A) 人民不因才智及身分不同，均享有謀生活、選擇職業、受教育及參加考試的權利，且機會均等。

(B) 人生來就有聖、賢、才、智、平、庸、愚、劣之分的天生不平等。

60. **ACE**

【解析】(A) 民權是由革命（打倒君權）而來。

(C) 盧梭提倡「天賦人權說」以對抗君權神授說 1。

(E) 主權在民就是要「人民當皇帝」。

61. **BC**

【解析】創制權：是人民對議會未予制定的法律，認為有制定的必要時，經由一定程序，決定法案原則，交議會去制定法律或自行制定法律條文，交由政府執行。

複決權：人民對議會已通過或否決的法案，依一定程序投票，以決定其存廢或修改之權。

62. **CE**

【解析】(C) 人民起來革命，其動力與原因是要求生存，故人民起來革命以打倒神君權，推翻君權，而後始有民權。

(E) 西方自由太過，便成無政府。

63. **ADE**

【解析】(D) 人民的權利義務由全國國民決定，制成憲法，故憲法
　　　　　是人民權利的保證書。

　　　　(E) 司法獨立，可免人民受行政機關之迫害。

64. **DE**

【解析】要解決社會問題，要以事實為依據，不可單憑學理。

65. **ABD**

【解析】1. 民生主義訂了二個方法，平均地權與節制私人資本，
　　　　　　故要實行這二個方法，就可解決民生問題。

　　　　2. (E) 是共黨的主張。

三、題組題

66. **B**

【解析】圖中顯示於堆積型的沙岸區，於濱外沙洲與陸地間受潮
　　　　流影響的海域稱為「潟湖」。

67. **E**

【解析】台灣西南沿海具有典型的潟湖地形，高雄港即由 (E) 潟湖
　　　　改建而成。

68. **A**

【解析】由題文中找得關鍵字「黑色玄武岩」知：係火山作用而
　　　　成的 (A) 澎湖群島，屬澎湖縣。

69. **D**

【解析】澎湖群島屬玄武岩方山（約 30m），因地勢低平，故少雨，
　　　　圖中 (D) 為方山地形。

70. **A**

【解析】使用「削去法」找出答案。

　　　　(A) 花生：澎湖特產「花生糖」。

　　　　(B) 水稻：雨量豐富區生長，不選。

　　　　(C) 小麥：發育時須有相當雨量，分布於秦嶺、淮河以北，不選。

　　　　(D) 茶葉：分布於溫濕多霧的坡地，不選。

　　　　(E) 大豆：生長期間，須高溫多雨，松遼、黃淮平原居多，不選。

71. **D**

【解析】南洋群島的二大礦產為 (D) 錫和石油，錫產居世界首位，石油藏量豐富，近年新油田區迭有發現。

72. **A**

【解析】中南半島 (A) 位置處於中國和印度兩大文明古國之間，故居民和文化呈現過渡色彩。

73. **B**

【解析】(B) 西印度群島約位於 $10°{\sim}23.5°N$ 之間，是歐人在新大陸最早殖民之區，農業多以熱帶經濟作物的培業為主。

74. **C**

【解析】由圖判中知：

代　號	氣　候	成　　因	雨量分布
(A) 甲	雨林氣候	太陽直射	全　年
(B) 乙	莽原氣候	太陽大角度照射	夏　雨
(C) 丙	熱帶乾燥	背信風，涼流	少　雨
(D) 丁	溫帶地中海	風帶季移，涼流	冬　雨
(E) 戊	溫帶海洋性	盛行西風，暖濕洋流	全年雨

75. **D**

　　【解析】 參照上題詳解中所列的成因可知：
　　　　　　(D) 丙、丁，氣候受涼流影響。

76. **A**

　　【解析】 由丙→丁→戊，參照 74 題詳解可知，(A) 雨量越來愈多
　　　　　　且雨季越來愈長。

77. **A**

　　【解析】 (A) 自強運動時期，沈葆楨首先在基隆用機器採煤礦，
　　　　　　並奏准為鄭成功追諡建祠。

78. **B**

　　【解析】 (B) 同治十三年，日本犯臺（牡丹社事件），促成朝野對
　　　　　　臺灣特別重視，也重視海防。

79. **C**

　　【解析】 (C) 日俄戰後，日本與俄國訂秘密協定及條約，畫南滿
　　　　　　及朝鮮為日本勢力範圍，北滿及蒙古為俄國勢力範
　　　　　　圍，瓜分東北。

80. **D**

　　【解析】 (D) 日俄戰後，日俄訂約瓜分東北，中美雖有開發東北
　　　　　　的計畫，均在日俄一致反對下，無法施行。

八十五年大學入學學科能力測驗試題
社會考科

壹、單一選擇題

說明：第 1 至 45 題，每題選出一個最適當的選項，標示在答案卡之
　　　「選擇題答案區」。每題答對得 2 分，答錯不倒扣。

1. 有一座廟的對聯是：
　英雄應阨運而生，赤手擎天，存故國四十年正朔
　開闢在神州以外，紅毛避地，啓遐荒百萬衆提封
　根據我們對歷史的了解，這座廟應當是奉祀：
　(A) 班超　　　　(B) 文天祥　　　　(C) 鄭和　　　　(D) 鄭成功

2. 古人討論政治運作時，曾經表示：「五帝官（公）天下，三王家天
　下。家以傳子，官以傳賢，若四時（春、夏、秋、冬）之運（轉），
　功成者去，不得其人，則不居其位。」又認爲：「夫去惡奪弱（換
　掉惡弱的國君），遷命聖賢（改立有德的人爲國君），天地之常經，
　百王之所同也。」這兩段文字，代表那個時代的何種想法？
　(A) 西漢初年；是漢武帝罷黜百家，獨尊儒術的理論來源
　(B) 西漢後期；爲王莽篡漢而自立，提供最好的理論基礎
　(C) 東漢初年；是光武帝偃武修文、表彰氣節的學說根據
　(D) 東漢末年；是儒生批評朝局、裁量時政的清議內容

3. 甲乙丙丁四位同學到一位收藏家中參觀，收藏家拿出一件瓷器，
　說：「這件瓷器是用琺瑯在白瓷上畫出花紋。琺瑯的顏色主要來
　自鉛釉，陶工將它們畫在瓷胎上，然後以低溫烘烤。這是一件很
　漂亮的彩瓷。你們都上過歷史課，說說看，這是那個時代的瓷
　器？」四位同學各說了不同的時代，那一位說對了？
　(A) 甲同學：「魏晉」　　　　(B) 乙同學：「隋唐」
　(C) 丙同學：「宋元」　　　　(D) 丁同學：「明清」

4. 「焚書」是秦始皇「暴政」中的一項,秦始皇接納李斯建議,下令焚書的同時,也頒布了一些相關的禁令,其中懲罰最重的是下列那一項?
(A) 贊美三代,批評時政　　(B) 講論詩書,發揚儒學
(C) 懷念故國,讀六國史　　(D) 私藏醫藥、卜筮、種樹之書

5 中國歷史上有一個時代,政治很不安定,政權經常更迭,戰爭也是常有的事,各大勢力之間經常兵戎相向。戰禍連綿使人民負擔沈重,生活困苦。這個時代幾乎沒有特殊的表現,政治上看不到偉大人物,學術文化也無甚成就,一片沈寂。但是,繼之而起的時代,結束了動亂,開啓了安定和平的局面,經濟上立即出現繁榮景象,人口大為增加。也就是說,這個時代政治的動亂對經濟與人口並未造成太大的影響。請問這是那一個時代?
(A) 戰國　　　(B) 三國　　　(C) 南北朝　　　(D) 五代

6. 史學家班固在評論某一位君主的作為與成就時,說他是「信賞必罰、綜覈名實」,在他統治之下「吏稱其職、民安其業」,甚至於「(恩)信威(服)北夷,單于稱臣」,可說是「功光祖宗,業垂後嗣」。班固所指的這位君主是誰?
(A) 漢高祖　　　(B) 漢武帝　　　(C) 漢宣帝　　　(D) 漢光武帝

7. 中國以農立國,農民經常佔人口總數的百分之八十以上,因此政府必須照顧農民的利益。歷史上有一個為農民紓解困難的辦法:當農民需要幫助的時候,可以向政府借錢,到期還錢。政府收取貸款的二分做為利息,較一般民間借貸為低。但是這個紓困辦法,未能達到立法的本意,在實施的時候,政府官吏為了確保利息收入,往往強迫不需貸款的富農借貸,而真正有需要的農民卻不一定可以借到,造成農民的反感,未能達到原先制定的目的。這個辦法是:
(A) 漢武帝的平準法　　(B) 唐德宗的兩稅法
(C) 宋神宗的青苗法　　(D) 明神宗的一條鞭法

8. 我國歷史上有一個時代，統治階層多是一些「多無學術」的「貴族子弟」，他們喜歡「燻衣剃面，傅粉施朱，駕長簷車，跟高齒屐，坐棋方子褥，憑班絲隱囊，列器玩於左右。從客出入，望若神仙。」甚至於「國家池苑，王公第宅，僧尼寺塔，及在位庶僚，姬妾百室，僕從數千，不耕不織，錦衣玉食。」當然，他們這種優越的生活，要靠百姓供養，因此人民負擔沉重，生活困苦，終於有人藉機起兵稱亂。起事者認為：「近歲以來，權倖用事，割剝齊民，以供嗜欲。……不奪百姓，從何得之？」亂事爆發對社會造成嚴重傷害。請問這次起事是指：

(A) 黃巾之亂　　(B) 侯景之亂　　(C) 安史之亂　　(D) 黃巢之亂

9. 京城失守，君臣奔逃在外，商議在何處定都的時候，大臣紛紛提出建議，有的說：「願陛下西幸巴蜀，用陝右之兵，留重臣使鎮江南，撫淮甸，破敵人之計，回天下之心，是為上策。」有的說：「東南形勢莫重於建康，實為中興根本，且使人主（國君）居此，北望中原，常懷憤惕，不敢暇逸。」但國君都未接納，既未至巴蜀，亦未定都建康。請問這是什麼時候的情勢？

(A) 永嘉之亂晉室南渡　　　　(B) 唐玄宗安史之亂
(C) 靖康之難宋高宗南渡　　　(D) 南明桂王的顛沛

10. 明末清初時，我國人口大幅增加。當人口到了一定程度時，必須向外發展。台灣是當時漢人移民的一個重要目的地。清政府原對閩粵地區移民台灣抱著禁止的態度，但是大陸渡海來台的移民源源不斷，於是出現如下的政策與報告：

(甲) 政府公布：「臺地現在開闢後山，舊例應行弛禁，所有從前不准內地人民渡臺及私入番境各例禁，已一律開除，不復禁止。」

(乙) 地方官報告：「流移開墾之眾，已漸過斗六門以北矣。」

(丙) 地方官報告：「流移開墾之眾，漸過半線、大肚溪以北矣。」

請問這些事件發生的時間順序應是：

(A) 甲、乙、丙　　　　　　(B) 乙、丙、甲
(C) 甲、丙、乙　　　　　　(D) 丙、乙、甲

11. 有一位外國人應聘到中國某地擔任教師，他寫信回家，說明當地剛成立的電報學堂要徵求一位專家，也告訴家人，當地郵局剛剛成立，從此可以很方便通信。並且表示在當地生活並不寂寞，除了一些外國商人外，還有幾位鐵路專家，彼此有往來。這位外國人是在何時何地寫信回家的？
    (A) 一八四三年的上海　　　　(B) 一八八八年的台北
    (C) 一八九五年的青島　　　　(D) 一九○二年的北京

12. 清朝末年，我國受到不斷的內憂外患之後，有許多知識分子向朝廷建議要訓練人才。因此在一八六一年奉准成立一個機構，要學生學習外國文字，這個機構的規模逐漸擴充，先後設立算學館、化學館、格致館及醫學館，學生名額也不斷增加，成為我國教育史上第一個具有現代意義的新式專門學校。這個機構是：
    (A) 北京的同文館　　　　(B) 廣州的實學館
    (C) 福州的電報學堂　　　(D) 江南製造局附設的機器學堂

13. 學習歷史時，必須閱讀史料。報紙是我們了解當時社會的重要資料。十九世紀末年，西方國家的幾家報紙對中國局勢做了些評論，倫敦報紙報導說：「德在中國佔地，舟山群島宜屬英。」巴黎的報紙則認為：「德取膠州，理所當然，因德曾幫中國以拒日本。」聖彼得堡的新聞界表示：「德既取膠，俄、法、英宜各佔一地，免諸大國在東方有輕重之分。」另一方面，紐約報紙的社論卻指出：「東方之事，與我毫無相干，若美國人不受害，美即不聞問。」以上這些意見，都是針對那一個主題？
    (A) 庚子動亂　　(B) 瓜分之禍　　(C) 干涉還遼　　(D) 台澎割讓

14. 我國曾與美國訂立「中美抵抗侵略互助協定」，我國政府表示：願接受大西洋憲章中所包含之宗旨及原則，美國政府也同意給予我國援助，以抵抗侵略。這裡所指的侵略是：
    (A) 一九一四年日本利用世界大戰爆發出兵山東
    (B) 一九三一年日本發動九一八事變
    (C) 一九三七年日本發動七七事變
    (D) 一九四一年日本發動太平洋戰爭

15. 一九三六年十二月二十二日，天津的《英文泰晤士報》發表社論，
對一個「土匪式的政變」加以批評，認為「這種破例的土匪式的
政變，不是日人俄人乃是中國人自己所幹的。」而「國家的統一
與紀律，是絕對不可動搖的。」這篇社論所指的是那一個歷史事
件？
(A) 中共在江西成立中華蘇維埃共和國
(B) 溥儀在長春成立滿州國
(C) 汪精衛在南京成立國民政府
(D) 楊虎城與張學良發動西安事變

16. 圖 1 是十八世紀的政治漫畫，圖中所指涉的
現象，最後導致了何種結果？
(A) 北美洲殖民地人民反抗英國，建立新政府
(B) 西班牙人反抗法軍，進行長期的半島戰爭
(C) 英、俄、普、奧等國聯合，發動解放戰爭
(D) 法國民眾反抗苛政，自組政府，爆發革命

圖 1

17. 在歐洲歷史發展過程中，我們常可以看到許多國家為求自保，往
往團結他國，結成聯盟，進而造成集團對抗的情況，也往往因此
而造成國際衝突，進而爆發戰爭，下列各集團中，那一組是處於
對立的狀態？
(A) 神聖同盟與四國同盟　　(B) 日耳曼邦聯與北日耳曼聯邦
(C) 三國同盟與三國協約　　(D) 第二國際與第三國際

18. 國際間許多爭端往往須要政治家的智慧，以協調、談判來代替對
抗與衝突，否則甚易引起大規模的戰爭。十九世紀末的巴爾幹半
島衝突就是一個很好的例證。許多國家對聖斯泰法諾條約不滿
意，國際衝突升高之際，有人出來登高一呼，召開協調會議，暫
時終止爭端。這個調停的人是誰？
(A) 德國首相俾斯麥　　　　(B) 英國女王維多利亞
(C) 美國總統海斯　　　　　(D) 法皇拿破崙三世

19. 有許多女性在歷史上扮演非常重要的角色。有一位名人的傳記記載：她十八歲時繼承王位，三年後，與她的表兄，日耳曼的亞伯特王子結婚。她也具有印度女皇的身分。治理國家六十多年，將國力推到一個高峰。她的子孫更是名人輩出，包括了德皇威廉二世及俄皇尼古拉二世。這位女性是：
(A) 俄國的凱撒琳女皇　　　(B) 英國的維多利亞女王
(C) 法國國王路易十六的王后　(D) 西班牙的伊莎貝拉女王

20. 圖 2 表示一八○○年至一八四○年間幾個主要工業國家的產能，請問：圖中的甲和乙，依其順序，分別代表那個國家？
(A) 英國、法國
(B) 法國、德國
(C) 德國、美國
(D) 美國、英國

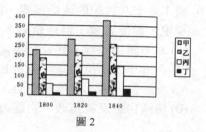
圖 2

21. 史學家對歷史解釋往往受到其時代背景的影響。有一位史學家談到中國社會的起源時，認為：「禹之時，塗山之會，執玉帛而朝者萬國;湯之時三千,武王之時猶有千八百國,知其殘滅已多矣…至入春秋之世,國之見於書者,僅一百四十餘。」他解釋造成國家數目減少的原因,主要是起於競爭。「群之由分而合也,世運自然之理,物競爭存,自相殘賊,歷千餘年,自不能不由萬數減至十數。」你認為這種歷史解釋是受到西方何人思想的影響？
(A) 李士特 (F. List)
(B) 李嘉圖 (D. Ricardo)
(C) 傅立葉 (M.C. Fourier)
(D) 赫胥黎 (T.H. Huxley)

22. 下列四個敘述，均是我國近代涉外條約中的文句，何者是我們慣稱的領事裁判權？
    (A)「其英人如何科罪，由英國議定章程、法律，發給管事官照辦。華民如何科罪，應治以中國之法。」
    (B)「將來佛蘭西（法國）人在五口地方為中國人陷害、凌辱、騷擾，地方官隨在彈壓，設法防護。」
    (C)「（人民）被地方官廳逮捕或拘留時，應立即通知其在該管領事區內之本國領事官，該領事官於其轄區範圍以內，有探視其本國任何被拘候審人民之權。」
    (D)「締約一方之領事官在他方領土之中，應享有國際慣例所給予之權利、特權與豁免。」

23. 歷史課堂上幾位同學討論夏朝是否存在的問題。
    甲生：「夏朝應該是存在的，因為我讀的資料中說司馬遷的《史記》已經對夏代作了相當有系統的記載，只要找到實物證據就可以證明了。」
    乙生：「對的。夏朝的確是有的。大禹治水，嫦娥奔月都是夏代的事，這些事幾乎沒有人不知道，就表示這些事都是已經發生過的。」
    丙生：「我讀過一本書，稱夏朝是『傳說中的夏代』，意思是夏代歷史是周人根據神話傳說編造出來的。我相信這種說法，夏代是不存在的。」
    丁生：「我讀的資料中說，三十多年前，考古學家在河南偃師的二里頭發現了一些陶器和青銅器，它們的存在早於商代早期，晚於龍山文化，可以證明夏代的存在。」
    戊生：「我也讀過二里頭文化的資料，印象之中，青銅器很精美，還有一座鉅大的宮殿復原圖，看來夏代非但存在，而且文化很高，不輸給商代呢！」
    老師總結同學的討論，說：「我們對於古代的認識，先要借助於歷史家的研究，而歷史家的工作需要豐富的知識與嚴謹的態度。」他並指出這幾位參與討論的同學中，有人所知有限，也有人推論不夠嚴謹，因此意見<u>不能成立</u>。他所指的是那些人？
    (A) 甲生、乙生、丙生　　(B) 乙生、丙生、戊生
    (C) 乙生、丙生、丁生　　(D) 甲生、丁生、戊生

24. 老師在課堂上說：「一七七六年英國在北美洲的部分殖民地獨立
成爲美利堅合眾國，當時還只是一個落後的小國，人口只有四百
萬。其後發展迅速，一八二○年時，人口增加爲九百萬，到了一
八六○年時，人口增加爲三千一百萬，四十年間成長了226％。」
接著老師要同學討論此時美國人口增加的主要原因，許多同學都
發表意見。

甲生：「這個時期醫學發達，人類已經克服了大規模的瘟疫的危
害，霍亂、黑死病、猩紅熱或是痢疾等流行病症都不再
威脅美國人的健康，所以人口快速成長。」

乙生：「我認爲馬爾薩斯的人口論是對的。這個時候新的作物如
馬鈴薯等被介紹到美國，糧食供應增加，使得每一個人
都可以獲得充分的營養，才是造成美國人口急速增加的
主因。」

丙生：「我們都知道，戰爭是威脅人口成長的重要因素。這個時
期的美國沒有戰爭，人口成長不受戰爭因素的影響，所
以人口成長快速。我國從康熙到乾隆時代，人口快速增加，
也是這個原因。」

丁生：「我認爲這個時期美國不斷的向西擴張，併吞了許多外國
人的土地，一八六○年時美國的面積比一八二○年時要
大許多，除了原地的居民外，也可容納更多的移民，所
以人口自然大增。」

請問那一位同學的意見最足以說明這個時候美國人口增加的原
因？
(A) 甲生　　　(B) 乙生　　　(C) 丙生　　　(D) 丁生

25. 圖3爲某種作物的產地分布圖。請問該作物最主要分布在那一類
氣候區？
(A) 地中海型氣候
(B) 大陸性氣候
(C) 季風氣候
(D) 乾燥氣候
(E) 高地氣候

■某作物分布地

圖3

26. 南非素以礦產著名，諸如金礦、鑽石礦及白金礦等。其之所以有
　　這麼多礦藏，與下列何者最有關係？
　　(A) 地質多斷層　　　　　　　(B) 岩層排列整齊
　　(C) 河川堆積作用旺盛　　　　(D) 地層褶曲作用強烈
　　(E) 地層為古老的結晶性基岩

27. 圖4為中國東北地方的土地利用圖。其分布
　　特性最接近下列那一項？
　　(A) 主要農耕帶分布於溫帶草原氣候區
　　(B) 半農半牧地帶分布於溫帶沙漠氣候區
　　(C) 游牧地帶分布於溫帶季風氣候區東北型
　　(D) 開發中的農墾地帶位於溫帶沙漠氣候區
　　(E) 土地利用全未實施地帶分布於溫帶季風
　　　　氣候區東北型

圖4

28. 加拿大全國地曠人稀，是美洲地區人口密度最小的國家。主要原
　　因是：
　　(A) 移民較晚　　(B) 地形崎嶇　　(C) 湖沼眾多
　　(D) 氣候偏低　　(E) 交通不便

29. 長江三角洲地形平坦，湖沼眾多，河渠縱橫，密如蛛網，素有「水
　　鄉澤國」之稱。如果有一天全球氣候變暖，海平面相對上升，則
　　長江三角洲最有可能出現那一種現象？
　　(A) 沿海島嶼擴大　　(B) 湖沼面積縮小　　(C) 地下水面降低
　　(D) 河川侵蝕復活　　(E) 海岸向內陸退縮

30. 新疆天山山脈中的盆地，常發展成該地區的精華區。主要原因是：
　　(A) 氣候宜人　　(B) 水源充足　　(C) 交通方便
　　(D) 形勢完固　　(E) 礦藏豐富

31. 地表土壤產生流失的現象與下列何者關係最密切？
　　(A) 地表的淋溶作用　　(B) 土壤的洗出作用　　(C) 雨水的沖蝕作用
　　(D) 土壤的成土作用　　(E) 地球內營力作用

32. 施工中，由台北南港到宜蘭的快速道路係穿過那一座山脈？
    (A) 中央山脈　　　(B) 雪山山脈　　　(C) 玉山山脈
    (D) 阿里山山脈　　(E) 海岸山脈

33. 挪威為一個峽灣地形發達的國家，形成峽灣地形的最主要原因是：
    (A) 冰河外洗，冰磧堆積　　　(B) 冰河切割，海水入侵
    (C) 斷層陷落，海面上升　　　(D) 岩性軟弱，海水侵蝕
    (E) 冰河溶化，地層下陷

34. 熱帶雨林和季風雨林最大的差異是：前者林木高大繁密，藤蔓密
    布；後者則林冠稍稀，灌木叢生。導致這種差異的主要因素是：
    (A) 雨量的多寡　　(B) 氣溫的高低　　　(C) 日照的強弱
    (D) 乾季的有無　　(E) 降水強度的大小

35. 澎湖群島的地形特色是島嶼頂部平坦而呈方山狀。造成這種地形
    特色的主要作用是：
    (A) 風蝕作用　　　(B) 溶蝕作用　　　(C) 斷層作用
    (D) 火山作用　　　(E) 海蝕作用

36. 一般而言，一個綜合性的都市，其內部結構均由行政區、中心商
    業區及其他各種機能區組成。機能分區的指標是：
    (A) 人口密度　　　(B) 土地利用　　　(C) 人口數量
    (D) 地價高低　　　(E) 職業結構

37. 法國西北部、中央山地西側及阿爾卑斯山北半部，畜牧以牧牛為
    主；中央山地東南側及阿爾卑斯山南半部，畜牧以養羊為主。導
    致這種分布差異的最主要因素是：
    (A) 坡度的大小　　(B) 市場的遠近　　　(C) 日照的強弱
    (D) 雨量的多寡　　(E) 牧場的大小

38. 從農業的經營方式來說，美國的玉米帶是屬於那一種農業類型？
    (A) 集約式農業　　(B) 混合農業　　　(C) 商業性農業
    (D) 熱帶栽培業　　(E) 地中海式農業

39. 中國季風氣候區冬季的盛行風向，自北而南依次是西北風、北風、
　　東北風。導致風向地區差異的主要因素是：
　　(A) 地形起伏　　　　(B) 洋流性質　　　　(C) 距海遠近
　　(D) 風帶季移　　　　(E) 地球自轉

40. 中國傳統的民家結構，雖然極為複雜，有多種不同的房間組合結
　　構，但卻有一個共同的特點：即各房間多共用一門在室內互通，
　　而非各房間以獨門向外出入。這種家屋結構的特色，除了中國別
　　具一格的家庭結構和社會組織外，還和下列那一項因素有關？
　　(A) 建築材料　　　　(B) 政治結構　　　　(C) 生產方式
　　(D) 宗教信仰　　　　(E) 安全防禦

41. 九江是長江滬漢航線上的一個重要水運中心，其特色是，冬季的
　　市況比夏季繁榮。此一特色和下列那一項因素關係最密切？
　　(A) 冬季長江在九江以上不能通航，九江成為貨物轉運站
　　(B) 冬季鄱陽盆地農地休耕，九江旅客人數大增
　　(C) 景德鎮所產的瓷器，多集中在冬季由九江輸出
　　(D) 冬季長江水位降低，大江輪無法西上武漢
　　(E) 夏季是主要的雨季，冬季氣候則溫和乾燥

42. 中國北部地方各地理區中，那一個地理區的農耕方式最為集約？
　　(A) 黃淮平原　　　　(B) 山東丘陵　　　　(C) 黃土高原
　　(D) 隴西高原　　　　(E) 河西走廊

43. 孫中山先生認為中國人之所以對國事毫不關心，形同一盤散沙，
　　不能團結，只知有自己，不知有民族、國家，係受到下列何種因
　　素所造成？
　　(A) 帝國主義的侵略，人人只求自保
　　(B) 滿清專制剝奪了人民的政治自由
　　(C) 列強的挑撥與分化，使人民彼此猜忌
　　(D) 天災人禍頻仍，人民為爭生存而互相爭鬥
　　(E) 部分國民天生而然，有一種自私自利心理

44. 孫中山先生在講民族主義與世界主義時，曾舉竹槓與彩票的故事：有一位苦力買了張彩票，把它藏在謀生的工具竹槓之中，並把彩票的號數記在心頭，開獎的時候中了頭彩，以爲從此即可脫離貧困生涯，不用竹槓做苦力，可以永久做大富翁了，高興之下將竹槓投入海中，其結局也就不言而喻。說這個故事的寓意是：
　　(A) 中國應該拋棄狹隘的民族主義思想，去談世界主義
　　(B) 我們中華民族應有不分夷狄華夏、共存共榮的胸襟與情懷
　　(C) 我們是受屈辱的民族，故必須先講世界主義，再圖發展民族主義
　　(D) 我們不能丟棄自己的民族主義，去講世界主義，否則會兩頭落空
　　(E) 中國自古以來即有天下一家、舉世一族的世界主義觀，應加以發揚光大

45. 孫中山先生的民族主義與西方的民族主義 (nationalism) 有所不同，試從內涵與特質上挑選出二者的主要差異：
　　(A) 西方的民族主義強調民族融合；孫中山先生的民族主義強調民族淨化
　　(B) 西方的民族主義起源於國際主義的壓迫；孫中山先生的民族主義起源於帝國主義的壓迫
　　(C) 西方的民族主義主張「社會達爾文主義」的觀點；孫中山先生的民族主義主張「漢族沙文主義」的觀點
　　(D) 西方的民族主義曾經假借世界主義來侵略弱小；孫中山先生的民族主義否定世界主義而堅持民族本位
　　(E) 西方的民族主義以愛國主義爲中心，容易發展成狹隘的國家主義；孫中山先生的民族主義以文化及平等爲中心，以發展成大同世界的和平境界爲理想

貳、多重選擇題

說明：第 46 至 64 題，每題的五個選項各自獨立，其中至少有一個是正確的。選出正確選項，標示在答案卡之「選擇題答案區」。每題答對得 2 分，答錯不倒扣，未答者不給分。只錯一個可獲 1 分，錯兩個或兩個以上不給分。

46. 廠衛指東廠與錦衣衛，是明代特有的機構，對於政治與社會皆有其影響。請在下列有關敘述中選出正確者：（多選）
   (A) 廠衛是宦官擅權為禍的一例
   (B) 廠衛是統治者偵伺臣民的工具
   (C) 廠衛因明思宗殺魏忠賢而被廢撤
   (D) 廠衛陷害忠良，但為禍尚不及於民間
   (E) 廠衛在明熹宗時為非東林黨人所依附，而形成閹黨

47. 對於安史之亂的發生，歷來有許多解釋，以下是三段有關的文字：
   一、《資治通鑑》：「自唐興以來，邊帥皆用忠厚名臣，不久任，不遙領，不兼統。功名著者，往往入為宰相。李林甫欲杜（杜絕、阻斷）邊帥入相之路，以胡人不知書，乃奏言文臣為將，怯當矢石，不若用寒畯(出生寒微而才能傑出的)胡人。胡人則勇決習戰，寒族則孤立無黨。上悅其言，始用安祿山，至是諸道節度使盡用胡人，天下之勢偏重，卒使祿山傾覆天下，皆出於林甫專寵固位之謀也。」
   二、呂思勉《隋唐五代史》：「中國政俗，皆尚和平，承平之時，武備不得不弛，初無關於法制。自五胡亂華以來，以漢人任耕，而以降附之外族任戰，其策亦未嘗變，故唐初雖有府兵，出征實多用蕃兵、蕃將，此實非玄宗一人之咎，歸罪林甫，尤近深文（苛刻）。惟天寶之時，偏重之勢太甚，君相不早為之計，而徒荒淫縱恣，耽寵怙權，則神州陸沉（國土沉淪），固不得不任其責耳。」
   三、高中歷史課本第二冊：「玄宗晚期，寵幸楊貴妃，沉迷於晏樂，而將國政委交於李林甫、楊國忠等小人，造成宰相個人的專權，植黨營私，淫侈貪賄，唐代政治因而日益腐敗，加以府兵敗壞，募兵代興，武力為藩鎮私人所宰制，以及任用跋扈不馴的胡人為邊帥，終致釀成天寶年間的安史之亂。」
   以上三種解釋各有重點，請加以比較，選出正確的敘述：（多選）
   (A) 三種解釋都強調制度的不良引起動亂，個人因素並不重要
   (B) 三種解釋都對唐初胡人握有兵權提出說明，並認為是安祿山起兵的重要背景

(C) 三種解釋都認為李林甫為貪戀權勢所制定的政策是導致安祿山起兵的主要原因

(D) 三種解釋都說明安祿山是以唐玄宗與李林甫君臣荒晏、不理朝政作為起兵叛亂的藉口

(E) 除《資治通鑑》外，另兩種解釋都認為唐玄宗的作為也是導致動亂的原因之一

48. 學習歷史時，也要對「史料（研究歷史的材料）」有所認識。下面兩段史料是明代初期與中期的記述：

一、《明太祖實錄》：「臣竊觀近代蒙古、色目之人多為漢姓，與華人無異，有求仕入官者，有登顯榮者，有為富商大賈者。」

二、丘濬《大學衍義補》：「國初平定，凡蒙古、色目人散處諸州者，多已更姓易名，雜處民間，如一二稊稗生於丘隴禾稻之中，久之固已相忘相化，而亦不易別識之也。」

根據你對元代及明初社會的了解，請問這兩段史料能否反映當時蒙古人與色目人的漢化是普遍的情況？（多選）

(A) 能。因為蒙古人與色目人在人數及文化水準上均居劣勢，與漢人雜居、交往與通婚，受漢文化之影響勢所難免

(B) 能。因為元朝雖然是由蒙古人建立，但諸帝均嚮慕中國文化，以漢法治理漢地，尊儒學，開科舉，故元末之時蒙古人與色目人幾與漢人無異

(C) 能。因為蒙古人與色目人在元代固已開始漢化，明初之時，政治情勢的變化使他們漢化速度更快而且更為全面

(D) 不能。資料所述只是相當罕見的例子，因為元朝奉行以蒙古為上，色目次之的政策，漢文化與漢人飽受打壓；而且征服狀態造成民族間的鴻溝，征服民族與被征服民族不可能相互認同，進行同化

(E) 不能。資料所述是個別現象，不是普遍情況。因為蒙古人與色目人文化陶冶甚淺，驕縱奢侈，又縱容喇嘛為虐，漢人極為痛苦，朱元璋以民族革命相號召，蒙古、色目人如未北遁，即遭報復，留存至明，人數有限

49. 春秋與戰國是中國古代史上變動劇烈的兩個時代，雖然這兩個時代在時間上相近，但仍有許多差異，例如戰爭的規模及進行的方式就有明顯的不同。在你的腦海中是否留下了不同的戰爭圖象？下列敘述那些是正確的？（多選）
 (A) 關於戰爭的目的，春秋時只是想屈服敵人，所以殺人不多，破壞不大；戰國時代則是想消滅敵人，所以爭地以戰，殺人盈野
 (B) 關於戰爭的方式，春秋時代以步兵為主力，配合少數騎兵；戰國時代則發展出車戰的戰術，配合步兵和騎兵，協同作戰
 (C) 關於戰術的運用，春秋時代戰爭雖多，戰術並不複雜；戰國時代武器進步，軍事成為專門之學，戰術十分複雜
 (D) 關於指揮的將領，春秋時代指揮作戰的統帥大都屬於封建制度下的貴族；戰國時代因為封建解體，不少名將出身平民階級
 (E) 關於反對戰爭的情形，春秋時代往往由霸主如晉或楚發起弭兵之盟；戰國時代則以合縱或連橫方式，提倡和平運動

50. 唐律的基本觀念，以禮教為中心，也充滿仁恕精神。此種觀念與精神大體為後代所繼承，亦為我國傳統刑律的特點。請在下列選項中選出符合此種特點的敘述：（多選）
 (A) 法律中有許多減刑的規定，並且對死刑的判決與執行特別審慎
 (B) 判刑定罰受到尊、卑、貴、賤等身分的影響，法律之前並非人人平等
 (C) 禮即是理，即是義。包括制度上的禮儀、古代聖賢的教導、經書中的原則等，而這些往往被用作判決的依據
 (D) 所有的人都必須服從法律，法律的制定、修訂亦須遵守法定程序。「法」不僅支配著每一個個人，而且統治著整個社會
 (E) 權利不僅指個人的要求和主張，本質上還帶有「正當」的意味。私欲、私利都有著道德上的正當性。對於正當的要求可以提供怎樣的保護，如何協調各種衝突等等，經常是一個法律問題

51. 封建制度的基本概念，是統治者將土地分封給許多貴族，成為領主與附庸的關係，各貴族享有統治的權力，但需對統治者效忠，也可再自行分封給次級貴族，再形成領主與附庸的關係。根據這樣的定義，下列那些國家曾實行封建制度？（多選）
 (A) 美國　　(B) 法國　　(C) 加拿大　　(D) 日本　　(E) 英國

52. 「主權在民」與「全民政治」可以說是民權主義的重要精髓，孫
中山先生在〈中華民國建設之基礎〉一文中曾說過：「蓋無分
縣自治，則人民無所憑藉，所謂全民政治，必末由（即無由）實
現。無全民政治，則雖有五權分立、國民大會，亦終末由舉主權
在民之實也。」請根據本段引文與課本內容的含義，從下列敘述
中挑出正確的選項：（多選）
(A) 主權在民的前提是全民政治和權能區分
(B) 主權在民的實質表現於國民大會與五院的運作
(C) 依法選舉出來的國民大會代表擁有全國的主權
(D) 主權在民的基礎在於落實以縣爲單位的地方自治
(E) 主權在民的意義是人民在國政的管理上可以當家作主

53. 孫中山先生說：「余之謀中國革命，其所持主義，有因襲吾國固
有的思想者，有規撫歐洲（美）之學說事跡者，有吾所獨見而創
獲者。」下列何項屬因襲我國固有的思想者？（多選）
(A) 禮運篇的大同思想
(B) 心物合一的哲學思想
(C) 均無貧的均富思想
(D) 扶弱抑強的反帝思想
(E) 不偏中央集權與地方分權的均權思想

54. 孫中山先生領導的國民革命其目的在實行三民主義，以增進國家
福祉和民衆利益。請問下列敘述，那些能說明國民革命的特質？
（多選）
(A) 將民族、政治、經濟三大問題予以綜合解決
(B) 國民革命是實行三民主義的最高指導方針
(C) 以漸進的方式解決土地、資本及各類民生問題
(D) 當革命建設完成之後，就要繼續尋找新的革命對象
(E) 革命的目的是要建設民有、民治、民享的現代國家

55. 近代各國在追求現代化的過程中，先後會遭遇不同程度的民族、民權與民生問題，而孫中山先生的三民主義是值得國人珍視與吸引學術界研究的一種意識形態，這是因為三民主義的理論與實踐具有下述何種意義所致？（多選）
    (A) 三民主義是無所不包、無所不能的政治理念
    (B) 三民主義是允許匡補闕疑、更正條理的政治信念
    (C) 民權主義的監察權獨立，正與當代民主憲政的新趨勢相符
    (D) 民族主義欲喚起宗教及地域意識，培養中華民族的優越感
    (E) 民生主義在台灣的實踐，做到了以和平手段謀求社會經濟之均衡發展

56. 源自歐洲文藝復興時代的民族國家（nation-state）運動，是以一個民族建立一個國家為其理想，然而當今世上大多數的國家都包含了一個以上的民族（ethnos），或是一個民族之內可以再細分為若干亞族（sub-ethnos）。孫中山先生曾在三民主義中主張中國是由一個民族造成一個國家，這個民族就是「中華民族」。下列關於「中華民族」的敘述，那些是適當的？（多選）
    (A) 中華民族的融合是以同化為主，而不主張以武力征服
    (B) 中華民族的形成，是由於文化的包容性，而非血統的排他性
    (C) 中華民族的形成要透過強迫式的同化，以漢文化取代各族的文化
    (D) 漢民族的大同意識就是多元並存，在求同存異的情形下形成一個共同體
    (E) 中華民族是複合民族的概念，漢人約佔 93％，不可以比擬作單一民族的類型

57. 種族偏見與種族岐視可以說是民族問題的心理根源，有一種人習慣根據片面的訊息，而形成對人對事的排斥及敵對態度，這種人往往會依附強勢族（ethnicity）對他自己族群的偏見，而以被歧視者的身分反過來歧視處境比自己更差的其他族群。
    請由下列的敘述中，選擇出有助於化解族群衝突的對策。（多選）
    (A) 教育少數族群放棄自我，而接受多數族群的價值與傳統
    (B) 將具有相同特質的族群，集中於固定的生活領域，以減少族群間的摩擦

(C) 推行共同的語言，尊重不同的方言，鼓勵不同族群自由交往，促進同化

(D) 培養自我族群的優越感與認同感，爭取自我族群最大的政治經濟利益

(E) 依據民族平等的原則，推動多元文化教育，學習欣賞及尊重族群間的差異

58. 近代極權政治的出現，有其政治、經濟與社會之背景，請問下列那些因素可能提供極權政治發生的機會？（多選）
(A) 代議政體缺乏效能，人民對民主信念產生懷疑
(B) 國家發展遭受重大挫折，人民亟待強人領導
(C) 極權政府能夠維持社會安定，順應世界潮流
(D) 人民習慣順從權威，只接受單一的價值信念
(E) 資本家與代議士相互勾結，人民對政治失望轉而傾向激進變革

59. 「主權在民」是指國家的最高統治權屬於國民全體，請問下列敘述，何者能體現「主權在民」的精神？（多選）
(A) 民意代表在議會中行使權利應以民意為優先
(B) 人民有權行使選舉、罷免、創制、複決四種政權
(C) 國家的政策一定要事先經由全民公決，才符合民主的意義
(D) 人民直接選舉國家的元首，其他政事可以不必參與過問
(E) 對於地方施政的重大爭議事項，公民有權依一定程序投票，以決定其存廢或修改

60. 基於行憲經驗與對國家發展的需求，自民國八十年迄今，國民大會已進行過三次修憲工作，對於中央政治組織有關人員之產生方式及任期等，均有相當程度的修正，包括：（多選）
(A) 資深績優的法官得直接轉任為大法官
(B) 國民大會自第三屆（八十五年）起，設議長、副議長各一人
(C) 司法院院長、考試院院長、監察院院長，三人之產生方式相同
(D) 總統、副總統之任期，自第九任（八十五年）起，由六年改為四年
(E) 總統、副總統由中華民國自由地區全體人民直接選舉，並自八十五年起實施

61. 孫中山先生在《實業計畫》中說：「中國實業之開發，應分兩路
　　進行：（一）個人企業；（二）國家經營是也。」他在〈地方自
　　治開始實行法〉又指出：「糧食一類，當由地方公局買賣。…其
　　餘衣、住、行三種需要之生產製造機關，悉當歸地方支配，逐漸
　　設局管理。…地方自治團體所應辦者，則農業合作、工業合作、
　　交易合作、銀行合作、保險合作等事。此外，更有對於自治區以
　　外之運輸、交易，當由自治機關設專局以經營之。」他在〈致戴
　　德律說明貸款條件函〉也認爲：「中國政府可和外商在中國創辦
　　『合股公司』，即中國政府擁有一半股份，其餘一半爲國外投資。
　　此一系統，初期將完全由外籍商家經營，然後逐漸由國人接替。
　　這種合股公司的企業範圍可包括經營百貨公司、構築鐵路、經營
　　礦業等類。」由此可知，孫中山先生所主張的企業所有權結構包
　　括了下列那些類別？（多選）
　　(A) 國有國營企業　　(B) 地方公營企業　　(C) 合作社企業
　　(D) 中外合資企業　　(E) 民營企業

62. 如以 1996 與 1966 年相比較，生活在台灣地區的人民，在政治上
　　所享有的權利，有何進展？（多選）
　　(A) 人民有權直接選舉監察委員
　　(B) 人民有權直接選舉總統、副總統
　　(C) 政見相同的人民有權依法組織政黨
　　(D) 人民有權自由辦報及依法申請集會遊行
　　(E) 人民可以直接行使選舉、罷免、創制、複決四權

63. 孫中山先生說「交通爲實業之母，鐵道又爲交通之母。」他在《實
　　業計畫》中，主張建築鐵路 160,000 公里。民國三十八年底，中國
　　大陸的鐵路通車里程約爲 22,000 公里。中共在實施改革開放政策
　　後，曾對外宣稱實現了孫中山先生的遺志。迄民國八十三年底止，
　　中國大陸的鐵路營業里程爲 53,992 公里。請問下列敘述那些是正
　　確的？（多選）
　　(A) 中共平均每年只建築了 700 餘公里長的鐵路
　　(B) 孫中山先生認爲中國的交通建設，應以鐵路建築爲優先

(C) 中共的鐵路建設，已經超過了孫中山先生《實業計畫》的目標

(D) 孫中山先生的《實業計畫》屬社會建設，也就是政治建設的基礎建設

(E) 中共的鐵路建設，與孫中山先生《實業計畫》目標相較，差距仍然甚遠

64. 林同學撰寫一份有關台灣經濟發展的讀書報告，以下是他引用表一資料的分析意見，請針對我國國情，將較合理的解釋意見挑選出來。（產值比例係指個別產業的生產總值占國內生產毛額的百分比）（多選）

表一

年 度	國內生產毛額(100%)			所得分配（五等分制，最高所得為最低所得之倍數）
	農業(%)	工業(%)	服務業(%)	
1954	28.2	27.3	44.5	-
1955	29.2	26.4	44.4	-
1956	27.6	27.7	44.7	-
⋮	⋮	⋮	⋮	⋮
1964	24.6	33.4	42.0	5.33
1965	23.8	33.9	42.3	-
1966	22.6	34.1	43.3	5.25
⋮	⋮	⋮	⋮	⋮
1974	12.5	47.4	40.1	4.37
1975	12.8	45.9	41.3	-
1976	11.5	49.0	39.5	4.18
⋮	⋮	⋮	⋮	⋮
1984	6.4	50.6	43.0	4.40
1985	5.9	50.1	44.0	4.50
⋮	⋮	⋮	⋮	⋮
1988	5.0	45.7	49.3	4.85
1989	4.9	43.6	51.5	4.94

(A) 1976 年爲我國所得分配最平均的一年

(B) 台灣農業的產值比例已逐年下降,未來應將農地全面轉移作非農業用途,以提高經濟利益

(C) 近年來服務業的產值比例逐年上升,顯示台灣的產業結構逐漸轉型爲以第三級產業爲主的型態

(D) 近年來台灣地區國民所得的貧富差距雖有逐漸擴大之現象,但仍是世界上所得分配比較平均的國家之一

(E) 工業部門的成長伴隨著農業部門產值比例的減少,證實了台灣經濟發展初期的策略是「以工業培養農業」

參、題組題

說明:第 65 至 80 題爲題組,每題有 2-3 個子題,均爲單一選擇題。選出正確選項標示在答案卡之「選擇題答案區」。每一子題答對得 2 分,答錯不倒扣,未答者不給分。

65-66 題爲題組

民國三十二年一月,中國與美國在美國首府華盛頓簽訂一項條約,規定:「美利堅合衆國人民,在中華民國領土內,應依照國際公法之原則及國際慣例,受中華民國政府之管轄。」請問:

65. 中國政府可以管轄在中國境內的美國人民是指:

(A) 中國享有領事裁判權　　(B) 美國享有領事裁判權

(C) 中國享有治外法權　　(D) 美國享有治外法權

66. 民國三十二年中美兩國訂立這項條約的背景是:

(A) 中國獨力對日作戰表現卓越,使美國將中國視爲一平等的強權

(B) 珍珠港事變後,美國以放棄在華特權爲條件,希望中國對日宣戰

(C) 中國學生運動興起,百姓不斷示威抗議,迫使美國宣布放棄特權

(D) 太平洋戰爭爆發後,美國爲加強對華友誼與合作,主動放棄特權

67-69 題為題組

中國農業區的小麥地帶，又可區分為冬麥高粱區和冬麥小米區。
請問：

67. 冬麥高粱區和冬麥小米區的分界是：
    (A) 秦嶺　　　　(B) 黃河　　　　(C) 隴山　　　　(D) 長城　　　　(E) 太行山

68. 導致小麥地帶又區分為冬麥高粱區和冬麥小米區的主要因素是：
    (A) 雨量差異　　　　(B) 集約程度　　　　(C) 生長季長短
    (D) 土壤沃度　　　　(E) 地形起伏

69. 冬麥高粱區和冬麥小米區最重要的經濟作物是：
    (A) 桐油　　　　(B) 棉花　　　　(C) 茶葉　　　　(D) 煙草　　　　(E) 油菜

70-72 題為題組

亞洲面積廣大，可區分為五大地形區
(甲) 東亞島弧區　　(乙) 沿海半島區　　(丙) 東亞平原高原山地區
(丁) 亞洲西南部高山高原區(戊) 亞洲北部平原山地區
請問：

70. 那一個地形區擁有世界最高的地形？
    (A) 甲　　　　(B) 乙　　　　(C) 丙　　　　(D) 丁　　　　(E) 戊

71. 那一個地形區是亞洲最發達的工業帶？
    (A) 甲　　　　(B) 乙　　　　(C) 丙　　　　(D) 丁　　　　(E) 戊

72. 那二個地形區具有殖民地色彩的經濟活動？
    (A) 甲、乙　　(B) 甲、丙　　(C) 乙、戊　　(D) 丙、丁　　(E) 丁、戊

73-75 題為題組

　　某地區的氣候特徵是：「全年濕熱多雨，氣溫少有變化；濕度大，雲量多，相對濕度經常在 80% 以上；年雨量在 1300 至 1800 公釐之間。」請問：

73. 該種氣候最可能出現在下列那一個地區？
　　(A) 南歐　　　　(B) 印度半島　　　(C) 智利北部
　　(D) 非洲中部　　(E) 中美地峽西岸

74. 該種氣候區的降雨，最可能出現在每日的那一個時刻？
　　(A) 清晨　　　(B) 近午　　　(C) 午後　　　(D) 傍晚(E) 午夜

75. 在該種氣候區經營商業性的農業活動，最須具備那些條件？
　　(A) 完善的水利和充足的肥料
　　(B) 平坦的土地和肥沃的土壤
　　(C) 進步的農業機械和便捷的交通
　　(D) 大規模的農場和稀疏的人口
　　(E) 眾多的勞力和巨額的投資

76-77 題為題組

　　圖 5 為某地區之等高線圖。試問：

76. 圖中 X 點附近最可能是何種地形？
　　(A) 冰斗
　　(B) 壺穴
　　(C) 山崩窪
　　(D) 火口湖
　　(E) 風蝕窪地

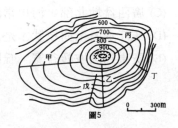

圖5

77. 比較圖中甲～戊的五條剖面線，那一剖面的平均坡度最大？

　　(A) 甲　　　(B) 乙　　　(C) 丙　　　(D) 丁　　　(E) 戊

78-80 題為題組

　　圖 6 是某種洞穴內的地形示意圖。請問：

78. 塑造該種地形的主要作用是：

　　(A) 冰蝕

　　(B) 風蝕

　　(C) 河蝕

　　(D) 崩壞

　　(E) 溶蝕

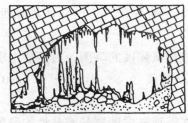

圖 6

79. 臺灣那一個地區可見到該種地形？

　　(A) 東北海岸　　　(B) 墾丁地區　　　(C) 澎湖群島

　　(D) 玉山山地　　　(E) 陽明山地區

80. 中國南部地方的該種地形甚發達，下列何者與塑造該種地形的
　　作用關係最密切？

　　(A) 東南丘陵海岸曲折，多港灣和島嶼

　　(B) 滇西縱谷山高谷深，山河排列井然有序

　　(C) 廣西盆地北部，河川常潛入地下，形成伏流

　　(D) 珠江水系呈樹枝狀，是南部地方水運的大動脈

　　(E) 廣東丘陵坡緩谷寬，丘陵間有局部盆地及河谷平原

85年度學科能力測驗社會科試題詳解

壹、單一選擇題

1. **D**

　【解析】　紅毛指荷蘭人，且鄭成功擁立唐王至鄭克塽出降，期間約
　　　　　　經四十年，謂之「存故國四十年正朔」。

2. **B**

　【解析】　西漢時代，儒家學說已攙入陰陽五行思想，儒生好以自然
　　　　　　界的災異解釋政治或人事現象，認爲一「德」既衰，另一
　　　　　　「德」當起而代之，朝代的更替也是如此，這爲王莽篡漢
　　　　　　而自立，提供最好的理論。

3. **D**

　【解析】　明清爲彩瓷時代，清初更以琺瑯彩施繪於瓷胎上，色澤光
　　　　　　豔。

4. **A**

　【解析】　秦始皇焚書時將各國史書及詩書百家語，悉數焚毀，並頒
　　　　　　禁令，此後「偶語詩書者棄市，以古非今者族」。

5. **D**

　【解析】　五代之時，政權更迭，戰禍連綿，在政治學術文化上也無
　　　　　　特殊表現，但之後的宋代，經濟發達，人口迅速增加。

6. **C**

　【解析】　漢宣帝對內任用丙吉等賢臣爲相，地方官吏的任用也愼加
　　　　　　選擇，因此循吏輩出，對外匈奴臣服，西域亦有效地控制。

7. **C**
　【解析】(A) 漢武帝的平準法，用以平抑物價。
　　　　　(B) 唐德宗的兩稅法，是每年分夏秋兩次徵輸，概以錢
　　　　　　　計，省其徭役。
　　　　　(C) 宋神宗的青苗法，低利貸款於民，以便利農作。
　　　　　(D) 明神宗的一條鞭法，將人民應出的租稅和力役的折
　　　　　　　價，併為一條。

8. **B**
　【解析】魏晉南北朝玄學風氣大盛，一些名士身居要位，卻無所
　　　　　事事，終日只以清談為樂，生活上往往放浪形骸，衝破
　　　　　社會禮法的規範，卒釀成梁武帝時「侯景之亂」。

9. **C**
　【解析】(A) 東晉定都建康（今南京）。
　　　　　(B) 唐玄宗安史之亂時逃至巴蜀。
　　　　　(C) 宋高宗定都臨安（杭州）。
　　　　　(D) 南明桂王於肇慶即立，已無權選擇定都建業或至巴蜀。

10. **B**
　【解析】臺灣的開發，是由南至北，由西向東，故先 (乙) 過斗六
　　　　　門以北，再 (丙) 漸過半線（彰化）、大肚溪以北，最後
　　　　　(甲) 清政府開放海禁。

11. **B**
　【解析】在劉銘傳任臺灣巡撫期間，成立電報學堂，此時中國已
　　　　　在光緒二年（一八七六年）辦理郵政業務，同時也開始
　　　　　了鐵路的建設，基隆到台北一段於光緒十七年（一八九
　　　　　一年）通車。

12. **A**
　【解析】北京同文館為中國最早自辦的新式學堂，成立於同治元
　　　　　年（一八六一年）。

13. **B**
　　【解析】德國因助中國干涉還遼後，強行租借膠州灣，俄國隨即
　　　　　　要求租借旅順、大連，而造成瓜分之禍，美國為保持自
　　　　　　身利益，提出「門戶開放政策」。

14. **D**
　　【解析】一九四一年羅斯福和邱吉爾發表大西洋憲章。

15. **D**
　　【解析】(A) 一九三一年。　　　(B) 一九三二年。
　　　　　　(C) 一九三八年。　　　(D) 一九三六年。

16. **D**
　　【解析】十八世紀的法國，貴族和教士人口雖少，卻擁有大部土
　　　　　　地，且不納稅，農民土地既少，又要負擔大部分稅收，且
　　　　　　又要向貴族和教士獻納，生活極為窮困，因而爆發革命。

17. **C**
　　【解析】(A) 神聖同盟加入英國後成為四國同盟。
　　　　　　(B) 普魯士打敗奧國後，解散日耳曼邦聯組成北日耳曼聯
　　　　　　　　邦。
　　　　　　(C) 第一次世界大戰是三國協約對抗三國同盟。
　　　　　　(D) 第二國際與第三國際皆由俄國組織。

18. **A**
　　【解析】聖斯泰法諾條約簽訂後，英、奧反對甚烈，於是德相俾斯
　　　　　　麥出面調停，舉行柏林會議。

19. **B**
　　【解析】英國女王維多利亞，十八歲繼承王位，在位約六十五年（一
　　　　　　八三七～一九〇一年），擁有廣大殖民地，包括印度，是
　　　　　　英國最富強的時代。

20. **A**

【解析】十八世紀發生工業革命後，英國工業突飛猛進，大大領先其他歐洲國家。

21. **D**

【解析】(A) 李士特是主張民族主義經濟理論的學者。

(B) 李嘉圖是主張自由主義經濟理論的學者。

(C) 傅立葉是主張社會主義經濟理論的學者。

(D) 赫胥黎著有天演論，強調物競天擇、適者生存、弱肉強食、優勝劣敗的觀念。

22. **A**

【解析】領事裁判權是指外人若在中國犯罪，需由其領事依其政府所定之法律來判決，而不適用於中國的法律。

23. **B**

【解析】①乙生說嫦娥奔月等事屬於神話傳說，無法確信。

②考古挖掘出河南、山西的「二里頭文化」已被認為是夏代文化的遺存，丙生懷疑夏代不存在是不正確的。

③二里頭文化在夏商之間，戊生不能推論出不輸給商代。

24. **D**

【解析】這段時期正是美國向西邊領土擴張的西進運動，領土增加了，自然可以容納更多的人口。

25. **C**

【解析】圖示此作物主要分布於東亞和東南亞，二地皆為季風氣候。

26. **E**

【解析】南非高原為一古老的結晶岩層，這類火成岩及變質岩對地表有保護作用外，尚含有豐富的金屬礦床。

27. **E**

【解析】(A) 主要農耕帶分布於溫帶季風氣候東北型。

(B) 半農半牧地帶分布於溫帶草原氣候區。

(C) 游牧地帶分布於溫帶沙漠氣候區。

(D) 開發中的農墾地帶分布於主要農業帶外側，約是溫帶季風氣候東北型。

28. **D**

【解析】加拿大因位居高緯，氣候嚴寒，氣溫偏低，故人口僅集中於南方的大城市，地曠人稀。

29. **E**

【解析】由於海平面相對上升，陸地相對沈降，海水淹沒原來的沿海陸地，海岸向內陸退縮。

30. **B**

【解析】天山山脈中的盆地其水源來自天山上融化的雪水，於乾燥區中形成山麓沖積扇綠洲而成精華區。

31. **C**

【解析】土壤因流水或風力等作用而流失的現象，稱為土壤侵蝕，而侵蝕動力與雨水關係最密切。

32. **B**

【解析】雪山山脈位於台灣的東北角。

33. **B**

【解析】冰河刻蝕地表造成 U 形冰河槽，若受陸地沈水，海水入侵即成峽灣。

34. **D**

   【解析】熱帶雨林和季風雨林區皆屬高溫多雨區，但在雨量分布方面有差異，前者全年有雨，後者則有短暫乾季出現，致使季風雨林內灌木叢生。

35. **D**

   【解析】澎湖群島位於大屯火山帶上，因火山作用而造成玄武岩方山地形。

36. **B**

   【解析】都市內部依據其土地利用型態劃分為各種機能區。

37. **D**

   【解析】因法國西北部、中央山地西側及阿爾卑斯山北部，因面向大西洋，屬西風迎風側，雨水較豐，牧草嫩而長，利於牧牛；中央山地東南側及阿爾卑斯山南半部，屬西風背風側，雨水較少，草短而乾，用於牧羊。

38. **B**

   【解析】美國的玉米帶所種植的作物——玉米，絕大部分用為飼料，飼養肉牛及豬，農民栽種的雖是玉米，但卻轉換成畜產品，是典型的混合農業。

39. **E**

   【解析】中國季風氣候區冬季的盛行風向，因受到地球自轉所產生的科氏力影響，使風向各地不同，自北而南依次為西北風、北風、東北風。

40. **E**

   【解析】我國平原以「禦盜」關係，多取集村形式，基於此一共同因素，民家結構多共用一門在室內互通，而非各房間獨門向外出入。

41. **D**

【解析】夏季長江水位高，江輪可上溯至漢口，冬季爲枯水期，此時期江輪僅能航至九江，故冬季枯水時期，九江成爲大小江輪的轉口港，因此冬季市況較夏季繁榮。

42. **E**

【解析】水稻農業爲最集約的農耕方式，在北部地方各地理區中，河西走廊的綠洲中有稻作農業。河西走廊的綠洲區，因「地狹人稠」，綠洲上栽種小麥、高粱、小米、水稻等作物，農耕方式最爲集約。

43. **B**

【解析】國父說：「中國四萬萬之衆，等於一盤散沙。此豈天生而然耶？實異族之專制有以致之。」由於滿清專制剝奪人民的政治自由，當然人民管不到國事，而人民也對國事毫不關心，形成一盤散沙，不能團結。所以國家民族觀念必然薄弱，只知有自己，不知有民族國家，最後導致民族思想的消失。

44. **D**

【解析】(A) 因爲　國父所主張的世界主義，與其他世界主義最大的不同，在於它「是從民族主義發生出來的」。因爲民族主義是世界主義的基礎，世界主義是民族主義的理想，所以　國父說：「我們要發達世界主義，先要把民族主義鞏固了才行。」。

　　　　(B) 竹槓好比是民族主義，彩票好比是世界主義，彩票藏在竹槓中。

45. **E**

【解析】(A) 西方的民族主義強調民族優越；孫中山先生的民族主義強調民族平等。

(B) 西方的民族主義起源於帝國主義的壓迫；孫中山先生的民族主義，是以民族獨立為起點，以世界大同為理想。

(C) 孫中山先生的民族主義主張「民族平等」的觀點。

(D) 孫中山先生的民族主義要先鞏固民族主義，再發達世界主義。

貳、多重選擇題

46. **ABE**

【解析】(A)(B) 明太祖設錦衣衛，成祖為宦官設東廠，中期後，廠衛相結為害益烈，禍及民間。

(C) 清初廢除明代的廠衛特務機構及苛捐雜稅。

47. **BE**

【解析】(A) 個人因素亦很重要。

(C) 唐玄宗荒淫縱恣，奸相植黨營私亦為重要原因。

(D) 資治通鑑未明言。

48. **AC**

【解析】(B) 元代行二元政治，影響漢、蒙間的調和。

(D)(E) 可同化，金元二代多採中國制度，接受中國文化思想，如朱熹四書集注成為元代科舉考試的定本。

49. **ACD**

【解析】(B) 春秋時代以車戰為主，戰國時代步卒騎兵取代了車戰。

(E) 春秋時代由小國宋國提出弭兵之盟。

50. ABC

【解析】(D) 唐律基本觀念以禮敎爲中心，「法」附屬之。

(E) 協調各種衝突，不僅是法律問題，也是德敎等問題。

51. BDE

【解析】(B)(E) 中古歐洲約於西元八、九世紀形成封建制度。

(D) 日本的封建制度開始於九世紀後，於「幕府時代」達到最高峰。

52. DE

【解析】(A) 全民政治和權能區分的前提是主權在民。

(B) 主權在民的實質表現於全民政治和地方自治。

(C) 國民大會代表，代表人民行使政權時，「祇盡其能，不竊其權」。

53. AC

【解析】國父所持主義，有因襲吾國固有的思想者：

1. 大學：「格物、致知、誠意、正心、修身、齊家、治國、平天下」的政治哲學。

2. 書經：「民惟邦本，本固邦寧。」孟子：「民爲貴，社稷次之，君爲輕。」的民權思想。

3. 禮運篇的大同思想。

4. 論語：「均無貧」的均富思想。

5. 八德：「忠、孝、仁、愛、信、義、和、平」的倫理思想。

54. ACE

【解析】(B) 三民主義是實行國民革命的最高指導方針。

55. BCE

【解析】(D) 民族主義反對民族優越，主張濟弱扶傾，以達世界大同。

56. **ABD**

【解析】中華民族是由多數宗族融合而成，融合的動力是文化而不是武力，融合的方法是同化（自願同化）而不是征服。

57. **CE**

【解析】民族主義主張民族平等，其對內目的要國內各族平等，以促進民族合作與國家進步，對外目的在謀世界各民族平等，以促進國際合作與世界大同。

58. **ABDE**

【解析】(B) 代議政治造成政府無能，無法應付變局，人民為改變現狀，寧可放棄個人自由，以提高政府權力，極權產生。

59. **ABE**

【解析】(E) 即複決權。

60. **BCDE**

【解析】(A) 大法官由總統提名，經國民大會同意任命之。

(C) 皆由總統提名，經國民大會同意任命之。

61. **ABCDE**

62. **BCD**

【解析】(A) 今之監察委員由總統提名，國民大會同意任命之，非民選產生。

(E) 今日人民仍未行使創制、複決權。

63. **ABE**

【解析】(C) 中共的鐵路建設尚未超過孫中山先生實業計畫的目標十六萬公里。

(D) 孫中山先生的實業計畫屬於經濟建設。

64. **ACD**

【解析】(E) 台灣經濟發展初期的策略是「以工業培養農業」。

參、題組題

65.（不計分）

66. **D**

【解析】民國三十二年一月十一日中美英訂平等新約，中國廢除百年不平等條約，定一月十一日為司法節。

67. **E**

【解析】太行山東側屬冬麥高粱區，太行山西側屬冬麥小米區。

68. **A**

【解析】小米抗旱性較高粱強，故分布於太行山西側（年雨量僅500公釐以下），此分布主受雨量差異所致。

69. **B**

【解析】華北地區最重要的經濟作物為棉花。

70. **C**

【解析】世界最高峰——喜馬拉雅山脈的聖母峰（八千八百四十八公尺）位在(丙)東亞平原高原山地區。

71. **A**

【解析】亞洲工業最發達的國家為日本，位於東亞島弧區。

72. **A**

【解析】(甲)南洋群島(乙)印度半島及中南半島，於十七世紀起曾先後淪為歐西各國的殖民地，故其經濟活動具有殖民色彩。

73. **D**

【解析】這種氣候是熱帶雨林氣候。
(A) 溫帶地中海型氣候。　　(B) 熱帶季風氣候。
(C) 熱帶沙漠氣候。　　　　(E) 熱帶莽原氣候。

74. **C**

【解析】熱帶雨林氣候，午後雲層加厚成積雨雲，不久雷電交加，大雨如注，傍晚雲消雨散，碧空如洗，是全日最舒適的時間。

75. **E**

【解析】熱帶雨林氣候所經營商業性的農業活動，是熱帶栽培業，需要眾多的勞力和巨額的投資。

76. **D**

【解析】圖中 ⬭ 代表窪地地形，故為火口湖。

77. **D**

【解析】丁處等高線最密，故坡度最大。

78. **E**

【解析】此洞穴為石灰岩地形，其主要作用為溶蝕作用。

79. **B**

【解析】臺灣墾丁國家公園內可見石灰岩地形。

80. **C**

【解析】廣西盆地北部因多石灰岩地層，受雨水長期溶蝕，造成伏流。

八十四年大學入學學科能力測驗試題
社會考科

壹：單一選擇題

說明：第 1 至 49 題，每題選出一個最適當的選項，標示在答案卡之「選擇題答案區」。每題答對得 2 分，答錯不倒扣。

1. 美國總統林肯因解放黑奴而名垂青史，中國歷史上何人的行政措施也有類似的作為？
   (A) 劉邦　(B) 王莽　(C) 李世民　(D) 朱元璋

2. 有意探究中國醫藥知識寶庫的人，下列那一本書最能滿足他的需要？
   (A) 職方外紀　(B) 天工開物　(C) 本草綱目　(D) 神武圖說

3. 不同民族間的文化交流，是促進歷史變遷的重要動力之一，下列那些人在這方面有貢獻？
   ㈠ 管仲　㈡ 張騫　㈢ 蘇武　㈣ 文成公主　㈤ 鄭和
   (A) 甲乙丙　(B) 甲丙丁　(C) 甲丁戊　(D) 乙丙戊　(E) 乙丁戊

4. 文天祥，進士出身，官至右丞相，抗元被俘，寧死不屈，以正氣歌明志。他這種氣節，反映當時社會的何種思想？
   (A) 玄學　(B) 佛學　(C) 理學　(D) 史學

5. 對各家史書的體例、筆法評斷得失優劣，為中國史學特色之一。下列何者可為代表？
   ㈠ 劉知幾——史通　㈡ 鄭樵——通志　㈢ 趙翼——廿二史劄記
   ㈣ 顧炎武——日知錄　㈤ 章學誠——文史通義
   (A) 甲乙　(B) 甲戊　(C) 乙丁　(D) 丙丁　(E) 丙戊

6. 周代宗法制度的精神，可以用王國維的「任天者定，任人者爭；定之以天，爭乃不生」這句話充分說明。此處他所謂的「天」是指什麼？
   (A) 確定繼統人選的天子　(B) 表現自然主義的天道　(C) 辨別是非善惡的天理　(D) 決定嫡庶身分的天命

7. 春秋時代宋國大夫向戌倡議的弭兵之盟，所以能夠維持四十多年和平的主要原因是什麼？
(A) 周天子的親自協調仲裁　(B) 齊桓公以武力作後盾　(C) 晉楚霸權的同意和解妥協　(D) 吳越的崛起造成牽制作用

8. 「自古帝王雖平中夏，而不能服夷狄，朕才不逮古人，而成功過之。朕所以能及此者？」根據這位君主自己的分析，是由於：「自古皆貴中華，賤夷狄，朕獨愛之如一，故其種落皆依朕如父母」。請問這位君主是誰？
(A) 秦始皇　(B) 漢武帝　(C) 唐太宗　(D) 清高宗

9. 俗云：「將相本無種，男兒當自強」，意謂自強精進的人，不論其出身背景如何，均有可能功成名就，登將相之位。這種情況在下列那些時代可以實現？
(甲) 西周　(乙) 戰國　(丙) 魏晉　(丁) 唐宋　(戊) 明清
(A) 甲乙丙　(B) 甲乙戊　(C) 甲丙丁　(D) 乙丁戊　(E) 丙丁戊

10. 就傳統社會而言，中國社會的階級區別，不及歐洲和日本明顯，其主要原因是什麼？
(A) 工商經濟的繁榮　(B) 學校教育的發達　(C) 科舉制度的實施　(D) 民族融合的成功

11. 「草榮識節和，木衰知風厲，雖無紀歷志，四時自成歲；怡然有餘樂，于何勞智慧」。該詩所憧憬的世界是那一家學說的理想？
(A) 老莊　(B) 孔孟　(C) 墨家　(D) 佛教

12. 漢文帝時賈誼曾評論漢與匈奴的關係說：「匈奴侵甚侮甚，遇天子至不敬也……竊料匈奴之眾，不過漢一千石大縣，以天下之大，而困於一縣之小，甚竊為執事羞之」。賈誼深以為羞恥的事是什麼？
(甲) 戰爭曠日持久以致國力虛耗　(乙) 消極的對匈奴和親及歲贈政策
(丙) 李陵、李廣利兵敗投降匈奴　(丁) 匈奴入寇與高祖的平城之圍
(戊) 呂后對匈奴國書的卑辭回應
(A) 甲乙丙　(B) 甲乙戊　(C) 甲丙丁　(D) 乙丁戊　(E) 丙丁戊

13. 多種族的國家，如果無法維持境內各族群的和諧融合，則族群間的對立衝突，勢將導致內亂的發生，甚至造成人民的流離死亡與國家的滅亡慘禍。下列那一事件的發生、結果與影響，最能作爲上述觀點的明證？
    (A) 五胡之亂──永嘉之禍──西晉亡
    (B) 安史之亂──藩鎮之禍──唐朝亡
    (C) 澶淵之盟──靖康之難──北宋亡
    (D) 黨社紛爭──流寇之禍──明朝亡

14. 唐初對外來文化頗示尊重與開放，但中唐以後何以態度轉趨保守，進而重新反省本土文化的價值？
    ㈠武周代唐的影響，使道教的信仰日趨盛行　㈡安史之亂的衝擊，使國人對外族漸起反感　㈢外來佛教的盛行，刺激本土文化的新自覺　㈣朋黨之爭的結果，使經學成爲學術的主流　㈤察舉制度的實施，本土文化成爲進身工具
    (A)甲乙　(B)甲丁　(C)乙丙　(D)丙戊　(E)丁戊

15. 『詩經』所謂「普天之下，莫非王土，率土之濱，莫非王臣」，是中國傳統固有的天下觀，但下列史事何者係迫於形勢，在對外關係方面並不能維持此王土王民的天下觀？
    ㈠唐朝與波斯的結盟　㈡北宋與遼的澶淵之盟　㈢南宋與金的紹興和議　㈣明代罷交阯布政使司　㈤清代的中英南京條約
    (A)甲乙丙　(B)甲乙丁　(C)甲丁戊　(D)乙丙丁　(E)乙丙戊

16. 「死去原知萬事空，但悲不見九州同，王師北定中原日，家祭毋忘告乃翁」。此詩爲陸游感時憂國之作，由當時的歷史背景推論，陸游希望兒孫在家祭中告訴他什麼事？
    (A) 晉室北伐中原，還都洛陽　(B) 南宋滅金，再造統一　(C) 明朝驅除韃虜，復漢官威儀　(D) 南明掃蕩韃子，收復舊山河

17. 從經濟理論的觀點來看，鴉片戰爭之前，中國的對外貿易措施，最容易遭受那一種學派的責難？
    (A)民族主義　(B)自由主義　(C)社會主義　(D)共產主義

18. 圖1及圖2是清末兩個時期的對
外通商港埠圖，請問由圖1演變
至圖2的關鍵是什麼？
(A)英法聯軍　(B)中法戰爭　(C)甲
午戰爭　(D)八國聯軍

圖1　　　　圖2

19. 晚清時期，中國唯一能以武力收
回失地的實例是：
(A)李鴻章——東三省　　　(B)曾國藩——蒙古
(C)左宗棠——新疆　　　(D)袁世凱——山東

20. 自明末以迄民國時代，台灣四百年來，除荷蘭及西班牙之外，還曾先
後遭受那些國家的入侵或統治？
(甲)葡萄牙　(乙)俄國　(丙)德國　(丁)法國　(戊)日本
(A)甲乙　(B)甲戊　(C)乙丙　(D)丙丁　(E)丁戊

21. 某先賢曾說：「女學不興，種族不強；女權不振，國勢必弱」。又說：「
欲興女學，振女權，又必自放足始」，因而創立「天足會」，提倡放
足運動。此種開風氣之先的女權運動，最早是發生在什麼時期？
(A)維新變法　(B)辛亥革命　(C)五四運動　(D)北伐

22. 恆春古城的一個角落，有位白髮老人在撫琴低唱：「思想起，台灣的
歷史真趣味，各族各群的奮鬥都有意義；你若要知台灣的過去，就聽
我一項一項的講起。思想起，從前在蕉風椰雨的南國，有個水涯山隈
的排灣族部落，他們安詳幸福的生活，好比桃花源的理想國。可是呵，
自從海上起了風波，敵寇就排山倒海的來威迫，家園燬了，廬舍燒了，
老弱婦孺填了溝壑。彼當時，排灣族的勇士抑不住心中的悲情怒火，
頓時化作飛矢利戈，紛紛指向敵人的心窩。一時間，氣壯山河，風雲
變色，轟動列強，驚動滿清，也開啓了台灣海防歷史的先河。……」
文中老人吟唱的內容，是在述說那一項歷史事實？
(A)道光年間的中英鴉片戰爭　(B)咸豐年間的英法聯軍之役　(C)同治
年間的日軍侵台事件　(D)光緒年間的反對割台運動

23. 「袁世凱暗殺元勳，弁髦（輕忽漠視之意）約法，擅借巨款……近
復盛暑興師，蹂躪贛省，以兵威劫天下，視吾民若寇讎，實屬有負
國民之委託。我國民宜亟起自衛，與天下共擊之」。上述文字的內
容，是在呼籲國民從事那一項行動？
(A)反對洪憲帝制　(B)二次革命　(C)護法戰爭　(D)討伐復辟

24. 日本江戶幕府結束兩百多年的閉關之局並走向開放，主要是受到那
些因素的影響？
(甲)日本明治天皇的親政　(乙)幕府迫於諸侯的要求　(丙)中國鴉片戰爭
的教訓　(丁)美國船堅砲利的震懾　(戊)三國干涉還遼的刺激
(A)甲乙　(B)甲戊　(C)乙丙　(D)丙丁　(E)丁戊

25. 就民主政治的發展而言，那些事項說明1920年代的英國人民生活較
1832年以前為進步？
(甲)人民有遷徙轉業的自由　(乙)成年男女均有平等選舉權　(丙)人民普
遍接受國民義務教育　(丁)政府未經國會同意不得徵稅　(戊)政府提供
較佳的醫療保健
(A)甲乙丙　(B)甲丙丁　(C)甲丁戊　(D)乙丙戊　(E)乙丁戊

26. 圖3是一幅政治漫畫，表現出十九世紀歐洲政治思想中的什麼特色？
(A)民族主義　(B)正統主義　(C)國際主義　(D)軍國主義

圖 3

27. 表一是有關蘇聯 1920 年至 1938
年間的工礦品統計數字。表中數
字的變化情形，顯示了下列那一
項政策實施的結果？
(A) 列寧的新經濟政策　(B) 史達林
的五年計畫　(C) 各地成立鄉村公
社　(D) 列寧的和平法令

表 一

年份 工礦品	1920	1928	1932	1938
煤	9	35	64	132
鋼鐵	0.3	8	12	32

單位：百萬噸

28. 近世以來,美國為維護區域的安全和平，或為遏阻外來勢力的擴張,常
對其鄰國友邦提供盾牌護衛。下列那三項可以說明美國的這種盾牌
政策？
(甲) 門羅宣言　(乙) 羅加諾公約　(丙) 美澳紐公約　(丁) 阿拉伯聯盟　(戊) 北
大西洋公約
(A) 甲乙丁　(B) 甲乙戊　(C) 甲丙戊　(D) 乙丙丁　(E) 丙丁戊

29. 「我們找到青年旅館投宿後，便到鎮上走了一圈，回到旅館吃完晚
飯，雖然已近晚上 11 點，天仍亮著，便隨著友人再外出散步。走到
一座大橋上已是子夜時分。此時
太陽仍徘徊在地平線附近，遠處
輪船進港的汽笛聲仍然清晰可聞，
似乎告訴人們，珍惜此地的夏日
光陰。」上文中所描述的地區，
可能位於圖 4 中的那一地點？
(A) 甲　(B) 乙　(C) 丙　(D) 丁　(E) 戊

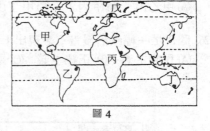
圖 4

30. 畜牧類型可反映出不同的氣候類型。下列那一項敍述正確？
(A) 游牧為溫帶草原區的主要類型
(B) 放牧為熱帶雨林區的主要類型
(C) 山牧季移為溫帶草原區的主要類型
(D) 高緯度地區以放牧為主
(E) 青康藏高原以山牧季移為主

31. 中國大陸的鄉村聚落，可分為散村型與集村型二類；造成其地區分布差異的原因中，下列那一項敘述正確？
(A) 散村多分布於地形平坦開敞之處，可避免互相干擾
(B) 散村多分布於平原或山中溪谷交會處，以增加耕作機會
(C) 集村多集中於黃淮平原、松遼平原等地，主要的原因是由於禦盜因素
(D) 集村的形成，主要是因為灌溉方便，水利發達

32. 土壤剖面的特性與地形有關。依據圖5所顯示的地形與土壤的關係，下列那一項敘述正確？
(A) 高山地區的薄層土壤是因為地表排水不良造成
(B) 沼地的土壤以泥炭為主，即因土壤排水不良，易積聚有機物
(C) 排水不良的草地有豐富的腐植層，是由於排水較緩，慢慢淋溶而成
(D) 台地有密實黏土，主要是由增添作用形成
(E) 緩丘的土壤主要由增添作用形成

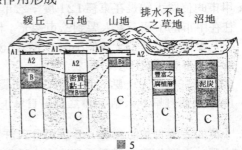

圖 5

33. 根據圖6，下列中國黃土高原與海南島土壤型的比較，何者為正確？
(A) 海南島主要為澱積土和淋育土；黃土高原主要為軟黑土
(B) 海南島主要為氧化土和澱積土；黃土高原主要為乾漠土
(C) 海南島主要為弱育土；黃土高原主要為灰化土和澱積土
(D) 海南島主要為軟黑土；黃土高原主要為澱積土和淋育土
(E) 二者皆為澱積土和淋育土

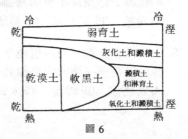

圖 6

34. 麥卡托投影是十六世紀荷蘭地圖學者麥卡托氏所發明。它的經緯線
呈垂直正交的型態,圖幅方正。在航海上,這種地圖有很大的應用
價值,其主要原因是利用這種投影的何種特性?
(A)可以顯示出兩地之間的正確方位 (B)可以找出兩地之間最短的航
線 (C)可以保持所有經線和緯線的正確比例 (D)可以顯示海岸線的
正確形狀。

35. 由於遙測技術的發展,地理學者可以利用高空的地球資源科技衛星
來探察地面上的多種地理現象。下列那些地理現象可以利用衛星影
像來進行分析?
㈠野柳地區薑狀石的分布 ㈡玉山森林火災的範圍 ㈢雲層的移動
㈣登革熱疫區的範圍
(A)甲乙 (B)甲丁 (C)乙丙 (D)乙丁 (E)丙丁

36. 甲市的位置大約是在東經121度,乙市的位置大約在西經122度。
住在甲市的小華一家人要到乙市觀光,他們在甲市時間二月四日早
上八點起飛,經過十四個小時的飛行之後抵達乙市。請問,他們抵達
時,乙市應該是什麼時間?
(A)二月三日晚上十點 (B)二月四日清晨兩點 (C)二月四日清晨四點
(D)二月四日早上六點 (E)二月四日早上十點

37. 小英的旅遊日記記載著:「我們看到許多古老的教堂,其中的一座
由黑、白兩色的大理石所建造,依據導遊的介紹,這是世界第二大
教堂。除了這些教堂之外,我對這個國家印象最深刻的另一觀光據
點,是一座被火山岩漿所淹沒的古城遺跡。」根據文字中對於該國
的敘述,你認為小英所描述的應該是下列那一個國家?
(A)希臘 (B)義大利 (C)奧地利 (D)英國 (E)德國

38. 小明從書上看到石灰岩地形和雨林的特色,想到實地去觀察。請問,
他可以在那一個國家公園同時觀察到這兩種地表景觀?
(A)陽明山 (B)雪霸 (C)太魯閣 (D)玉山 (E)墾丁

39. 山東的青島、河南的洛陽、和新疆的和闐等三地的緯度非常接近，所處的海陸位置則有明顯差異，氣溫的變化也就不盡相同。就這三個城市的氣溫作比較，下列敍述那些是正確的？
㈠青島的冬季氣溫最低　㈡洛陽的夏季氣溫最高　㈢青島的年溫差最小　㈣洛陽的年溫差最大　㈤和闐的夏季氣溫最高
(A) 甲乙　(B) 甲丙　(C) 乙丁　(D) 丙戊　(E) 丁戊

40. 「在邊境的市集上，可以聽到許多不同民族的語言，可以買到鄰近各地的特產，也可以看到苗族、擺夷等少數民族的婦女們穿戴著傳統服飾來逛街。」前述的景象最有可能出現在下列那一地區？
(A)雲南邊境　(B)東北邊境　(C)西藏邊境　(D)新疆邊境　(E)蒙古邊境

41. 圖7是某地的氣候圖，該地的氣候最有可能是那一類型？
(A) 熱帶莽原氣候　(B) 熱帶季風氣候　(C) 溫帶地中海型氣候　(D) 溫帶海洋性氣候　(E) 溫帶大陸性氣候

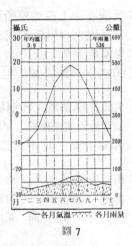

圖7

42. 從璦琿到騰衝所連成的直線，將中國人口分布圖分成東南和西北兩個部分，東南半部的土地面積占全國總面積的36％，人口占全國總人口的96％。西北半部的土地和人口則分別占64％和4％。就東南半部和西北半部這兩個區域來比較，它們的平均人口密度之比例，最接近下列那一組比值？
(A) 9：1　(B) 14：1　(C) 24：1　(D) 43：1

43. 位於非洲邊緣的馬達加斯加島，其文化景觀受下列那一個國家的影響最大？
(A)印尼　(B)日本　(C)英國　(D)西班牙　(E)葡萄牙

44. 在台東縣長濱鄉的山洞裏發現了海沙堆積的痕跡，並有海蝕現象。僅就這些現象加以推論，下列那些論點可以成立？
㈠全世界的海水面正在下降　㈡全球增溫正在進行　㈢當地的陸塊正在抬升中　㈣當地的陸塊有離水現象　㈤這些山洞曾經在海平面位置
(A)甲乙　(B)甲丙　(C)乙丁　(D)丙戊　(E)丁戊

45. 河流在中上游地區所沖刷的泥沙，會隨著河水漂流到下游，並且常常在出海口附近形成大片的沖積平原，稱為潮埔。下列何者的潮埔規模最大？
(A)淡水河口　(B)大肚溪口　(C)濁水溪口　(D)蘭陽溪口　(E)花蓮溪口

46. 美國在早期為了種植棉花的需要，從非洲輸入大量的奴工。依據這個背景因素來推論，早期的黑人人口最可能集中於美國的那一地區？
(A)東北部　(B)中西部　(C)西部　(D)北方　(E)南方

47. 由於少數國人非法輸入犀牛角，使得台灣受到國際環境保護團體的抨擊。這些犀牛角的原產地最可能是下列那一個國家？
(A)印尼　(B)美國　(C)肯亞　(D)巴西　(E)中國大陸

48. 中山先生說：「民族主義之範圍，有以血統宗教為歸者，有以歷史習尚為歸者，語言文字為歸者，复乎遠矣；然而最文明高尚之民族主義範圍，則以意志為歸者也。」這一段話主要是在強調民族構成的那一要素？
(A)主觀要素　(B)客觀要素　(C)歷史要素　(D)文化要素　(E)遺傳要素

49. 為了改變人民對政府的矛盾態度，應該一方面增加人民對政府的信任，一方面提高政府服務人民的能力，中山先生針對此一問題所提出的主要解決方法為何？
(A)直接民權　(B)均權制度　(C)權能區分　(D)主權在民　(E)五權分立

貳、多重選擇題

說明：第 50 至 55 題，每題的五個選項各自獨立，其中至少有一個是正
　　　確的。選出正確選項，標示在答案卡之「選擇題答案區」。每題
　　　答對得 2 分，答錯不倒扣，未答者不給分。只錯一個可獲 1 分，
　　　錯兩個或兩個以上不給分。

50. 依據民權主義的觀點，如欲增進政府的效能，必須落實那些理念？
　　(A) 五權分立　　(B) 主權在民　　(C) 革命民權　　(D) 專家政治　　(E) 權
　　能區分

51. 下列關於政權、民權與人權的敘述，何者是正確的？
　　(A) 政權、民權與人權三個名詞之意義與內容皆相同
　　(B) 人權係指只要是人便應享有的權利，相當於「人民的基本權利」
　　(C) 民權係指人民有權利參與國家統治權的行使，又稱為政權
　　(D) 人權是民權的保障，民權是人權的基礎
　　(E) 由西方歷史觀察，人民向君主爭取的人權，經法律保障後成為民權

52. 地方自治是以地方人民為主體，以地方公共事務為對象。換言之，
　　就是地方上的人民在國家法律範圍內，自己制定自治法規，自己選
　　舉自治人員組成自治政府，來管理本地方的公共事務。下列有關我
　　國實施地方自治的敘述，那些是正確的？
　　(A) 我國現行地方自治團體分為省（直轄市）、縣（省轄市）及鄉鎮
　　　　（縣轄市）三級
　　(B) 中山先生主張要實施地方自治一定要實行直接民權
　　(C) 我國第一屆省長選舉係依據『台灣省實施地方自治綱要』辦理
　　(D) 清戶口、立機關、定地價、修道路、墾荒地、設學校等為地方自
　　　　治的中心工作
　　(E) 地方自治由地方人民組設自治機關，行使自治職權，有獨立自主
　　　　之權，與中央政府無涉

53. 中山先生認為：「欲泯除國界而進於大同，其道非易。」但堅信「將來世界上總有和平之望，總有大同之一日。」下列那些敍述可以佐證中山先生的看法？
   (A) 東歐、非洲的種族衝突不斷，造成生靈塗炭，唯有放棄民族主義才能邁向世界大同
   (B) 二十世紀是三民主義世紀，足可斷言未來世界必是世界大同
   (C) 歐洲經濟共同體、北美自由貿易區、亞太經合會等國際合作組織陸續成立，說明合作代替對抗的時代已來臨
   (D) 聯合國的軍隊打敗伊拉克，協助科威特復國，說明濟弱扶傾不是神話
   (E) 南非結束種族隔離的政策；以阿簽訂協議同意巴勒斯坦人自治，顯示人類在後冷戰時期已朝和平的方向邁進

54. 基於民族尊重與族群融和的前提，近年來政府除將「山胞」更名為「原住民」外，也積極推展少數民族保護政策，其具體措施有：
   (A) 於少數民族居住地區設置民族自治區
   (B) 增加憲法條款以保障少數民族的權益
   (C) 發放原住民年金以改善其經濟生活
   (D) 在台北、高雄兩直轄市增設原住民議員席位
   (E) 修正「姓名條例」，原住民可申請回復原有姓氏

55. 監察院的組織與職權，配合修憲作若干修訂。下列有關監察院的敍述，何者正確？
   (A) 監察院不再定位為中央民意機關
   (B) 監察委員由總統提名，經國民大會同意後任命
   (C) 監察院職掌審理政黨違憲解散事項
   (D) 監察院院長、副院長由監察委員互選產生
   (E) 北歐監察長制度與我國監察院制度完全相同

參、題組題

說明：第56題至80題為題組題，每組有2-3個子題，其中有些子題
是多重選擇題，題後會以（多選）方式註明；有些子題是單一選
擇題。選出正確選項，標示在答案卡之「選擇題答案區」。每一
子題答對得2分，答錯不倒扣，未答者不給分。多重選擇題只錯
一個可獲1分，錯兩個或兩個以上不給分。

56-57為題組

「關東老農陳生，受田百畝，躬耕而食，家道殷實，所育三子均已成年。
長子伯文忠厚樸實，勤於農事；次子仲武身心武健，徵為府兵；三子叔
斌聰明俊秀，得意貢舉。」根據文中的內容敘述，請回答下列問題：

56. 勤於農事的伯文，必須為國家盡那些義務？
　　㈲持銀兩繳納賦稅　㈡以實物繳納田租　㈢用實物繳納戶調　㈣輸
　　錢以供政府雇役　㈤隨時負擔額外課賦
　　(A)甲乙　(B)甲戊　(C)乙丙　(D)丙丁　(E)丁戊

57. 仲武應徵從戎，其軍旅生活有那些特色？
　　㈲糧食衣裝均須自備　㈡平時農閒兼習戰陣　㈢定期應調入京宿衞
　　㈣子女必須世襲軍職　㈤每歲定時負擔徭役
　　(A)甲乙丙　(B)甲乙戊　(C)甲丙丁　(D)乙丁戊　(E)丙丁戊

58-59為題組

圖8是一幅有關希特勒和史達林的政治漫畫，請根據圖中綁在兩人脚上
的繩索所象徵的意義，回答下列問題：

58. 希特勒願意與史達林綁在一起的主要
　　原因是什麼？
　　(A)化解德國東顧之憂,俾全力對付英法
　　(B)消除俄國對日德反共公約的疑慮
　　(C)方便德國與東南歐獨裁政權聯繫
　　(D)誘使俄國轉向巴爾幹半島求發展

圖8

59. 兩人連腳就綁後，對世局造成什麼影響？
    (A)希特勒乘機進占奧國與捷克　　(B)刺激美國首度實施平時徵兵
    (C)德俄兩國進而協議瓜分波蘭　　(D)日本受鼓舞而發動七七事變

60-61 為題組

表二是南美各國的社經資料，試問

60. 某跨國公司想到南美設立工廠，選擇設廠國家的考慮因素之一是各國可勞動人口數的多寡。如果將15歲到64歲之間的人口數視為可勞動人口，則下列那一個國家的可勞動人口比例最高？
    (A)哥倫比亞　(B)玻利維亞　(C)巴西　(D)智利　(E)烏拉圭

61. 人口增加的原因包括自然增加和移民增加。就自然增加而言，下列那一個國家每年增加的人口最多？
    (A)委內瑞拉　(B)哥倫比亞　(C)阿根廷　(D)秘魯　(E)巴拉圭

表 二

社經特性 國家	人口 （千人）	人口自然 增加率 （％）	15歲（不含） 以下人口 （％）	65歲（不含） 以上人口 （％）	國民生產 毛額 （美元）	都市化人 口比率 （％）
委內瑞拉	20,700	2.6	37	4	2,610	84
哥倫比亞	349,000	2.1	34	4	1,280	68
阿根廷	33,500	1.3	30	9	2,780	86
玻利維亞	8,000	2.7	41	4	650	51
秘魯	22,900	2.0	38	4	1,020	72
巴西	152,200	1.5	35	5	2,920	76
智利	13,500	1.6	31	6	2,160	85
烏拉圭	3,200	0.9	26	12	2,860	89
巴拉圭	4,200	2.7	40	4	1,210	48

<u>62-64 爲題組</u>

圖 9 是某地區的等高線圖。試問：

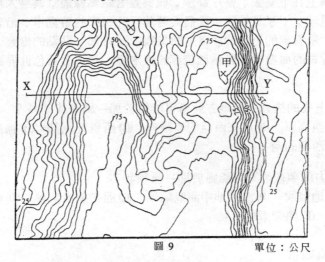

圖 9　　　　　　單位：公尺

62. 圖中 X－Y 的剖面形狀較接近下列何者？

(A)　　　　(B)　　　　(C)　　　　(D)　　　　(E)

63. 該圖最有可能爲何種地貌表現出的等高線形狀？
　　(A) 砂頁岩形成的單面山地形　　　(B) 冰河刻蝕的 U 形谷
　　(C) 火山噴發的錐狀山丘　　　　　(D) 被河川切割的台地
　　(E) 風積的沙丘地形

64. 圖中甲與乙兩個「×」符號所在的位置，其高度差最接近下列何者？
　　(A) 30 公尺　(B) 40 公尺　(C) 50 公尺　(D) 60 公尺　(E) 70 公尺

65-66為題組

「從飛機上往下望去，整片黃沙，偶夾雜著點點綠叢，真令人以為到了另一個星球。下了飛機後，我們乘著旅行社租來的遊覽車，沿著海岸公路疾馳，所看到的仍是黃沙為主的景觀，同時那一點點的綠叢，近看原來是一株株的橄欖樹，與稀稀疏疏的灌木叢，為這個黃色世界添增一分生氣。」

65. 根據上文的描述，該地方最有可能位於那一國家或地區？
   (A)巴西高原　(B)馬來西亞的婆羅洲　(C)西班牙南部　(D)挪威北部
   (E)紐西蘭的南島

66. 該地方的氣候最有可能屬於那一種類型？
   (A)高地氣候　(B)溫帶地中海型氣候　(C)溫帶季風氣候　(D)熱帶莽原氣候　(E)熱帶雨林氣候

67-68為題組

表三為某國五個城市不同年份的人口數及相對百分比。試問：

67. 1980到1990年間，那一個城市人口成長速率最快？
   (A)甲市　(B)乙市　(C)丙市　(D)丁市　(E)戊市

68. 那一個城市的人口持續呈現負成長？
   (A)甲市　(B)乙市　(C)丙市　(D)丁市　(E)戊市

年份	甲市 人口數	%	乙市 人口數	%	丙市 人口數	%	丁市 人口數	%	戊市 人口數	%	合計 人口數	%
1970	2945915	46.04	1399870	21.88	1626993	25.43	290696	4.54	134697	2.11	6398171	100.00
1980	4479184	50.03	1546626	17.28	2202768	24.60	281218	3.14	442988	4.95	8952784	100.00
1990	7567693	53.95	1710234	16.00	2505986	23.44	256803	2.40	450942	4.22	10691658	100.01
1994	5897461	53.79	1764630	16.09	2583552	23.56	254861	2.32	463614	4.23	10964118	99.99

69-70 為題組

海岸地帶超抽地下水有可能導致環境變遷。試問：

69. 下列現象有幾項可能是由於海岸地帶超抽地下水所形成的？
   ㈠ 地下水位下降　㈡ 地下水質鹽化　㈢ 地層下陷　㈣ 海岸侵蝕
   (A) 一項　(B) 二項　(C) 三項　(D) 四項

70. 上述現象在台灣島嶼區的那一個地區最明顯？
   (A) 北部沈水的岩岸
   (B) 西南部離水的沙岸
   (C) 南部珊瑚礁海岸
   (D) 東部斷層海岸
   (E) 離島珊瑚礁海岸

71-72 為題組

颱風是一種熱帶氣旋，中心的氣壓低。民國八十三年夏天的道格颱風和弗來特颱風分別從台灣北部過境，帶來不少災害。試問：

71. 當這些颱風過境之後，給台灣中南部地區帶來大量豪雨。這些豪雨是由什麼氣流所引發？
   (A) 西南氣流　　　　(B) 東南氣流　　　　(C) 東北氣流
   (D) 西北氣流　　　　(E) 噴射氣流

72. 這些引發豪雨的氣流，又在台灣的那一個地區造成焚風現象？
   (A) 北部　(B) 中部　(C) 西部　(D) 南部　(E) 東部

73-74 為題組

中山先生在『孫文學說』第八章說：「國家富強，民權發達，如歐洲列強者，猶未能登斯民於極樂之鄉也。是以歐洲志士，猶有社會革命之運動也，予欲為一勞永逸之計，乃採取民生主義，以與民族民權問題，同時解決，此三民主義之主張所由完成也。」

73. 由以上陳述，中山先生民生主義思想能具體完成，主要受下列何者影響？
   (A) 滿清腐敗，君昏政紊，民生凋敝，民不堪命
   (B) 歐洲工業革命後，發生社會問題所引致的隱憂
   (C) 會黨被滿清利用，革命士氣隱晦不彰
   (D) 列強侵略壓迫，中國喪失獨立自主的地位
   (E) 我國豐富的資源多未開發利用

74. 中山先生有關民生主義的思想，最早出現在同盟會宣言中，他主張那一思想？
   (A) 節制私人資本
   (B) 發達國家資本
   (C) 耕者有其田
   (D) 平均地權
   (E) 土地國有

75-76 為題組

近年來，我國由於民主開放的腳步加速，部分國人未能適應解嚴之後的社會新局面。社會各階層往往為爭取自身權益，而有逾越本分，違法脫序的行為；甚或為謀取非分利益，不惜製造輿論，歪曲事實，破壞公權力。自力救濟，抗議示威，圍堵抗爭，非法集會，暴力事件等現象，層出不窮，在在顯示國人對中山先生在民權主義中所主張的自由與法治的觀念，欠缺正確的認識。

75. 下列那些觀點符合中山先生所揭示的「合理的自由」？（多選）
　　(A) 個人不可太過自由，集會、遊行和言論等自由仍應受到規範
　　(B) 個人自由與社會利益衝突時，應以個人自由為優先考慮
　　(C) 在特定的條件下，得以犧牲個人的自由，以求得國家之自由
　　(D) 自由為天賦的人權，在任何情形之下個人均應享有絕對的自由
　　(E) 為了防止妨礙他人自由，可以合理限制個人自由

76. 依據民權主義的觀點，自由與法治應有的關係為何？（多選）
　　(A) 自由應以法律為範圍　　　　(B) 自由應取決於民意而非訴諸法律
　　(C) 法治的目的是為了保障自由　(D) 強調法治會妨害自由的發展
　　(E) 法治必須建立在自由的基礎上

77-78 為題組

「從前有一個苦力，天天在輪船碼頭，拿一枝竹槓和兩條繩子去替旅客挑東西，每日挑東西就是那個苦力謀生之法。後來他積存了十多塊錢，當時呂宋彩票盛行，他就拿所積蓄的錢買了一張呂宋彩票。那個苦力因為無家可歸……所以他就把所買的彩票收藏在竹槓之內。……到了開彩的那一日，他便至彩票店內去對號數，一見號單，知道自己中了頭彩，可以發十萬元的財；他就喜到上天，幾乎要發起狂來，以為從此便可不用竹槓和繩子去做苦力了，可以永久做大富翁了。由於這番歡喜，便把手中的竹槓和繩子一齊投入海中。」（『民族主義』第三講）

77. 中山先生以此一精彩故事來說明民族主義與世界主義的關係。其比喻為何？（多選）
　　(A) 以呂宋彩票比為民族主義　　(B) 以竹槓比為民族主義
　　(C) 以竹槓比為世界主義　　　　(D) 以繩子比為世界主義
　　(E) 以呂宋彩票比為世界主義

78. 中山先生此一故事可以引申出民族主義的重要理念。包括下列何者？
（多選）
(A) 發達民族主義，必先鞏固世界主義
(B) 世界主義是從民族主義發生出來的
(C) 弱小民族唯有以世界主義保障自己
(D) 世界大同的理想非一步登天，要循序漸進
(E) 各民族自保互重後，世界人類方能共有、共治、共享

79-80 為題組

政府為因應政治發展及社會變遷的需要，冀求民主政治更見落實，憲政運作益趨靈活，自民國80年至83年間，已先後完成三階段的修憲，中央政府部分機構之職權也略作調整。

79. 依憲法增修條文的規定，下列那些人員之任期有顯著改變？（多選）
　(A) 總統　　　　　(B) 副總統　　　　　(C) 國民大會代表
　(D) 立法委員　　　(E) 監察委員

80. 國民大會的職權亦隨修憲而調整，下列那些是修憲後國民大會的職權？（多選）
(A) 選舉總統、副總統
(B) 提出總統、副總統罷免案
(C) 複決立法院所提之憲法修正案
(D) 議決監察院提出之總統、副總統彈劾案
(E) 對總統提名之行政院院長人選行使同意權

84年度學科能力測驗社會科試題詳解

壹、單一選擇題

1. B

【解析】林肯解放黑奴係保障人權，而選項中只有王莽改革，曾禁販奴婢，亦是保障人權的一種表現。

2. C

【解析】(A) 職方外紀係艾儒略所編之輿地書籍。
(B) 天工開物係宋應星所編的科技百科全書。
(C) 本草綱目係李時珍所編的醫書，為我國古代醫藥學之總成。
(D) 神武圖說係南懷仁撰寫有關西洋火器之學的書籍。

3. E

【解析】(甲) 管仲：幫助齊桓公首先稱霸中原，提出尊王攘夷的主張。
(乙) 張騫：西漢打開西域門戶之人，促使東西交通大開，文化交流。
(丙) 蘇武：西漢武帝時受命出使匈奴，被長期拘留，不為所屈，表現出民族的正氣。
(丁) 文成公主：唐太宗時下嫁吐蕃"棄宗弄瓚"，而將中國文化及佛教傳入西藏。
(戊) 鄭和：明成祖時受命西航，使國人對海外情況更了解，且激起國人海外殖民與貿易的興趣。
所以答案應該是(乙)(丁)(戊)三者有促進民族間的文化交流。

4. C

【解析】宋朝係以理學為主，且理學講究修養，砥礪名節，使道德規範更嚴密。

5. **B**
　【解析】㈠ 史通：係中國首部史學理論的專書。
　　　　　㈡ 通志：則爲典章制度的書籍。
　　　　　㈢ 廿二史箚記：係史事考訂訓釋之專書。
　　　　　㈣ 日知錄：亦爲史事考訂訓釋之書。
　　　　　㈤ 文史通義：亦爲史學方法之名著。

6. **D**
　【解析】周代宗法制度強調嫡庶之分、大宗、小宗之別，而此區別
　　　　　係由「天」所造成，人亦不能爭。

7. **C**
　【解析】春秋末期的弭兵主要因爲晉楚兩強爭霸而起，而弭兵是否
　　　　　能夠成功，端視晉楚兩強的態度而定。

8. **C**
　【解析】此句話充分表現唐朝胡風甚盛，華夷區別不是非常明顯的
　　　　　象徵。

9. **D**
　【解析】本題的主旨在探討中國歷史上社會階級的流動，較沒有階
　　　　　級的畫分，平民可以憑自己能力，努力而改變自己的身分
　　　　　地位，而此舉在科舉考試制度中較有可能。所以㈣㈤皆可；
　　　　　且㈡戰國時國君用人唯才沒有貴庶之別。

10. **C**
　【解析】科舉考試有助於社會階級的流動，所以我國的社會階級區
　　　　　別不及歐洲及日本明顯。

11. **A**
　【解析】此首詩表現出人只要順從自然的變化，且無需智慧、文明，
　　　　　人們仍怡然自樂，係道家思想的表現。此詩解答的關鍵在
　　　　　「怡然有餘樂，于何勞智慧」。

12. **D**

　【解析】賈誼評論漢匈關係，主要因平城之圍後，高祖採和親納幣
　　　　　的政策，至文帝時亦容忍抑制，不願加以征伐，賈誼認爲
　　　　　這是一種大國之羞恥，所以答案應爲(乙)(丁)(戊)。(甲)在賈誼生
　　　　　時漢朝尚未征伐匈奴，而(丙)則係漢武帝末年的耻辱，此時
　　　　　賈誼早已去逝，無從預見。

13. **A**

　【解析】(C)宋朝，(D)明朝並非多種族的國家。
　　　　　而(B)唐朝安史之亂，一方面是唐玄宗晚年朝政敗壞，及安
　　　　　祿山的野心所造成，並非唐境內族群對立衝突而起。
　　　　　　(A)西晉初即有有智之士提出漢胡之間的衝突日益嚴重，
　　　　　　　應將胡族遷回塞北之地，此種族群對立衝突終於引發
　　　　　　　五胡之亂，而導致西晉滅亡。

14. **C**

　【解析】安史之亂後唐人對華夷之別愈來愈嚴格；同時佛教被視爲
　　　　　外來宗教，引起知識份子本土意識的提昇，揚道而棄佛，
　　　　　這都代表中唐以後，士人態度的轉變。

15. **E**

　【解析】此題的主旨在強調我國迫於形勢，與外國簽約，而無法保
　　　　　障自己應有的國土，造成部份領地的喪失(或是無法收回)，
　　　　　因此答案應是(乙)(丙)(戊)。而(甲)唐與波斯的結盟則係平等的，
　　　　　欲共同對付阿拉伯。(丁)明代罷交阯布政使司，則因治理不
　　　　　易而放棄。

16. **B**

　【解析】陸游是南宋的愛國詩人，所以只有(B)才符合題意。

17. **B**

　【解析】鴉片戰爭以前，中國對外貿易係採取類似現在之保護主義
　　　　　的政策，所以容易遭致自由主義的責難。

18. **A**
 【解析】圖1係代表鴉片戰爭後所開放之五口通商，而圖2則明顯表現出中國在英法聯軍後被迫全面開放，包括長江內陸通商，所以應選(A)。

19. **C**
 【解析】(A) 李鴻章係與俄國談判收回東三省，而後談判未成，李氏氣憤而死。
 (B) 曾國藩並未收回蒙古。
 (D) 袁世凱在民國四年，因山東問題與日本簽訂二十一條要求，造成著名的「五九國恥」，並未以武力收回山東。

20. **E**
 【解析】(丁) 法國於中法戰爭期間曾攻占澎湖，砲轟基隆。
 (戊) 日本則在同治十三年製造日軍侵台事件，並於光緒廿一年因馬關條約的割讓而占領台灣。

21. **A**
 【解析】中國婦女爭取男女地位的平等，始自戊戌變法前後，已有人提倡廢纏足，興女學。

22. **C**
 【解析】文中老人居於恆春古城，回憶敵寇入侵應是指同治十三年，日軍侵台，日軍登陸琅瑀（恆春）到處肆意燒殺，山胞曾壯烈抵抗之事。

23. **B**
 【解析】文中「暗殺元勳」指宋案，而「擅借巨款」指違背臨時約法，未經國會許可擅自向五國銀行團借錢之事，這些事實均為民國廿一年二次革命的起因。

24. **D**

【解析】 ㈠ 明治天皇的親政是日本被迫開放以後之事。

㈡ 幕府迫於諸侯的要求，是指江戶幕府受到外有列強壓迫，且內部在諸侯的要求之下，宣布結束幕府，還政天皇。

㈢ 三國干涉還遼則係日本於甲午戰後，打敗中國以後之事。因此日本被迫開放一方面是我國鴉片戰爭後我國被迫開放的刺激，而列強亦積極欲強迫日本開放，加上美國船堅砲利的威脅之下於一八五三年結束了鎖國政策。

25. **D**

【解析】 一八三二年以前是指英國政治和平改革及一連串社會福利政策制定之前。而一九二〇年則係英國婦女取得投票權的關鍵為分界；所以此題主旨在於一八三二年以後，英國一連串在政治及社會福利的改革。

㈠ 人民有遷徙轉業的自由：英國自中古後期即有。

㈡ 成年男女均有平等選舉權：則係婦女於歐戰後取得投票權。

㈢ 人民普遍接受國民義務教育：是指一八七〇年通過的國民教育法。

㈣ 政府未經國會同意不得徵稅：則早在一二一五年之大憲章即有規定。

㈤ 政府提供較佳的醫療保健：則指國民保險法的通過。

26. **B**

【解析】 圖中「篡位者走開」，而軍人、貴族、教士擁立國王一圖可以看出十九世紀維也納會議後各王室的復位，代表著正統主義。

27. **B**

【解析】 圖中年代自一九二〇至一九三八年煤與鋼鐵產量的增加，主要是因為史達林所進行的五年經濟計劃。

28. **C**
【解析】㈠ 門羅宣言：係保障中南美洲地區的獨立自主，係美國的
後門。
㈡ 羅加諾公約：保障歐洲地區的和平與安全。
㈢ 美澳紐公約：保障美國與南太平洋地區的和平與安全。
㈣ 阿拉伯聯盟：則係團結阿拉伯國家組織。
㈤ 北大西洋公約：保障北美與歐洲簽約國的和平與安全。
所以㈠、㈢、㈤才符合題意。

29. **E**
【解析】因地軸傾斜23.5°，故晝夜長短之變化隨緯度而遞增。午夜
太陽 midnight sun 為高緯極區夏季特有之現象，其地晝夜
變化甚大，夏季時有永晝，冬季時有永夜。

30. **E**
【解析】游牧分布於沙漠與高緯地區；放牧於溫帶草原區；山牧季
移在高地。

31. **C**
【解析】集村出現於：(1) 治安不靖，(2) 水源集中，(3) 集體耕作的平
原地區，而黃淮、松遼兩平原多盜匪。

32. **B**
【解析】高山地區之薄層土壤是因排水迅速，侵蝕強烈所造成。排
水不良之草地是因排水甚難，易積聚豐富之腐植質。台地
有密實黏土是因排水較緩，滲透較易，洗入作用較強。緩
丘之土壤形成方式和台地略似，但因坡度略大，排水較速，
故土壤層較之略薄。

33.　B

【解析】　1. 海南島為熱帶季風氣候，雨量豐沛且有明顯之乾、雨季，
易發育為酸性之氧化土(當其中發育不全時易成澱積土)。

2. 黃土高原為溫帶草原，雨量中等，易發育為近中性之軟黑
土(若再深入內陸之乾草原，則可發育為乾漠土)。

34.　A

【解析】　麥卡托圓柱投影為正向圖法之證據有三：

① 所有經線皆為正南北線　　② 所有緯線皆為正東西線

③ 所有同方位線皆為直線

然其缺點為經、緯線之比例愈向高緯愈放大，故形狀、距
離皆不正確。

35.　C

【解析】　因各種物品所發出之電磁波皆不相同，遙測即是利用電磁
波(如 x 射線、r 射線…等)來測各地理現象，故可測得
目力所不可及之現象，如地下資源…等，玉山森林火災之
範圍，可用紅外光測得，雲層的移動，亦可以分析，如衛
星雲圖。但蕈狀石只是形狀不同，岩質並無不同，且蕈狀
石太小，故無法分析其分布。登革熱乃原體疾病，亦無法分析。

36.　D

【解析】　甲市之時區是東 8 區($121°E / 15° = 8E…1°$)，較倫敦
早 8 小時；乙市之時區是西 8 區($122°W / 15° = 8W…2°$)，
較倫敦晚 8 小時，故甲市較乙市早 16 小時(二地時差 16h)。
小華於上午 8 時自甲市起飛，飛行 14 小時到達乙市，8 ＋
14 ＝ 22，但因時差 16 小時，需再減 16，22－16 ＝ 6，
故抵達時間為乙市之當日上午 6 時。

37.　B

【解析】　文中描述為米蘭大教堂。

38. **E**

【解析】墾丁國家公園位台灣最南端，有熱帶季風雨林景觀和石灰岩地形分布。

39. **D**

【解析】「青島」近海迎風，多暖夏涼，年溫差小。

「洛陽」屬溫帶季風華北型。

「和闐」屬溫帶沙漠氣候，多寒夏熱，年溫差大。

40. **A**

【解析】苗族分布以貴州為主，擺夷人分布以雲南為多。

41. **E**

【答案】此型氣候之年溫差甚大，多冷夏熱，四季分明，具溫帶之特徵；其雨量在500 mm以上，1500 mm以下，具濕潤氣候之特徵；其降雨季節為夏雨多乾，依以上三特徵綜合研判，此當為溫帶濕潤氣候中之大陸性氣候。

42. **D**

【解析】中國面積約1142萬方公里，人口約12億人

東南面積：1142萬×36％＝411.12萬（方公里）

西北面積：1142萬×64％＝730.88萬（方公里）

東南人口：12億×96％＝11.52億

西北人口：12億×4％＝0.48億

$$\frac{115200萬}{411.12萬} : \frac{4800萬}{730.88萬} \xrightarrow{接近} 43 : 1$$

43. **A**

【解析】馬島居民以馬拉加西（Malagasy）人為主，他們主體是由南洋群島馬來人（印尼為主）渡過印度洋移居於此,故保有南洋文化的特徵，以印尼影響最大。

44. **E**

【解析】① 台東長濱鄉山洞是海蝕洞,證明這些山洞曾在海平面位置。

② 洞內有海蝕現象,證明昔日沒於海水,今日因離水而露出。

45. **C**

【解析】台灣西南海岸有潮埔分布,濁水溪含沙量高,易生潮埔地形。

46. **E**

【解析】美國昔日的棉花田集中在密士失必河兩側及以東各州,由於棉田工作需要大量勞力,因而輸入大量「黑奴」,所以早期美國黑人最可能集中於美國南方。

47. **C**

【解析】此題源自時事新聞報導;若沒有此訊息經驗判定,絕非可能美國,中國大陸、印尼(雨林氣候),只剩肯亞、巴西推斷一區。

48. **A**

【解析】「最文明高尚之民族主義範圍,則以意志為歸者也。」乃指構成民族主義的主觀要素——民族意識。

49. **C**

【解析】權能區分的理由,乃在於改變人民對政府的態度,補救政府無能的缺點。

貳、多重選擇題

50. **ADE**

【解析】建立萬能的政府,增進政府的效能,必須:(1) 建立五權分立的政府;(2) 實現專家政治的理想(權與能要分開,考試權要獨立。

51. **BCE**

【解析】(A) 內容意義三者皆不相同。
(B) 正確。
(C) 正確。
(D) 民權是人權的保障，如此方爲正確。
(E) 人民同君主相爭勝利後，便制定憲法，規定人民的自由權利，然後人民始獲民權

52. **ABD**

【解析】(A) 正確（台灣省縣自治法內規定）三級。
(B) 正確（一縣之內，人民直接行使四權）。
(C) 應爲省縣自治法才正確。
(D) 正確。
(E) 須由中央政府監督。

53. **CDE**

【解析】(A) 非放棄民族主義，而是放棄種族優越的偏見。
(C) 正確。 (D) 正確 (E) 正確。

54. **BDE**

【解析】(A) 並未設置民族自治區。
(B) 正確。
(C) 未發放原住民年金。
(D) 正確（83年7月通過直轄市自治法內規定）。
(E) 正確（立法院於84年初通過）。

55. **AB**

【解析】依增修條文第九條規定：
(A) 正確。
(B) 正確。
(C) 爲司法院憲法法庭之職權。
(D) 由總統提名，國民大會同意任命才正確。
(E) 並非完全相同。

叁、題組題

56～57 此一題組，主要是要學生瞭解唐代府兵制與租庸調法的精神。

56. C

【解析】 長子伯文從事農事，且已成年，所以依唐制，應以實物納田租，並用實物納戶調。所以答案應為(乙)(丙)。
其中(甲)持銀兩繳納賦稅則係德宗以後的兩稅法。
(丁)輸錢以供政府雇役，唐制則無。

57. A

【解析】 次子仲武徵為府兵，依唐制需自備糧食衣裝，平時安居農隙之時，教息戰陣，有事出征，且須應調入京，京師宿衛，所以答案應為(甲)(乙)(丙)。
(丁)子女必須世襲軍職：係明代衛所兵制，及魏晉之世兵制。

58～59 此題組係指二次大戰前，德、俄的勾結事實。

58. A

【解析】 此題係指德蘇互不侵犯條約的簽訂，使德國免去東顧之憂，導致希特勒敢於發動歐洲戰爭。

59. C

【解析】 (A) 希特勒進占奧國與捷克分別在一九三八年、一九三九年，在德、蘇簽約之前。
(B) 美國實施平時徵兵在英法戰敗後。
(C) 德、俄的簽約即協議瓜分波蘭。
(D) 日本發動七七事變在一九三七年，亦在德、蘇簽約之前。

60. D

【解析】 將表中幼年人口（15歲以下）及老年人口（65歲以上）之人口比例相加，即為須扶養之人口比例，此比例愈低者（智利為37％），可勞動人口比例則愈高（智利為63％）。

61. **B**

【解析】人口之自然增加總數＝人口數×人口自然增加率
依表中資料統計，哥倫比亞之總人口數最多，故自然增加
率雖非最高，其增加總數仍為最高，而秘魯之自然增加率
雖為昇高（2.7％），但因人口數僅800萬，故增加數甚低。

62. **A**

【解析】由等高線分佈之疏密可研判坡度之陡緩（分布愈密，坡度
愈陡）。等高線若經河谷地，則必成V字形，且尖端指向
上游，由以上之研判可知由X→Y是經陡坡爬升，至上為
平坦之台地，經下陡坡至河谷，再上緩坡至另一平台面後，
又陡降至低平處，故以A圖最適。

63. **D**

【解析】由62.題之剖面圖研判，此當為一平頂台地，中央部分被河
流切割成谷地，此河流為由南向北流。

64. **C**

【解析】由此圖研判可知其間距值為5m，甲在80m之線內，故其
高度在80m以上，85m以下。乙在35m之線外，故其高
度在35m以下，30m以上，兩地高度約有50m之差距。

65. **C**

【解析】文中提到「近看原來是一株株的橄欖樹，與稀稀疏疏的灌
木叢」，這種植物景觀為地中海氣候所有，所以判定西班
牙南部。其他巴西高原（熱帶莽原型）、婆羅洲（熱帶雨
林型）、挪威北部（極地型）、紐西蘭南島（溫帶海洋性）
皆非。

66. **B**

【解析】同上。

67. **A**

【解析】人口成長速率＝(後年之人口百分比)－(前一年之人口百分比)
依表格資料計算可知甲市為53.95％－50.03％＝3.92％
為最高者。

68. **D**

【解析】依表格資料可知丁市由一九七○至一九九四之人口所占比例
年年下滑，故為持續之負成長。

69. **D**

【解析】海岸地帶超抽地下水，可能導致地下水位下降，海水入侵使
地下水質鹽化，地層下陷海水倒灌，海岸受侵蝕。

70. **B**

【解析】台灣西南部海岸上升,泥沙淤積屬離水堆積海岸。嘉義沿海和屏
東林邊、佳多等鄉因大量抽取地下水導致海水入侵,水質鹽化。

71. **A**

【解析】颱風為熱帶強烈之氣旋(屬地方風系),
屬低氣壓系統,為氣流輻合區。若颱風自
台灣北部過境，則由氣旋風向推知,中南
部當吹強烈之西南風,為其帶來豪雨(見附圖)。

颱風風向圖
→ 表風向
⌒ 表等壓線

72. **E**

【解析】焚風出現於中央山脈之背風坡,由附圖可
知當在東部出現乾燥炎熱之特殊天氣狀況。

73. **B**

【解析】此題乃指歐洲列強、貧富不均。
(A) 滿清腐敗。　　　(B) 正確，因而主張思患預防。
(C) 錯誤(此為民族主義的喪失)
(D) 錯誤。　　　(E) 錯誤。

74. **D**

【解析】同盟會誓詞:「驅除達虜,恢復中華,建立民國,平均地權。」

75. ACE

【解析】(A) 正確。

(B) 應以社會利益爲優先考慮。

(C) 正確（例如憲法 23 條所規定）。

(D) 錯誤（應爲有限制的自由）。

(E) 正確。

76. AC

【解析】(A) 正確。　　　(B) 自由應訴諸法律，非民意。

(C) 正確。　　　(D) 錯誤。

(E) 錯誤（應是自由建立在法治的基礎上）。

77. BE

【解析】中山先生以竹槓比喻爲民族主義，彩票爲世界主義。

78. BDE

【解析】民族主義第四課發達世界主義必先鞏固民族主義，國父理想的世界主義是從民族主義發生出來的，弱小民族能自立自強，全能建立共有、共治、共享的大同世界。

79. ABC

【解析】(1) 總統、副總統任期改爲四年（原六年）。

(2) 國大代表原任期六年，改爲四年。

(3) 立委四年，監委六年並未更改。

80. BCD

【解析】依增修條文規定：

(A) 選舉總統、副總統自由地區人民選舉之

(B) 提出總統、副總統罷免案（正確）。

(C) 複決立法院所提之憲法修正案（正確）。

(D) 議決監察院提出之總統、副總統彈劾案（正確）。

(E) 對總統提名之行政院院長人選行使同意權（此爲立法院職權）。

八十三年大學入學學科能力測驗試題
社會考科

壹、單一選擇題

說明：下列第1題至第65題，每題2分，答錯不倒扣。將最適當的選項，
　　　標示在答案卡上之第一部分答案區。

1. 孫中山先生認為造成中國人像一盤散沙，民族不夠團結的主因為何？
　(A) 在外族帝制專斷的統治下，人民喪失了關心公共事務的能力
　(B) 異族的征服者過於強大，中國人團結也沒用
　(C) 中國人的家族觀念過於發達　(D) 過早提倡天下一家的世界主義。

2. 時下各國普遍流行將國營事業開放民間經營，試問這種決策的主要
　著眼點為何？
　(A) 實現社會公平　　　　　　　(B) 增進社會福利
　(C) 提高經營效率　　　　　　　(D) 揚棄共產主義。

3. 下列那一項敘述最能說明三民主義是「國家發展」的指導綱領？
　(A) 以打不平的精神，將民族革命、政治革命與社會革命，畢其功於一役
　(B) 聯合世界上以獨立國家待我之民族，共同奮鬥
　(C) 主張促進中國之國家地位平等、政治地位平等以及經濟地位平等
　(D) 主張依軍政、訓政、憲政三個時期來推行建設。

4. 「濟弱扶傾」的精神是孫中山先生民族主義的一項特色，因為三民
　主義的民族主義強調民族平等與濟弱扶傾，所以中國一旦強盛之後，
　不會步上帝國主義侵略之路。下列敘述，何者符合此一意義？
　(A) 民族主義好比彩票，世界主義有如竹槓，只要鞏固了民族主義，
　　　就可以拋棄世界主義，如同有了新財源就可以不要舊生計。
　(B) 歷史上中國的四鄰多半前來中國進貢，即使民國成立，仍有尼泊
　　　爾的廓爾喀族前來納貢，這就是民族平等與濟弱扶傾的表現。
　(C) 不主動挑起戰爭，也不畏懼強權的侵凌，譴責侵略者的暴力，但
　　　不與其一般民眾為敵以避免傷及無辜。
　(D) 為了改善中國境內少數民族的社會經濟地位，加強以漢族為中心
　　　的同化，並推廣漢人的生產方式，乃是濟弱扶傾的具體實踐。

5. 下列是有關我們國家當前處境的敘述：
   (甲)分離意識是影響國家團結的唯一危機　(乙)中共一面高唱「和平統一」，卻不放棄「武力犯台」　(丙)中共主張的「和平統一」就是「一國兩府」，貶抑我為地方政府　(丁)中共的「和戰並用」策略，就是「以戰迫和」，兼併台灣。試問那些是正確的？
   (A) 甲丙　(B) 甲丁　(C) 乙丙　(D) 乙丁。

6. 下列是有關西方近代民權運動障礙與逆流的敘述：
   (甲)俾斯麥實行民族社會主義以保護勞工，延緩了民權革命運動之發生　(乙)近代威脅民主政治的大逆流是法西斯與納粹的專權統治　(丙)極權政治最大的罪惡就是運用新的控制技術來愚民　(丁)本世紀初的俄國革命推翻沙皇之後，造成暴民政治與皇室復辟的惡性循環。試問那些是正確的？
   (A) 甲乙　(B) 甲丁　(C) 乙丙　(D) 丙丁。

7. 下列是有關民族主義基本主張的敘述：
   (甲)剷除分裂割據與加強各族團結是內求統一之道　(乙)濟弱扶傾與世界大同是我國民族自救的目標　(丙)當前民族自救的中心任務就是以武力統一中國　(丁)外求獨立，其意義就是求中國之自由平等。試問那些是正確的？
   (A) 甲乙　(B) 甲丁　(C) 乙丙　(D) 丙丁。

8. 下列是有關中華民國憲法增修部分的敘述：
   (甲)民國八十一年，第二階段實質修憲，以不變動憲法本文和五權分立的精神為原則　(乙)第二階段修憲，主要調整的部分包括中央政府體制、地方制度和基本國策　(丙)依憲法增修條文規定，監察委員自第二屆起由總統提名，經國民大會同意任命，仍為中央民意代表　(丁)依憲法增修條文規定，總統、副總統自民國八十四年起由自由地區全體人民選舉之。試問那些是正確的？
   (A) 甲乙　(B) 甲丁　(C) 乙丙　(D) 丙丁。

9. 中國古代有一部關於農業、手工業生產技術和操作方法的書，附有繪圖，宛如科技百科全書。此書的書名是什麼？
   (A) 夢溪筆談　(B) 本草綱目　(C) 天工開物　(D) 農政全書。

10. 一九二九年，有人領導「平教總會」，在河北定縣實驗改造鄉村。這項創舉具有多種特質，即：革命的、教育的、科學的、民主的和佈道的。此人應是指誰？
    (A) 晏陽初　(B) 蔡元培　(C) 陳獨秀　(D) 胡適。

11. 「刀過處頭落，一腔熱血休落在地下，都飛在白練上者。若委實冤枉，如今是三伏天道，下尺瑞雪，遮了竇娥尸首。著這楚州亢旱三年。」這種文學的表達形式，在何時最盛行？
    (A) 魏晉　(B) 唐　(C) 宋　(D) 元。

12. 二十世紀初，有人到湖北、湖南地區旅行，正巧遇到重大政治事件發生，武昌城門上的龍旗被拉下，換上義旗。假設他以隨身攜帶的電影攝影器材錄製了當時的情形，他所拍攝的紀錄片應與那一事件有關？
    (A) 華興會成立　(B) 辛亥革命爆發　(C) 粵漢鐵路保路風潮高漲
    (D) 清帝遜位，孫中山當選臨時大總統。

13. 「五陵年少金市東，銀鞍白馬度春風，落花踏盡遊何處，笑入胡姬酒肆中。」這是描寫那一時代的社會風氣？
    (A) 漢　(B) 唐　(C) 宋　(D) 清。

14. 關於「湯武革命」這個歷史名詞，下列的解釋，何者較符合傳統的含義？
    (A) 革命指一個大的變動，表示在夏商及商周之際都出現了大變動
    (B) 革命指武力推翻前一朝代，表示夏商及商周之際都經過慘烈的戰爭
    (C) 革命指讓天下於有德者，表示夏商及商周之際的王朝轉變並無變動或戰爭
    (D) 革命指改易天命，表示夏商及商周之際的變易是順乎天命、應於民心的事。

15. 唐人懷古詩有云：「王濬樓船下益州，金陵王氣黯然收，千尋鐵鎖沉江底，一片降旛出石頭。」詩中追懷的古事是什麼？
    (A) 劉備為關羽報仇，出兵伐吳　(B) 晉武帝平吳　(C) 苻堅率兵南下，敗於淝水　(D) 隋文帝平陳。

16. 宋代是一個社會經濟向前發展的階段，明代中期以至清初，也是社會經濟向前發展的階段，但兩個階段之間似乎並不相連，其主要原因是什麼？
(A) 受到戰爭破壞與元朝統治的影響　(B) 受到理學思想與科舉制度的影響　(C) 欠缺傑出的政治家、思想家與科學家　(D) 欠缺外來文化，特別是西方文化的刺激。

17. 一九六〇年，有位八十歲的老人追述他在十多歲時山東家鄉的情形：「大刀會曾在火神廟唱戲，蓋了許多神栅，兩旁排的大刀，插的是紅纓槍，可真威武。神栅兩旁寫了一副對聯，口氣可真大，上面寫的是：『一口寶劍震乾坤，替天行道安天下』」。試問這些大刀會的成員和下列那一團體組織有關？
(A) 與三合會、哥老會一樣，都是洪門的別名分支　(B) 與太平軍合流的捻匪　(C) 是義和團的前身，習拳弄棒，宣稱殺洋滅教　(D) 是籌安會的主要成員，鼓吹袁世凱進行帝制。

18. 「廢兩改元」是將銀兩廢除，交易改用新鑄銀元計算，又統一幣制，並統一貨幣。外滙買賣不受限制，打破外國銀行的獨占。這些財政上的改革對農工生產以及商業發展，影響極大。試問這些改革是在那一時期實施的？
(A) 民國初年　(B) 北伐以後，抗戰之前　(C) 抗戰勝利之後，大陸淪陷之前　(D) 政府遷台之後。

19. 一八一五年的維也納會議和四國同盟，以及二十世紀的國際聯盟和聯合國，就成立的動機而言，它們之間有何共同之處？
(A) 以會議制度，協商共同利益，維護和平　(B) 提倡平等的民族主義　(C) 領導裁軍運動，避免國際戰爭　(D) 建立自由民主的世界。

20. 近代中國對外國政府所擬照會中，曾出現「貴國王存心仁厚，自不肯以己所不欲者施之於人」、「以害人之物，恣無厭之求」、「貴國王政令嚴明，祇因商船來多，前此或未加察」等語，此一照會應屬：
(A) 林則徐給英國女王　(B) 恭親王給法國國王　(C) 李鴻章給俄國沙皇　(D) 袁世凱給日本天皇。

21. 自從一八〇五年英國艦隊擊敗拿破崙的海軍以後，英國一直是海上強權，並且擁有最多的殖民地。試問到了什麼時候，英國倍感壓力，覺得海權和殖民地已受威脅，因而在外交上積極尋求結盟國家？
(A) 德國威廉二世高唱「世界政策」和「大海軍主義」時　(B) 法國拿破崙三世參與克里米亞戰爭時　(C) 義大利統一後，積極侵略北非及東非時　(D) 一八七〇年代，俄國高唱「大斯拉夫主義」，勢力伸展至地中海時。

22. 法國大革命前夕所召開的三級會議（Estates-General），依其出席代表的成員、權利、功能來比較，類似下列那種組織？
(A) 北美十三州於一七七四年召開的第一次大陸會議　(B) 十八世紀中葉英國的國會（Parliament）　(C) 克倫威爾所採行的共和政體　(D) 十九世紀初，日耳曼邦聯所設立的公會（Diet）。

23. 從歷史背景來判斷，今日到中美洲旅行，與當地居民溝通，以那種語言最方便？
(A) 英語　(B) 法語　(C) 西班牙語　(D) 葡萄牙語。

24. 「知有兵事而不知有民政，知有外交而不知有內治，知有朝廷而不知有國家，知有洋務而不知有國務。」這是對於我國近現代歷史中那一運動的批評？
(A) 清代同光時期的自強運動　(B) 清代光緒末年的維新運動　(C) 清末民初的革命運動　(D) 抗戰前夕的新生活運動。

25. 土壤的分布與氣候有密切的關係，灰化土的分布區所反映的氣候環境是：
(A) 熱乾　(B) 冷乾　(C) 熱濕　(D) 冷濕。

26. 我國年雨量750公釐等雨線，在農業地理上最大的意義是：
(A) 水稻和雜糧作物的主要分界　(B) 二穫區和三穫區的主要分界　(C) 耕種和畜牧的主要分界　(D) 多麥小米區和多麥高粱區的主要分界。

27. 上海港和天津港分別是我國中部地方和北部地方的最大商港，但都有其缺點，此二港的共同缺點是什麼？
(A) 冬季港面結冰　(B) 航道淤沙嚴重　(C) 港區潮差甚大　(D) 內陸運輸不便。

28. 「土壤肥沃，河道紛歧，灌溉便利，稻米年可二穫，甘蔗與蠶絲爲兩大經濟作物。」以上描述的景觀是那一個地區的特色？
(A) 成都平原　(B) 長江三角洲　(C) 珠江三角洲　(D) 嘉南平原。

29. 「兩湖盆地是長江流域的心臟要地」，下列那一項地理事實，最足以支持此一論點？
(A) 群山環繞於外，河川暢流於內　(B) 江漢和洞庭兩平原爲我國的重要農業區　(C) 鐵路縱貫南北，長江航道溝通東西　(D) 多溫較同緯度的長江下游地區溫暖。

30. 西亞東起阿富汗，西達地中海，政治上分立爲十六個國家。把這些國家合併爲一個地理區的最主要理由是什麼？
(A) 氣候乾燥單調　(B) 高原地形遍布　(C) 宗教信仰相同　(D) 種族單純一致。

31. 荷蘭的農地面積有85萬公頃，牧地卻有120萬公頃，形成此種土地利用方式的主要原因是：
(A) 氣候涼濕　(B) 勞力不足　(C) 排水不良　(D) 土壤鹽份高。

32. 歐洲各地區中，在地形、氣候、海洋和港灣四方面皆最具優越性的是：
(A) 東歐　(B) 西歐　(C) 南歐　(D) 北歐。

33. 非洲的肯亞和薩伊都有赤道通過國境，年溫差都小，但前者氣溫涼爽宜人，而後者終年高溫，此種差異的主要影響因素是：
(A) 地勢的高低　(B) 湖泊的大小　(C) 洋流的性質　(D) 盛行風的向背。

34. 巴西和澳洲工業發展的共同有利條件是那一項？
(A) 勞工充足　(B) 市場廣大　(C) 原料豐富　(D) 資金充裕。

35. 美國「新英格蘭」地區的農業，以酪農業和園藝業爲主。這種現象的最主要影響因素是什麼？
(A) 地形　(B) 氣候　(C) 土壤　(D) 位置。

36. 由墨西哥向東南伸展的中美地峽分屬七國,各國地理特徵的共同點是:
(A) 東岸是莽原,西岸是雨林　(B) 地形以高原爲主體　(C) 人口和都市多分布於沿海平原　(D) 糧食作物以玉米爲主。

37. 表一是政府歲收的統計,從表中可知自唐至宋,中國經濟發展之主要趨勢是:
(A) 貨幣經濟與自然經濟(以物易物爲主)均大有進步　(B) 貨幣經濟與自然經濟的進展均嫌遲緩　(C) 貨幣經濟有長足的進步,自然經濟日漸衰微　(D) 貨幣經濟日漸衰微,自然經濟有長足的進步。

表 一

種類＼年代	天寶八年 (749-750)	天禧五年 (1012-1013)	嘉祐年間 (1056-1064)	元祐元年 (1086-1087)
錢(貫)	2,000,000	26,530,000	36,822,541	48,480,000
穀物(石)	25,000,000	29,830,000	26,943,575	24,450,000
布帛(匹)	23,450,000	14,558,000	8,745,535	1,510,000

38. 表二是某地一農場的農業活動年曆。試問該農場最可能位於何處?
(A) 印度東北部　(B) 美國中西部　(C) 澳洲西南部　(D) 阿根廷東北部。

表 二

月份	1	2	3	4	5	6	7	8	9	10	11	12
耕種			施肥	種植玉米和大豆	照料作物除草		← 收　割 →				翻土	
畜牧					飼養照顧豬隻和注射疫苗等							

39. 圖1顯示:十九世紀,在歐洲有三位君王的外交關係被背後一個人所操縱,操縱者並且在一八八〇年代之間將這三位君王結成一個集團。試問背後操縱者是誰?
(A) 克里蒙梭　(B) 馬志尼　(C) 俾斯麥
(D) 加富爾。

圖1

40. 圖2顯示：一九四三年至四五年間，「地球」生病了，躺在床上，有三位醫生聯合診斷。這三位中，最右邊的是史達林，中間的是羅斯福。試問左邊的一位是誰？

(A) 張伯倫
(B) 邱吉爾
(C) 艾德里
(D) 艾森豪

圖2

41. 圖3中甲乙丙丁，何者顯示大氣層下部的對流層，在正常情況下氣溫和高度的關係？
(A) 甲　(B) 乙　(C) 丙　(D) 丁。

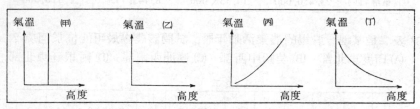

圖3

42. 圖4是甲乙丙丁四個氣壓中心的氣流平面圖，何者可表示台灣冬季季風源地的氣壓中心？
(A) 甲　(B) 乙　(C) 丙　(D) 丁。

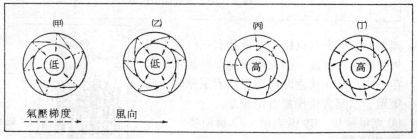

圖4

43. 圖 5 是某種地形的立體透視圖，若將其轉繪成等高線圖，則圖 6 中甲乙丙丁何者正確？
(A) 甲　　(B) 乙
(C) 丙　　(D) 丁。

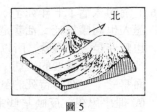

圖 5

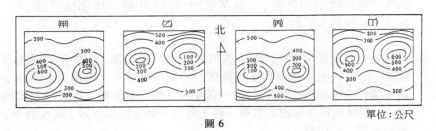

圖 6

單位：公尺

44. 一個近代中國城市，其繁榮應該歸功外國人的工商活動，外國資本是該城經濟結構的基礎，外國商人和資本家因而成為該城的貴族階級，住在該城的人都得向洋人低頭。這些洋人有他們的生活圈子，他們住在富麗幽邃的花園洋房裡，有恭順的中國僕人侍候著，生活得有如王公貴族。這座城市是：
(A) 北京　(B) 南京　(C) 廣州　(D) 上海。

45. 有一個人寫了下面一段自述，有一天大雨驟冷，忽然有不知何處闖來造反的紅衞兵，把「揪出來」的人都召到大蓆棚裡，押上台去示眾，還給我們都帶上報紙做成的尖頂高帽。在群眾憤怒的呵罵聲中，我方知我們這一大群示眾的都是「牛鬼蛇神」。我偷眼看同夥帽子上都標著名目，如「黑幫」、「國民黨特務」、「蘇修特務」、「反動學術權威」、「資產階級學術權威」等等。我一直在猜測自己是個甚麼東西。散會後，我給推趕下台，可是我早已脫下自己的高帽子看了一眼，我原來是個「資產階級學者」。試問這段自述發生於何時？
(A) 中共在江西瑞金時的政治運動　　(B) 中共在陝北的政治運動　　(C) 中共在占據大陸初期實施的勞動改造　　(D) 毛澤東發動的文化大革命。

46.「有的人活了十年死了，有的人活一百年也還是死。仁聖人要死，凶
　愚人也同樣是死。活著是堯舜，死了剩一把腐骨；活著是桀紂，死了
　也無非是一把腐骨。所以，人應當在活的時候尋快樂，無須顧死後。
　凡是情慾所需要的一切，儘量享受，一天、一月、一年、十年都好，一
　面享受，一面等待死的到來。」上述這種說法是屬於那種思想？
　(A) 理學思想，反映某些宋儒的人生觀　(B) 方士思想，反映某些道教
　的人生觀　(C) 虛無思想，反映某些清談的人生觀　(D) 出世思想，反
　映某些佛教的人生觀。

47. 某位歷史老師認為歷史課除了要傳授學生基礎知識，還要發展學生思
　維能力。有一天，他講到漢朝與匈奴的戰爭時說：「根據史書記載，
　衛青帶領大軍追擊匈奴單于，一直攻到寘顏山趙信城，雖然沒有追到
　單于，但得到很多匈奴的食糧，將士飽餐一頓，把城拆毀，餘糧燒掉，
　凱旋而歸。」這時，
　甲生舉手說：「匈奴是游牧民族，沒有農業，不會築城，可能史書記
　載有問題。」
　乙生說：「老師說的不會錯，課本上也有這個地名，不要懷疑。」
　丙生說：「漢朝和匈奴作戰，只要知道那一方勝利就行了，其他可以
　不要管。」
　丁生說：「從這條史書記載，可以知道匈奴非但已有農業，還築了城呢！」
　你認為那兩位同學在討論歷史問題時，運用了思維能力？
　(A) 甲乙　(B) 乙丙　(C) 丙丁　(D) 甲丁。

48. 一般而言，早期美國式的資本主義體制比較是一種弱肉強食，缺乏人
　道關懷，又難以解決社會平等與社會秩序失調困境的制度。採行馬列
　社會主義體制的國家則缺乏基本效能，浪費人力與物質資源，不但造
　成人民普遍的貧困，對於政治上的權益也諸多壓抑，可以說是兼具了
　「缺乏效能」與「恐怖邪惡」的雙重惡質。相對於此二者，德國和北
　歐採行民主社會主義的國家，卻是較能兼具資本主義的效能與社會主
　義的公平原則，同時又維持高度的自由民主和人道尊嚴的理想制度。
　理論上，孫中山先生的民生主義與民主社會主義是相通且相容的，為
　了避免台灣的社會走向美國式的弱肉強食，貪婪功利的資本主義體制，
　下列何者是強調民生主義的政府現階段應優先實現的政策目標？

(A) 爲平衡城鄉差距，全力興建西部走廊高速鐵路

(B) 爲落實全民福利，漸進整合各類社會保險，完成全民醫療保險

(C) 爲突破經濟瓶頸，加速產業競爭，淘汰不適合的國營事業移轉民營

(D) 爲落實住者有其屋，優先安置違章建築之拆遷戶，以利都市更新及公園規畫。

49. 中國現代化的性格不但會受文化傳統的影響，同時也會因我們所選擇的「目標性價值」而有異。講到「目標性價值」的選擇這個問題，近百年來的人物中，國父孫中山先生是非常突出的。他的三民主義等著作，是通過批判的眼光，擷取中國和西方文化中的優美因素和資源，以爲建造一個現代的中國之用。……在他的心目中，中西文化沒有體用之分，但二者卻有結合的可能；傳統與現代之間有違異之處，但二者卻有連續的性格。我們在追求中國現代化之際，孫中山先生的思想進路是很值得細心體味的。(摘引自金耀基「中國現代化與知識分子」)

讀完上文後，試從下列敍述之中，選出正確的組合：

(甲) 文章中所謂建設中國現代化所選擇「目標性價值」是指孫中山先生三民主義等的著作而言

(乙) 孫中山先生建設現代中國的思想淵源，是以西方思潮爲主導

(丙) 孫中山先生認爲中西文化沒有體用之分別，也沒有傳統與現代之揚抑，對建設現代化中國的作用是同樣重要

(丁) 三民主義本爲中國的救亡圖存而創立，對於建設現代化的中國並不適用。

(A) 甲乙　(B) 甲丙　(C) 乙丁　(D) 丙丁。

50—51 爲題組

東南亞自古深受中國和印度兩大文明古國的影響，近世復受西歐國家的殖民，居民和文化呈現過渡性和多樣性。同時，本區除帶有濃厚的殖民地式經濟色彩外，農業亦呈多樣性。試問：

50. 東南亞受兩大文明古國影響的主要原因是：

(A) 氣候相似　(B) 位置接近　(C) 海運便利　(D) 半島與島嶼分布廣大。

51. 世界農業活動的方式，因地理環境和文化背景的差異，可分為六種類型：㈠自給式農業、㈡集約式農業、㈢混合農業、㈣商業性穀物農業、㈤熱帶栽培業、㈥地中海式農業。盛行於東南亞地區的農業活動，下列何者正確？
(A) 甲乙戊　(B) 乙丙丁　(C) 丙戊己　(D) 甲丁己。

52－54 為題組

台灣係位於歐亞板塊與太平洋板塊之間的島嶼，其地形充分表現出新褶曲帶上的特徵。河川短淺，頗富水力；但各河川的流量變化，卻因降雨的季節分配而有不同，部分地區的灌溉水源亦深受影響。試問：

52. 下列那一項地形特徵與台灣島在新褶曲帶的位置最有關係？
(A) 山多平原少　(B) 山地偏在東部　(C) 山勢高聳陡峻　(D) 西部海岸平直。

53. 台灣的重要河川中，流量最穩定的是那一條？
(A) 濁水溪　(B) 大甲溪　(C) 花蓮溪　(D) 淡水河。

54. 台灣最重要的農業區嘉南平原，其降雨量最少的季節是：
(A) 春　(B) 夏　(C) 秋　(D) 冬。

55－56 為題組

就大陸地區而言，鐵路從東部沿海伸向西北和西南各地。除東北鐵路自成系統外，主要幹線形成了「四縱五橫」的鐵路網骨架。試問：

55. 東北鐵路系統中的南北二大交通中心是那裏？
(A) 瀋陽、長春　(B) 遼源、長春　(C) 遼源、哈爾濱　(D) 瀋陽、哈爾濱。

56. 「四縱五橫」鐵路中，可貫通中部、北部和西部三大地方的是：
(A) 京廣──京包鐵路　(B) 隴海──蘭新鐵路　(C) 綏蒙──同蒲鐵路
(D) 湘黔──貴昆鐵路。

57－59爲題組

南陽盆地是介於伏牛山、秦嶺、鄂西山地和桐柏、大洪等山之間的地塹盆地，氣候與農業均具有濃厚的過渡性色彩。試問：

57. 形成南陽盆地的主要營力是什麼？
(A) 褶曲作用　(B) 斷層作用　(C) 火山作用　(D) 侵蝕作用。

58. 南陽盆地的年雨量最接近多少公釐？
(A) 200　(B) 400　(C) 600　(D) 800。

59. 南陽盆地的氣候具有那兩種類型的過渡性色彩？
(A) 副熱帶季風氣候華南型與副熱帶季風氣候華中型　(B) 副熱帶季風氣候華中型與副熱帶季風氣候高原型　(C) 溫帶季風氣候華北型與副熱帶季風氣候華中型　(D) 溫帶季風氣候東北型與溫帶季風氣候華北型。

60－62爲題組

圖7是某種海岸地形圖。試問：

60. 圖中「甲」處的水域，稱爲：
(A) 曲流　(B) 潟湖　(C)牛軛湖　(D) 大陸海。

61. 根據華倫亭海岸分類法，該種海岸屬於何種類型？
(A) 離水堆積海岸　(B) 離水侵蝕海岸
(C) 沈水堆積海岸　(D) 沈水侵蝕海岸。

圖7

62. 台灣那一個地區的海岸可以見到如圖中所顯示的海岸地形？
(A) 台灣東北部　(B) 台灣西南部　(C) 台灣西北部　(D) 台灣東南部。

63－65爲題組

圖8中，甲～辛八個地點分別位於不同的氣候類型區內。試問：

63. 圖中那一個地點的年溫差最大？
(A) 甲　(B) 丙　(C) 戊　(D) 己。

圖8

64. 圖中那一個地點的農業活動，因降雨期和作物生長期不一致，以致必需發展灌溉？
　　(A)乙　(B)丁　(C)庚　(D)辛。

65. 圖中那一個地點的天然植被呈「樹幹高聳，樹冠略稀，冬季日光可透射到地面。林內灌木叢生，通過困難。」的景觀？
　　(A)甲　(B)乙　(C)丙　(D)庚。

貳、多重選擇題

說明：下列第66題至第80題，每題各有5個選項，各自獨立，其中至少有一個是正確選項，請在答案卡上之第一部分答案區內將答案標出。每題2分，答錯不倒扣。只錯一個可獲1分，錯兩個或兩個以上、及未答者，則不給分。

66. 下列有關民權主義特質的敘述，何者為正確？
　　(A) 孫中山先生認為把政治上的主權拿到人民手裏，先要有「民治」、「民有」和「民享」才能落實
　　(B) 所謂「完全之民權政治機關」，其作用就是以人民的四項政權，監督政府的五項治權
　　(C) 我國政府目前已受人民四項政權的節制，且獲得人民充分的授權
　　(D) 將監察權獨立，可以防杜國會專權；將考試權獨立，可以維持文官中立
　　(E) 凡同一事業，其事權性質若未確定，均由地方自行管轄處理。

67. 下列有關孫中山先生對「訓政」階段的敘述，何者為正確？
　　(A) 當一省全數之縣完成地方自治，則進入訓政時期
　　(B) 訓政時期，中央政權是由建國的政黨代表人民行使
　　(C) 訓政時期以黨治國，此以黨治國的精神在宣揚及實行黨義，但堅持「黨外無黨，黨內無派」，卻可能形成黨員專擅之弊
　　(D) 訓政時期為約法之治，此約法就是民國元年由臨時參議院起草公布的臨時約法
　　(E) 當一省完成革命障礙的掃除，並以宣傳開化人心，就可進入憲政時期。

68. 三民主義具有中華文化中庸平和的特質，對於自由與平等、權利與義務是採取下列那些觀點？
  (A) 自由就是積極的服務人群與發展自我
  (B) 法律範圍內所許可的自由就是積極的自由
  (C) 人是生而自由平等的，法律應保障所有的人獲得相同的發展結果
  (D) 個人自由應受尊重，但在國家急難時，政府可自行授權發布命令限制人民的自由
  (E) 人民的義務與權利應該對等，同樣受到法律所規範與保障，法律所不禁止的事，則人人有權利去做。

69. 孫中山先生的均權制度對於權力分配的原則，下列敘述何者為正確？
  (A) 中央的權力列舉，剩下的歸地方
  (B) 地方的權力列舉，剩下的歸中央
  (C) 中央與地方的權力分別列舉，未列舉的歸中央
  (D) 中央與地方的權力依事權的性質決定歸屬
  (E) 中央與地方的權力依事務影響之範圍或程度決定歸屬。

70. 台灣地區地狹人稠，人口分布尤其不平衡，使得部分都會區的房地價高不可攀，不但造成了許多「無殼蝸牛」，也妨害了正常的工商業活動，關於此一問題，下列敘述何者為正確？
  (A) 造成經濟組織之不平均者，莫過於土地權為少數人所操縱
  (B) 土地之面積有限，工商之生利無限，工業時代資本家必捨土地投機事業，以從事工商活動
  (C) 台灣地區的大都會中均存在超額的房屋供給，但是某些地區房地產價格依然偏高的原因之一，在於未能合理的實行漲價歸公
  (D) 政府在都會區廣建國宅，是解決無殼蝸牛及平抑房價的首要良策
  (E) 地價的昂貴原本會轉嫁至一般的工商活動中，但是近年來台灣地區消費物價相對維持穩定，主因在於降低關稅、開放進口與台幣升值。

71. 「資治通鑑」和「通鑑紀事本末」兩書有著怎樣的關係？
    (A) 兩書的體例不同，內容有相同的地方
    (B) 兩書的體例相同，內容完全不同
    (C) 「資治通鑑」是根據「通鑑紀事本末」中的史料編輯而成的
    (D) 「通鑑紀事本末」是從「資治通鑑」中摘抄而成的
    (E) 兩書都不屬於典章制度史方面的名著。

72. 邊疆民族進入塞內，占有原為漢族之土地而統治之，若以不同制度治理本族與漢族，即稱「二元政治」，在中國歷史上，採「二元政治」的朝代有那些？
    (A) 遼　(B) 西夏　(C) 金　(D) 元　(E) 清。

73. 經過四十多年的經濟建設，台灣地區在高速工業化過程中，社會有了顯著的變遷，下列各項那些是社會上出現的新情況？
    (A) 城市交通已見壅塞　　(B) 婦女地位大為提高
    (C) 出國旅遊蔚成風氣　　(D) 失業人口遊行示威
    (E) 環保意識普遍抬頭。

74. 鄭和下西洋，非但是明代初年的盛事，也是中外交通史上的一件大事。我們學習這一段史事，應該把下列何者做為學習重點？
    (A) 鄭和搜尋逃匿海外的明惠帝之經過及最後結果
    (B) 鄭和在靖難事件中幫助燕王，建立大功，深得明成祖寵信的經過
    (C) 明初我國的造船與航海技術及其在歷史上的意義
    (D) 鄭和遠航對國內經濟發展與移民活動的影響
    (E) 鄭和遠航對南洋地區發展的影響。

75. 雅爾達會議一直被認為是世界現代史上的一項重大事件，在史書上占有不少篇幅，其原因在於它的影響深遠，即使到今日仍然存在。下列事實，那些可以當作實例？
    (A) 中共占領中國大陸
    (B) 千島群島割予俄國統治
    (C) 韓共占領北韓，朝鮮半島南北分裂
    (D) 聯合國安全理事會常任理事國享有否決權
    (E) 成立聯合國託管理事會，治理非自主地區。

76. 元代一位歷史學家認為：隋唐時代，朝野都有名氣的人物中，鮮卑族的子孫幾乎十占六七，這時候還要辨別氏族出身，已經是沒什麼用的事了。他的看法，說明了隋唐時代那些民族融合的史實？
    (A) 胡漢之間經過長期對立，不斷接觸，而到了融合的階段
    (B) 鮮卑族仍被視為尊貴的血統，受人敬重，所以其子孫多能名揚於時
    (C) 雖然可以從姓氏上看出鮮卑人的後裔，但已無意義
    (D) 自秦漢至北朝的許多邊塞舊族，基本上已成了漢族人
    (E) 胡人與漢人的融化過程中，鮮卑最能接受中原文化。

77. 講到變法或改革，我們往往會想到宋代王安石、明代張居正、清末康有為，比較這三人為主的變法或改革，我們可以說：
    (A) 三人都得到最高權位者的大力支持，成功與否主要與執行過程及反對力量有關
    (B) 三人均重視有關經濟發展與財政收入方面的改革，並擬有實施的方案
    (C) 王安石與張居正均重視軍事與國防上的革新；康有為則以廢八股、興實業為主，未注意到有關軍事的革新
    (D) 王安石離職引退；張居正死後被奪官職，籍沒家產；康有為逃亡海外；三次變法或改革都失敗告終
    (E) 王安石之規制雖稱宏遠，但有考慮欠周之處；康有為更是倉卒策畫，驟然變制；皆不如張居正之就事論事，成效也就不同。

78. 一九三一年，日本發動「九一八事變」。這件事除了與日本一向有意侵略中國東北各省有關之外，也與下列那些因素有關？
    (A) 世界經濟大恐慌，當時列強都自顧不暇，日本認為時機難得
    (B) 日本也受經濟大恐慌波及，想藉著對外侵略來解決國內的種種問題
    (C) 日本與俄國私下決定，分別控制中東鐵路及其腹地
    (D) 國民政府主席蔣中正辭職下野，中國頓失領導中心
    (E) 張學良主政東北地區，有意振作，擺脫日本的控制，促成日本人的緊張。

79. 圖 9 和圖 10 是描述法國史上同一重大政治事件的圖畫。圖 9 的高大建
　　築是監獄、圖 10 是當時一張文宣海報，上面寫著「自由、平等、博愛
　　或死亡」。下列有關這次重大政治事件的說明，那些是正確的？
　　(A) 圖 9 的監獄，象徵法國的專制
　　(B) 圖 10 傳達了「人權宣言」的政治理念
　　(C) 革命爆發當年，國王被俘下獄，隨即被處死
　　(D) 革命以前，法國貴族和教士占有大半土地，享有特權
　　(E) 革命以後，一百年間，法國一直順利地邁向民主政治。

圖 9

圖 10

80. 孫中山先生在民國元年演講「社會主義之派別及批評」，提到「循進
化之理，由天演而至人為，社會主義實為之關鍵。動物之強弱，植物
之榮衰，皆歸之於物競天擇，優勝劣敗。進化學者遂舉此例，以例人
類國家。凡國家強弱之戰爭，人民貧富之懸殊，皆視為天演淘汰之公
例，故達爾文之主張，謂世界僅有強權而無公理，後起學者隨聲附和，
絕對以強權為世界唯一之真理。誠以強權雖合於天演之進化，而公理
實難泯於天賦之良知，故天演淘汰為野蠻物質之進化，公理良知實道
德文明之進化也。社會組織之不善，雖限於天演，而改良社會之組織，
或者人為之力尚可及乎？社會主義所以盡人所能，以挽救天演之缺憾
也。」

試依據上引文章，選出下列較合理的敘述：

(A) 達爾文的主張說明了物種的進化，社會達爾文主義則正確的說明
　　了人類文明進化的原則

(B) 人類與禽獸的分別，在於人生而具有理性的反省能力，所以能將
　　自身衝突與競爭的趨力，納於社會組織的分工合作中

(C) 研究自然物質現象的學問，可以不談道德價值，但是任何學問一
　　旦用來解決人類社會問題，就不能沒有道德判斷

(D) 社會主義主張盡人所能，是指發揮人類的道德心，使強者智者服
　　務弱者愚者

(E) 社會主義主張改良社會組織，使人人各盡生利之能，各取衣食所
　　需，不相妨害，不相競爭，這是今昔共產國家已實踐的理想。

83年度學科能力測驗社會科試題詳解

壹、單一選擇題

1. **A**
   【解析】滿清專制剝奪人民的政治自由，人民管不到國事，故對國事漠不關心。

2. **C**

3. **D**

4. **C**
   【解析】濟弱扶傾是對衰弱而落後的弱小民族，我們要盡力去濟助他，對已被人滅亡或接近危亡邊緣的民族我們應去扶持他。

5. **D**
   【解析】㈠ 是因素之一，非惟一因素。
   　　　　㈣ 中共高唱「一國兩制」，非一國兩府。

6. **C**
   【解析】㈠ 俾斯麥實行國家社會主義，非民族社會主義。
   　　　　㈣ 推翻沙皇後，即實行共產極權專政。

7. **B**
   【解析】㈡ 是世界各民族一律平等。
   　　　　㈣ 正確是以三民主義統一中國。

8. **A**
   【解析】㈣ 監察委員依憲法增修條文規定，是治權機關，已非中央民意代表。
   　　　　㈣ 總統、副總統自八十五年起由自由地區人民選舉之。

9. **C**

【解析】(A) 夢溪筆談──北宋沈括撰寫，該書⅓以上談論自然科學各種學問，保有當時科技進步忠實的紀錄。不是偏重農業、手工業生產技術和操作的書。

(B) 本草綱目──明代李時珍撰，收集藥草近兩千種，詳記產地、形色，並載醫方萬則，插圖千幅，是古代中國醫藥學的總成。

(C) 天工開物──明代宋應星撰，備載所有重要的農業、手工業的生產技術和操作方法，並附有許多珍貴的圖繪，是一部中國前所未見的科技百科全書。

(D) 農政全書──明代徐光啓撰，收集許多農業文獻外，並有親身的試驗與觀察，是一部農業科學的大集結。

10. **A**

【解析】(A) 晏陽初──致力改良農村運動，提倡平民教育，民國11年在湖南長沙作首次試驗而成功，受到政府民間重視，於是擴大推行。13年，又在河北保定20餘縣農村進行，受教者多達5萬人。15年底，在定縣實施的平民教育，成爲各地模仿對象。

(B) 蔡元培──
① 民初北京大學校長。
② 民初任教育總長，提倡文武合一的軍國民教育。
③ 民國17年設立中央研究院，擔任首任院長。

(C) 陳獨秀──中國共產黨創辦人，民國6年在「新青年」雜誌發表「文學革命論」，主張國民文學、寫實文學、社會文學，其主張獲得廣泛響應，於是白話文逐漸通行。

(D) 胡適──
① 在「新青年」發表「文學改良芻議」，主張白話文學。
② 先是批評儒家，嗣後逐漸發現儒家精髓，給予孔子、孟子極高評價。
③ 清華留美學生，回國後大力鼓吹科學教育，用「大膽的假設，小心的求證」指出其精神所在。

11. **D**

【解析】(A) 魏晉——流行駢體文，注重文辭典雅，形式美觀。另有短篇的筆記小說，專門志怪述異。

(B) 唐——流行詩、駢文、古文與傳奇。傳奇是運用散文撰述筆記小說，篇章較長，技巧婉轉，題材擴及到人情社會，成為真正小說。

(C) 宋——流行古文、詩、詞與通俗文學。通俗文學以話本（或稱平話）著名，敘事狀物，維妙維肖，有短篇，有長篇。長篇分為若干節段，成了章回小說的起源。

(D) 元——元代通俗文學以戲曲為主體，合散曲、說白和科段而成，分雜劇和傳奇兩種。雜劇流行北方，又稱「北曲」，通常以四幕（折）為限，每折限用一調。傳奇流行南方，又稱「南曲」，齣數較多，每齣不限一調，形式自由多樣。有名作品如：關漢卿的「竇娥冤」，王實甫的「西廂記」。本題請各位同學注意題目中的關鍵字句「下尺瑞雪，遮了竇娥尸（屍）首」，正是「竇娥冤」的內容。

12. **B**

【解析】本題請注意題目中的三個關鍵字句：①地點：湖北武昌。②時間：廿世紀初。③事件：龍旗（清朝國旗）被拉下，換上義旗。綜合三個要素，指的正是辛亥革命武昌起義。

13. **B**

【解析】本題請注意幾個關鍵字句：

① 是一首七言絕句，正是唐詩特色，其實本首詩正是李白「少年行」的詩句。

② 「五陵」原指漢代五個帝王的陵墓，借用為指「長安」一地，而唐代首都正是長安，時長安城內有東西二市。

③ 「笑入胡姬酒肆中」，描述唐代胡風甚盛，華夷一家，外族入居中國者甚多，不僅可以自由經營財貨，獲取巨利，並且可以出任官職。而華人也喜愛胡人的葡萄酒等風俗。

14. **D**

【解析】湯武革命後世認為是弔民伐罪，順天應人，謂之革命。

15. **B**

【解析】晉武帝曾命杜預、王濬伐吳，直下建康，孫皓投降，結束三國局面，一統於晉。

16. **A**

【解析】(A) 元朝立國期間之施政極為暴虐，此因帝位爭奪不息，朝政往往為權臣操縱，加以蒙古文化樸野，部落時代貪暴的習俗未改，自利其部族，以致貪污腐化，橫征暴斂，政治終敗壞，於經濟發展自有不利影響，如大量發行紙鈔，擴大使用，成為主要貨幣，但因貨幣知識不夠，常發行過量，準備金不足，無力「稱提」（收回），而導致通貨膨脹，因而明初雖發行大明寶鈔，人民運用意願不高，此對於明初經濟發展或有不利之影響。

17. **C**

【解析】本題注意幾個關鍵字句：

① 時間：80 歲老人追述 10 多歲時情形，則是約 70 年前事，1960 年（民國 49 年）減去 70 年，是 1890 年（光緒 16 年）左右時代。

② 地點：山東。

③ 事件：大刀會。

則 (A) 三合會，哥老會→地點在湖廣，地點不符。

(B) 捻匪→時間在同治年間，時間不符。

(D) 籌安會→時間在民國 4 年，時間不符。

所以 (C) 義和團前身→時間、地點、事件皆符合。

18. **B**

【解析】① 北伐之前，公私銀行多自發通貨，外滙爲外國銀行壟斷，銀元與銀兩並用。

② 民國22年，廢兩改元，交易改用新鑄銀元計算，幣制統一。

③ 24年，發行統一貨幣，規定中央、中國、交通、農民四銀行的鈔票爲法幣。其他銀行不得發行，禁止銀元流通。外滙買賣不受限制，打破外國銀行獨占。

19. **A**

【解析】① 神聖同盟加強專制君主間團結合作，助長保守勢力興起。四國同盟條約中，規定彼此諮商共同利益，必要時，使用武力來維護歐洲和平，後來專制強國就引用這一條款來鎮壓民主革命。

② 反對保守的力量在十九世紀後半期占了上風，就是自由主義與民族主義。十九世紀後半歐洲政治史，就是許多民族追求獨立，建立民族國家過程。

所以(B)(C)(D)答案皆不對。

20. **A**

【解析】本題請注意幾個關鍵字句的暗示：①「以害人之物，吝無厭之求」→暗示鴉片。②「祇因商船衆多，前此或未加察」→暗示是有關商務糾紛，而且是通商區域狹小，不滿足。所以以(A)林則徐給英國女王的答案最恰當。

21. **A**

【解析】一八九○年俾斯麥去職，德國新皇威廉二世親自執掌外交政策，高唱「大日耳曼族主義」，支持奧國向巴爾幹半島發展，俄國備受威脅。威廉二世又高唱「世界政策」和「大海軍主義」，積極添建戰艦，亟謀擴展海外殖民地，使英國備感威脅。英國放棄光榮孤立的外交政策，轉與法、俄親善，一九○七年完成三國連環關係，總稱爲「三國協約」。

22. **B**

【解析】 (A) 大陸會議參加者是各州代表。

(B) 十八世紀中葉英國國會上議院是由襲有爵位的貴族，和英國國教的主教出任；下議院則是由郡市選舉產生的平民代表。國會成為最高立法機構，掌握國家統治權。

(C) 克倫威爾表面上採行共和政體，實際上獨攬軍政大權，相當霸道。

(D) 公會雖有時通過某些議案，要求各邦遵守。但各邦多在外交鬥爭，並無多大成就，被人譏笑為「惰性的中心」。

23. **C**

【解析】 從十五世紀末年哥倫布發現美洲以後，中美、南美絕大多數地方都成為西班牙的殖民地，葡萄牙的殖民地為今日之巴西。

24. **A**

【解析】 此段話是當年梁啟超批評主持洋務運動的李鴻章，說明三十年來的自強運動，只知道學習西洋的船堅砲利的器械，而不知從政治制度及教育學術方面來改革，以致中法戰爭與甲午戰爭的失敗。

25. **D**

【解析】 灰化土分布於冷濕的副北極氣候下的針葉林區，故選(D)。

26. **A**

【解析】 氣候是影響地理現象變化的重要因素。等溫線、等雨線常為畫分地理區的依據，其中年雨量 750 mm 即為我國水稻和雜糧的主要分界線。

27. **B**

【解析】　上海市位於長江口南岸，黃埔江和吳淞江滙口處，以長江
　　　　　流域為腹地，又居我國海岸線中央，為我國第一大都市，
　　　　　最大缺點為河港泥沙淤積嚴重；天津市地當海河五大支流
　　　　　滙流處，為北部地方第一大港，但因海河彎曲，故缺點與
　　　　　上海同，均有嚴重之淤沙。

28. **C**

【解析】　珠江三角洲為南部地方最大平原，區內土壤肥沃，灌溉便
　　　　　利，是稻米主要產區，年可二穫，經濟作物以甘蔗及蠶絲
　　　　　為主，產量豐富。

29. **C**

【解析】　兩湖盆地位居長江中游，除有鐵路縱貫南北外，更有長江
　　　　　航道溝通東西，因此，本區交通四通八達，不僅為長江流
　　　　　域心臟要地，更為我國中部地方交通的樞紐。

30. **A**

【解析】　畫分地理區的指標有：1.氣候 2.地形 3.人文現象，本區地
　　　　　形複雜，種族繁多，宗教信仰亦不同，但在氣候上卻相當
　　　　　一致，均為乾燥氣候，故畫為同一地理區。

31. **D**

【解析】　荷蘭面積狹小，人口稠密，由於地少人多，乃與海爭地，
　　　　　闢成圩田，但因圩田鹽分高，不適一般農作，卻可用為牧
　　　　　地，故荷蘭農地只有 85 萬公頃，牧地卻有 120 萬公頃。

32. **B**

【解析】　西歐在地形上較其餘部分平坦，且四周環海，港灣優越，
　　　　　加以北大西洋暖流經過，大部分地區為溫帶海洋性氣候，
　　　　　相當宜人，故為歐洲地區中，最優越之部分。

33. **A**

【解析】肯亞與薩伊均位於赤道附近，年溫差都小，但肯亞因爲高原地形，氣溫受高度影響而降低，成爲涼爽宜人的熱帶高原氣候。

34. **C**

【解析】澳洲與巴西均具有地廣人稀，但農礦資源豐富的特性，爲工業發展的有利條件。

35. **D**

【解析】美國東北部「新英格蘭」地區工業發達、人口密集，位置上接近大都會區，故農業以供應都市地區居民所需之酪農、園藝產品爲主。

36. **D**

【解析】中美地峽七國在地理上具有許多共同點，其中東岸雨林、西岸莽原，人口集中於高原，糧食作物以玉米爲主。

37. **C**

【解析】唐憲宗年間所出現的飛錢即爲「滙票」性質，此種滙兌觀念，影響宋朝紙幣之發行，至元代紙幣成爲通行貨幣，由題目所附表觀察，穀物、布帛以物易物交易有遞減趨勢。

38. **B**

【解析】混合農業經營的特色：

　　1. 農場規模小。

　　2. 牲畜的飼料主要來自栽培的作物。

　　3. 牲畜和作物是兩大收入來源且農場耕地通常劃分成：飼料作物區、牧草區、牧場區和現金作物區四部分採輪耕制度，其分佈地區多緊鄰人口眾多、都市密集的地區，如西歐、美國、南非和南美。

39. **C**

【解析】 (A) 克里蒙梭——一次大戰後法國總理，與英國首相勞合喬治，美國總統威爾遜，被稱爲「三巨頭」，控制巴黎和會，而非圖中三位君主。

(B) 馬志尼——義大利統一建國三傑之一，1831 年脫離燒炭黨，組織青年義大利黨，鼓吹義大利的統一，在他鼓吹下，許多義大利青年紛紛加入該黨，掀起廣泛的「復興運動」。→與圖中所示的事件無干連。

(C) 俾斯麥——他從 1861 年～1890年擔任首相，共執政三十年。普法戰後，爲防止法國報復，以靈活手段，西與英國敦睦，東與俄國修好，南與奧、義交歡，以孤立法國爲其外交策略。此圖是描述 1872 年，德、俄、奧三國組成「三皇同盟」（又稱三皇協定，於1887年期滿），背後是俾斯麥在操縱。

(D) 加富爾——義大利建國三傑之一，1852 年出任薩丁尼亞王國首相，竭力從事經濟軍事建設，並注意外交，爭取英、法盟國。以後歷經薩奧戰爭、普奧戰爭，完成義大利的統一。→與圖中描述無關。

40. **B**

【解析】 1943～1945 年,先後召開過德黑蘭會議及雅爾達會議，參加的有羅斯福、邱吉爾、史達林，如圖中所示，所討論的是整個地球的問題，影射的是新的國際組織問題，即聯合國組織，來制裁侵略，維護世界和平。

41. **D**

【解析】 大氣層下部的對流層中，在正常情況下，氣溫自地面向高空遞減，高度愈高，氣溫愈低。

42. **C**

【解析】 全球各地氣壓有高有低，低氣壓中心氣壓低，四周空氣易向中心流入，因而發生氣流的旋轉，故名氣旋；高氣壓中心氣壓高，空氣由中心向外流動和氣旋運轉相反，故稱反氣旋，加以受地球自轉偏向影響，北半球向右偏向，南半球向左偏向，本題台灣爲北半球，冬季爲高氣壓，故選(C)。

43. **D**

【解析】 將圖上高度相等的各點，連成閉合曲線，稱爲等高線，等高線愈密集代表地勢愈陡，愈寬鬆代表愈平坦，且山地之等高線應由外向內愈來高度愈大，本題考方向標及等高線特徵故選(D)。

44. **D**

【解析】 ① 上海於中英南京條約中開放通商。之前僅爲相當荒涼的小城，通商之後，迅速發展成南洋、北洋與中外貿易的總滙。

② 北京、南京、廣州雖有外人工商活動，但非絕對主導力量，更談不上「外國資本是該城經濟結構的基礎」、「住在該城的人都得向洋人低頭」。

45. **D**

【解析】 此題只要注意幾個關鍵字句：①紅衞兵②國民黨特務③蘇修特務……等等，便可研判出是民國55年中共文化大革命時情形。

46. **C**

【解析】 此種虛無享受的人生觀，可以明顯的研判是屬於魏晉清談的人生觀之一，絕非積極入世注重道德修養的理學思想，也非企求長生不死的方士思想，更非禁欲苦行的佛教思想。

47. **D**

【解析】元狩四年（西元前一一九年）衛青自定襄出塞，大敗單于，至寘顏山（今外蒙都蘭哈拉山）而還。此題問那兩位同學有運用思維能力，很明顯地，甲生會因匈奴是游牧民族，逐水草而居而懷疑匈奴是否有農業（→定居）及築城，是在運用思維。乙生過於相信課本，依賴老師，並未用思維。丙生則是根本不用大腦。丁生則依據史書記載，推翻一般認定游牧民族沒有農業及築城之說法或想法，則是運用了思維。故答案應選甲、丁兩位學生。

48. **B**

【解析】與時事相關。

49. **B**

【解析】與時事相關。

50－51題組

50. **B**

【解析】東南亞位在東亞的中國大陸和南亞的印度半島之間，由於位置接近，故自古以來，即深受此兩大文明古國的影響。

51. **A**

【解析】盛行於東南亞地區的農業活動相當雜異，包括有自給式的稻作農業，有集約式的熱帶栽培業，故選(A)。

52－54題組

52. **C**

【解析】台灣位於亞洲大陸東側的新褶曲帶上，故全島山地、丘陵、台地面積廣大，且山勢高聳陡峻。

53. D

【解析】淡水河位於台灣北部，由於北部地區降雨季節分布較中南部均勻，河水洪枯變化較小，故稱淡水河為台灣河川中，流量最穩定的一條。

54. D

【解析】嘉南平原為台灣區最大且最重要之農業帶，夏季受西南氣流影響為其主要雨季，冬季則為乾季。

55－56 題組

55. D

【解析】東北鐵路縱橫交織成網，自成一系統以松遼平原為中樞，南部中心為瀋陽，北部中心為哈爾濱。

56. B

【解析】隴海－蘭新鐵路是我國最長的鐵路幹線之一，凡縱貫國土南北的鐵路都與其相交，是全國鐵路網的橫軸，東西交通大動脈。

57－59 題組

57. B

【解析】斷層作用產生的地形包括地塹與地壘兩種，南陽盆地為伏牛山、秦嶺、鄂西山地及桐柏山、大洪山間的地塹盆地。

58. D

【解析】南陽盆地年均溫在 12℃ 左右，年雨量約 800 公釐。

59. C

【解析】盆地南部為副熱帶華中型氣候，夏季多雨，秋多乾燥，盆地北部則帶有華北色彩，夏熱多寒，年溫差較南部大，氣候上為華中與華北之間的過渡類型。

60－62 題組

60. B

【解析】 位於濱外沙洲與陸地間受潮流影響的海域稱爲潟湖。

61. C

【解析】 依據華倫亭海岸分類中，沈水堆積型海岸，亦可導致沙洲發育，其一端與陸地相連，另一端和沿岸島嶼相接著，稱爲連島沙洲。連接的島嶼稱爲陸連島，兩者合稱沙頸岬。

62. A

【解析】 台灣東北部蘇澳附近的南方澳即有典型的沙頸岬，並已闢爲優良的漁港。

63－65 題組

63. A

【解析】 以㈠～㈧八個地點位置判別，其中甲地緯度最高，在北極圈附近，故該地年溫差最大。

64. B

【解析】 降雨期（冬雨）和作物生長期（夏季）不一致，需發展灌溉，爲地中海型氣候特色，故選 (B)。

65. C

【解析】「樹幹高聳，樹冠略稀，多季日光可透射到地面。林內灌木叢生，通過困難。」此種景觀爲熱帶季風區叢林的特色，故選(C)。

貳、多重選擇題

66. ABD

【解析】 (C) 目前我國人民尙未行使創制、複決權，難說政府受人民四權的節制。

　　　　(E) 同一事業，應視其性質及層次於某程度以上屬之於中央，某程度以下屬之於地方。

67. **BC**

【解析】(A) 省全數之縣完成自治是訓政告成。

(D) 此約法是訓政時期約法。

(E) 是軍政時期的工作，非訓政。

68. **AE**

【解析】(C) 是假平等，非眞平等。

69. **DE**

【解析】 1. 事務有全國一致之性質歸中央，有因地制宜之性質劃歸地方。

2. 同一事業，應視其性質及層次於某程度以上屬於中央，某程度以下屬於地方。

70. **ACE**

【解析】本題與時事相關。

71. **ADE**

【解析】資治通鑑：此書爲編年體，宋司馬光撰，歷時十九年。上起自周威烈王廿三年三家分晉，戰國開始，下至五代之末。通鑑紀事本末：宋袁樞撰，取資治通鑑所記之事，區別門目，分類編排，每一事各詳書始末，自爲標題，每篇各編年月，自成首尾。其文字全抄通鑑，並無另外取材，然而改易新體裁，成爲創例，爲一史體的創始。

72. **AD**

【解析】① 遼——分北面官與南面官，北面官主番事，南面官治漢人。

② 元——世祖實行二元政治，以蒙古傳統處理蒙事，以漢法治理漢地。

③ 淸——雖有滿漢之別的種族歧視，但大體上治理制度，滿漢相同，表面上並無差別。

73. **ABCE**

【解析】台灣在高速工業化過程中，社會結構有顯著的變遷：

① 都市化的開展：人口過度集中，增加城市交通壅塞與空氣污染→近幾年環保意識普遍抬頭，要求居住品質。

② 中產階級的擴大→要求舒適休閒，出國旅遊蔚成風氣。

③ 婦女地位提高。至於失業人口，台灣與世界各國比，雖在經濟不景氣下，仍然偏低，尚未成為近年遊行示威的主題。

74. **CDE**

【解析】*1.* 鄭和西航，成祖的動機有四：

① 政治上：懷疑惠帝未死，逃匿海外，遣使搜尋。

② 經濟上：發展海外貿易，增加財稅收入。

③ 虛榮心：誇示富強，增長國威。

④ 軍事上：組織海上同盟，圍堵帖木兒汗國。

2. 鄭和率領的武裝使節團，多時曾達二萬多人，組成船舶，多則百餘艘，少者四、五十艘。船體大者長四十餘丈，寬十八丈。

3. 鄭和遠航的影響有：對海外更加了解，激起國人海外貿易與移民興趣，並對南洋一帶僑民提供保障。故閩粵居民從此向南洋移民日多，奠定華僑在南洋發展深厚基礎，對當地經濟文化的開發貢獻甚大。

75. **ABCD**

【解析】該協定有關內容：

1. 關於聯合國者：在安全理事會上，中、美、英、法、俄五強享有否決權。

2. 蘇俄對日宣戰的要求條件：

① 千島群島割與蘇俄。

② 有關大連、旅順港口優先租界，中長鐵路由中俄共管，在東北享有優先利益。

該協定影響：俄乘機進占中國東北、北韓，扶植中共竊據中國大陸，扶植韓共竊據北韓。

76. ACDE

【解析】 歷經南北朝三百年的胡漢雜居，北方胡漢同化，逐漸融合
為一。但士族保持政權，門第觀念很深，仍瞧不起關隴集
團的官僚系統。故唐太宗時命大臣撰氏族志，明白指示以
當時官品高低定等級，即想以唐宗室和朝士為主體，另造
一個新貴族集團以資對抗，但收效不大，直至黃巢之亂後，
終因戰亂的摧殘而趨於沒落。所以(B)的答案是錯的，不能選。

77. ABE

【解析】 (A) 王安石得宋神宗大力支持；張居正輔佐幼主，但得李太
后及宮廷內實力派宦官馮保之支持；康有為則得光緒皇
帝之支持。

(B) 王安石在理財方面之措施有①制置三司條例司②青苗法
③市易法④均輸法⑤免役法⑥方田均稅法。
張居正則清丈田畝，行一條鞭法。
康有為變法有獎勵農業、工藝、商務，設農工商總局、
礦務鐵路總局等措施。

(C) 康有為在軍事上有變通武科，停試弓箭騎劍，改試學科，
裁減綠營，準備舉辦徵兵等措施。

(D)(E) 張居正當政十年，大力改革，建立不少功績，使長期
以來的衰運重現一線生機，可惜死後竟受人誣告，被迫
奪官爵，籍沒家產，從此，閣臣率多隨俗浮沈，政事遂
再敗壞。

78. ABE

【解析】 ① 1929 年世界經濟大恐慌爆發後，日本工商也同樣蕭條，
失業人數高達三百萬，社會秩序趨於混亂。日本軍閥以
向外侵略為手段，來解決國內嚴重問題。

② 1931 年乘著各國自顧不暇時，發動「九一八事變」，
侵略中國東北，事後國聯又不能予以有效制裁。

③ 張學良在北伐統一之後，頗思振作，欲擺脫日人控制，
益使日人加緊侵略。

④ 「九一八事變」之後，國人對政府頗多責難，蔣主席為
求團結，辭職下野，林森繼任主席。

79. **ABD**

【解析】 圖九與圖十描述的是法國大革命事件，所以：
(A) 該監獄為巴士底監獄。一七八九年七月十四日，巴黎市民暴動，攻破巴士底監獄，成立民選的市政府。
(B) 國民會議執掌政權後，發表人權宣言，保障人民自由、平等權利。
(C) 國民會議制定憲法採君主立憲，奉路易十六為國王，但以後因普奧組織聯軍進攻法國，路易十六秘密與奧國聯絡，企圖逃亡，到了一七九二年的國民公會，以通亂罪名處死路易十六，改國體為共和。
(D) 法國大革命的背景即是因此，當時貴族和教士只占總人口的百分之二，却擁有全國耕地面積的五分之二，且不納稅。
(E) 革命以後歷經一連串內憂外患，並非一直順利地邁向民主政治。

80. **BCD**

【解析】 (A) 社會達爾文主義與狹猛的國家主義結合，形成對亞洲拉丁美洲殖民。
(E) 國父批評共產主義不切實際，「各展所能，各取所需」在共產國家無一實施。

劉毅英文「*98年學科能力測驗*」15級分名單

姓名	學校班級	姓名	學校班級	姓名	學校班級	姓名	學校班級	姓名	學校班級
何冠廷	建國中學 302	林聖鳳	北一女中三眞	盧胤諳	中山女中三信	鄭旭峰	建國中學 325	曹舜皓	麗山高中 307
高儀庭	北一女中三孝	李瑋穎	薇閣中學三丁	陳禹志	建國中學 329	許軒睿	市立大同 301	趙愷文	大同高中 315
許誌珍	北一女中三勤	殷偉珊	景美女中三眞	高慈宜	北一女中三射	莊雅茵	北一女中三射	李懿軒	建國中學 322
林儀芬	北一女中三和	劉傳靖	建國中學 329	梁筠	薇閣中學三丁	康育	延平高中 312	廖祥智	松山高中 312
袁輔君	北一女中三和	王捷	建國中學 329	張耘甄	薇閣中學三丁	黃美慈	中山女中三群	簡碩麒	建國中學 314
畢源仲	成功高中 324	林庭羽	板橋中學 307	白旻樺	市立大同 305	張雅晴	師大附中 1164	鍾頎	北一女中三讓
王文哲	成功高中 324	黃農茵	北一女中三眞	賴冠宇	建國中學 327	林靜皓	師大附中 314	傅筠	台中一中 312
曾心潔	北一女中三和	林後嶧	建國中學 315	林怡廷	北一女中三義	蘇鈺芳	松山高中 306	林志安	台中一中 324
林洺安	北一女中三公	陳羅	建國中學 315	馮偉翔	建國中學 326	侯進坤	建國中學 330	林鉦峻	台中一中 316
黃筱勻	北一女中三誠	韓羽唯	北一女中三恭	邱冠霖	師大附中 1173	洪庭妤	中山女中三博	蕭漢思	師大附中 1176
簡翔漢	北一女中三誠	沈柏妏	北一女中三愛	張熹文	松山高中 304	陳昱世	建國中學 318	張希慈	北一女中三善
王瑋慈	北一女中三誠	徐涵葳	中山女中三捷	黃彥瑄	北一女中三忠	劉彥君	師大附中 1164	張宜欣	中山女中三公
沈奕彤	北一女中三和	蔡杰辰	建國中學 315	章品萱	北一女中三良	盧宇珞	師大附中 1164	邱冠霖	建國中學 318
張雅甄	北一女中三勤	鄭惟之	成功高中 317	黃詩婷	中山女中三博	洪于涵	師大附中 1158	許紹倫	成功高中 324
王怡文	北一女中三誠	宋瑞祥	建國中學 330	林奎沂	北一女中三愛	林珈辰	北一女中三樂	陳佑維	師大附中 1167
許凱婷	華江高中 303	謝家惠	市立大同 312	張雅喬	北一女中三勤	潘筠	聖心女中三孝	高嘉駿	松山高中 308
丘清華	進修生	黃蒳雅	北一女中三讓	陳庭萱	薇閣中學三丁	鄭立群	建國中學 327	張靜婷	西松高中三誠
謝明勳	師大附中 1170	陳韻婷	北一女中三恭	張亦鎮	和平高中 312	李品彥	建國中學 329	張至婷	北一女中三射
朱盈盈	北一女中三毅	鄭晧宇	師大附中 1161	田顏禎	建國中學 310	王澤恩	內湖高中 305	何逸飛	台中一中 303
許書瑋	內湖高中 303	郭哲好	北一女中三毅	翁上斐	中山女中三捷	陳怡安	中山女中三仁	許力權	北一女中三良
翁靖堯	內湖高中 303	郭晉廷	師大附中 1162	李承翰	成功高中 314	張詩玉	北一女中三讓	林芸安	北一女中三忠
張奕浩	師大附中 1172	陳姿蓉	北一女中三恭	石知田	師大附中 1172	李宗叡	成功高中 318	曹曉琳	北一女中三忠
鍾秉軒	建國中學 312	林承熹	師大附中 1172	蘇柏穎	北一女中三數	黃俊源	松山高中 306	王衍皓	延平高中 311
劉承臻	師大附中 317	顏俊青	師大附中 317	徐逸竹	北一女中三毅	黃宣棠	成功高中 318	簡喬	內湖高中 314
吳季儒	進修生	盧宜謙	師大附中 1162	李苡萱	北一女中三恭	謝翔宇	辭修高中 301	李顯洋	北一女中三忠
徐銘均	北一女中三勤	林欣諭	北一女中三讓	黃上瑋	建國中學 322	高偉豪	辭修高中 301	林嬙	師大附中 1165
陳柏玉	北一女中三愛	林芳瑜	北一女中三恭	徐智威	建國中學 327	蔡佳珉	北一女中三眞	朱君浩	建國中學 318
阮思瑀	北一女中三勤	胡琇雰	北一女中三善	廖祥伶	辭修高中 301	張清義	建國中學 312	劉介民	建國中學 318
張正宜	成功高中 323	曾文昇	建國中學 317	匡小琪	政大附中 301	呂馥伊	北一女中三讓	林育正	新莊高中 303
陳俊燁	板橋中學 303	廖玠智	建國中學 310	林宛誼	延平中學 312	黃柏源	建國中學 318	李晏如	北一女中三射
蔡錞任	建國中學 323	陳昱豪	成功高中 323	李育瑋	師大附中 1170	陳元泰	市立大同 314	陳瑞翔	建國中學 314
蘇哲毅	建國中學 319	黃韻儒	北一女中三忠	江品慧	師大附中 1156	杜昆翰	建國中學 318	蘇冠霖	建國中學 318
洪一軒	板橋中學 307	高正陽	進修生	簡捷	北一女中三孝	于鎮庭	北一女中三義	王雅琦	市立大同 310
梁珈瑄	市立大同 306	黃明靜	北一女中三孝	吳周駿	延平中學 308	廖苑辰	辭修高中 301	林建宇	建國中學 308
歐宜欣	中山女中三禮	呂惠文	中山女中三禮	洪以肯	延平中學進修生	林翕翰	建國中學 318	徐惠儀	桃園高中 317
蔡旻珊	延平中學 301	陳利末	建國中學 310	陳柏如	北一女中三御	周宏吟	北一女中三書	鑑家慈	景美女中三美
劉盈盈	北一女中三愛	王奕云	大同高中 302	林浩存	建國中學 314	許書衛	東山高中三忠	陳昱州	延平高中 313
劉威廷	建國中學 313	陳奕廷	建國中學 312	唐子堯	建國中學 323	許嘉偉	建國中學 323	陳柏儒	宜蘭高中 313
孫瑋駿	建國中學 330	陳欣	政大附中 122	蘇俊瑋	松山高中 319	張瀞元	延平高中 312	張好如	延平高中 312
宋佳陵	北一女中三莊	高至頤	中正高中 306	葉嘉吟	北一女中三良	張至偉	建國中學 320	徐乙玉	北一女中三良
范廷瑋	北一女中三莊	吳駿逸	師大附中 1161	蔡凡筠	師大附中 1157	張晏邦	格致中學菁三班	金摹煊	建國中學 314
劉吾豪	師大附中 1178	吳芳宥	建國中學 322	盛博今	建國中學 322	林政儒	建國中學 315	卓珈仔	北一女中三莊
蔡明辰	成功高中 307	王映萱	北一女中三數	曾以寧	北一女中三勤	吳思萱	衛理女中三恩	劉欣瑜	北一女中三溫
卓朝葳	北一女中三讓	蕭力婷	北一女中三儉	何中誠	建國中學 318	蘇柏勳	成功高中 303	李律恩	北一女中三恭
江姵璇	北一女中三書	林婉芸	中山女中三慧	魏大惟	建國中學 324	朱將誠	新莊高中 303	郭潤宗	師大附中 1173
張祐懿	成功高中 323	魏禎瑩	師大附中 1160	陳政葦	建國中學 320	葉家維	建國中學 320	陳書瀚	建國中學 314
林宸弘	建國中學 327	龔國安	師大附中 1173	于志業	建國中學 325	蔡榮邊	建國中學 318	謝人傑	建國中學 323
劉任軒	建國中學 311	王斯瑋	成功高中 319	林聖翔	建國中學 325	李秉浩	建國中學 310		

劉毅英文家教班成績優異同學獎學金排行榜

姓名	學校	總金額	姓名	學校	總金額	姓名	學校	總金額	姓名	學校	總金額
賴宣佑	成淵高中	144550	董家琳	中和高中	29500	徐歆閔	福和國中	21900	楊紹紘	建國中學	17600
林采蓁	古亭國中	110600	簡莱	自強國中	28300	董澤元	再興高中	21600	趙祥安	新店高中	17500
林妍君	薇閣高中	91150	洪嘉璟	北一女中	28150	呂亞庭	縣中山國中	21450	楊舒涵	中山女中	17350
王千	中和高中	89900	吳書軒	成功高中	28000	許丞馭	師大附中	21400	黃偉倫	成功高中	17200
黃怡文	石牌國中	79850	蔡佳恩	建國中學	27800	陳思涵	成功高中	21200	黃詠荊	建國中學	17100
方昱傑	溪崑國中	79250	江品萱	海山高中	27800	陳柏彰	萬華國中	21100	鄭巧兒	北一女中	17000
陳決頎	重慶國小	60800	陳明	建國中學	27450	王鈺雯	國三重高中	21000	蔡承翰	成功高中	17000
洪湘艷	新泰國中	53700	楊博閎	華江國中	27450	張祐銘	延平高中	20950	曹欣怡	延平高中	16900
林臻	北一女中	53300	呂咏霖	長安國中	27350	盧安	成淵高中	20800	朱冠宇	成淵高中	16900
呂芝瑩	內湖高中	51450	王于綸	中山女中	27300	楊竣宇	新莊國中	20800	劉美廷	德音國小	16900
王思云	延平高中	51200	許晏魁	竹林高中	27150	蕭允祈	東山高中	20650	林承緯	延平國中部	16900
陳師凡	師大附中	50000	邱奕軒	內湖高中	27150	车庭辰	大理高中	20500	郭學豪	和平高中	16800
江旻儒	衛理國中部	50000	林祐瑋	耕莘護專	27050	林曜崚	麗山國中	20400	陳怡舜	市中正國中	16800
蔡翰林	康橋國中	50000	蔡佳容	北一女中	27050	吳元魁	建國中學	20400	周筱涵	南湖高中	16800
陳暐	自學	50000	詹笠坊	石牌國中	26700	蔡佳芸	和平高中	20300	劉應傑	西松高中	16700
朱庭萱	北一女中	48917	江少軒	銘傳國中	26650	韓宗叡	大同高中	20200	鄭竣陽	和平高中	16650
呂宗倫	南湖高中	47950	施烷妤	武崙國小	26500	王聖雄	金華國中	20100	莫焯晴	永和國中	16600
賴鈺錡	明倫高中	44650	黃棠寬	北一女中	26350	趙于萱	中正高中	20100	薛宜軒	北一女中	16500
張祐豪	埔墘國小	42900	施延睿	莒光國小	26200	練冠霆	板橋高中	20000	徐子涵	新莊國中	16400
何欣容	蘭雅國中	41100	梁家豪	松山高中	26200	洪啓修	師大附中	20000	許志遙	百齡高中	16400
塗皓宇	建國中學	39834	陳昱勳	華江高中	26200	羅之勵	大直高中	19900	洪敏翔	景美女中	16300
林清心	板橋高中	39500	王挺之	建國中學	26100	柯耀瑄	北一女中	19800	梁齡心	北政國中	16300
楊玄詳	建國中學	38800	江采軒	銘傳國中	26000	鄒昀叡	市中正國中	19700	馬偉倛	成功高中	16300
鄭翔仁	師大附中	38450	張祐寧	師大附中	25900	蔡承儒	南山國中	19700	劉健如	江翠國中	16300
陳冠宏	東海高中	37150	鍾佩璇	中崙高中	25900	黃靖淳	師大附中	19650	許令揚	板橋高中	16300
陳琳涵	永春高中	36850	楊舒閔	板橋高中	25800	卓晉宇	華江高中	19600	吳承叡	中崙高中	16300
謝家綺	板橋高中	36600	劉桐	北一女中	25400	饒哲宇	成功高中	19600	許瞽魁	政大附中	16250
吳品賢	板橋高中	35750	黃馨儀	育成高中	25200	顏菽淂	華江高中	19500	趙家德	衛理女中	16100
許瑞云	中山女中	34450	朱煜錚	長安國中	25150	廖祥舜	永平高中	19300	鄭家宜	成淵高中	16100
柳堅鍊	景美國中	34300	吳佳燁	仁愛國中	24900	柯姝廷	北一女中	19300	郭權	建國中學	16100
李祖荃	新店高中	34100	林弘維	內湖高中	24050	蔡柏晏	北一女中	19300	林于傑	師大附中	16000
蘇子陽	林口國中	33800	王芊蓁	北一女中	23850	李欣儒	江翠國中	19300	呂佾蓁	南湖高中	15950
宋安	東湖國中	33150	林俐吟	中山女中	23750	陳冠揚	南湖高中	19300	廖婕妤	景美女中	15950
趙啓勻	松山高中	32950	高仲鍵	百齡高中	23700	鄭瑋伶	新莊國中	19100	謝宜慈	崇林國中	15900
丁哲沛	成功高中	32150	張仲豪	師大附中	23700	劉紹増	成功高中	19000	趙勻慈	新莊高中	15900
蔡佳伶	麗山高中	31800	郭韋成	松山高中	23500	林悅婷	北一女中	19000	李姿瑩	板橋高中	15800
胡嘉杰	建國中學	31700	辛珮宜	薇閣國中部	23400	位芷甄	北一女中	18850	潘柏維	和平高中	15800
吳思儀	延平高中	31500	劉家伶	育成高中	23400	陳昕	成功高中	18700	林黌典	格致高中	15600
袁好馨	武陵高中	31450	林煜童	中山女中	23300	許喬青	海山高中	18700	楊薇霖	重慶國小	15600
洪紫瑜	北一女中	31400	謝昀彤	建國中學	23167	何思緯	內湖高中	18600	翁鉦達	格致高中	15500
徐恩平	金華國中	31200	林羿慈	大直高中	22600	劉釋允	建國中學	18300	蔡欣儒	瑠明高中	15500
高行澐	西松高中	30900	匡若瑜	青山國中	22600	陳怡霖	北一女中	18300	賴建元	大安高工	15500
許顗升	內湖高中	30900	徐浩芸	萬芳高中	22500	李念恩	建國中學	18050	呂胤慶	建國中學	15400
周芷儀	國三重高中	30800	鄭豪文	大安高工	22200	廖珮琪	復興高中	17900	洪千雅	育成高中	15300
李芳瑩	辭修高中	30650	徐柏磊	延平高中	22200	王廷媛	建國中學	17900	羅郁蕎	興國高中	15300
黃詩芸	北一女中	30500	簡祥恩	桃園高中	22100	戴秀娟	新店高中	17900	賴沛恩	建國中學	15300
賴佳駿	海山國中	30100	蔡濟伍	松山高中	22000	王思傑	建國中學	17700	蔡佳妤	基隆女中	15200
鄭雅涵	北一女中	30100	陳盈樺	弘道國中	22000	蘇郁芬	中山女中	17600	郭蕙寧	大葉大學	15200
郭琪華	成功高中	29500	黃筱雅	北一女中	22000	李盼盼	中山女中	17600	劉裕心	中和高中	15050

※ 因版面有限，尚有領取高額獎學金同學，無法列出。

www.learnschool.com.tw

劉毅英文教育機構
學費最低‧效果最佳

高　中　部：台北市許昌街17號6F（捷運M8出口對面‧學勤補習班）　TEL：（02）2389-5212
國　中　部：台北市重慶南路一段10號7F（火車站前‧學林補習班）　TEL：（02）2361-6101
台中總部：台中市三民路三段125號7F（世界健身中心樓上）　TEL：（04）2221-8861